Xpert.press

Die Reihe **Xpert.press** vermittelt Professionals
in den Bereichen Softwareentwicklung,
Internettechnologie und IT-Management aktuell
und kompetent relevantes Fachwissen über
Technologien und Produkte zur Entwicklung
und Anwendung moderner Informationstechnologien.

Dieter Masak

Digitale Ökosysteme

Serviceorientierung bei dynamisch
vernetzten Unternehmen

Dieter Masak
plenum Management Consulting
Hagenauer Str. 53
65203 Wiesbaden
dieter.masak@plenum.de

ISBN 978-3-540-79129-4   ISBN 978-3-540-79130-0 (eBook)

DOI 10.1007/978-3-540-79130-0

Xpert.press ISSN 1439-5428

Bibliografische Information der Deutschen Nationalbibliothek
Die Deutsche Nationalbibliothek verzeichnet diese Publikation in der Deutschen Nationalbibliografie; detaillierte bibliografische Daten sind im Internet über http://dnb.d-nb.de abrufbar.

© 2009 Springer-Verlag Berlin Heidelberg

Dieses Werk ist urheberrechtlich geschützt. Die dadurch begründeten Rechte, insbesondere die der Übersetzung, des Nachdrucks, des Vortrags, der Entnahme von Abbildungen und Tabellen, der Funksendung, der Mikroverfilmung oder der Vervielfältigung auf anderen Wegen und der Speicherung in Datenverarbeitungsanlagen, bleiben, auch bei nur auszugsweiser Verwertung, vorbehalten. Eine Vervielfältigung dieses Werkes oder von Teilen dieses Werkes ist auch im Einzelfall nur in den Grenzen der gesetzlichen Bestimmungen des Urheberrechtsgesetzes der Bundesrepublik Deutschland vom 9. September 1965 in der jeweils geltenden Fassung zulässig. Sie ist grundsätzlich vergütungspflichtig. Zuwiderhandlungen unterliegen den Strafbestimmungen des Urheberrechtsgesetzes.

Die Wiedergabe von Gebrauchsnamen, Handelsnamen, Warenbezeichnungen usw. in diesem Werk berechtigt auch ohne besondere Kennzeichnung nicht zu der Annahme, dass solche Namen im Sinne der Warenzeichen- und Markenschutz-Gesetzgebung als frei zu betrachten waren und daher von jedermann benutzt werden dürften.

Einbandgestaltung: KünkelLopka, Heidelberg
Satz und Herstellung: le-tex publishing services oHG, Leipzig

Gedruckt auf säurefreiem Papier

9 8 7 6 5 4 3 2 1

springer.de

…für Christiane…

Dr. Dieter Masak

Inhaltsverzeichnis

1	**Einleitung**	1
2	**Grundlagen der Serviceorientierung**	11
	2.1 Serviceorientierungsparadigma	11
	2.2 Service Oriented Enterprise	18
	2.3 Intelligente Organisation	28
	2.4 Flexibilitätsdesign	33
	2.5 Service Oriented Architecture	34
	2.6 Service Oriented Platform	57
	2.7 Service Oriented Computing	72
	2.8 Service Oriented System Engineering	85
	2.9 Sicherheit	101
3	**Mobile Computing**	113
	3.1 Mobile Computing	115
	3.2 Übertragungstechnologien	120
	3.3 Mobile Services	125
	3.4 Serviceentdeckung in mobilen Umgebungen	127
	3.5 Präsentationsservices	134
	3.6 Kontextwahrnehmung	137
	3.7 Verhandlungsprotokolle	141
	3.8 Serviceroaming	143
	3.9 Webservices	144
4	**Pervasive Computing**	145
	4.1 Ambiente Intelligenz	153
	4.2 Smartspaces	158
	4.3 Technik	159
	4.4 Multitierarchitektur	163
	4.5 Autonome Kommunikationsservices	165
	4.6 Entwicklungsmodelle	167

	4.7	Dynamische Komposition	170
	4.8	Evolution	171

5 Digitale Businessökosysteme 173
    5.1   Evolution der IT-Adoption 176
    5.2   Gesundheit und Robustheit 178
    5.3   Ecosystem Oriented Architecture 180
    5.4   Habitate 188
    5.5   Peeringtaktiken 191
    5.6   Modelle 192
    5.7   Infrastruktur 194
    5.8   Basisservices und semantische Services 196
    5.9   Broker 197
    5.10   Digitale Spezies 197
    5.11   Evolution und Komplexität 200
    5.12   Verhandlungen 202
    5.13   Transaktionen 204
    5.14   Komplexität und Modelle 205

6 Digitale Ökosysteme 209
    6.1   Netzwerke 214
    6.2   Softwareentwicklung 217
    6.3   Digitale Biologie 223
    6.4   Thermodynamik und statistische Mechanik 224
    6.5   Coevolution 228
    6.6   Zeitliche Evolution 231
    6.7   Durchsatz 233
    6.8   Selbstadaption 233
    6.9   Ultra Large Scale Systems 236
    6.10   Überlebensfähigkeit 241

7 Epilog 245

Anhang 247

A Systemtheorie 249
    A.1   Komplexe Systeme 251
    A.2   Enge Koppelung 256
    A.3   Ashby-Conant-Theorem 257
    A.4   Strukturen 259
    A.5   Rekursionen 260
    A.6   Autonomie 261
    A.7   Selbstorganisation 261
    A.8   Autopoiesis 263
    A.9   Unbeherrschbarkeit 265
    A.10   Skalenfreie Netzwerke 266

| | A.11 | Thermodynamik | 274 |

B Viable System Model ... 277
    B.1 Viable System Service ... 286
    B.2 VSM-Design ... 289
    B.3 Kontrollerdesign ... 293
    B.4 Adaption ... 295
    B.5 CODA ... 296

C Metriken ... 299
    C.1 Messbarkeit ... 300
    C.2 Rating ... 301
    C.3 Komplexitätsmaße ... 301
    C.4 Koppelungsmaße ... 305

D π-Kalkül ... 307
    D.1 Definition ... 307
    D.2 Kongruenz ... 308
    D.3 Abstraktion ... 309
    D.4 Reaktion ... 309
    D.5 Replikation ... 310
    D.6 Transaktionen ... 311
    D.7 Stochastisches π-Kalkül ... 312

Literaturverzeichnis ... 313

Sachverzeichnis ... 317

Kapitel 1
Einleitung

> *Kühner als das Unbekannte zu erforschen*
> *kann es sein, Bekanntes zu bezweifeln.*
>
> Alexander von Humboldt
> 1769–1859

Etwas ist verkehrt mit dem heutigen Design von Systemen. Komplexität überwältigt uns und in bestimmten Bereichen hat sie uns schon überwältigt – Software ist heute so komplex geworden, dass faktisch keine verlässlichen und fehlerfreien Softwaresysteme mehr existieren. Die heutige Art und Weise der Produktentwicklung in der Softwareindustrie – kumulativ mit immer mehr Features – führt zu großen Mengen von aufgeblähtem, nicht mehr handhabbarem Code. Die Menge an Programmcode ist mittlerweile so groß geworden, dass selbst riesige Teams von gut ausgebildeten Softwareentwicklern neben der Komplexität allein das angehäufte Volumen an Programmcode nicht mehr beherrschen. Ein interessantes Beispiel für wachsende Komplexität im Softwaresektor ist, obwohl es sich hier nicht um die Komplexitätsentwicklung eines einzelnen Produktes handelt, die Größe des Betriebssystems Windows (s. Tabelle 1.1). Der Faktor an Codezeilen zwischen DOS und Windows XP liegt bei über 10 000. Zwischen Windows XP und NT 3.1 beträgt er immerhin noch 7,5! Heutige Software kann gar nicht mehr komplett und vollständig ausgeliefert werden, sie wird in Versionen, Patches und Updates mit hoher Frequenz verteilt und erhält dadurch immer mehr Fehler, welche wiederum durch nachfolgende Patches und Updates beseitigt werden sollen... Eine neue Art Software zu entwickeln und einzusetzen muss geschaffen werden – und wie jede neue Kunst oder Disziplin, muss diese Art der Softwareentwicklung auch radikal und einfach sein!

Im Allgemeinen sind Menschen nicht besonders gut im Entwurf komplexer Systeme.[1] Selbst einfache idealkinetische Systeme wie Snooker oder Poolbillard kann der Mensch nicht beherrschen, umso weniger Systeme mit komplexen Wechselwirkungen und diversen Strukturen. Eine der möglichen Lösungen für das komplexe Design ist es, Verfahren ähnlich der biologischen Evolution zu nutzen und so Systeme zu implementieren, die sich letztlich selbst designen und steuern. Zwar hat es schon immer komplexe Systeme gegeben[2], aber die zunehmende Technisierung unserer Lebenswelt führt zu einer immer stärkeren Abhängigkeit der Teile dieser Welt untereinander und damit zu einer immer größeren Komplexität.

---

[1] Einer der Gründe hierfür ist, dass wir nicht mehr als 7 Chunks an Informationen gleichzeitig wahrnehmen können.

[2] Für eine Definition komplexer Systeme, s. Anhang A.

Neben den „individuellen" Erlebnissen von Komplexitäten werden auch volkswirtschaftliche Strömungen die Entwicklung der nächsten Jahre stark beeinflussen. Nach der Theorie der Kondratieffzyklen[3] können Volkswirtschaften durch technische Basisinnovationen stark beeinflusst werden. Diese Kondratieffzyklen haben eine Dauer von etwa 40–60 Jahren und ermöglichen jeweils einen großen volkswirtschaftlichen Aufschwung. Die Auslöser dieser Zyklen waren in der Vergangenheit zum Beispiel die Dampfmaschine oder das Automobil. Die Basisinnovation der IT setzt um das Jahr 1970 ein und wird als der fünfte Kondratieffzyklus bezeichnet (s. Abb. 1.1).[4] Angefangen von den Großrechnern und einem niedrigen Durchdringungsgrad von Organisationen mit IT von etwa 20%, erreicht der Zyklus heute das Internetzeitalter mit einem Grad der Durchdringung von, je nach Industriesektor, 75–98%. Der Zyklus wird vermutlich zwischen 2010–2030 auslaufen und durch eine noch unbekannte Folgeinnovation[5] ersetzt werden. Zu diesem Zeitpunkt sollte die IT analog den anderen Basisinnovationen eine Commodity, wie zum Beispiel das heutige Telefon, geworden sein. Insofern erleben wir das Ende eines Kondratieffzyklusses direkt mit. Der sehr hohe Durchdringungsgrad unserer Lebens- und Arbeitswelt mit IT ist eines der Anzeichen für das Ende des fünften Zyklusses.

Tabelle 1.1 Das Wachstum von Windows

„Betriebssystem"	Lines of Code
PC DOS[6] 1.0	4 000
NT 3.1	6 000 000
Windows 98	18 000 000
Windows 2000	35 000 000
Windows XP	45 000 000

Die verschiedenen Entwicklungsstränge der IT sind in Abb. 1.1 dargestellt. Die letzte Welle wird nicht den Computer, sondern die transportierten Inhalte in Form von Video, Musik, Sprache und Daten in den Vordergrund stellen und damit letztlich auch von dem Computer an sich abstrahieren.

Diese Form der Entwicklung wird von einigen Autoren auch als „content centric" bezeichnet und ist einer der Schwerpunkte dieses Buches. Da sich dieses Buch auf die IT-Entwicklung und nicht auf die Entwicklung der Inhalte fokussiert, wird für die Welle der Begriff „Pervasive Computing"[7] genutzt. Aus dem Blickwinkel der Inhalte betrachtet kommt es zu einer immer stärkeren Konvergenz der Geräte. Techniken wie VoIP[8] ermöglichen eine gemeinsame Übertragung von Sprache und

---

[3] *Nikolai Dmitriyevich Kondratieff*, 1892–1938, russischer Volkswirtschaftler entdeckte, dass Wirtschaften in Zyklen ablaufen.
[4] Die Computer sind zwar älter (Charles Babbage, 1837 und Konrad Zuse, 1941), aber ein volkswirtschaftlich messbarer Anteil beginnt erst um 1970.
[5] Umwelttechnologie ist ein möglicher Kandidat, ein anderer die Wasserstofftechnologie.
[6] Im Fall von PC DOS handelt es sich um Assemblerzeilen.
[7] Siehe Kap. 4.
[8] Voice over **IP**.

1 Einleitung

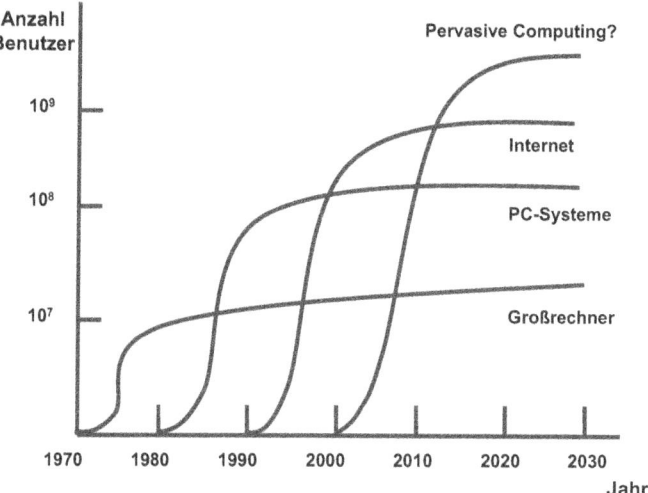

Abb. 1.1 Die verschiedenen „Wellen" der IT als Teil des fünften Kondratieffzyklusses. Die letzte Welle ist zurzeit noch unklar, aber die Internetwelle wird ihre Sättigung deutlich vor dem Ende des Kondratieffzyklusses (circa 2020) erreicht haben

Daten, PDAs[9] sind eine Kombination aus Mobiltelefon, Computer und Internetbrowser. In Zukunft werden für die verschiedenen Kommunikationsformen keine dedizierten Geräte mehr existieren und diese technische Konvergenz auf Gerätewie auch Übertragungsebenen wird die Art und Weise unseres Umgangs mit den Inhalten grundlegend verändern. Auch die in den letzten Jahren stetig zunehmende Rechenkapazität (s. Abb. 1.4) hat zur Beschleunigung dieses allgemeinen Trends beigetragen.

Aber nicht nur im Privat-, sondern auch im Wirtschaftsleben wird es zu Veränderungen kommen müssen, denn obwohl das Rückgrat der europäischen Wirtschaft durch kleine und mittelständische Unternehmen[10] gebildet wird, sind es gerade diese Unternehmen, welche im Normalfall erst sehr spät IT für ihre Zwecke einsetzen. Neue Geschäftsmodelle, B2B[11]-Modelle und ähnliche Marktzugänge werden primär von großen Unternehmen eingesetzt, um mit anderen großen Unternehmen zu interagieren. Die in diesem Buch vorgestellten digitalen Ökosysteme[12] sind ein möglicher Weg, den kleinen und mittelständischen Unternehmen den Zugang zu dem lukrativen B2B-Sektor als auch einen weltweiten Zugang zu einem elektronischen Marktplatz zu bieten. Elektronische Marktplätze sind für Käufer wie

---
[9] Personal Data Assistant, so zum Beispiel Blackberry.
[10] Über 99% aller Unternehmen fallen in diese Kategorie mit weniger als 250 Arbeitnehmern oder weniger als 5 Millionen € Umsatz. Diese Unternehmen sind für etwa die Hälfte des europäischen Bruttosozialprodukts verantwortlich.
[11] Business-to(2)-Business.
[12] Der Ausdruck Ökosystem wurde 1866 von *Ernst Häckel* geprägt. Die Ökologie (aus dem Griechischen οικοσ (das Haus) und λογοζ (die Lehre)) ist als die „gesamte Wissenschaft von den Beziehungen des Organismus zur umgebenden Außenwelt" definiert.

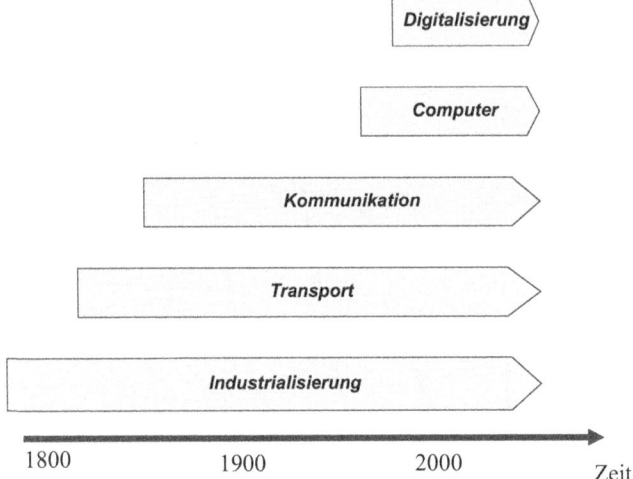

Abb. 1.2 Die Entwicklung der heute genutzten Technologien

auch Verkäufer auf Grund ihrer Reichweite und auch Geschwindigkeit sehr interessant.[13] Der Namenspatron, das biologische Ökosystem, besteht aus einer Anzahl von Lebewesen in einer mehr oder minder definierten Umwelt; bei den digitalen Ökosystemen hingegen handelt es sich um Komponenten, Services, Applikationen und Geschäftsmodelle, welche hier die Lebewesen darstellen. Diese Teile existieren meist auf einer Art erweiterten Infrastruktur, welche das Analogon zur Umwelt der biologischen Ökosysteme darstellt und oft Umgebung genannt wird. Im Fall der digitalen Ökosysteme hat jede Umgebung zwei Bestandteile, zum einen den sozioökonomischen Kontext und zum anderen eine digitale Infrastruktur, die dann den Lebensraum für die „digitalen" Lebewesen bildet.

Speziell die Wichtigkeit und Prägung unserer Welt durch die IT ist stark merklich. War man in den sechziger und siebziger Jahren noch der Ansicht, dass wir in einem Atomzeitalter[14] leben, so hat sich mittlerweile gezeigt, dass Software und Internet die Schlüsseltechnologien des neuen Jahrhunderts sind, mit noch rasanter anwachsender Verbreitung. Zwei Grundtrends sind durch die IT für den Menschen der Industrienationen in seiner allgemeinen Lebenswelt zu erkennen:

- IT wird einen immer stärkeren Einzug in das Alltagsleben haben. Mittlerweile ist mit Software nicht nur der PC oder Mainframecomputer durchsetzt, sondern alle möglichen Geräte. Immer mehr Alltagsgegenstände, Waschmaschinen, Kühlschränke, Heizungen, Kaffeemaschinen sind in Wirklichkeit schon zu Computern geworden; obwohl wir sie als solche gar nicht wahrnehmen.
- Begann die Kommunikation in der IT als eine Mensch-Mensch-Kommunikation im Sinne von Telefon oder auch E-Mail, so ist heute eine verstärkte Mensch-

---

[13] Siehe den Erfolg von *eBay*.
[14] Letztlich sind stromerzeugende Atomkraftwerke nichts anderes als gigantische Wasserboiler.

1 Einleitung

Abb. 1.3 Der Zeitbedarf, um 50 Millionen Benutzer zu erhalten, sinkt drastisch

Maschine-Kommunikation – zum Beispiel: Suchmaschinen, *Amazon.de* und so weiter – zu beobachten.
- Die Zukunft wird verstärkt durch eine Maschine-Maschine-Kommunikation geprägt werden. Erste Formen hiervon existieren im elektronischen Börsenhandel XETRA[15], wo Computer automatisch mit der Börse interagieren und versuchen vorgegebene Ziele[16] einzuhalten. Da Computer dies sehr viel schneller können als Menschen, steigt die Gefahr eines Börsencrashs an.

Die angesprochene Technikdurchdringung wird sich in den nächsten Jahren zusätzlich beschleunigen, mit der Folge, dass die einzelnen Teile sich zu immer größeren Systemen vernetzen und dadurch neue, bisher unbekannte Eigenschaften entwickeln. Das, was sich auf der Ebene des einzelnen Geräts abspielt, spiegelt sich auch auf der Ebene des Geschäftslebens wider; auch hier entstehen völlig neue Formen der Zusammenarbeit mit eigener Semantik und eigenen Modellen, sogar mit eigenständigen und vor allen Dingen völlig neuen Geschäftsideen.

Man mag sich darüber beschweren, dass unsere Welt immer technisierter wird und sich auf eine sogenannte „gute alte Zeit" zurückbesinnen[17], aber diese hat es eigentlich nicht wirklich gegeben. Unsere gesamte Umwelt, nicht nur in Städten, sondern auch in ländlichen Gebieten, ist in Europa die Folge einer jahrtausendlangen Kultivierung und das, was vom Ursprünglichen[18] noch übrig geblieben ist – das

---

[15] Exchange Electronic Trading.
[16] Bestimmte Aktien zu verkaufen, wenn sie unter einen Wert fallen.
[17] So versuchten Künstlerkolonien, wie zum Beispiel *Barbizon*, in der zweiten Hälfte des 19. Jahrhunderts die Industrialisierung zu negieren, indem sie das Bild einer präindustriellen Welt malten.
[18] In den letzten Jahrzehnten wurden Anstrengungen unternommen die Lüneburger Heide zu erhalten, da sie in Gefahr steht zuzuwuchern. Nur, diese Heide ist das Resultat einer jahrhunderte alten Überweidung und sah nicht immer so aus...

Unberührte – wird in Schutzgebiete eingesperrt wie in einen Zoo.[19] Die Welt, in der wir leben, ist eine vom Menschen gemachte, eine künstliche Welt; de facto leben wir in einem Technotop. Insofern ist eine zunehmende Durchdringung dieses Technotops mit immer mehr Computern und Software nur die Konsequenz einer Logik, welche schon vor Jahrhunderten einsetzte und dieses Technotop steht nicht still, es verändert sich permanent.

Diese Veränderungen sowie die Konvergenzen der Technologien werden jedoch auch von Schwierigkeiten begleitet. Folgende Punkte stellen maßgebliche Hindernisse in diesem Prozess dar:

- Akzeptanz – Die meisten neuen Technologien werden primär von sehr technikaffinen Personen eingesetzt. Im Durchschnitt der Bevölkerung nimmt der Einsatz neuer Techniken mit zunehmendem Alter ab.[20] Die Konzentration auf die technischen Aspekte reduziert die Bereitschaft von nicht-technikaffinen Personen, neue Geräte oder Kommunikationsformen einzusetzen. Erst wenn die Gebrauchsfähigkeit, beziehungsweise Einfachheit der Nutzung in den Vordergrund tritt, kann diese Hemmschwelle beseitigt werden.[21]
- Medienbrüche – Besonders in der Wertschöpfungskette innerhalb einer Organisation oder auch organisationsübergreifend reduzieren eventuelle Medienbrüche die Effizienz drastisch, mit der Folge von erhöhten Kosten für die Erstellung von Produkten oder Services. Daher ist besonders die Vermeidung digitaler Brüche innerhalb von Wertschöpfungsketten eines der Anliegen von effizienten Organisationen. Die Medienbrüche gehen oft einher mit Brüchen in der Semantik. Sie sind zunächst einmal sichtbar bei der Koppelung unterschiedlicher Syntaxen, da hier an der Bruchstelle syntaktisch „übersetzt" werden muss, was natürlich das Risiko einer semantischen Fehlinterpretation erhöht.
- Rahmenbedingungen – Neue Technologien verlangen für ihren Einsatz stets staatliche und markttechnische Rahmenbedingungen.[22]
- Standardisierung – Ein großes Hindernis stellt eine fehlende marktweite Standardisierung dar. Mit der Existenz keines einzigen Standards oder, noch schlimmer, mehrerer inkompatibler Standards, scheuen viele Benutzer und Organisationen vor entsprechenden Investitionsleistungen zurück. Umgekehrt versuchen Hersteller geradezu neue Standards zu schaffen und diese als erste exklusiv zu vermarkten, da ihnen dies einen immensen Vorsprung vor der Konkurrenz liefert.

Parallel dazu leiden wir schon heute unter einer drastisch zunehmenden Informationsmenge. Schon in den siebziger Jahren wurden die Folgen dieser Informationszunahme vorhergesagt:

---

[19] Meist noch versehen mit einem Schild, welches uns sagt, was wir erleben sollen.
[20] Für das Marketing neuer Produkte und Services ist die Altersgruppe der unter 25-Jährigen besonders interessant, da hier die größte Veränderungsbereitschaft herrscht.
[21] Das rasante Wachstum der Mobiltelefonie und die starke SMS-Nutzung sind Beispiele in dieser Richtung. Die meisten SMS-Nutzer sind in der Altersgruppe unter 40.
[22] Voice over IP macht wenig Sinn, wenn die Internetverbindung zu langsam ist.

1 Einleitung

What information consumes is rather obvious: it consumes attention of its recipients. Hence a wealth of information creates a poverty of attention and a need to allocate that attention efficiently among the overabundance of information sources that might consume it.[23]

Daher muss die zunehmende Informationsmenge durch immer weniger Aufmerksamkeit bearbeitet werden, mit der Folge, dass Information zunehmend automatisiert verarbeitet wird oder der einzelne Mensch in Informationen ertrinkt[24].[25]

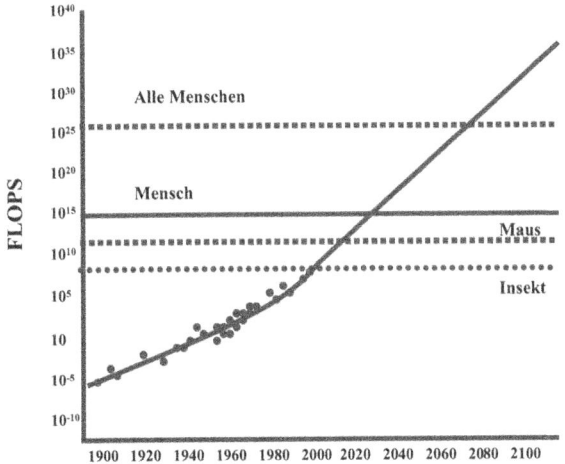

Abb. 1.4 Die Entwicklung der Rechenkapazität in FLOPS (**FL**oating Point **O**perations **P**er **S**econd) im Vergleich zu biologischen Systemen

Eine der Herausforderungen im modernen Einsatz von Geräten und Software ist es, Systeme zu entwickeln, welche komplexe dynamische Probleme in einer skalierbaren und effizienten Art und Weise lösen. Eine Lösungsmöglichkeit hierfür ist der Aufbau digitaler Ökosysteme, welche das Verhalten biologisch komplexer Systeme – und die entsprechenden Metaphern – imitieren, um somit ein dynamisch adaptives Gesamtsystem aufzubauen. Auf Grund der Tatsache, dass die Softwareentwicklung heute auf eine Komplexitätsbarriere trifft, wurden unterschiedlichste Methoden entwickelt, um diese Barriere methodisch zu überwinden, so zum Beispiel MDA[26], SOA[27] oder auch eXtreme Programming und viele andere mehr. Allerdings fehlt noch immer der Nachweis, dass diese Verfahren bei sehr großen Systemen wirksam sind. Insofern ist eine Modellierung durch Services in gewisser Weise der Versuch, die Komplexitätsbarriere durch Abstraktion zu überwinden.

---

[23] *Simon, H.*: 1971, Designing Organizations for an Information-rich World, The John Hopkins Press.
[24] So zum Beispiel durch Spam-Mails. Der Ausdruck Spam geht auf einen *Monty Python* Sketch zurück.
[25] Nicht immer handelt es sich hierbei um Spam-Mails. Der Autor erhält zurzeit etwa 1200 E-Mails pro Monat, von denen aber nur etwa 30% unter den Begriff Spam fallen.
[26] **M**odel **D**riven **A**rchitecture.
[27] **S**ervice **O**riented **A**rchitecture, s. Kap. 2.

Tabelle 1.2 Evolution der Architekturen

Gebiet	1960–70	1980–90	1990+	1995+	2000+	2010+
Marktimperativ	Marktanteile	Effektivität	Dezentralisierung	Kundenbindung	Real Time Enterprise	Service Oriented Enterprise
Architektur	Mainframe	Module	Client-Server	Applikationsserver	SOA[28]	EOA[29]/SOA
Zielvorstellung	Skalenökonomie	Business Process Reengineering	Business Applikationen	Kundenbindung	Entflechtung	Serviceökonomie
Treiber	Status Quo, keine Skalierung	Sinkende CPU-Kosten	PC und Netzwerke	WWW	Webservices	Semantische Services

Eine mögliche Form der Abstraktion von Hard- und Software ist es, Services zu formulieren. So einfach dieses Postulat erscheint, so mächtig ist seine Anwendung. Was ist ein Service? Ein Service ist eine Dienstleistung, welche einem Kunden (genannt Consumer) vom Leistungserbringer (genannt Provider) zur Verfügung gestellt wird. Wie jede Form von Dienstleistung haben Services als Charakteristika ein hohes Maß an Kundenbeteiligung in ihrer Definition und Weiterentwicklung sowie die Schwierigkeit der Standardisierung. Die Schwierigkeit hinter der Standardisierung liegt in dem Wunsch der Kunden begründet, ein hohes Maß an Individualisierung in den Services zu haben. Dieses hohe Maß an Individualisierung schafft umgekehrt Probleme für die Standardisierung, dem genauen Gegenteil einer Individualisierung. Der Provider hingegen möchte ein möglichst hohes Maß an Standardisierung erreichen, da dies seine Kosten senken kann.

Einer der Gründe für die öffentliche Aufmerksamkeit für Serviceorientierung und speziell für SOA ist die Tatsache, dass die Serviceorientierung eine hervorragende Metapher für nicht-technisch-orientierte Menschen ist. Diese können nun auch den Wert einer Architektur verstehen und den Herausforderungen der Veränderung und Anpassung in Organisationen und Technik beggnen. Der wirkliche Mehrwert einer SOA ist, dass es die erste Architektur ist, die Software und Organisation transzendiert. Langfristig gesehen muss die Serviceorientierung sowohl Auswirkungen auf die Betriebssysteme, als auch auf die zur Verfügung stehende Hardware haben. Heutige Ansätze eines Hardware Abstraction Layers[30] bauen auf der Idee einer generischen Hardware auf; es ist zurzeit noch unklar, wie eine serviceorientierte Hardware oder ein serviceorientiertes Betriebssystem konzipiert sein könnten, aber beides wird kommen. Die gleiche Idee der Hardwareabstraktionsschicht findet sich heute in Haushaltsgeräten wieder, insofern ähneln diese immer mehr Computern und sind auch mit denselben Vorzügen „gesegnet", beziehungsweise Problemen

---

[28] Service Oriented Architecture, s. Abschn. 2.5.
[29] Ecosystem Oriented Architecture, s. Abschn. 5.3.
[30] So zum Beispiel in *Windows* und *Linux*.

1 Einleitung 9

geplagt. Die Geschäftswelt hat auf ihrem Weg zur Dienstleistungsgesellschaft[31] ein gewisses Maß an Erfahrung über Services, deren Nutzung, Verwendung und Einsatz aufgebaut. Die IT-Welt und hierbei speziell die Softwarestruktur in Form von Services, steht jedoch noch am Anfang einer solchen Entwicklung. Die Services in einer Software müssen dem Anwender eine wohldefinierte Funktionalität in einem veränderbaren Kontext zu verifizierbaren Qualitätskriterien und ab initio festgelegten Preisen bieten können. Eine interessante Eigenschaft von Services aus der Geschäftswelt wird sehr oft bei der Einführung von Services in der Software übersehen: Erfolgreiche Services werden stets aus der Sicht des Consumers definiert und nicht aus Sicht des Providers! Im Gegensatz dazu entstehen die meisten heutigen Services in der Software aus Sicht des Providers, der sein bestehendes System in Services zerlegt und diese anbietet. Diese providerzentrische Form der Serviceentwicklung führt zu großen Hindernissen bei der Nutzung und Akzeptanz.

Technologien und Softwareparadigmen schlagen sich stets auch in der Architektur nieder (s. Tabelle 1.2 und Tabelle 1.3). Die aus dem Serviceorientierungsparadigma entstehende Architektur wird als Service Oriented Architecture (SOA) bezeichnet. Eine solche SOA ist die Folge und simultan auch die notwendige Voraussetzung für die Zerlegung bestehender und den Aufbau neuer Applikationen aus Services.

Tabelle 1.3 Paradigmenwechsel

Zeitraum	Revolution	Computing Paradigma	Architektur
1970–80	Mainframe	Monolithisch	Single Tier
1980–90	Midrange	Abteilungsorientiert	Single Tier
1990–95	Client/Server	Power für den Desktop	2 Tier
1995–2000	Web	Portale und Backendsysteme	3 Tier
2000+	SOA	Servicebasiert	Servicebasiert
2010+	EOA	Digitales Ökosystem	Servicebasiert

Nicht nur bei der Software fand ein Paradigmenwechsel statt, sondern auch in der Hardware. Nach den ersten Anfängen in der Analogtechnik mit Röhrengeräten setzten sich in den siebziger Jahren des letzten Jahrhunderts digitale Systeme durch. Diese sind heute die dominante Form von Geräten. Stand Anfangs noch der einzelne Chip im Vordergrund, so verschwindet dieser heute immer stärker und das Gerät mit seinen direkt nutzbaren Fähigkeiten rückt in das Bewusstsein des Benutzers.[32] Diese neuartigen Systeme führen dazu, dass wir die Kommunikations- und Computingparadigmen, die wir heute nutzen, überdenken müssen. Die traditionellen Paradigmen der Softwareentwicklung wurden für eine Umgebung eingeführt, welche heute obsolet ist, nämlich primär für kabelgebundene, sehr homogene Netzwerke mit Großcomputern und leistungsfähigen PCs. In solchen Umgebungen sind Verbindungsabbrüche und Ausfall von Komponenten die großen Ausnahmen und

---
[31] Aus soziologischer Sicht die Phase nach der Industrialisierung.
[32] Der PC verkauft sich allerdings auch heute noch mit Angaben über CPU-Typ, -Frequenz...

nicht die Regel und es wird angenommen, dass Netzwerk- oder Systemmanager die Umgebung kontinuierlich rekonfigurieren, so dass ein Optimum an Leistung oder Durchsatz erzielt werden kann. Aber heutige Netzwerke sind sehr viel heterogener, bestehen aus vielen „fehleranfälligen" Teilen und interagieren mit einer Vielzahl von unterschiedlichen drahtlosen Kanälen. Hier sind Unterbrechungen und Ausfälle die Regel und nicht mehr die Ausnahme; außerdem können die Netzwerk- oder Systemmanager auf Grund der Komplexität des Gesamtsystems nur noch sehr bedingt eingreifen.

Aber nicht nur die Komplexität der Systeme hat in den letzten Jahren drastisch zugenommen, parallel dazu ist auch die Größe der Systeme sehr stark angewachsen. Dieses rapide Größenwachstum hat zwei Ursachen: Zum einen eine stetig zunehmende Vernetzung – primär getrieben durch das Internet und seine Möglichkeiten – und zum anderen die stark erhöhte Durchdringung aller Lebensbereiche der Industrienationen mit Services, beziehungsweise Geräten, die diese Services ermöglichen. Auch in den Entwicklungsländern zeigen sich analoge Tendenzen, hier allerdings mit dem Unterschied, dass die Mobiltechnik starke Impulse setzt, da ihre Nutzung oft keine hohen Anforderungen an die Infrastruktur in Form von Kabeln oder Stromversorgung stellt, die in solchen Ländern oft nur gering entwickelt ist.

Für den Menschen, der in solchen Systemen lebt, stellt sich die Frage, inwieweit er noch in der Lage ist, das System, in dem er lebt, zu steuern, da sich die so entstehenden Systeme oft völlig nicht-intuitiv verhalten. Außerdem lassen sie sich nicht auf die technologischen Aspekte allein reduzieren, sondern es bilden sich riesige soziotechnische Systeme heraus, in denen sich die Menschen und die Technik gegenseitig bedingen. Technologie im Allgemeinen und IT im Besonderen sind untrennbar verknüpft mit sozialen Aspekten und den Praktiken, wie sie entstehen und genutzt werden. Dies kann sogar so weit gehen, dass ein solches System sich selbstständig verändert und in gewisser Weise selbstständig erschafft (s. S. 263).

Eine Möglichkeit mit solchen Systemen umzugehen ist es, überhaupt nicht zu versuchen, die Systeme direkt zu kontrollieren, sondern sie durch die Veränderung der Umgebung indirekt zu beeinflussen. Neben dem Versuch, die Rahmenbedingungen des Systems zu verändern, ist eine andere – und oft viel bessere – Methode, das entstehende System als solches zu akzeptieren und zu versuchen, seine emergenten Eigenschaften (s. S. 253) zu fördern. Wir werden insgesamt gesehen solchen sehr großen Systemen in Zukunft immer stärker ausgesetzt sein, zum Teil sind wir, in Form des Internets oder sehr großer Konzernnetze, einem solchen Ultra Large Scale System (s. Abschn. 6.9) schon heute ausgesetzt.

Die Entwicklung auf der Ebene des einzelnen Benutzers (Consumer) wird sich durch den zunehmenden Einsatz von autonomen Services auf den einzelnen physischen Geräten komplettieren. Hier haben die Hersteller das Problem, dass diese Geräte sich auf diverse – nicht a priori definierbare – Umgebungen und Services einstellen können müssen. Eine solche Randbedingung verlangt von den entstehenden Services ein sehr hohes Maß an Anpassbarkeit, was wiederum die Komplexität der einzelnen Serviceimplementierung erhöht und damit massiv zur Steigerung der Gesamtkomplexität beiträgt.

Kapitel 2
Grundlagen der Serviceorientierung

> *I have travelled the length
> and breadth of this country
> and talked with the best people
> and I can assure you
> that data processing is a fad
> that won't last out the year.*
>
> Editor Business-Books
> Prentice-Hall
> 1957

Warum überhaupt Services und die Serviceorientierung? Heute bestehende, aber vor allen Dingen sämtliche zukünftige Systeme dürften von diversen Lieferanten zusammengestellt werden, aus Teilen, welche alle miteinander interagieren und so ein neues großes System aus Software erzeugen.[1] In einem solchen Umfeld ist es leicht, sich im Detail des einzelnen Geräts, Übertragungsprotokolls oder der Schnittstellendefinition zu verlieren.[2] Die Abstraktion von Geräten und Softwarebestandteilen in diesen Geräten in Form von Services ermöglicht es uns, solche Systeme auf Elementebene zu beschreiben, beziehungsweise die Beschreibung erst möglich zu machen. Daher eignen sich Services in einem solchen Gebiet als Beschreibungs- und Modellierungssprache. Die aus der Abstraktion auf Services entstehenden Vergröberungen, als auch die Tatsache, dass die Elemente des beschreibenden Systems keine „echten" Services sind, erzeugen zwar ein Maß an Unschärfe, können aber im Sinne des Verständnisses für das Gesamtsystem hingenommen werden.

2.1 Serviceorientierungsparadigma

Den Begriff des Service zu definieren ist nicht einfach, obwohl er zunächst intuitiv klar erscheint. Etymologisch betrachtet geht das Wort Service auf das Lateinische *servitium* mit der Bedeutung von Sklaverei und Knechtschaft zurück. Ein Service ist nicht deckungsgleich mit einer Komponente, wie man sie aus der komponentenbasierten Softwareentwicklung her kennt, wenngleich viele Konzepte auch auf die serviceorientierte Softwareentwicklung übertragen werden können. Eine andere

---
[1] Die heutigen Softwarehersteller erwecken zwar gerne den Eindruck, dass die Software, die sie liefern, vollständig von ihnen selbst stammt, aber meist ist dies nicht der Fall. Aus Marketinggründen scheint das Alles-Aus-Einer-Hand-Argument jedoch erfolgreich zu sein.
[2] Unsichere Menschen flüchten sich gerne in Details, da ihnen das subjektive Sicherheit bietet. Außerdem können sie hier ihr „Fachwissen" beweisen...

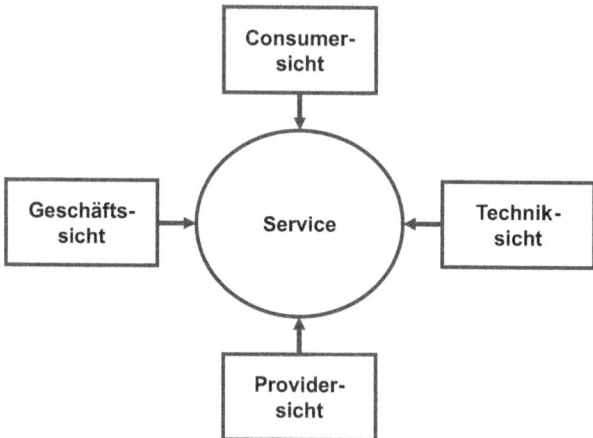

Abb. 2.1 Die unterschiedlichen Sichten auf einen Service

Vorstellung ist, dass ein Service von einer Komponente implementiert wird und der Service damit nur das Interface der Komponente darstellt. Diese Betrachtungsweise ist etwas zu eng. Ein Service beinhaltet zwar auch ein Interface, zusätzlich dazu existiert aber ein Vertrag[3], der eine Beschreibung von Eigenschaften enthält, welche die Semantik betreffen und die nicht über ein Interface definiert werden können. Dazu gehören Qualitätseigenschaften wie Verfügbarkeit oder Performance, die auch im Sinne eines juristischen Vertrages vereinbart werden können. Dafür reicht dann die Beschreibung eines Interface nicht mehr aus, sondern es bedarf eines komplexen **S**ervice **L**evel **A**greements (SLA), in dem Rechte und Pflichten von Provider und Consumer klar geregelt sind.

Die Nutzung unterschiedlicher Perspektiven ist wichtig für das Verständnis eines Service. Hier gibt es zwei wesentliche Sichtweisen:

- Geschäftssicht – Innerhalb der Geschäftssicht wird ein Service als Teil einer Geschäftstransaktion betrachtet, die in einem Vertrag beschrieben und die durch die Geschäftsinfrastruktur durchgeführt wird. Was ein Service leistet, ist eng verknüpft mit den Erfahrungen des Geschäftsbereichs. Einen Service auf dieser Seite bezeichnet man mit dem Begriff Geschäftsservice (genau wie eine Dienstleistung). Typische Eigenschaften eines solchen Geschäftsservice sind:
  - Geschäftsvisibilität – Ein Service muss etwas sein, wofür Consumer (Kunden)[4] bereit sind, etwas zu bezahlen. Die Consumer ihrerseits erhalten etwas, das für sie von Wert oder von Nutzen ist. In diesem Zusammenhang muss der Begriff „Kunde" weiter gefasst werden als im Bereich von Produkten. Als

---

[3] Dieser wird meist bi- oder unilateral geschlossen.
[4] In diesem Buch wird der Begriff Consumer für jeden beliebigen Abnehmer eines Service genutzt, dabei kann es sich um einen Menschen, ein anderes System, einen anderen Service, einen anderen Computer, denselben Service und so weiter handeln. Der Nutzer eines Interface wird stets als Consumer bezeichnet.

Consumer werden nicht nur externe, sondern auch interne Nutzer des Service bezeichnet.
- Technologie – Hierbei steht das, was implementiert werden soll im Fokus, nicht wie etwas implementiert werden soll.
- Kontext – Die Services werden neben anderen Eigenschaften auch durch ihren jeweiligen fachlichen Kontext definiert.

- Techniksicht – Ein Service stellt eine mehr oder minder geschlossene Funktionalität bereit, wobei die Semantik eines Service in Form eines Interface beschrieben wird. Eigenschaften technischer Services sind:
  - Technologie – Bei technischen Services steht die Technologie, also wie etwas implementiert werden soll, im Vordergrund.
  - Kontext – Ein Service ist eine vom Kontext gekapselte und abstrahierte Funktionalität.

Es existieren einige Unterschiede zwischen den Sichten und damit auch zwischen den daraus jeweils abgeleiteten unterschiedlichen Servicedefinitionen. Der wesentliche Unterschied beider Sichten liegt in der Betrachtung des Kontexts. Für Geschäftsservices ist der Kontext von großer Wichtigkeit; alle Organisationen arbeiten schließlich in einem dynamischen Marktumfeld. Werden Marktchancen ergriffen, so wird von dieser Seite erwartet, dass neue Services erstellt oder bestehende Services verändert werden. Die technische Seite ist bestrebt, den Kontext möglichst statisch zu halten, da nur so die Forderung nach Effizienz und Wiederverwendbarkeit erreicht werden kann. Diese Differenzen lassen sich nicht wirklich überbrücken. Die negativen Effekte lassen sich aber abmildern, indem kommuniziert wird, welche Bedeutung ein Service etwa auf organisatorischer Ebene hat oder wie wichtig Wiederverwendung für einen implementierten Service ist.

Zusätzlich zu den beiden Geschäfts- und Technikperspektiven existiert eine Consumer- und eine Providerperspektive. Die Implementierung ist Teil der Providersicht und muss für den Consumer von geringem Interesse sein. Die Providersicht überschneidet sich mit der Geschäftssicht und der technischen Sicht. Die Consumersicht ist mehr auf die Geschäftssicht fokussiert. Wenn ein Consumer einen Service in Anspruch nimmt, muss für ihn der Wert des angebotenen Service schon vorab erkennbar sein. Ist dies der Fall, stellt der Service eine Schnittstelle zwischen Geschäftswert und Implementierung dar. In einer sehr technisierten Umgebung verschwindet oft die Fähigkeit einen Service zu wählen, da solche Umgebungen auf die Anwesenheit oder Nichtanwesenheit von Services automatisch reagieren und dies für den Menschen nicht erkennbar ist.

Die Verwendung von Services in Geräten, Organisationen und in der Software folgen einem gemeinsamen Grundsatz, dem „Paradigma[5] der Serviceorientierung":[6]

---

[5] Paradigma aus dem Griechischen παραδειγμα aus παρα (neben) und δειγναι (zeigen). Spötter behaupten ein Paradigma sei die Summe aller Vorurteile, die über etwas existiere.
[6] Siehe auch Servicedefinition, S. 15.

Alle Funktionen in einem realen System, seien es Abläufe in Organisationen, Prozesse, Aktivitäten, Funktionen in Softwaresystemen, Applikationen, Teile von Applikationen oder Softwarefunktionen, lassen sich als Services darstellen und aus Services aufbauen!

Oder kürzer formuliert:

Alles, was aus- oder durchgeführt werden kann, ist ein Service!

Hierbei hat jeder Service mindestens einen Provider (den Lieferanten) und einen Consumer (den Kunden oder Benutzer). Außerdem ist jeder Service in seiner Funktionalität und seinen Randbedingungen vorab definiert und diese Bedingungen sind sowohl dem Provider als auch dem Consumer bekannt.

Die Idee des Service lässt sich von kleinsten Geräten – individuellen Chips – bis hin zu riesigen Organisationen einsetzen, eine Tatsache, welche von einem hohen Maß an Universalität des Serviceparadigmas zeugt. Der technische Fortschritt, speziell bei der Miniaturisierung führt dazu, dass unsere Umgebung immer stärker mit Computern durchsetzt ist. Diese Umgebung weist dadurch ständig mehr Funktionalität auf. Die heutige Standardsicht auf solche Umgebungen ist sehr technikzentriert – sie stellt das einzelne Gerät oder Protokoll in den Vordergrund – und wird oft auch auf das einzelne Gerät reduziert; dabei ist es viel erfolgversprechender diese Funktionalitäten als Services zu modellieren und unsere technische Umgebung als ein „System of Systems" oder ein System von Services zu verstehen.

Der Ursprung der Idee des Service liegt in den Dienstleistungen, dies hat zur Folge, dass es Unterschiede zwischen Produkten und Services gibt. Unabhängig von einer exakten Definition des Begriffs Service teilen sich in der Praxis alle Services eine Reihe von Eigenschaften:

- Services sind sofort nutzbar.
- Services sind modellierbar.
- Services haben ein wohldefiniertes Verhalten.
- Services haben definierte Ein- und Ausgaben.
- Services stellen Fähigkeiten oder Funktionen zur Verfügung.
- Services werden „gemanagt", um nichtfunktionale Ziele zu erfüllen.
- Services sind zusammenbaubar[7], um damit neue Services zu erzeugen.

Die Serviceidee unterscheidet sich von der klassischen Produktidee durch folgende Merkmale:

- Services sind nicht direkt greifbar. Ihr Wert ist oft nur schwer quantifizierbar, wobei die Nichtgreifbarkeit sich in zwei Dimensionen vollzieht. Zum einen sind Services physisch ungreifbar, das heißt sie können nicht berührt oder betastet werden, zum anderen sind sie mental ungreifbar, das heißt sie können nicht mental als ein Gegenstand[8] verstanden werden.

---

[7] Servicekomposition, s. Abschn. 2.7.4.
[8] Ein Konto auf der Bank oder ein Lebensversicherungsvertrag ist zwar nicht physisch greifbar, beide stellen jedoch mentale Gegenstände dar und sind somit Produkte.

2.1 Serviceorientierungsparadigma

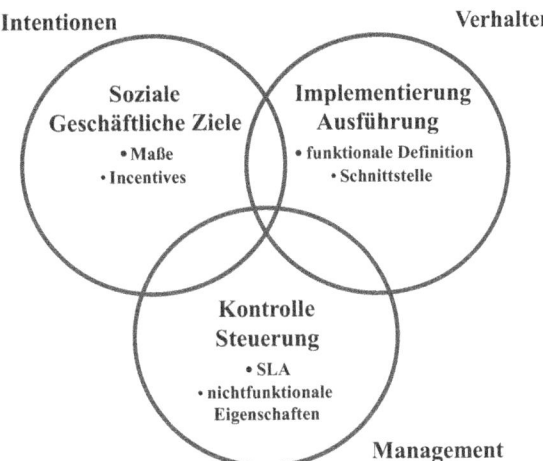

Abb. 2.2 Unterschiedliche Sichten auf Services

- Services sind heterogener und vielgestaltiger als Produkte, da sie oft von Menschen direkt erzeugt werden.
- Services werden fast gleichzeitig produziert und verbraucht, im Gegensatz zu Produkten, welche meistens eine Lagerhaltung haben. Zentralisierung und Massenproduktion sind für Services problematisch.
- Services sind „verderblich", das heißt Services können nicht gespeichert werden, aber aus Sicht des Consumers kann das Ergebnis des Service durchaus unverderblich sein.
- Die Qualität eines Service hängt von vielen sehr schwer kontrollierbaren Faktoren ab. Da ein Schwerpunkt der Services im direkten Kundenkontakt besteht, hat dies zur Konsequenz, dass die Qualität des Service von der Fähigkeit des Kunden determiniert wird, sich zu artikulieren, beziehungsweise der Provider in der Lage ist, dem Kunden zuzuhören.
- On-demand-Delivery – Die Services werden meistens direkt durch die Nachfrage bezüglich einer zu erbringenden Leistung ausgelöst.

Damit diesen unterschiedlichen Charakteristika Rechnung getragen werden kann, muss eine umfassende Servicedefinition sehr abstrakt sein. Die hier gewählte Definition des Service ist daher:

Ein Service ist die Summe des beobachtbaren Verhaltens eines Systems (genannt Provider), gegeben durch die Menge aller möglichen Interaktionen und deren Relationen zwischen dem System und seiner Umgebung.

Diese Definition ermöglicht es, Services als systemtheoretische Gebilde (s. Anhang A) zu beschreiben. Dieses Servicekonzept ist das Resultat der Trennung zwischen dem internen (Implementation) und externen (Interface) Verhalten eines Systems. Für den Consumer (als Teil der Umgebung) ist nur der externe Teil interessant. Implizit lassen sich aus dieser Definition eine Reihe von Eigenschaften für die Services ableiten:

- Ein Service hat einen Grad an Autonomie, da ohne Autonomie ein System überhaupt nicht identifizierbar ist.
- Services besitzen ein Interface (eine Schnittstelle), dieses wird durch die Grenze zwischen System und Umgebung gebildet. Da der Consumer ein Teil der Umgebung ist[9], bildet seine Umgebungsteilmenge das für ihn wahrnehmbare Interface. Der andere Teil der Grenze zur Umgebung bildet für die Serviceimplementierung den Kontext.
- Da Systeme zu größeren Systemen zusammengesetzt werden können, gibt es auch die Möglichkeit zur Servicekomposition.
- Die funktionalen Eigenschaften sind die erwarteten Verhaltensmuster des Systems und ergeben sich aus dem Interface.
- Die nichtfunktionalen Eigenschaften sind die durch den Kontext (ohne den Consumer) ausgelösten Verhaltensmuster des Systems.

Ein Service muss hinreichend gut beschrieben werden. Speziell dann, wenn der Consumer den Provider nicht kennt, ist eine semantisch reichhaltige und strukturell gute Beschreibung notwendig, damit ein Service auch entdeckt und nachfolgend eingesetzt werden kann.

Die funktionalen Eigenschaften eines Service beschreiben genau die fachlich gewünschten Funktionen, die der Service erfüllen soll; das, was er tatsächlich für seinen Kunden durchführt.[10] Die funktionalen Eigenschaften beschreiben die Wirkung, nicht die Implementierung des Service, folglich wird hier die Grenze zur Umgebung und nicht die Substruktur des Systems beschrieben. Neben der Festlegung von dem, was durchgeführt werden soll, wird auch der Informationsfluss für den Service beschrieben. Services, die durch Menschen durchgeführt werden, wie zum Beispiel Reinigung, Outsourcing oder Reparaturen, werden im Allgemeinen auch als manuelle Services oder Dienstleistungen bezeichnet. Bei manuellen Services gestaltet sich der Informationsfluss in Form eines Dialogs zwischen dem Kunden (Consumer) und dem Dienstleister (Provider). Die starke menschliche Verflechtung und das iterative Verhalten aller Beteiligten ermöglichen es, dass sich diese Services auf diverse Kontexte einstellen können.[11] Im Fall von Software werden die funktionalen Eigenschaften von Services durch Interfaces, sowie die Vor- und Nachbedingungen spezifiziert. Services in der Software erzeugen ein eindeutiges syntaktisches Verhalten auf Grund der Tatsache, dass die genutzten Programmiersprachen Anforderungen an den Typ der Information in Form von Datentypen stellen – im Gegensatz zu manuellen Services.

Eine Servicebeschreibung besteht neben der Funktionalität des Service auch aus der Beschreibung der nichtfunktionalen Eigenschaften. Speziell das Fehlen von Beschreibungen nichtfunktionaler Eigenschaften verhindert eine „vernünftige" Suche und Entdeckung von Services. Sinnvolle nichtfunktionale Eigenschaften für einen Service sind:

---

[9] Aus Sicht der Implementierung.
[10] Allerdings nur aus Sicht des Kunden.
[11] Viable System Services sind der Versuch, diese Flexibilität auch auf Software zu übertragen, s. Anhang B.1.

2.1 Serviceorientierungsparadigma

- Name des Providers – Provider müssen eine eindeutige und verifizierbare[12] Identität haben. Die logische Folge einer Identität ist die Existenz eines eindeutigen Namens und die Zugehörigkeit zu einer Organisation.
- Zeit – Angaben über die Servicezeiten oder auch Wochentage sind wichtige Größen für den Consumer.[13]
- Sprache –
- Qualität des Service –
- Sicherheit –
- Ort – Obwohl es in den meisten Fällen transparent sein sollte, wo der Service tatsächlich ausgeführt wird, kann der Ausführungsort bezüglich rechtlicher Belange oder Sicherheitsaspekte durchaus relevant sein. Bei nicht-IT-basierten Services kann es durchaus sein, dass der Service nur an einem bestimmten Ort durchgeführt werden kann oder darf. Neben den klassischen Formen der Ortsangabe können Telefonnummern oder URI-Adressen bei SLA-Verletzungen Kontakte und Möglichkeiten zum Ausweichen anbieten.
- Verfügbarkeit – Unter Verfügbarkeit versteht man die Kombination aus den zeitlichen und örtlichen Aspekten der Services.
- Obligation – Stellt die Verpflichtungen von Provider und Consumer dar.
- Preis – Neben dem Preis pro Serviceaufruf sind auch andere Formen von Preismodellen möglich, so zum Beispiel Flat, Bulk oder Prime Rate.
- Zahlungsmodalitäten – Analog zum Preis der Services kann auch die Art und Weise der Zahlung relevant sein.
- Strafen – Werden Zahlungsmodalitäten oder Obligationen verletzt, so treten die entsprechenden Strafen ein.

Für die Consumer sind die funktionalen und nichtfunktionalen Eigenschaften von Services zum Teil nicht voneinander unterscheidbar, insofern ist eine solche Unterteilung bis zu einem gewissen Grad willkürlich. Je bekannter und standardisierter die funktionalen Eigenschaften von Services sind, desto stärker rücken die nichtfunktionalen Eigenschaften bei der Entscheidung des Kunden für einen spezifischen Provider in den Vordergrund.

Der Ansatz, eine Organisation mit allen Prozessen und der gesamten Menge an Aktivitäten und Software durch ein Netz von miteinander wechselwirkenden Services zu modellieren, führt dazu, dass Organisationen als ein Graph von Services dargestellt werden können. Diese haben auf abstrakter Ebene ähnliche Charakteristika und bilden auf Grund ihrer Autonomie in sich geschlossene Systeme. Daher kann die Organisation als ein System von Systemen betrachtet werden. Auf ein solches Konstrukt lassen sich dann auch die systemtheoretischen Methodiken anwenden. Aber nicht nur Organisationen, auch unsere Umgebung lässt sich als ein solches „System of Systems" modellieren und durch die entsprechenden systemtheoretischen Instrumente steuern.

Die gesamte technologische Entwicklung der letzten Jahre strebt in diese Richtung; durch die zunehmende Bandbreite und Geschwindigkeit des Informations-

---

[12] Die Verifikation kann auch über Dritte, so zum Beispiel Trustcenter, erfolgen.
[13] Der Service Personentransport der Deutschen Bahn kennt Wochen- und Feiertagsfahrpläne.

austauschs, als auch der stark gestiegenen Automatisierung, sind heutige Systeme deutlich stärker miteinander vernetzt, als dies je zuvor der Fall war. Der Endpunkt dieser Entwicklung ist dann ein Ultra Large Scale System (s. Abschn. 6.9). Mittlerweile sind Phänomene wie Emergenz und nichtlineare Skalierbarkeit in großen Organisationen und in technisierten Umgebungen merklich; diese Phänomene lassen sich nicht durch die Betrachtung einzelner Geräte, Applikationen oder Teilsysteme erklären, hier bedarf es des Einsatzes der Systemtheorie. Mit zunehmender Abhängigkeit und Wachstum der IT-Systeme treten Fragestellungen in Richtung der Überlebensfähigkeit solcher Konstrukte in den Vordergrund, womit große serviceorientierte Systeme immer stärker natürlichen oder sozialen Systemen ähneln und Fragestellungen nach Selbsterhalt, Selbstorganisation und Selbstreproduktion des jeweiligen Systems immer interessanter werden.

2.2 Service Oriented Enterprise

Eine Organisation lässt sich am besten analysieren, wenn nicht die formale Struktur gesehen, sondern die Kommunikationswege und -stile betrachtet werden. Dies liegt darin begründet, dass aus systemtheoretischer Sicht alle Teile einer Organisation – seien es Menschen oder ganze Suborganisationen – folgende notwendigen Bedürfnisse haben:

- Die Elemente müssen ihre Tätigkeiten synchronisieren. Schließlich verkörpern Organisationen auch Prozesse, beziehungsweise dienen dazu bestimmte Prozesse zu leisten, dies geht nicht ohne Formen der Koordination mit den Basistypen: Orchestration und Choreographie (s. S. 46).
- Die Elemente führen Diskussionen über Ziele, beziehungsweise kommen überein bestimmte Ziele zu verfolgen.
- Es müssen Fehlfunktionen entdeckt und kommuniziert werden, damit Reaktionen auf diese Fehlfunktionen stattfinden können.

Folglich entsteht eine Organisation erst dann, wenn sie kommuniziert! Umgekehrt betrachtet kann man aber auch eine Organisation als Ergebnis von Kommunikation betrachten und folglich die Kommunikationsformen und -wege als ein Architekturbild der Organisation nutzen.

Die unterschiedlichen Stadien einer Organisation in ihrer chronologischen Erscheinung sind in Abb. 2.3 dargestellt. Die Evolution von Organisationen ist in aller Regel problemgetrieben, das heißt die Organisation existiert so lange in einem Stadium, bis die nächste Krise eintritt. Die Krisenlösungen sind immer kontrollgetrieben: Zunächst werden Kontroll- und Steuerungsmechanismen ausgebaut, gefolgt von den operationalen Aspekten. Nicht alle Organisationen passen exakt in dieses Schema, oft beinhalten die Organisationen Mischformen oder haben etwas andere Ausprägungen der verschiedenen Stadien, aber es ist hilfreich Stereotypen zu betrachten, damit der organisatorische Kontext überhaupt klar wird. Neben den unterschiedlichen Stadien ist bei den meisten Organisationen – langfristig gesehen –

2.2 Service Oriented Enterprise

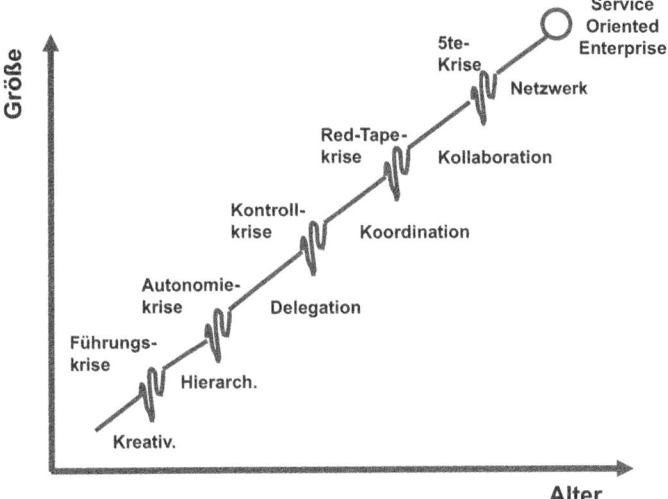

Abb. 2.3 Die Evolutionsstufen einer Organisation

ein Größenwachstum zu beobachten. Üblicherweise korrelieren die Größe mit dem Alter und der Führungsstil mit der Größe. Letzteres resultiert aus der Notwendigkeit einer effektiven Kommunikation und Steuerung von großen Organisationen. Im Laufe ihrer Entwicklung durchlaufen die meisten Organisationen verschiedene Stadien (wenn sie lange genug überleben):

- Kreativitätsstadium – Das erste Stadium einer Organisation ist das Kreativitätsstadium. Dieses ist dadurch charakterisiert, dass es eine kleine Zahl von Mitarbeitern gibt, welche in aller Regel sehr informell miteinander kommunizieren.
- Hierarchiestadium – Die nächste Stufe ist die der funktionalen Organisation. Es bilden sich immer mehr Suborganisationen heraus, welche jeweils spezifische Aufgaben erledigen. Im Laufe der Zeit werden explizite Hierarchien[14] geformt. Die Suborganisationen beginnen oft als Abteilungen und werden im Laufe zunehmenden Wachstums erst als Profitcenter, dann als Einheiten ausgegründet. Charakteristisch ist ein hohes Maß an Machtasymmetrie innerhalb der Organisation. Es werden definierte formale Kommunikationsstrukturen herausgeformt, Buchhaltung und Verwaltungseinheiten zeigen sich als Substrukturen. Auf Grund der Hierarchie werden alle Entscheidungen zentral gefällt und der Fokus der Führung ist auf Effizienz der Operationen, sowie auf einen hohen Grad an Professionalität innerhalb der Organisation gerichtet.
- Delegationsstadium – Das Hierarchiestadium wird durch die Delegierung von Macht an die einzelnen Organisationsteile aufgelöst. Diese verselbstständigen sich und werden zu sogenannten „Divisionen". Jede einzelne Division ist alleine

---

[14] Aus dem Griechischen ιεραρχια, setzt sich zusammen aus *Hieros* = heilig und *Archos* = herrschen. Ursprünglich bedeutete es *Herrschaft durch den Priester*. Der Begriff wurde auf alle Organisationen verallgemeinert.

für alle Operationen und Geschäftsergebnisse im Markt verantwortlich (analog zum Kreativitätsstadium). Die Aufgabe des Topmanagements in einer solchen Organisation ist es primär, die langfristige Strategie sowie aktive Akquisitionen von neuen Divisionen zu betreiben. Intern sind die Divisionen meistens hierarchisch oder sogar in Subdivisionen organisiert. Jede einzelne Division ist innerhalb ihres Marktes auf Expansionskurs und versucht ein lokales Optimum bezüglich Profit und Marktanteilen zu erreichen, was in einigen Fällen zu einer innerorganisatorischen Konkurrenz führen kann.

- Koordinationsstadium – Dies ist eine Organisationsform, welche dezentral den Divisionen die Durchführung und die Verantwortung überträgt, aber zentral plant und standardisiert. Trotz organisationsweiter Standards und formalisierter Mechanismen bleibt die Divisionsstruktur faktisch vorhanden. Der Fokus des Topmanagements ist es, die einzelnen Divisionen zu Kooperationen zu bewegen und damit eine neue und wiederum „kohärente" Organisation zu erschaffen.
- Kollaborationsstadium – In diesem Stadium der Entwicklung wird die Zentrale entmachtet und die Gesamtorganisation erhält eine Matrixstruktur. Der Fokus des Topmanagements liegt auf dem Lösen von Problemen und der Einführung von Innovationen in der Gesamtorganisation. Es kommt zu Teambildungen, welche funktionsübergreifend organisiert werden.
- Netzwerkstadium – Meist treten verschiedene Organisationen als Konkurrenten um einen gemeinsamen Markt auf. Konkurrenz ist aber nur eine mögliche Beziehung zwischen zwei Organisationen, eine andere Form ist die Kooperation. Wenn ein Netzwerk wächst, erreicht es irgendwann einmal eine kritische Masse. Dann zieht es neue Teilnehmer an, erzeugt einen hohen Mehrwert für alle Beteiligten und ist anschließend in der Lage, kleinere Netzwerke zu verdrängen. Innerhalb des Netzwerkstadiums besteht die Gesamtorganisation aus einem Netz von hochgradig autonomen Organisationen, welche eindeutige Services und Produkte mit einer klar umrissenen Funktionalität anbieten. Die Kooperation dieser einzelnen Teile geschieht auf einer Ad-hoc-Basis, um gemeinsam ein Ziel zu erreichen. Eine besondere Form eines solchen Netzwerks ist unter dem Begriff „virtuelles Enterprise" bekannt. Eine der großen Stärken einer solchen Organisationsform liegt darin, dass verteilte Organisationen einen Teil der vertikalen Bürokratie innerhalb einer einzelnen Organisation ersetzen.

Die Beurteilung einer Organisation geschieht meist in Form eines Graphen, bei dem N_{Knoten}-Knoten über N_{Kanten} miteinander verbunden sind. Hierbei beträgt die minimale Zahl von Kanten: $N_{\text{Kanten}} = N_{\text{Knoten}} - 1$, während die längste Kette in solchen streng hierarchischen Bäumen durch:

$$L \sim \ln N_{\text{Knoten}}$$

gegeben ist. Eine solche Organisationsform ist jedoch nur sinnvoll, wenn sich die Prozesse und Funktionen der Organisation in Teilfunktionen und -prozesse zerlegen lassen und diese mehr oder minder unabhängig von den Suborganisationen ausgeführt werden können. Dies widerspricht in den meisten Fällen jeder Realität! Heutige Organisationen müssen Aufgaben erledigen, welche nicht klar definiert sind,

2.2 Service Oriented Enterprise

welche oft die gleiche Zeitskala haben wie die Produktion[15], welche ihr Wissen erst durch den Produktionsprozess selbst aufbauen. Bei solchen Problemstellungen ist eine Zerlegung faktisch nicht mehr möglich, die Arbeit wird hier sehr stark kooperativ erledigt.

Moderne Organisationen haben daher neben der Effizienz auch das Ziel eine Form zu finden, welche der Gesamtorganisation ein hohes Maß an Robustheit gibt. Denn der einzelne Knoten im Netzwerk muss vor Überlastung durch Arbeit, nichtantizipierten Kollaborationsmustern oder Reorganisation geschützt werden. Gleichzeitig muss aber auch die Gesamtorganisation vor einem Zerbrechen bewahrt werden. In komplexen Netzwerken werden die Informationen zur Koordinierung oft über Mittler weitergegeben, welche dadurch zusätzliche Informationslasten haben. In sehr großen Netzen, wie zum Beispiel dem Internet, ist die Last durch die Koordinierungsnachrichten immens hoch (s. Abschn. 6.7). Solche Netze haben das Risiko einer „Verstopfung", auf das aktiv reagiert werden muss. Neben der Robustheit gegen Überlastung muss ein stabiles Netzwerk auch robust gegen den Wegfall einer Kante oder eines Knotens sein. Netzwerke, die in beiden Fällen robust sind, werden als ultrarobust bezeichnet.

In dem Modell von Dodds[16] wird ein allgemeines Netzwerk nach zwei Parametern charakterisiert: λ und ζ (s. Abb. 2.4). In diesem Modell existieren zwei für den einzelnen Knoten interessante Größen: Zum einen der Abstand zwischen zwei Knoten i und k mit:

$$x_{ik} = \sqrt{d_i^2 + d_k^2 - 2}, \qquad (2.1)$$

und die Tiefe D_{ik} des kleinsten gemeinsamen Vorgängers a_{ik}. Durch diese Betrachtungsweise entstehen zwei charakteristische Skalen: die Tiefe λ und die Breite ζ. Kanten zwischen zwei Knoten entstehen nach einer Wahrscheinlichkeitsverteilung durch:

$$p(i,k) \sim e^{-\frac{1}{\lambda}D_{ik}} e^{-\frac{1}{\zeta}x_{ik}}. \qquad (2.2)$$

Die entstehenden Graphen der Grenzfälle lassen sich in mehrere Kategorien, je nach Parameterbereich (λ, ζ), einteilen:

- $(\lambda, \zeta) \mapsto (\infty, \infty)$ – Der Zufallsgraph, hier sind alle Kanten rein zufällig und gleichmäßig verteilt.
- $(\lambda, \zeta) \mapsto (\infty, 0)$ – Das lokale Team, Kanten sind nur bei direkten Nachbarn und mit direkten Eltern vorhanden.
- $(\lambda, \zeta) \mapsto (0, \infty)$ – Die Divisionsorganisation, Kanten sind nur innerhalb einer Division erlaubt.
- $(\lambda, \zeta) \mapsto (0, 0)$ – Nur die Wurzel kann sich direkt mit einem weiteren Knoten verbinden, eine Art Zentralknoten in Form eines Sterns entsteht.

---

[15] Typisch für Projekte, oft unterscheidet sich die Dauer des Aufbaus der Projektorganisation nur wenig von der Dauer des Projekts.
[16] *Dodds*, Information exchange and the robustness of organizational networks, 2003.

Wirklich stabile Netzwerke entstehen in der Nähe von $(\lambda, \zeta) \approx (0.5, 0.5)$, welche auch ultrarobust sind. Dieses einfache Modell zeigt, dass sich nur bestimmte Netzwerkformen auf Dauer als sinnvoll herausstellen.

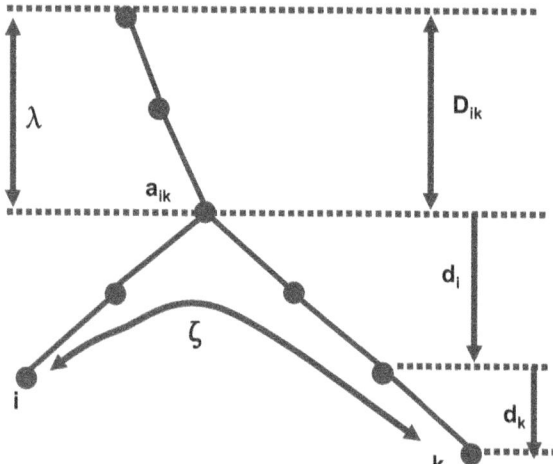

Abb. 2.4 Allgemeiner Graph eines hierarchischen Netzwerks nach *Dodds*

Ein virtuelles Enterprise ist strenggenommen eine Organisationsform, welche unabhängige Partner vereint, um einen einmaligen Auftrag zu erfüllen und danach wieder aufgelöst wird. Ein virtuelles Enterprise wird versuchen, für jede Teilaufgabe den bestmöglichen Provider einzusetzen, dessen Kernkompetenz identisch mit der Aufgabe sein sollte. Zu den daraus resultierenden Problemen zählen effiziente und durchaus verletzbare Verbindungen zwischen den einzelnen Organisationen. Diese Verbindungen müssen in Bezug auf Flexibilität und Versatilität ein ungleich höheres Maß an Anforderungen erfüllen als das sonst, im Rahmen einer normalen Organisation, notwendig ist. Als Organisationsform zerfallen die virtuellen Enterprises in first- und second-level Organisationen. Zu den typischen first-level virtuellen Enterprises zählen Projekte innerhalb eines Konzerns (s. Abb. 2.5), während eine echte virtuelle Organisation zum second-level Typ gehört. Die zeitliche Begrenzung des virtuellen Enterprises ist ein Schlüsselelement zur Unterscheidung der beiden Typen.

Ein virtuelles Enterprise existiert mit zwei Basistopologien:

- Mit einem Provider, der den Beteiligten alle Infrastrukturfunktionen zur Verfügung stellt – so zum Beispiel für eine Open Source Entwicklung bei Sourceforge.
- Mit einem Provider, der eine erweiterte Plattform zur Koordination der individuellen Organisationen, die sich am virtuellen Enterprise beteiligen, zur Verfügung stellt.

Da das virtuelle Enterprise auf der freiwilligen Kooperation unabhängiger Partner basiert, fehlen im Vergleich zu klassischen Organisationsformen einige Elemente. Welche im Detail fehlen, kann von Fall zu Fall variieren, was dazu führt, dass

2.2 Service Oriented Enterprise

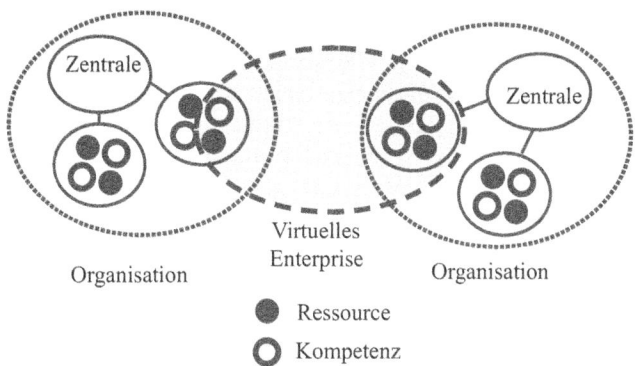

Abb. 2.5 Das virtuelle Enterprise

ein weites Spektrum unterschiedlicher Organisationsformen dem Konzept des virtuellen Enterprises zugerechnet werden kann. Es reicht von einmaligen, temporär befristeten Ad-hoc-Verbindungen bis hin zum eher längerfristig orientierten Netzwerkpool, dessen Mitglieder sich für die Leistungserstellung immer wieder neu zu virtuellen Enterprises zusammenschließen. Dabei bildet das virtuelle Enterprise nicht wirklich eine eigentliche Organisationsform und kann daher nur unzureichend über entsprechende Strukturmerkmale definiert werden. Die idealtypische Form des virtuellen Enterprises verzichtet auf die Institutionalisierung zentraler Funktionen zur Gestaltung, Lenkung und Entwicklung der Zusammenarbeit. Anstelle der dadurch fehlenden formalen Regelungen für die Koordination unter den Beteiligten treten informelle, fallweise abgestimmte Vereinbarungen. Dieser Mangel an zentralen Strukturen wird durch die Vernetzung der Kooperationspartner mittels Software ausgeglichen. Daher kann ein virtuelles Enterprise als eine interorganisationale, softwaregestützte Verbindung von Organisationen angesehen werden.

Virtuelle Enterprises sind Ad-hoc-Netzwerke[17], die zum Zweck der Erfüllung einer spezifischen, genau festgelegten Leistungserstellung gegründet werden, um sich nach Erreichen der Zielsetzung wieder aufzulösen. Für die Erfüllung der Aufgaben stellen die einzelnen Kooperationspartner ihre Kernkompetenzen und ihre Ressourcen zur Verfügung. Bei virtuellen Enterprises dominiert die Ablauf- gegenüber der Aufbauorganisation. Die Konturen zwischen den virtuellen Strukturen, den jeweils beteiligten Organisationen sowie den Systemgrenzen sind einem ständigen Wandel unterworfen, wodurch sie zunehmend verschwimmen und oft nicht mehr klar wahrzunehmen sind. Außerdem zeichnet sich in dieser arbeitsteiligen Leistungserbringung das virtuelle Enterprise durch ein einheitliches Auftreten gegenüber Kunden und Konkurrenten aus und erscheint dadurch für den Außenstehenden wie eine real existierende Organisation. Die zeitliche Befristung der Zusammenarbeit im virtuellen Enterprise sowie die fehlende Absicherung der beteiligten Organisationen durch detaillierte formale Regelungen begünstigen jedoch auch eine opportunistische Haltung.

---

[17] Siehe auch MANETs, S. 115.

Gerade kleineren und mittleren Organisationen bieten derartige virtuelle Enterprises die Möglichkeit auf die Globalisierung zu reagieren, indem sie sich zu strategischen Kooperationen zusammenschließen. Durch den entstehenden Kooperationsverband ist es den Organisationen möglich auf den Markt zu reagieren und multinationale, zweckorientierte Netzwerkzusammenschlüsse aufzubauen, ohne hohe Investitionen für einzelne Wertschöpfungsprozesse zu tätigen.

Tabelle 2.1 Virtuelle Enterprises, Chancen und Risiken

Dimension	Chancen	Risiken
Kompetenz	Kombination nur der besten Partner	Einseitiger Kompetenzaufbau
Effizienz	Redundanzarme und virtuelle Struktur	Erhöhte Koordinations- und Infrastrukturkosten
Flexibilität	Raumzeitliche Entkoppelung der Prozesse	Massive Personenabhängigkeit im Netzwerk
Motivation	Erfüllung individueller Bedürfnisse	Verlust der sozialen Identität
Koordination	Zentral oder selbstbestimmt	Verlust der Organisationsidentität

Virtuelle Enterprises lassen sich an Hand dreier stereotyper Ausrichtungen gut aufzeigen:

- *Dell* – Dieses amerikanische Unternehmen produziert nichts selbst. Alle Produkte sowie der Zusammenbau innerhalb der Produktion werden durch Dritte gefertigt. *Dell* ist jedoch immer bestrebt, eine stabile Partnerschaft mit seinen Lieferanten einzugehen und sichert diese auch vertraglich ab. Bei diesem Stereotyp spricht man auch von einem permanenten virtuellen Enterprise.
- *Filmproduktion* – Ein anderes Beispiel für ein virtuelles Enterprise ist die Filmproduktion. Hier kommen verschiedene Schauspieler, Kameraleute, Regisseure und viele andere mehr temporär für die Dauer der Filmproduktion als Team unter der Leitung des Produzenten zusammen. Am Ende zerfällt die Produktion wieder in die individuellen Freiberufler.[18] Filmproduktionen sind das „klassische" Beispiel für virtuelle Enterprises.
- *Open-Source-Projekte* – Die Open-Source-Projekte sind ein weiteres Beispiel für virtuelle Enterprises. Es handelt sich zwar nicht um kommerzielle Organisationen, trotzdem stellen sie virtuelle Enterprises dar. Hier arbeiten projektbezogen eine Reihe von Softwareentwicklern auf zeitlich befristeter Basis zwecks eines gemeinsamen Ziels zusammen.[19]

Eine der Schwierigkeiten hinter der Modellierung von virtuellen Enterprises besteht darin, dass es nicht „das" virtuelle Enterprise gibt. Diese Organisationen verändern sich viel zu schnell, daher ist man nicht in der Lage, sie generisch zu beschreiben. Es gibt jedoch ein Charakteristikum, welches in allen Erscheinungsformen vorkommt: Alle virtuellen Enterprises nutzen das Internet als Trägermedium für ihre

---

[18] Obwohl dies alles bewusst temporär angelegt ist, schafft es die Filmindustrie, Kinohits zu produzieren.

[19] Das Betriebssystem *Linux* ist durch ein solches virtuelles Enterprise entstanden.

2.2 Service Oriented Enterprise

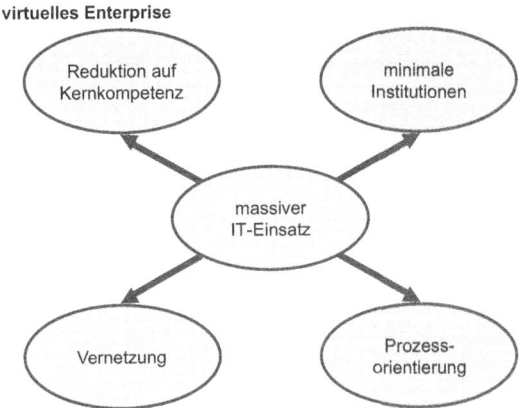

Abb. 2.6 Die typischen Merkmale eines virtuellen Enterprises

gemeinsamen Prozesse. Innerhalb des Netzwerkstadiums tritt ein weiteres Problem auf: Das virtuelle Enterprise ist ohne eine verlässliche und verteilte IT-Infrastruktur nicht denkbar, aber es existiert keine singuläre Institution, die Entscheidungen über die Infrastruktur sowie die Software oder die Systeme im Allgemeinen trifft. Folglich ist nicht nur eine verteilte Architektur, beziehungsweise eine generische Architektur, welche verschiedene Implementierungsformen verkraften kann, notwendig, sondern auch die Verteilung der Ressourcen und des Aufwands auf die unterschiedlichen Organisationen spielt eine Rolle. Die typische IT-Infrastruktur eines virtuellen Enterprise muss in der Lage sein, folgende Ereignisse reibungslos verkraften zu können:

- Eine Organisation wird neu aufgenommen.
- Eine Organisation verlässt das virtuelle Enterprise.
- Die Services des virtuellen Enterprise ändern sich spontan.
- Das virtuelle Enterprise verschmilzt mit einem anderen virtuellen Enterprise.

Außerdem darf die Infrastruktur weder von der Zahl der beteiligten Organisationen noch von dem Vorhandensein einer einzelnen Teilnehmerorganisation abhängig sein.

Es findet im Laufe der Evolution innerhalb der Organisationen eine Verschiebung zu immer stärker netzwerkartig funktionierenden Formen statt. Eine solche Netzwerkorganisation bedarf aber auch einer entsprechenden Strukturierung. Diese Strukturierung kann durch Services erreicht werden. Die Services werden typischerweise in einer sich rasch verändernden Umgebung zur Verfügung gestellt. Eine Organisation, die sich komplett in Services organisiert hat, wird als **Service Oriented Enterprise** (SOE) bezeichnet. Das SOE ist die logische Weiterentwicklung des virtuellen Enterprise, in dem es ein virtuelles Enterprise ist, welches ausschließlich aus Services besteht.

Der primäre Unterschied zwischen einem SOE und anderen mehr traditionellen Organisationsformen ist die Forderung, dass das SOE seine Kernprozesse definiert

Tabelle 2.2 SOE im Vergleich zur traditionelle Organisation

	Traditionelle Organisation	**Service Oriented Enterprise**
IT-Rolle	IT hat eine unterstützende Rolle. Fachbereiche müssen sicherstellen, dass die IT die Requirements erfüllt.	IT hat eine strategische Rolle. Die Services spiegeln die Geschäftsprozesse wider.
Wertschöpfung	Der Mehrwert wird in jedem Teil der Wertschöpfungskette primär in der Organisation erzeugt.	Ein Teil der Wertschöpfung findet in einem Netz aus Partnern statt. Der Mehrwert wird durch die Nutzung von Services erzeugt.
Requirements	Requirements werden von der gleichen Suborganisation gestellt, die sie auch implementiert.	Trennung der Requirements (Interface) von der Implementierung (Provider).
Prozessablauf	Sequenzieller Ablauf mit kumulativer Wertschöpfung.	Netzwerkartiger Ablauf oft mit paralleler Ausführung.
Prozessdesign	Meist reine Dekomposition. Statischer sequenzieller Ablauf.	Dynamisches Prozessdesign basierend auf den Ergebnissen der Subprozesse und Events.
Struktur	Hierarchie	Netzwerk
Broker	–	Notwendig für den Providerwechsel.
Semantik	Semantische Inseln in den Applikationen (Code) und Suborganisationen (Mitarbeitern)	Organisationsweite und -übergreifende Semantik durch Ontologien.

und für den Markt öffnet. Dabei erzeugt die Nutzung von Standardisierung ein hohes Potenzial an Interoperabilität. Diese Restrukturierung ermöglicht es, sehr schnell auf Veränderungen der Umgebung zu reagieren und sich dabei immer wieder neu zu „erfinden".

Im Vergleich zwischen traditionellen Organisationen und SOEs gilt:

- Bindung – Traditionelle Organisationen haben eine statische Struktur und die Suborganisationen sind auf langfristige Beziehungen zu anderen Organisationen ausgelegt, so dass jede Veränderung hohen Aufwand produziert. Im Gegensatz dazu benutzen SOEs kurzfristige Beziehungen mit den Services von eventuellen Partnern, Veränderungen geschehen häufiger und werden durch Marktanforderungen ausgelöst.
- Effizienz – Traditionelle Organisationen werden optimiert, um interne Abläufe möglichst effizient zu gestalten. Allerdings sind die Wechselwirkungen mit anderen Organisationen ad-hoc und sehr arbeitsintensiv. Das Ziel hinter einem SOE ist es, Geschäftslogik mit der Zielsetzung von Benutzerzufriedenheit und -profitabilität zu erreichen. Eine solche Betrachtungsweise impliziert, dass interne wie externe Abläufe explizit betrachtet werden.
- Koppelung – Enge Koppelungen sind ein Charakteristikum für alle Formen der klassischen Organisation, folglich sind solche Organisationsformen für langfristige Operationen ausgelegt und widersetzen sich einem Wandel. Im Gegensatz

2.2 Service Oriented Enterprise

dazu muss ein SOE in der Lage sein, sich sehr kurzfristig zu verändern, was nur durch lose Koppelung zu erreichen ist, da so ein Wandel deutlich einfacher wird.
- **Zielsetzung** – Eines der Ziele einer traditionellen Organisation ist es, das Dokumentenmanagement durch effektiven Austausch der Dokumente zwischen den Beteiligten zu ermöglichen. Die Folge dieser Dokumentenorientierung ist eine Abkehr von der Kundenorientierung, ein SOE hingegen ist auf Nachfrage und Kundenzufriedenheit ausgerichtet.
- **Identität** – Integration in herkömmlichen Organisationen ist Bottom-Up. Partner sind bekannt, bevor sie integriert werden. Im Gegensatz dazu erlaubt ein SOE eine Top-Down-Integration, da das Ziel des SOE a priori bekannt ist und dies die Selektion der entsprechenden Services steuert.
- **Semantik** – SOEs sind im Gegensatz zu traditionellen Organisationen nicht atomar, sondern hierarchisch geschachtelt (s. Anhang A). Folglich sind ihre inneren und äußeren Beziehungen sehr viel semantikreicher als es bei herkömmlichen Organisationen der Fall ist.

Traditionelle Organisationen haben Schwierigkeiten, sich auf rasche Veränderungen einzustellen. In einem SOE sollte dies deutlich einfacher sein, zumindest auf den ersten Blick. SOEs haben jedoch auch die typischen Probleme von Netzwerkorganisationen (s. Abschn. 2.2) und einige mehr, da der permanente Wechsel die Identität der Organisation und damit auch das Zugehörigkeitsgefühl der Mitarbeiter stark beeinträchtigen kann. Ein möglicher Ausweg für die SOEs ist es, eine VSM-Struktur (s. Anhang B) zu wählen und so, trotz hoher Agilität, eine strukturelle und verhaltensbedingte Stabilität zu erreichen.

Ein SOE lässt sich wie folgt definieren:

Ein Service Oriented Enterprise (SOE) ist eine temporäre und dynamische Kollaboration zwischen autonomen Services, welche gemeinsam Services für Consumer in einer sich ändernden Umgebung bereitstellen. Ein SOE wird durch das Tupel (Ziele, Entitäten, Relationen, Umgebung, Lebenszyklus) eindeutig identifiziert.

- **Ziele** – Das Ziel des SOE ist das zu erreichende Geschäftsziel. Üblicherweise stellt es die Services dar, welche genutzt werden müssen, beziehungsweise Kriterien oder Schwellen für die jeweilige Serviceauswahl.
- **Entitäten**[20] – Die Menge an „Dingen", welche die Organisation bilden. Hierbei kann es sich um Services oder auch echte Suborganisationen handeln.
- **Relationen** – Die Abbildungen der Funktionen und Kardinalitäten jeder Entität in Bezug auf andere Entitäten innerhalb des SOE.
- **Umgebung** – Die Umgebung setzt sich aus einer Menge von Entitäten zusammen, welche das SOE beeinflussen.
- **Lebenszyklus** – Der Lebenszyklus gibt die aktuelle Phase an, in der sich das SOE befindet.

---

[20] Eine Entität im Sinne des SOE kann diverse Formen annehmen: Management, Service, Consumer, Provider, oder Broker.

Für jede Form der Serviceerstellung ist es wichtig, die Zusicherungen (Commitments) sauber zu planen und zu dokumentieren. Am besten funktioniert dies in Zusammenarbeit mit dem Kunden des Service; die so entstehenden Zusicherungen bilden dann einen Teil der Spezifikation, welche ein Service Level Agreement, basierend auf den Anforderungen des Kunden, entstehen lassen. Dieser Prozess ist nicht einfach, da sich viele Teile der Zusicherungen nicht quantifizieren oder messen lassen. Neben dem Inhalt der Zusicherung bezüglich eines Service sollte auch stets die Messmethode festgelegt werden.

In der Praxis reicht dies oft nicht aus, da Kunden zum Teil widersprüchliche Forderungen aufstellen. Das Service Level Agreement dokumentiert als eine Art Vertrag die Übereinkunft zwischen der Maintenanceorganisation und dem jeweiligen Kunden und sollte mindestens enthalten:

- Ausschlüsse für die Bereitstellung,[21]
- Rahmenbedingung und Beistellpflichten des Kunden.[22]
- Reportingverfahren,
- Eskalationsverfahren,
- Spezifikation des zu liefernden Service,
- messbare Servicelevel, das heißt wie schnell, wie fehlerfrei und so weiter,

Besonders wichtig ist, dass die Servicelevel Agreements aus Consumersicht nachvollziehbar formuliert werden; Providerorganisationen tendieren oft dazu, ihre inneren Abläufe einem Kunden „überzustülpen".

Der Lebenszyklus eines Service aus dem Blickwinkel des Providers betrachtet, lässt sich in mehrere chronologische Phasen einteilen:

- Servicedefinition,
- Eigenschaftenfestlegung,
- Serviceleistungserbringung,
- Serviceentkoppelung.

Die Definition des Service wird üblicherweise externalisiert und über andere Providerorganisationen oder Brokern diversen Consumern zur Verfügung gestellt. Nachdem ein potentieller Consumer Kontakt zum Provider aufgenommen hat, versorgt dieser den Consumer mit Informationen über die Serviceeigenschaften (funktional und nichtfunktional). Falls der Consumer einverstanden ist, gibt er den Auftrag zur Serviceleistungserbringung. Anschließend muss eine Entkoppelung vom Consumer vorgenommen werden, um die gebundenen Ressourcen anderer Services oder Consumern zur Verfügung stellen zu können.

2.3 Intelligente Organisation

Neben der Tatsache, dass ein SOE vollständig aus Services aufgebaut ist, muss eine solche Organisation auch in der Lage sein, sich auf Veränderungen in der Zu-

---

[21] ...so zum Beispiel bei höherer Gewalt, Krieg, Unruhen, Bundestagswahlen und so weiter.
[22] ...genau diese werden sehr häufig massiv verletzt.

2.3 Intelligente Organisation

kunft einzustellen, ein solches Verhaltensmuster wird als *intelligente Organisation* bezeichnet. Aus Sicht der Steuerung stellt das VSM (s. Anhang B) ein mögliches kybernetisches Modell einer solchen intelligenten Organisation dar. Für Organisationen gibt es keinen Stillstand, sie müssen sich permanent verändern. Eine solche Restrukturierung ist jedoch stets ein kosten- und nervenaufwendiger Prozess. Das sichtbarste Merkmal einer intelligenten Organisation ist es, dass sie diesen Prozess effizient und schnell gestalten kann (s. Abb. 2.7). Klassische Organisationen tendieren bei plötzlichen Veränderungen dazu, entweder zu langsam zu reagieren oder zu überreagieren (Aktionismus[23]), intelligente Organisationen hingegen haben gelernt den Wandel zu gestalten, so dass er in einer optimalen Zeit effizient erreicht werden kann. Innerhalb der diversen intelligenten Organisationen kann es auch noch Unterschiede in der Adaptionsgeschwindigkeit geben, welche auf einen unterschiedlichen Reifegrad hindeuten. Organisationen zeigen, über die Zeit oder untereinander betrachtet, unterschiedlich stark intelligentes Verhalten, jedoch kann das intelligentere eine größere Menge von Veränderungen in kürzerer Zeit ertragen als das weniger intelligente.

Ausschlaggebend für intelligentes Verhalten sind neben der hohen Motivation aller beteiligten Menschen der Einsatz von Technologie, eine entsprechend gute Infrastruktur und Steuerungsmechanismen, welche auf Veränderungen adaptiert sind, beziehungsweise diese aktiv beeinflussen. Von Seiten der Ressourcen tendiert eine intelligente Organisation dazu, nie seinen Break-Even-Point bei der maximalen Kapazität zu erreichen, sondern stets genug Reserven für Notfälle zu besitzen. Eine geeignete Kombination aus SOE und VSM-Steuerung sollte es ermöglichen eine idealtypische intelligente Organisation zu bilden. Allerdings muss berücksichtigt werden, dass es für intelligente Organisationen auch Limitierungen gibt:

- Größe – Eines der Hauptprobleme innerhalb jeder Organisation ist das Changemanagement der beteiligten Mitarbeiter: Sobald eine gewisse Anzahl von Mitarbeitern überschritten wird, stellt Größe ein Problem dar. Damit eine soziale Gruppe im täglichen Arbeiten gut funktionieren kann, ist sie normalerweise auf einen sozialen und physischen Kontakt aller Beteiligten ausgelegt. Dies impliziert, dass Veränderungen nur in solchen kleinen Gruppen besonders schnell und umfassend ablaufen können. Die Gruppengröße liegt hier bei der typischen Sippengröße[24], circa 50–100, was der Größe eines kleinen mittelständischen Unternehmens entspricht.[25] Skalenökonomien zeigen bei Veränderungen meist eine sehr schlechte Wirkung, da diese auf große Hierarchien ausgerichtet sind.
- Widerstand – Neben den Mitarbeitern kann eine weitere Quelle des Widerstands gegenüber Veränderungen in der Architektur der eingesetzten Systeme beobachtet werden. Besonders sogenannte Legacysysteme in der Software oder stark institutionalisierte Prozesse und Policies können massive Widerstände gegen strukturelle Veränderungen produzieren.

---

[23] Aktionismus ist eine typische Reaktion für ein überfordertes Management. Viele Führungskräfte können den Zustand des Kontrollverlusts und der Passivität meist nicht mit ihrem eigenen Selbstbild vereinbaren.
[24] Hier lässt sich das archaische Erbe des modernen Menschen erkennen.
[25] Ein Grund dafür, dass kleine Unternehmen ideal für digitale Businessökosysteme sind, s. Kap. 5.

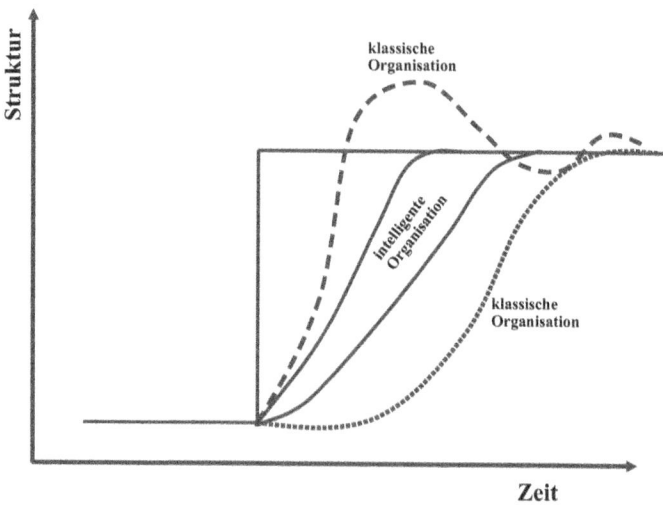

Abb. 2.7 Veränderungen in Organisationen

Damit eine Organisation überhaupt intelligent agieren kann, muss sie neben der Veränderung, welche durch die Marktbeobachtung ausgelöst wird, eine permanente Alignmentverbesserung in allen Dimensionen[26] betreiben. Es gibt noch ein zweites Charakteristikum für intelligente Organisationen: Wenn eine Organisation durch ihre Umgebung „gestört" wird, dann reagiert sie mit Veränderungen auf diese Störung; ist jedoch diese Störung nicht mehr vorhanden, so fallen die meisten Organisationen wieder in den alten Zustand zurück.[27] Eine intelligente Organisation jedoch erinnert sich an die Störung und kehrt nicht mehr in den Ursprungszustand zurück, sondern hat „gelernt", in Zukunft mit diesem Typus von Störung zu leben.

Eines der Schlüsselelemente für jede Form von Kollaboration ist die gemeinsame Konstruktion von relevanter Bedeutung, welche von allen Betroffenen zur Erreichung eines gemeinsamen Ziels geteilt wird. Diese Form der Übereinstimmung wird auch als kognitives Alignment bezeichnet. Heutige IT-Technologie ermöglicht es, Kommunikation quasi instantan und mit völlig neuen Formen der gemeinsamen Bedeutungsfindung zu verwirklichen.[28] Im Rahmen der elektronischen Kollaboration gibt es drei Ebenen der Zusammenarbeit:

- Kollektive Arbeit – In diesem Fall arbeitet jeder für sich selbst und das Ergebnis ist die Summe der individuellen Anstrengungen. Typische Beispiele sind hier: Netzwerklaufwerke, Tabellenkalkulation und so weiter.
- Koordinierte Arbeit – Bei der koordinierten Arbeit wird die Tätigkeit der Individuen über Zuständigkeit und Übergaben gesteuert. Das Ergebnis ist eine Funk-

---

[26] Siehe Masak, *IT-Alignment*, Springer 2006.
[27] Dieses Verhaltensmuster macht das Changemanagement so besonders schwer.
[28] Einfache E-Mail-Systeme, aber auch Wikis und *Yahoo*- oder *Google*-Groups sind hierfür Beispiele.

2.3 Intelligente Organisation

tion der individuellen Anstrengung und der Qualität der Koordination. Typische Werkzeuge sind hier: E-Mail, Notes-Datenbanken aber auch Workflowsysteme.
- Konzertierte Arbeit – Hier müssen die Anstrengungen der Teilnehmer synchron geschehen und jede Veränderung eines Individuums beeinflusst die anderen Individuen. Es existieren nur Gemeinschaftsergebnisse. Typische Werkzeuge sind hier: elektronisches Brainstorming, Mindmapping und so weiter.

Ein Maß für den Grad an Intelligenz einer Organisation ist die Intelligenzbandbreite, welche sich als Produkt aus der Kollaboration und der Informationsassimilierung ergibt. Bei der Betrachtung der Bandbreite gehen dann die Gesamtmenge an Informationen in der Organisation und wie diese von den Individuen assimiliert werden kann ein. Neben dieser Assimilationsfähigkeit spielt die „Reife" der Kollaboration eine Rolle; je reifer die Kollaboration, desto höher die Bandbreite. Eine solche Bandbreite ermöglicht es, den Wertschöpfungsprozess auf Grund von Koordination und Innovation mehr oder minder gut zu quantifizieren.

Eine der größten Herausforderungen für Organisationen ist es, ein hohes Maß an Agilität zu erreichen. Unter Agilität versteht man die Fähigkeit, Chancen zur Innovation oder Optimierung zu entdecken und diese durch schnelle Veränderung der Organisation oder Prozesse zu nutzen, um somit einen Wettbewerbsvorteil zu erreichen.[29] Zur gesamtheitlichen Agilität benötigt eine Organisation drei Fähigkeiten (s. Tabelle 2.3):

- Kundenagilität – Diese spiegelt die enge Zusammenarbeit mit aktuellen oder zukünftigen Kunden wider. Dabei spielen Kunden eine dreifache Rolle:

Tabelle 2.3 Agilitätstypen

Typ	Beschreibung	IT-Rolle	Beispiel
Kundenagilität	Fähigkeit, zusammen mit den Kunden neue Produkte oder Services zu entwickeln.	Aufbau virtueller Kundengruppen, Groupware, Produkte zum Testen und Produktfeedback	*Ebay*-Kunden sind Teil des de facto *Ebay*-Entwicklungsteams über die Vorschläge, Fehlermeldungen und den Work-Arounds, die diese erfinden.
Partneragilität	Fähigkeit, Wissen und Ressourcen von Partnern als Netzwerk einsetzen zu können.	Kollaborationstechnologien	*Yahoo!*
Organisationsagilität	Fähigkeit, die Prozesse der Organisation rasch abzuändern.	Modularisierung, Workflow, Prozesskoordination	*Ingram Micro* erlaubt es seinen Kunden und Lieferanten direkt auf das ERP-System zuzugreifen.

---

[29] Monopolisten sind nie agil.

- als eine Quelle innovativer Ideen[30],
- als Co-Designer oder -erzeuger bei der Entwicklung und dem Design neuer Produkte oder Services,
- als Consumer im Sinne eines Testers beim Einsatz neuer Produkte oder Services.

• Partneragilität – Bezeichnet die Fähigkeit, das Wissen, die Ressourcen und die Fertigkeiten anderer Organisationen durch Allianzen, Joint Ventures oder gemeinsame Projekte zu nutzen, um daraus neue Produkte oder Services zu erzeugen. Im Ressourceteil zählt man dazu auch die Fähigkeit, geeignetes Outsourcing zu betreiben.

Tabelle 2.4 Die unterschiedlichen Umgebungsstimuli für den Geschäftsprozess

Stimulus	Beschreibung	Möglichkeiten	Verantwortung	benötigte Flexibilität
Konstant	Keine Variation des Stimulus, keine Kontingenz nötig, eine Standardreaktion kann definiert werden	Ein fester Ausführungspfad	Ausführende Personen für die definierte Reaktion verantwortlich.	Keine Flexibilität nötig
Unsicher, jedoch definiert	Endliche Menge an Stimuli ist vorab bekannt und Reaktion auf diese prädefiniert. Eintrittswahrscheinlichkeiten sind bekannt.	Multiple Ausführungspfade, aber alle sind vorab definiert. Pfade sind exklusiv und in der Gesamtheit überdeckend.	Ausführende Personen für die definierte Reaktion verantwortlich.	Flexibilität beruht auf dem Reaktionsrepertoire des Prozesses.
Mehrdeutig	Die Variationen der Stimuli bilden einen Satz von simultanen Stimuli.	Wenn die Mehrdeutigkeit der Stimuli beseitigt ist, reduziert sich der Fall auf die vorherigen Typen.	Prozessmanager ist verantwortlich, die Stimuli zu interpretieren und zu klassifizieren. Entscheidung beim Prozessmanager.	Die Flexibilität wird auf der Ebene des Managements benötigt, da die Optionen und Handlungsmuster identifiziert werden müssen.
Überraschung	Keine Reaktion ist vorab definierbar.	Vollständig neue Reaktion ist notwendig. Neuer Pfad mit neuen Personen und neuen Ressourcen ist nötig.	Die Reaktion und die Entscheidung liegt in den Händen der Akteure, da diese direkt die Auswirkungen beobachten können.	Die Reaktion muss lokal und dezentral stattfinden.

---

[30] Das SABRE-System wurde praktisch gesehen aus kontinuierlichen Kundenideen heraus geboren.

- Organisationsagilität – Hierunter wird die Fähigkeit verstanden, die eigenen Prozesse schnell anpassen zu können.

Der Einsatz von IT ist in diesen Fällen fast immer eine notwendige, aber keine hinreichende Voraussetzung, wobei für die eigentliche Agilität die IT sehr viel stärker die Rolle des Infrastrukturproviders spielt, die wirklichen Impulse müssen aus der Organisation und der Fachdomäne kommen.[31]

Eine wichtige Frage, die sich vor allen Dingen kleine und mittlere Organisationen stellen, ist: Was habe ich davon, wenn ich Teil eines Service Oriented Enterprise werde? Wird der daraus erzielte Gewinn die zusätzlichen Mehraufwände, den partiellen Verlust der Kontrolle und das veränderte Risiko übersteigen? Kollaboration benötigt immer eine Menge an Vorbereitung und Ressourcen. Damit sich ein SOE formen kann, müssen die Beteiligten schon im Vorfeld auf die Kollaboration eingestimmt sein. Folglich ist einer der Erfolgsfaktoren für eine solche Kollaboration eine Reihe von Incentives, welche die einzelne Suborganisation auch langfristig befriedigen. Heute lässt sich noch wenig darüber sagen, ob eine kollaborative Organisation deutlich besser ist als ein „traditionelles" Unternehmen. Einer der Gründe hierfür ist, dass es noch keine Maßzahlen für kollaborative Organisationen gibt. Unsere Metriken sind alle auf „traditionelle" Organisationen ausgerichtet.

Aus der Perspektive des Changemanagements hat die intelligente Organisation nicht nur die Fähigkeit zur Adaption, sondern auch die Fähigkeit des „Entlernens". Damit eine Organisation seine Strukturen verändern kann, muss sie in der Lage sein, bestehende Normen, Regeln, Werte und Grundsätze zu missachten, bevor diese durch neue ersetzt werden können. Je größer die Distanz zwischen den neuen Dingen und den alten, desto schwieriger ist der Entlernungsprozess für die Organisation.[32]

2.4 Flexibilitätsdesign

Von Systemen und Organisationen wird in den letzten Jahren immer mehr Flexibilität verlangt. Doch wie kann man diese Flexibilität fundiert erreichen? Grundlage zur bewussten Steuerung von Flexibilität ist das „Law of Requisite Variety" (s. S. 258), welches besagt, dass ein System eine hinreichende Vielfältigkeit[33] besitzt, wenn sein Repertoire an Reaktionen (Flexibilität) mindestens so mächtig ist, wie die Anzahl der Stimuli[34], der es in seiner Umgebung begegnen kann. Ein System ohne hinreichende Vielfältigkeit wird versagen, wenn es einem Stimulus begegnet, auf den es nicht ausgerichtet ist und ist damit nicht „lebensfähig" (s. Anhang. B). Ein solches Versagen lässt sich in der Praxis bei Geschäftsprozessen be-

---

[31] Die meisten Veränderungen, die durch IT-Abteilungen ausgelöst werden, haben langfristig betrachtet nur eine geringe Wirkung.
[32] Autodidakten erleben dies als Individuen, wenn sie sich einen Trainer zulegen, dieser muss zunächst bestimmte Verhaltensweisen „abtrainieren".
[33] Requisite Variety, s. Gl. C.3.
[34] Veränderungen.

obachten, welche nur eine beschränkte Menge an Antworten auf Variationen in den Anforderungen an den Prozess haben.

Tabelle 2.5 Benötigte Flexibilität in den Prozessveränderungen

Stimulus	Instanz	Typ
Konstant	–	–
Unsicher	✓	–
Mehrdeutig	✓	–
Überraschung	✓	✓

Man kann zwischen zwei Typen von Geschäftsprozessflexibilität unterscheiden:

- Prädefinierte Flexibilität – Hier wurde die Flexibilität schon zum Designzeitpunkt antizipiert, quasi als eine Variante in den Prozess eingebaut.
- Just-in-Time Flexibilität – Die spontane Reaktion auf Veränderungen verlangt einen intelligenten Prozessmanager, welcher die unerwarteten Variationen versteht und den Prozess darauf angemessen reagieren lässt.

Der Unterschied zwischen diesen beiden Typen von Flexibilität lässt sich auf die Variationen der Umgebung und die möglichen Geschwindigkeiten der Stimuli zurückführen. Folglich braucht man für den Entwurf eines flexiblen Geschäftsprozesses ein tiefes Verständnis der Variationen und Störungen der Geschäftswelt, welche die Stimuli bilden, die eine flexible Antwort des Geschäftsprozesses benötigen. In beiden Fällen wird sehr viel Wissen über den Geschäftsprozess auf der einen Seite und die möglichen (in aller Regel wahrscheinlichen) Veränderungen der Umgebung benötigt (s. Tabelle 2.4).

2.5 Service Oriented Architecture

Die ersten Softwaresysteme waren monolithische[35] siloartige Systeme. Sie entstanden aus dem Bedürfnis heraus, genau ein vorliegendes Problem zu lösen ohne Rücksicht auf die Architektur des Gesamtsystems. Kennzeichnend für die auf die Monolithen folgende Layerarchitektur ist der Aufbau der einzelnen Applikationen in sogenannte Layer (oder auch Schichten).[36] Die einfachste Form der Layerarchitektur ist die Client-Server-Architektur, welche eine primäre Einteilung in zwei Rollen vorsieht. Weitere Verfeinerungen dieser Form führen zu einer echten Layerarchitektur. Die Layerarchitektur wirkt wie eine „natürliche" Architektur, da die Einteilung der Layer nach Funktionen und Abstraktionsgraden der intuitiven Zerlegung der Problemdomäne zu folgen scheint.

---

[35] Aus dem Griechischen μονολιθος wörtlich übersetzt „aus einem Stein".
[36] Ein Layer stellt im Sprachgebrauch dieses Buchs eine vertikal logische Unterteilung, eine Schicht, eine tatsächliche vertikal physische Trennung der Software dar, das heißt ein Layer kann durchaus mehrere Schichten überdecken und eine Schicht kann aus vielen Layern bestehen.

2.5 Service Oriented Architecture

Die Client-Server-Architektur lässt sich zu einer n-Tier oder auch Layerarchitektur verallgemeinern, die meist genutzte Unterteilung der verschiedenen Layer ist (s. Abb. 2.8):

- Benutzerinterface – Hier findet die gesamte Benutzerinteraktion statt, wobei der Begriff Benutzerinterface generisch zu sehen ist. Auch ein Drucker oder ein Archivsystem bildet, logisch gesehen, ein Benutzerinterface.
- Präsentationslayer – Der Präsentationslayer stellt alle notwendigen Informationen zu Verfügung, die an das Benutzerinterface geschickt werden.
- Prozesslayer – Dieser Layer ist optional in Architekturen vorhanden, hier wird der Prozessfluss gesteuert. Wichtig ist dieser Layer für Workflow und Kollaborationssysteme.
- Applikationslayer – Dieser Layer stellt die eigentliche Geschäftslogik dar.
- Datenzugriffslayer – Dieser stellt die Daten für die Objekte zur Verfügung.

Alle komponentenbasierten Architekturen haben neben einer vertikalen Schichtung auch eine horizontale Aufteilung. Eine solche Architektur hat sehr viel Potenzial für Wiederverwendung, Qualität und Robustheit. Die Komponenten selbst werden zur führenden Designrichtlinie bei der Entwicklung von Softwaresystemen. Die zentrale Idee hinter der komponentenbasierten Architektur ist die Zusammenstellung von Softwaresystemen mit Hilfe von diskreten, meist disjunkten, hochgradig wiederverwendbaren Komponenten. Diese Komponenten sind Einheiten, die Daten und Funktionen kapseln, ihre Interfaces ermöglichen eine Zusammenstellung zu einem kompletten Softwaresystem (Applikation). Obwohl in der Theorie die Wiederverwendung von Komponenten eine der zentralen Aufgaben der Komponenten ist, spielt diese Fähigkeit in der Praxis nur eine untergeordnete Rolle. Die meisten Softwareentwicklungen nutzen die Zerlegung in Komponenten primär als Strukturierungstechnik.

Innerhalb einer **S**ervice **O**riented **A**rchitecture[37] (SOA) stellen alle Softwaresysteme und Applikationen Services[38] dar, welche in einer definierten Umgebung erreichbar sind. Die tatsächlich vorhandene Infrastruktur wird im Rahmen einer SOA so stark abstrahiert, dass nur noch die Funktionalität der Services, nicht jedoch ihre Implementierung oder die notwendigen Transportmechanismen in den Vordergrund treten. Diese Zerlegung ist unabhängig von eventuell vorhandenen Layern einer Softwarearchitektur, indem zusätzliche abstrakte Servicelayer eingeführt werden. Aus Sicht der Softwareentwicklung ist eine SOA eine Weiterführung der Idee der Komponentenbauweise. SOA ist kein wirklich neues Konzept, sondern eine Spezialform einer verteilten Systemarchitektur. Insofern enthalten „klassische" verteilte Architekturen wie CORBA, DCOM oder J2EE Anklänge von SOA. Eine SOA kann daher wie eine Fortsetzung der bisherigen Softwarearchitekturen verstanden werden. Es existiert jedoch ein fundamentaler Unterschied zwischen einer SOA und

---

[37] Die erste Erwähnung von SOA geschah in einer Veröffentlichung der Gartner Group im Jahre 1996 mit dem Titel: *Service-Oriented Architecture Scenario*. Interessanterweise war das Szenario überhaupt nicht technisch, sondern hatte das Ziel, die Geschäftsprozesse in den Vordergrund zu stellen.
[38] Siehe Servicedefinition S. 15.

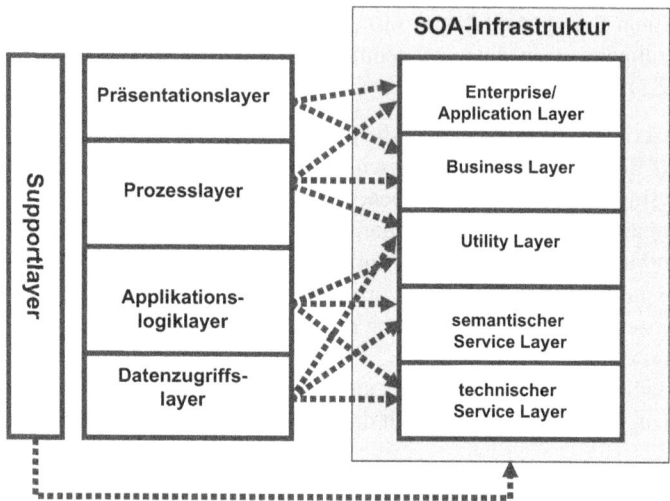

Abb. 2.8 Die fünf Layer einer SOA im Vergleich zu einer klassischen Layerarchitektur

anderen Architekturen: Traditionelle Architekturen werden in aller Regel universell – ohne Berücksichtigung der Organisation oder Struktur des zu unterstützenden Geschäftsprozesses – eingesetzt. Eine SOA ist jedoch nur dann sinnvoll, wenn alle Prozesse dem Serviceparadigma genügen und die Organisation sich an einem SOE ausrichtet. Außerdem repräsentiert eine SOA ein sehr viel größeres Maß an Abstraktion als die meisten bisherigen Architekturen (s. Abb. 2.9). Eine aus Services bestehende Architektur unterscheidet sich von objektorientierten und komponentenbasierten Architekturen. Services nehmen eine Art Zwischenstellung zwischen den Objekten und den Komponenten an, obwohl sie im Grunde frei skalieren können. Objektbasierte Architekturen (CORBA und DCOM) tendieren dazu sehr kleinteilig zu sein, da jedes Objekt einzeln zugänglich ist. Komponentenbasierte Systeme hingegen sind meistens grobgranularer, da hier eine einzelne Komponente eine mehr oder minder geschlossene Einheit darstellt. Services liegen zwischen diesen beiden Extremen und können sich in einem Grenzfall wie Objekte und im anderen wie Komponenten darstellen.

Die hier verwendete Definition einer SOA ist analog zu der in diesem Buch verwendeten Servicedefinition (s. S. 15):

Eine SOA ist das Modell eines Systems, welches vollständig aus autonomen Services aufgebaut ist, deren Interaktion über dasselbe öffentliche Protokoll abläuft und im Modell stets die drei Rollen Provider, Consumer und Broker[39] vorhanden sind.

Diese SOA-Definition ermöglicht es, beliebige Protokolle und Rollen innerhalb eines Systems zu haben, allerdings wird man in der Praxis von einigen Forderungen

---
[39] Ein Broker ist ein „Informationshändler", der dem Consumer Zugang zu den Providern oder den Services gewährt, s. Abschn. 2.6.2.

2.5 Service Oriented Architecture

abweichen. So wird im Allgemeinen die Autonomie nicht vollständig durchgehalten und der Broker wird nicht in allen Implementierungen vorhanden sein. Die obige SOA-Definition ist so generisch gehalten, dass nicht nur „klassische" Applikationen, sondern auch viele Formen der verteilten Soft- oder Hardware mit ihr beschrieben werden können.

Die Einführung von Layern stellt ein wichtiges Mittel zur Abstraktion in Softwaresystemen dar. Ein Layer enthält Services, die einen ähnlichen Abstraktionsgrad haben. Normalerweise bauen die einzelnen Layer aufeinander auf. Ein Layer implementiert die für den jeweiligen Abstraktionsgrad spezifischen Teilaspekte und nutzt dazu nur Services des direkt darunterliegenden Layers. Die Einteilung in Layer besitzt eine Reihe von Vorteilen. Sind die einzelnen Layer klar voneinander abgegrenzt und besitzen wohl definierte Interfaces, können diese eventuell wieder verwendet werden.

Wie viele Layer optimal sind[40], hängt stark von der jeweiligen Applikation ab. Wenn zu wenig Layer vorhanden sind, sinkt die mögliche Wiederverwendbarkeit, zu viele Layer führen zu Performancenachteilen, da eine Anfrage durch jeden Layer transportiert werden muss. Dieser Overhead kann bei einer Verwendung vieler Layer sehr viel größer sein als der Aufwand zur Ausführung der eigentlichen Operation. Dies gilt insbesondere dann, wenn die unterschiedlichen Layer auf verschiedenen Rechnern verteilt sind. Das Kernproblem von Layern ist, dass ein Layer nur in seinem lokalen Kontext optimieren kann, wobei für ein globales Optimum jedoch der gesamte Kontext notwendig wäre.

Bei den meisten Softwaresystemen hat sich eine 4-Layerarchitektur herausgebildet, die man mit den Layern einer SOA vergleichen kann. Eine SOA lässt sich analog in fünf Layer einteilen (s. Abb. 2.8):

- Enterprise- oder Application Layer – Dies ist der oberste Layer in einer SOA. Auf ihm sind die eigentlichen Endpunkte zur Kommunikation mit dem gesamten System angesiedelt. Ein Benutzer interagiert mittels eines sogenannten Application Frontends mit dem System. Der organisationsweite Zugriff auf dieses System erfolgt über die öffentlichen Enterpriseservices.
- Business Layer – Dieser enthält die prozesszentrierten Services.
- Utility Layer – Dieser Layer enthält alle Zwischenservices, das heißt: Façaden, Adapter, Gateways und funktionserweiternde Services.
- Basislayer – Der Basislayer ist der wichtigste Layer in einer SOA und enthält alle Basisservices. Er realisiert die Datenhaltung und Geschäftslogik. Zusätzlich enthält dieser Layer Proxies für Services, die in einem anderen System auf Ebene des Enterpriselayers angesiedelt sind. Der Basislayer zerfällt seinerseits in zwei Sublayer: Semantischer Service Layer und technischer Service Layer.

Ein wesentlicher Unterschied besteht in der Verteilung der unterschiedlichen Layer. Bei traditionellen Architekturen entspricht der logische Layer meist der physikalischen Unterteilung, welche sich später so auch in einer Laufzeitumgebung wiederfindet. So kann der Präsentationslayer auf einem Webserver, der Steuerungslayer

---

[40] Eine Applikation, die aus genau einem Layer besteht, ist eine monolithische Applikation (s. Abb. 2.9).

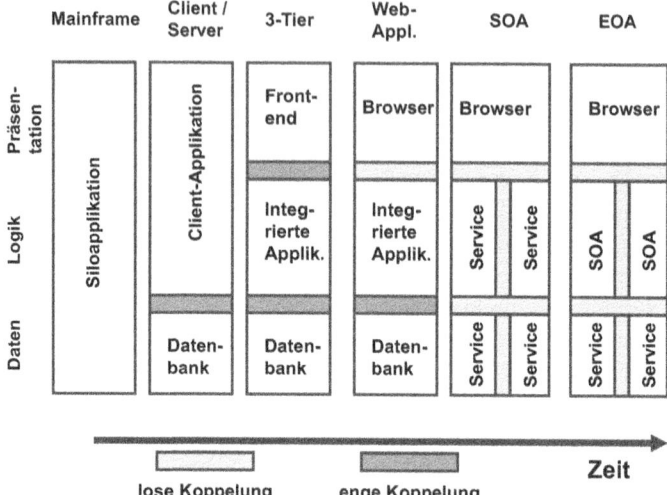

Abb. 2.9 Evolution der Architektur der Informationssysteme

auf einer Workflowengine sowie Applikations- und Datenlayer auf einem Applikationsserver ablaufen. Bei einer SOA bestimmt die Zugehörigkeit zu einem Layer nicht automatisch dessen physikalische Verteilung. Bei einer SOA sind Software- und Systemarchitektur voneinander entkoppelt. An dieser Stelle soll darauf hingewiesen werden, dass eine SOA nicht in Konkurrenz zur 4-Layerarchitektur, welche nach wie vor ihre Berechtigung hat, steht. So können etwa einzelne Services in dieser Form aufgebaut und realisiert sein. Der Vorteil einer SOA zeigt sich erst, wenn Services von mehreren Applikationen wiederverwendet werden. Klassische Layerarchitekturen partitionieren die verschiedenen Layer horizontal, wohingegen eine SOA zusätzlich eine vertikale Partitionierung vorsieht, welche die SOA aus der Komponentenarchitektur entlehnt.

Für den Einsatz einer Service Oriented Architecture in einer Organisation werden immer wieder folgende Vorteile behauptet:

- Implementierung großer Enterprisesysteme – Mittels SOA und den entsprechenden Managementwerkzeugen können auch große Systeme einfach organisiert werden. Services können leicht ausgetauscht werden, neue Services können leicht eingebunden werden und es bereitet keine allzu große Schwierigkeit, interne Services extern zugänglich[41] zu machen. Im Gegensatz dazu sind mit enger gekoppelten Architekturen, wie bei objektorientierten Applikationen, derartige Änderungen am System mit einem weitaus höheren Programmier- und Konfigurationsaufwand verbunden.
- Skalierbarkeit – Eine SOA trifft nur wenige Annahmen über das Netzwerk und minimiert die Abhängigkeit von anderen Services und sollte daher im Netzwerk skalieren können.

---

[41] Allerdings sollte beachtet werden, dass das Problem der Sicherheit vollständig gelöst sein muss.

2.5 Service Oriented Architecture

Tabelle 2.6 Vergleich zwischen unterschiedlichen Architekturformen

	Komponenten	CORBA	SOA
Interface	Keine getrennte Interfacedefinition	IDL	Servicevertrag
Partitionierung der Applikationslogik	Horizontal	Horizontal & vertikal	Vertikal
Discovery	–	Repositorylookup der Objekte	Registrylookup der Services
Autonomie	–	Hinreichend	Hinreichend
Zusammensetzbarkeit	–	Gut	Gut
Koppelung	Sehr eng	Eng	Lose
Zustandsbehaftet	Ja	Abhängig vom Design	Sollte zustandslos sein
Granularität	Objekte/Funktionen	Objekte	Beliebig
Verteilungsreichweite	Applikation	Enterprise	Enterpriseübergreifend
Offenheit	Externe Dokumentation, Design und Policies	Ausdrucksfähigkeit des Interfaces, externe Dokumentation	Ausdrucksfähigkeit des Service, SLAs, externe Dokumentation
Interaktionsmodus	Synchron, blockend	Primär synchron, asynchron selten	Synchron und asynchron
Datenlebenszyklus	–	Objektlebenszyklus	–

- Hohe Wiederverwendbarkeit und lose Koppelung – Durch die lose Koppelung in der SOA wird die Integration neuer Services erleichtert. Services können auch ohne großen Aufwand in einem anderen Kontext verwendet werden. Code, der bereits für andere Applikationen entwickelt wurde, kann als Service veröffentlicht werden. Durch Wiederverwendung von Code und Services kann das Wachstum der Applikation verlangsamt werden und der Entwicklungsaufwand sinkt.
- Abstraktion – Durch die Modellierung von Applikationen in offenen Umgebungen kann eine Abstraktion der Funktionen geschaffen werden.
- Flexibilität – Das einfache Austauschen und Zusammensetzen der Services ermöglicht es, einfacher und rascher Änderungen am System durchzuführen als bei traditionellen oder objektorientierten Systemen.
- Standardisierung und Unterstützung durch viele Lieferanten – Viele Organisationen beschäftigen sich mit dem Entwickeln von Standards für SOA. Implementierungen der Standards sind von den meisten großen Softwareanbietern wie *IBM*, *Microsoft*, *Sun* und so weiter zu finden. Eine breite Unterstützung durch Werkzeuge erleichtert das Erstellen und Veröffentlichen von Services.

Eine SOA ist keine Fortführung des Webgedankens, technisch gesehen hat das Web nur eine einzige Repräsentation (HTML), im Gegensatz dazu kommen in den Organisationen diverse zum Teil überlappende[42] Repräsentationen vor. Das Beste, was in diesem Fall erreicht werden kann ist, sich der Standardisierung zu nähern und überlappende Interfaces zu erlauben, mit der Maßgabe, dass eine Transformation

---
[42] Obwohl alle Beteiligten fest der Ansicht sind, eine einzige Repräsentation im Sinne einer Standardisierung sei unbedingt notwendig.

zwischen diesen Interfaces bekannt ist. Damit eine SOA sehr stark ereignisorientiert sein kann, muss den Anforderungen an Flexibilität und Anpassbarkeit auch Genüge getan werden – die Ereignisorientierung muss sich auch in der Architektur widerspiegeln.[43]

Am strukturell einfachsten ist eine Dreiteilung in die Bereiche Event Layer, Access Control Layer und Business Process Layer. Dies stellt eine logische und keine physische Einteilung dar, sie ist durchaus komplementär zu den Layerarchitekturen. Jeder der Layer (Event und Access Control sind parallel) konzentriert sich auf die speziellen Anforderungen und sollte dann auch durch spezielle Infrastrukturwerkzeuge unterstützt werden:

- Event Layer – Von dem Zeitpunkt an, wo Services eine reine P2P[44]-Struktur in ihren Interaktionen verlassen[45], ist eine verteilte Steuerung für die Serviceaufrufe notwendig. Ein möglicher Mechanismus, dies zu erreichen, ist die Nutzung von Events. Ein eventgetriebener Ansatz besitzt lose Koppelung sowie Mechanismen, um auf unstrukturierte oder unzusammenhängende Interaktionen reagieren zu können. Der Event Layer in Form eines Eventservice stellt die Infrastruktur zur Erzeugung, Verfolgung und Übertragung von Events dar. Jeder Service kann Events produzieren und konsumieren. Zum einen sind diese Events Vorfälle, die sich irgendwann einmal ereignen und voneinander unabhängig erzeugt werden, zum anderen dienen sie auch zur Auslösung einer spezifischen Fähigkeit, welche durch einen Service ausgeführt werden kann. Die Events können typisiert werden und selbst Informationen enthalten. Innerhalb der Eventarchitektur werden die Events durch den Aufruf des Event Layers produziert, umgekehrt registrieren sich Prozesse und Services des Business Process Layers im Event Layer, um über das Auftauchen bestimmter Typen von Events informiert zu werden. Üblicherweise werden die Events in die Kategorien Business Events und System Events eingeteilt: Obwohl beide Kategorien sich syntaktisch sehr ähneln, unterscheiden sie sich semantisch sehr stark. Die System Events dienen dazu, die SOA als Infrastruktur zu steuern, während die Business Events zur Durchführung der fachlichen Prozesse innerhalb der Organisation dienen.
- Access Control Layer – Eine der Grundlagen des Serviceorientierungsparadigmas ist die Annahme, dass Geschäftsprozesse durch den Aufruf diverser Services realisiert werden können, welche eventuell auch verteilt und heterogen sind. Da Services auf Grund ihrer fachlichen Spezifikationen ermittelt und aufgerufen werden, ist der Provider nicht unbedingt ex ante bekannt, folglich kann ihm auch nicht a priori vertraut werden.[46] Das Vertrauen im Sinne der Prognosefähigkeit bezüglich des zukünftigen Verhaltens des Providers ist aber eine der notwendigen Vorbedingungen, um überhaupt eine Geschäftsbeziehung einzugehen. Zur Reduktion des Risikos, einen nichtvertrauenswürdigen Provider zu nutzen, müssen

---

[43] Architektur ist die strukturelle Kraft, welche bestimmte Fähigkeiten besonders gut unterstützt.
[44] Peer-to(2)-Peer.
[45] Dies ist eine oft zu beobachtende Anfangsform des Einsatzes von Services. Services werden als Peers direkt („hardcoded") miteinander verknüpft.
[46] Auch bekannten Providern kann nicht unbedingt vertraut werden. Bekanntheitsgrad und Dauer der Beziehung beeinflussen die Vertrauenswürdigkeit oft nur subjektiv.

2.5 Service Oriented Architecture

die Messages als auch die Zugriffe entsprechend verwaltet werden; mit dieser Aufgabe ist der Access Control Layer betraut.
- Business Process Layer – Der Business Process Layer befasst sich mit der Steuerung und Optimierung des Alignments zwischen Geschäftsprozessen und Services, sowie der Koordination von Aufrufen von Services.

2.5.1 Services

Die Services sind, analog zu den Komponenten, unabhängige Bausteine, welche gemeinsam eine Applikationsumgebung repräsentieren. Im Unterschied zu Komponenten haben Services besondere Charakteristika, die es ihnen gestatten, als Teil einer SOA zu agieren. Eine dieser Eigenschaften ist, dass ein Service zunächst völlig unabhängig von jedem anderen Service konzipiert sein sollte. Ein Service ist nur verantwortlich für seinen eigenen Ausschnitt der Fachlichkeit[47], welcher dann auf eine bestimmte Funktion oder Menge von Funktionen abgebildet wird. Diese Funktionen können von diesem Service auch anderen Services zur Verfügung gestellt werden. Eine SOA ist im Wesentlichen eine Sammlung von Services. Diese interagieren miteinander, indem sie Daten austauschen oder gemeinsame Aktivitäten durchführen; zur Koordination gemeinsamer Aktivitäten wird ein Mechanismus benötigt, mit dem Services zusammengefügt werden können.

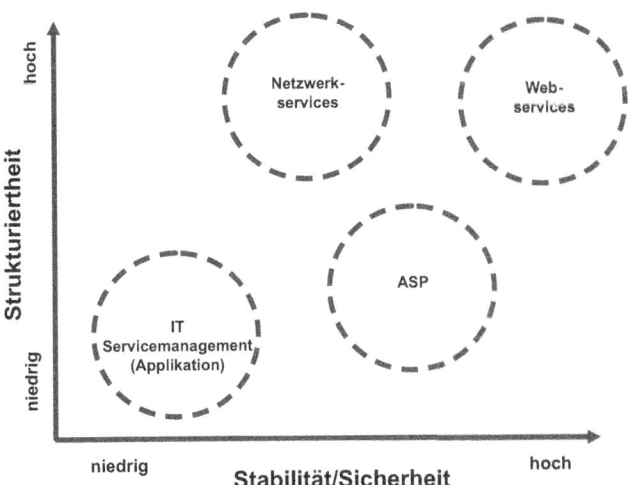

Abb. 2.10 Verschiedene Formen von Services

---

[47] Diese Ausschnitte der Fachlichkeit müssen nicht disjunkt sein, oft ist ein gewisser Grad an Redundanz notwendig.

Der entscheidende Vorteil einer SOA liegt darin, dass eine SOA die Implementierung eines Service von dessen Interface trennt. Das heißt, es wird das „Was" vom „Wie" getrennt. Der Consumer braucht nicht zu wissen, wie der Service funktioniert und implementiert ist, für ihn ist nur interessant, dass er ihm zur Verfügung steht und dass er ihm die Serviceleistung liefert, die er benötigt. Die einzige Anforderung, die der Consumer an den Service hat, ist, dass der Service eine Antwort zurückliefert und zwar in einem vereinbarten Format. Die Eigenschaften eines Service führen dazu, dass man den Service als eine isolierte Teilfunktion einer Organisationsfunktion ansehen kann; die Organisationsfunktion hingegen kann als eine lockere Verbindung von Services im Rahmen einer SOA gesehen werden. Durch die Unabhängigkeit, welche die Services in dieser SOA haben und die gekapselte Programmlogik, die sie mitbringen, sind die Services nicht an irgendeine Plattform oder Technologie gebunden.

Alle Services innerhalb einer SOA haben eine Reihe von technischen Eigenschaften, welche die SOA als Framework aber auch als Designmodell repräsentieren. Zu diesen technischen Eigenschaften der Services zählen:

- lose Koppelung – Wechselwirkende Services sind bedingt durch ihre Natur immer lose gekoppelt. Dies ist notwendig, da sie a priori plattform- und implementierungsneutral sein müssen, was dazu führt, dass sie nur ihr Interface, nicht jedoch ihre Implementierung bekannt geben. Eine der Ideen von Services ist es, den Provider wechseln zu können. Hierfür ist eine lose Koppelung notwendig, da eine enge Koppelung den Wechsel des Providers stark erschwert.
- messagebasierte Interaktion – Die Kommunikation zwischen einzelnen Services geschieht immer messagebasiert. Üblicherweise werden diese Messages asynchron ausgetauscht, beziehungsweise der Requestor simuliert eine Synchronität, wenn dies durch den Consumer[48] gewünscht ist. Messagebasierte Kommunikation vereinfacht es auch, eine lose Koppelung zu unterstützen.
- dynamische Discovery – Services sind stets Softwareteile, die anderen Consumern zur Verfügung stehen. Da sich a priori nicht festlegen lässt, dass sich der gewünschte Service auf demselben Rechner wie der Consumer befindet, ist es wichtig zu wissen, welche Services zurzeit zur Verfügung stehen und was diese tatsächlich leisten können. Daher muss ein Modell zum dynamischen Auffinden und Entdecken von Services unterstützt werden. Besonders wichtig ist eine solche Fähigkeit offensichtlich bei mobilen Systemen. In einer solchen Umgebung ist es überhaupt nicht möglich zu wissen, welche Services einem in Zukunft zur Verfügung stehen.
- selbstständiges Deployment – In sehr großen Umgebungen ist ein automatisches Deployment des Service ein großer Vorteil.[49]
- Portabilität – Die Services sollten von der konkreten Implementierung als auch der konkreten Umgebung so unabhängig wie möglich sein.

---

[48] Oft wird nicht von den Consumern, sondern von den implementierenden Programmierern die Synchronität gefordert, da synchrone Programme sich viel einfacher bauen lassen als asynchrone.
[49] Computerviren und -würmer haben ähnliche Eigenschaften und können sich erfahrungsgemäß selbst fast überall und rasch installieren. Leider!

2.5 Service Oriented Architecture

- Implementierungsneutralität – Services definieren sich ausschließlich über ihre Qualitäten und ihre eigenen Interfaces, nicht jedoch über ihre jeweilige Implementierung. Ohne diese Prämisse wäre ein Provider- oder Servicewechsel nur schwer möglich.
- Autonomie – Services müssen sich entkoppeln und werden daher auch unabhängig von anderen Services implementiert. Ausschließlich die Interfaces eventuell nutzbarer Services sind bekannt.
- policybasiertes Verhalten – Bestimmte technische Eigenschaften wie Transaktionssicherheit, Verschlüsselung und Kontext sollten keine festen Bestandteile der Serviceimplementierung sein. Diese Forderung ist zwar per se nicht zwingend, erleichtert aber die Nutzung unterschiedlicher Qualitäten (s. Abschn. 2.5.4) für eine gegebene Implementierung.
- Konfigurierbarkeit – Services werden nur abstrakt definiert und später implementiert. Die Konfiguration eines Service sollte dynamisch möglich sein, um auf Dauer möglichen Veränderungen folgen zu können.
- late Binding – Die Services werden dynamisch aufgerufen, mit der Folge, dass das Binding der Services erst zur Laufzeit geschehen kann. Eine Technik, die heute in diversen Betriebssystemen eingesetzt wird, so unter *Windows* durch die DLLs.

2.5.2 Servicemodell

Eine SOA basiert auf den Wechselwirkungen zwischen drei verschiedenen Beteiligten, dem Provider, auch Server genannt, dem Servicerequestor, auch Client oder Consumer genannt, und der Registry (s. Abb. 2.11) oder Broker. Der Provider stellt die einzelnen Implementierungen zur Verfügung und publiziert ihre Eigenschaften in der Registry. Der Consumer wiederum findet seine gesuchten Services mit Hilfe einer Interfacebeschreibungssprache innerhalb der Registry und nutzt die dortigen Interfacedefinitionen, um sich gegen den Provider zu binden. Die konkrete Nutzung der Services läuft dann transparent über das Netzwerk, mit Hilfe einer Protokollsprache[50] zwischen dem Consumer und dem Provider.

Diese Art des Auffindens der Services trennt den Consumer vom Provider und führt zu einer Entkoppelung. Da nun der Provider nicht mehr ab initio bekannt ist, können auch keine Annahmen über die Serviceimplementierung außer dem Interface getroffen werden, es entsteht mehr oder minder automatisch eine lose Koppelung zwischen Consumer und Provider. Durch diesen Mechanismus ist der Consumer gezwungen, sich auf unterschiedliche Provider für den gleichen Service einzustellen, dasselbe gilt umgekehrt auch für den Provider.

Das Modell einer SOA wird am einfachsten durch das „find-bind-execute"-Paradigma[51] beschrieben, wobei der jeweilige Consumer sich auf der Suche nach

---

[50] Meistens SOAP oder CORBA. CORBA ist streng genommen kein Protokoll, diese Tatsache ist aber hier irrelevant.
[51] Oft auch SOA-Paradigma genannt.

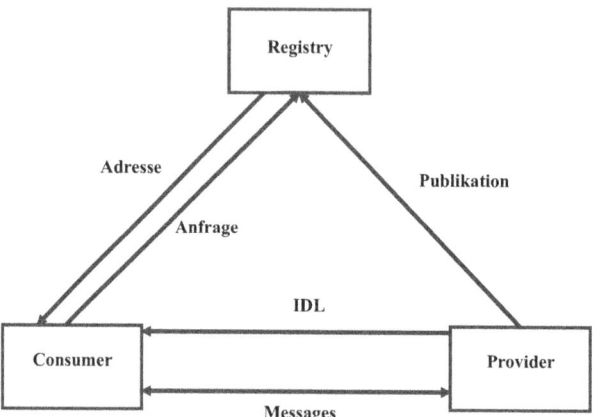

Abb. 2.11 Die drei Rollen: Provider, Consumer und Registry

einem bestimmten Service an die Registry wendet. Ist der Registry der Service bekannt, so antwortet er dem Consumer mit einem Servicevertrag (Service Contract) und einer Adresse, unter dem der Consumer beim Provider den Service in Anspruch nehmen kann. Hat der Provider den Vertrag und die Serviceadresse erhalten, so kann er zu dieser Adresse verbinden und den Service anfordern. Der Provider erlaubt dem Consumer, den Service bezüglich des Vertrages zu nutzen. Jeder Provider kann seine Services bei der Registry registrieren lassen, damit sie von den Consumern gefunden werden können.

- Consumer – Der Consumer selbst kann ein Service, eine Applikation, ein Programm, ein Softwaremodul, ein Hardwaremodul oder auch ein Mensch sein, der diesen Service in Anspruch nimmt. Der Consumer sucht den Service bei der Registry und erhält die Serviceadresse und den Vertrag. Damit bindet der Consumer den Service über ein Transportprotokoll und führt danach den Service aus, indem er eine entsprechend des Vertrags formatierte Anfrage an den Provider schickt.
- Provider – Oft ist der Provider gemeint, wenn man vom Service spricht. Der Provider ist die Entität, welche den Service anbietet und über das Netzwerk zugänglich macht. Er akzeptiert die Anfragen des Consumers und führt sie aus. Der Provider veröffentlicht seinen Vertrag bei der Registry, damit die Consumer den Service finden und nutzen können.
- Registry – Eine Registry basiert auf einem Softwaresystem, welches die Adressen von den verfügbaren Services enthält. Die Registry akzeptiert und speichert die Verträge der Provider und stellt sie dem Consumer zur Verfügung, falls dieser den entsprechenden Service nutzen möchte.
- Servicevertrag – Der Servicevertrag ist eine Spezifikation, die festlegt, wie ein Consumer in Kontakt mit dem Provider des Service zu treten hat. Der Vertrag legt das Format der Anfrage und der Antwort des Service fest. Die Vorbedingungen und Nachbedingungen sind ebenfalls dem Vertrag zu entnehmen. Sie spezifizieren den Zustand, in dem sich der Service befinden muss, um eine be-

2.5 Service Oriented Architecture

stimmte Funktion ausführen zu können. Der Servicevertrag beschreibt außerdem die verschiedenen „Quality of Service Levels", die unterstützt werden.

- Serviceproxy – Der Provider stellt dem Consumer ein Serviceproxy zur Verfügung. Dieses Proxy befindet sich zwischen Consumer und Provider und zwar lokal auf dem Client des Consumers. Der Consumer kann eine Anfrage ausführen, indem er die API-Funktion des Proxys verwendet. Der Vorteil besteht darin, dass das Proxy direkt bei der Registry den Provider und den zugehörigen Vertrag erhält und damit die formgerechte Serviceanfrage im Auftrag des Consumers ausführt. Das Proxy erhöht die Leistung des Service, da es die Referenzen der Provider und die zugehörigen Verträge lokal speichert. Wird also der gleiche Service öfters ausgeführt, so müssen nicht jedes Mal bei der Registry die entsprechenden Daten angefordert werden, sondern der Service kann direkt angefragt werden. Dadurch reduziert sich die Anzahl an Netzwerkverbindungen, die der Consumer tätigen muss. Alle Servicemethoden, die keine Daten vom Provider benötigen, können lokal auf dem Proxy ausgeführt werden, dadurch wird der Provider entlastet. Benötigt ein Service nur einen kleinen Datenteil, so kann dieser ebenfalls beim Provider heruntergeladen und im Proxy gespeichert werden. Für den Consumer ist es nicht von Belang, ob die Funktionen lokal im Proxy oder remote beim Provider ausgeführt werden. Das Proxy kann nur Funktionen zur Verfügung stellen, die der Provider auch unterstützt.

- Servicelease – Die Registry bestimmt, mit dem sogenannten Servicelease, wie lange ein Servicevertrag gültig ist. Der Consumer stellt an die Registry eine Anfrage und bekommt dann neben dem eigentlichen Vertrag noch einen Mietvertrag, der beschreibt, wie lange das Servicelease gültig ist. Der Vertrag ist gültig ab dem Zeitpunkt, an dem der Consumer das Servicelease erhält, bis zu dem Zeitpunkt, den die Registry im Servicelease festgelegt hat. Wenn das Servicelease abgelaufen ist, muss der Consumer eine neue Anfrage an die Registry stellen, um ein neues Servicelease zu erhalten. Das Servicelease ist unabdingbar für Services, die Zustandsinformationen über die Bindung zwischen Consumer und Provider benötigen. Das Servicelease definiert die Zeit, in welcher der Zustand unverändert bleibt. Außerdem wird damit die Koppelung zwischen Consumer und Provider reduziert, indem die Zeit begrenzt wird, welche den Consumer an den Provider bindet. Ohne die Idee eines Vertrags auf Zeit könnte ein Consumer für immer an einen speziellen Service oder Provider gebunden werden und nie wieder von dem Vertrag zurücktreten. Das würde dazu führen, dass zwischen Consumer und Provider eine viel engere Beziehung bestehen würde als eigentlich beabsichtigt. Das würde dem Kerngedanken einer SOA, der losen Koppelung von Services, widersprechen. Möchte der Provider seine Implementierung und damit auch den Service ändern, so kann er das, indem er wartet, bis der Mietvertrag ausläuft und der Consumer dann einen Vertrag mit den neuen Konventionen erhält. Damit kann die Implementierung geändert werden, ohne die Ausführung des Services zu beeinträchtigen, da der Consumer eine neue Anfrage für einen neuen Service und Mietvertrag stellen muss. Wenn die neuen Verträge in Kraft treten wird allerdings nicht garantiert, dass der Service identisch zum Vorherigen ist.

2.5.3 Komposition

Obwohl es sehr oft von Interesse ist einzelne Services anzusprechen, liegt ein Teil der Mächtigkeit des Serviceorientierungsparadigmas in der Fähigkeit begründet, bestehende Services zu neuen Services zusammenzufassen, einen Prozess, den man Servicekomposition oder kurz Komposition nennt. Eine solche Flexibilität ist unbedingt nötig, damit sehr rasch auf Veränderungen der Umgebung reagiert werden kann.[52] Die Frage der Komposition von Services kann aus zwei Blickwinkeln betrachtet werden:

- Geschäftsprozesskomposition – Diese Abstraktionsebene komponiert völlig neue Geschäftsprozesse aus bestehenden Teilprozessen oder Services. Eine solche Komposition ist für den Endbenutzer transparent und kundenzentriert, da sie hochgradig interaktiv ist und eine intensive Beteiligung von Domänexperten benötigt. Eine solche Kompositionsform ist ohne eine explizite Betrachtung oder zumindest eine partielle Veränderung der Organisation nicht möglich.
- Servicelevelkomposition – Der Aufbau von Services aus anderen Services ist eine Technik, welche in ähnlicher Form schon bei Workflowsystemen eingesetzt wird. Im Gegensatz zur Geschäftsprozesskomposition steht hier die Interoperabilität und technische Machbarkeit im Vordergrund. Fast immer wird diese Kompositionsform ohne jegliche Berücksichtigung organisatorischer Abläufe vorgenommen.

Die Mechanismen zur Komposition von Services zu neuen (in der Regel komplexeren) Services haben zwei unterschiedliche Zielrichtungen:

- komplexe Services,
- semantische Services.

Das Interesse hinter dem Kompositionsprozess für Services wird hauptsächlich durch zwei Problemgebiete getrieben, zum einen der Kommunikation zwischen Organisationen und zum anderen durch die **E**nterprise **A**pplication **I**ntegration (EAI). In dieser Richtung wurde eine Anzahl von XML-basierten Spezifikationen entwickelt. Eine andere Entwicklung findet im Bereich der semantischen Services, hier besonders bei den semantischen Webservices, statt. Bei einer statischen Komposition stellt sich die Frage: Wie kann ein Service genutzt werden, um eine komplexe Aufgabenstellung zu lösen? Ein solches Problem wird sich in Zukunft immer häufiger stellen, denn je mehr Services (meist feingranularer Natur) schon vorhanden sind, desto größer ist die Chance der Wiederverwendung in einem komponierten Service. Es gilt, diese vorhandenen Services zu nutzen und sie zu neuen Services zusammenzubauen. Kompositionsregeln behandeln das Vorgehen, um aus einfacheren Services komplexere aufzubauen. Hierfür gibt es zwei Möglichkeiten:

- Orchestrierung – Bei der Orchestrierung wird ein neuer Service dadurch geschaffen, dass vorhandene Services durch einen zentralen Koordinator (Orchestrator)

---

[52] In gewisser Weise setzt dies die Annahme von stabilen „atomaren" Services voraus, denn wenn die Bestandteile sich schneller ändern als die Umgebung der Komposition, wird diese ad absurdum geführt.

2.5 Service Oriented Architecture

gesteuert werden. Der Orchestrator nimmt die Aufrufe von außerhalb entgegen und verteilt die Aufgaben an die einzelnen benutzten Services. Im Bereich der Webservices sind für die Orchestrierung die Protokolle BPML und BPEL vorhanden.
- Choreographie – Bei der Choreographie gibt es keinen zentralen Koordinator, sondern es wird die Kommunikation zwischen den einzelnen Services und Aufgaben beschrieben. Insofern resultiert der Gesamtservice aus einer Reihe von P2P-Interaktionen zwischen den beteiligten (Sub)-Services. Für die Choreographie von Webservices wurde bisher das Protokoll WS-CDL vorgeschlagen.

Eine besondere Berücksichtigung bei der Komposition sollte die Schaffung von Layern haben, da eine layerübergreifende Komposition Teile der Architektur zunichte macht. Typischerweise setzt sich ein Kompositservice aus Services des gleichen oder des direkt darunterliegenden Layers zusammen.

Bei der Orchestrierung existiert ein zentraler Prozess, welcher die Kontrolle über alle beteiligten Services hat. Dieser Prozess, der seinerseits ebenfalls ein Service sein kann, koordiniert die Ausführung verschiedener Operationen der Services. Die involvierten Services wissen nicht, dass sie komponiert werden und Teil eines darüberliegenden Geschäftsprozesses sind und dürfen es auch nicht wissen. Nur der zentrale Koordinator der Orchestrierung hat die entsprechende Information. Die Choreographie dagegen besitzt keinen zentralen Koordinator. Vielmehr weiß jeder involvierte Service, wann seine Operationen auszuführen sind und mit wem er zu interagieren hat. Choreographie ist als eine Kollaboration zu verstehen, deren Ziel der Austausch von Messages in einem Prozess ist. Alle Beteiligten müssen dazu den Prozess, die auszuführenden Operationen und das Timing für den Messageaustausch kennen. Oder anders formuliert: Die Orchestrierung beschreibt die ausführbaren Aspekte eines Service aus Sicht des Orchestrators, während die Choreographie die Zusammenarbeit mehrerer Services aus Sicht des Prozesses darstellt. Durch die Kapselung wurde der Prozess in einzelne Funktionalitäten aufgespalten. Die eigentliche Prozessstruktur und die Prozesslogik sind dabei verloren gegangen, da die einzelnen Kapseln durch lose gekoppelte Services realisiert werden können, die in keinerlei Bezug zueinander stehen müssen. Mit Hilfe der Orchestrierung der funktionalen Kapseln soll der Ausgangsprozess wieder „zusammengesetzt" werden, ohne dass der Aspekt der losen Koppelung, welcher eine zentrale Rolle in einer SOA darstellt, verloren geht.

Auch wenn in der funktionalen Kapselung Ereignisse wie Funktionen jeweils einem Service zugeordnet werden, gehören sie nicht zwingend zu diesem Service selbst, denn Ereignisse stellen vielmehr die Verbindungsglieder zwischen den gekapselten Funktionalitäten dar, wobei für die Orchestrierung nur diejenigen Ereignisse betrachtet werden müssen, welche Funktionalitäten verschiedener Services miteinander verbinden. Ereignisse, welche innerhalb eines Services zwei oder mehrere Funktionen miteinander verbinden, beschreiben die innere Logik des funktionalen Services, welche durch die Implementierung des zu realisierenden Service umgesetzt werden muss.

Die Orchestrierung lässt sich aus einer prozessorientierten Sicht eines einzelnen Kooperationspartners auf zwei Ebenen betrachten:

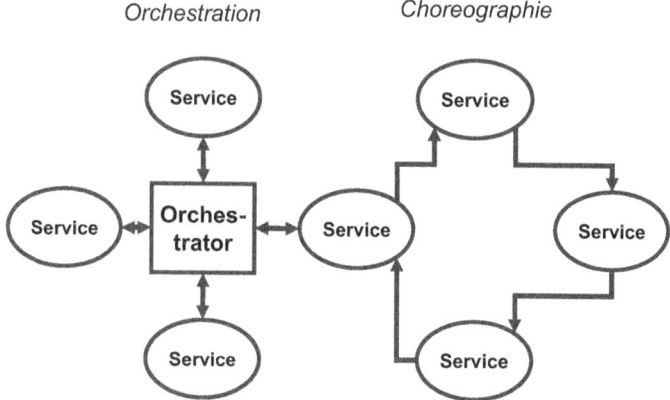

Abb. 2.12 Orchestrierung im Vergleich zur Choreographie

Tabelle 2.7 Vergleich der Choreographie- und Orchestrationssprachen. (✓) für indirekte Unterstützung

Feature	BPEL	BPML	WS-CDL	WSCI	OWL-S
Kollaborationsmodellierung	✓	(✓)	✓	✓	✓
Ausführungsmodellierung	✓	✓	–	–	✓
Rollenkonzept	Schwach	–	✓	✓	–
Transaktion & Kompensation	(✓)	✓	(✓)	✓	(✓)
Exceptionhandling	✓	✓	✓	✓	✓
Semantik	–	–	–	–	✓
Quality of Service	–	–	–	–	–

- Interfaceebene – Die Interfaces aller anderen Kooperationspartner werden aus Sicht des ausgewählten spezifiziert.
- Ablaufebene – Die Interfacespezifikation wird um genaue Ablaufbeschreibungen ergänzt, welche notwendig sind, um die gewünschte Funktionalität zu ermöglichen, dabei werden nur die eigenen Abläufe, nicht jedoch die der Kooperationspartner beschrieben.

Im Unterschied dazu wird bei der Choreographie ein Vertrag über den Messageaustausch und dessen Ablauf festgelegt, wobei beschrieben wird, wann welche Message gesendet und verarbeitet werden muss. Außerdem sollte auch das Ausnahmeverhalten bei einer Choreographie stets festgelegt sein.

2.5.4 Quality of Service

Ein wichtiger, aber schwer zu definierender Aspekt ist die Qualität eines Service. Die Summe der Qualitäten eines Service, das heißt die Summe der nichtfunktionalen, aber zugesicherten und messbaren Eigenschaften, bezeichnet man als **Quality of**

2.5 Service Oriented Architecture

Service (QoS). Die Feststellung, was tatsächlich benötigt wird, um eine vordefinierte Qualität eines Service überhaupt erreichen zu können, ist eine schwierige Aufgabe. In den meisten Fällen wird dabei die bestehende Erfahrung extrapoliert und als Quelle einer Schätzung genutzt. Innerhalb einer SOA wird dieses Problem noch dadurch forciert, dass es in einer solchen Umgebung möglich sein muss, dieselben Services mit unterschiedlichen Qualitätsstufen auf einer identischen Infrastruktur zu betreiben.[53] Neben den Problemen des Betriebs ergeben sich noch weitere Fragestellungen auf Grund der Architektur:

- Consumerperspektive – Typischerweise wollen die Consumer die Qualität des Service definieren. In traditionellen Systemen ist dies kein so großes Problem, da hier meistens das gesamte System unter der Hoheit des Consumers abläuft. Nicht jedoch in einem vollständig serviceorientierten System: In diesem kann nicht mehr davon ausgegangen werden, dass das gesamte System unter der Regie des Consumers abläuft, schließlich können die Services von beliebigen Providern geliefert werden. Die Kunden – sprich Consumer – wollen festlegen, was sie von dem Service erwarten, in ihrer eigenen Terminologie mit einer eigenen Bewertung von Qualitäten. Allerdings ist zu vermuten, dass in den meisten Fällen der Provider einfach einen „alten" Service recycelt und damit gerade nicht die Consumerperspektive einnimmt.
- Kompositservices – Eines der Ziele hinter einer SOA ist die Fähigkeit, neue Services aus dem Zusammenbau von bestehenden Services zu erzeugen. Obwohl die Komposition fachlich relativ einfach erscheint, stellt sich die Frage, wie die Qualitäten der Services bei einer solchen Zusammenlegung propagieren. Speziell, wenn ein definiertes stochastisches Verhalten gefordert wird, ist unklar, ob der neue Gesamtservice sich nach einfachen statistischen Gesetzen verhält.
- QoS-Degeneration – Selbst wenn es gelingt einfache Kompositservices zu modellieren, auf Dauer werden die Beziehungen zwischen den Services von inhärenten Rekursionen geprägt sein. Solche Rekursionen führen dann sehr schnell zu sinnentleerten Aussagen über die jeweiligen Qualitäten. Ab einer gewissen Größe verhält sich der Service als Ganzes nur noch bedingt deterministisch; an dieser Stelle sind Qualitäten gefragt, welche sich aus systemtheoretischen Betrachtungen (s. Anhang A) ableiten lassen.

Qualitäten der Services können und müssen auch genutzt werden, um spezifische Services zu selektieren, neben mehr fachlich getriebenen Qualitäten, welche in aller Regel schon über das Interface und die Policies abgebildet werden, existieren serviceübergreifend eine Reihe quantifizierbarer Qualitäten, welche zur Auswahl dienen können:

- Ausführungspreis –
- Ausführungsdauer –
- Reputation – Die Reputation eines Services ist ein Maß dafür, welches Vertrauen ihm entgegen gebracht wird. Am einfachsten wird die Reputation über ein Ranking durch eine große Zahl von Consumern bestimmt.

---
[53] Schließlich möchte der Provider in der Lage sein, bei fachlich identischen Services ein Differenzierungsmerkmal für den Consumer zu liefern.

- Transaktionsfähigkeit –
- Kompensationsrate –
- Strafrate –

Zusätzliche Möglichkeiten, Services zu bewerten, sind:

- Performanz –
- Zuverlässigkeit – Die Zuverlässigkeit ist die Wahrscheinlichkeit, dass die Software keinen Fehler im System für eine spezifizierte Zeit und spezifizierte Randbedingungen produziert. Vorausgesetzt der Service erfüllt seine Aufgaben zum Zeitpunkt $t = 0$, dann ist die Zuverlässigkeit R gegeben durch:

$$R(t) = p_{\text{Failure}}(\tau > t),$$

wobei τ eine kontinuierliche Variable ist, welche die Zeit festlegt, bis der erste Fehler[54] auftritt.
- Verfügbarkeit – Die Verfügbarkeit ist die Fähigkeit eines Service, seine regulären Funktionen auszuführen. Die Verfügbarkeit steht in engem Zusammenhang mit der Zuverlässigkeit R. Wenn neue Instanzen des Service oder „reparierte" Instanzen mit einer Rate von ρ auftauchen, dann ergibt sich die Verfügbarkeit A zu:

$$A(t) = R(t) + \int_0^t R(t-\tau)\rho(\tau)\,d\tau.$$

Oft ist die mittlere Verfügbarkeit $\overline{A}$ eine publizierte Größe:

$$\overline{A}(t) = \frac{1}{t}\int_0^t A(\tau)\,d\tau.$$

Eine permanente Verfügbarkeit ist dann durch $\lim_{t \mapsto \infty} \overline{A}(t) \approx 1$ gegeben.
- Verlässlichkeit – Ist die Fähigkeit einen Service zu liefern, dem vertraut werden kann.

Welche konkreten Maße sich auf Dauer durchsetzen werden bleibt noch abzuwarten, aber die QoS werden immer wichtiger, je stabiler in Zukunft die fachlichen Interfaces sind.

2.5.5 Policy

Die Policies sind Richtlinien, welche von Menschen vorgegeben werden, um damit das Verhalten der Services zu beeinflussen. Services brauchen stets eine Policy, nach der sie operieren, in den meisten Fällen wird diese implizit durch die Umgebung gegeben, aber es gibt auch Anstrengungen, das Verhalten von außen steuerbar

---

[54] In diesem Kontext bedeutet Fehler neben fachlichen Fehlern auch das Nichtvorhandensein oder die Unerreichbarkeit des Service.

2.5 Service Oriented Architecture

zu machen. Ein solches Verhalten muss dann in einer Sprache spezifiziert werden. Sprachen oder Standards, die explizit Policies unterstützen, sind:

- WS-Policy,
- WS-Security,
- XACML[55].

Das Aufkommen dieser Sprachen hat das Ziel, vorhandene Policyengines einzusetzen und damit den Selektions- und Ablaufprozess der Services deutlich zu verbessern.[56] Alle heutigen Policysprachen haben jedoch eine Reihe von Problemen:

- Die meisten Policysprachen werden von ganz unterschiedlichen, in sich heterogenen Organisationen vorangetrieben, mit der Folge, dass jede dieser Sprachen eine mehr oder minder eigenständige Semantik und Syntax besitzt und die unterschiedlichsten Konzepte implementiert.
- Es ist unklar, wo Policies aufhören und Applikationen oder Services beginnen. Typischerweise würde man die Sicherheit und Transaktionseigenschaften als Policies eines Service verstehen, aber Kosten oder andere „Quality of Service"-Spezifika sind viel schwieriger einzuordnen, da die heutigen Policyframeworks sich fast ausschließlich auf die technischen Eigenschaften der Services fokussieren.
- Häufig sind die Eigenschaften, die für Verhandlungen über die Nutzung von Services notwendig sind, viel feingranularer als es die Policysprachen ermöglichen.[57]

Speziell im Rahmen der Entwicklung von Plattformen für Services werden Policies und die entsprechenden Sprachen immer wichtiger werden, da sie in der Lage sind, alle Services nach identischen Mustern (abhängig vom Consumer) zu steuern.

Aus systemtheoretischer Sicht sind Policies der Versuch, die Umgebung (Kontext) eines Service aktiv zu steuern, so dass sich dadurch das Verhalten des Service und damit nach der Servicedefinition (s. S. 15) der Service selbst verändert. Aus Sicht des Consumers agieren Policies wie Parametrisierungen des Interfaces, aus Sicht des Providers jedoch wie Eigenschaften der Ablaufplattform des Services. Architektonisch gesehen kann die Ausführung einer Policy als eine Art Metaservice verstanden werden und wird auch so in einigen Architekturen implementiert (s. Anhang B.1).

---

[55] eXtensible Access Control Markup Language (XACML) ist ein XML-Schema, welches die Darstellung und Verarbeitung von Autorisierungen zu standardisieren versucht.
[56] Eine Situation, wie sie sich in der Vergangenheit bei Protokollen wie LDAP (Lightweight Directory Access Protocol) zeigte, vermutlich können die LDAP-Erfahrungen auf den Sektor der Policies übertragen werden.
[57] Da die Feinsteuerung der Nutzung theoretisch jede beliebige Parameterkombination des Interface als auch des Servicevertrags betreffen kann, ist dies vermutlich ein nicht lösbares Problem.

2.5.6 Webservices

Webservices können als ein Produkt der Entwicklung des **W**orld **W**ide **W**eb (WWW) gesehen werden, da neben der reinen Darstellung und Verlinkung von Dokumenten auch der Informationsaustausch recht schnell in den Vordergrund des WWW rückte. Die Nutzung von Webservices führt nicht automatisch zu einer SOA, ganz im Gegenteil, frühe Webserviceimplementierungen haben die Tendenz, sich zu fest codierten Aufrufen von Services zu entwickeln, die einfach ein Webserviceprotokoll einsetzen. Genauso gut könnte auch direkter Call gemacht werden. SOA ist eine Architekturidee und Webservices sind ein bestimmtes Protokoll!

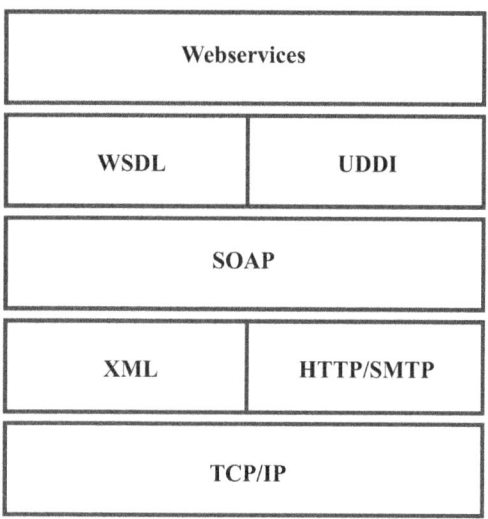

Abb. 2.13 Protokollstack für Webservices

Oft werden Webservices mit dem Konzept der mobilen Agenten verwechselt. Mobile Agenten werden üblicherweise eingesetzt, um auf einem anderen System Operationen durchzuführen. Sehr oft steckt dahinter die Idee des autonomen mobilen Agenten, welcher sich wie ein Wurm[58] oder Virus[59] völlig unabhängig in dem anderen System bewegt. Typisch für solche mobilen Agenten sind Aufgaben im Bereich der Informationsbeschaffung[60]. Mobile Agenten können auch als Webservices implementiert sein, jedoch ist nicht jeder mobile Agent ein Webservice. Markante Unterschiede sind:

---

[58] Würmer wandern von einem System zum anderen und können sich dabei ähnlich den Viren oft auch reproduzieren.

[59] Ein Virus vermehrt sich innerhalb eines Systems und infiziert andere Programme, indem er sie verändert.

[60] Internetsearchengines oder Datamining.

2.5 Service Oriented Architecture

- Ein Webservice hat nur Wissen über sich selbst, nicht jedoch Wissen über seine Consumer[61] oder andere Webservices in seiner Umgebung. Im Gegensatz dazu sind mobile Agenten meistens damit beschäftigt, Informationen über ihre Umgebung und eventuellen Consumer zu sammeln. Diese Form der „Selfawareness" ist zwar manchmal nur auf einer Metaebene vorhanden, trotzdem ist sie immanent.
- Agenten streben von sich aus Aktivitäten an – Webservices sind stets passiv.
- Agenten sind bis zu einem gewissen Grad autonom – Webservices sind dies heute nicht, obwohl die Autonomie eine zentrale Forderung an die Services ist.
- Agenten werden meist a priori kooperativ konzipiert – Webservicestandards berücksichtigen dies heute nicht.
- Agenten müssen sich auf diverse Umgebungen einstellen können – bei Webservices ist die Umgebung faktisch fixiert.

Im Vergleich zu den mehr allgemein orientierten Komponenten sind die Webservices ein spezieller Fall, denn hierunter versteht man lose gekoppelte, ausführbare Applikationen, welche dynamisch über ein TCP/IP-Protokoll eingebunden werden. Aus einer anderen Perspektive beurteilt, sind Webservices eine mögliche Implementierungsform von einer SOA. Die offizielle Definition von Webservices ist laut dem *World Wide Web Consortium*:

...software application identified by a URI, whose interfaces and binding are capable of being defined, described and discovered by XML artifacts and supports direct interactions with other software applications using XML based messages via Internet based protocols.

Die Nutzung von SOAP[62] ist auch eines der Probleme der Webservices. Ursprünglich war SOAP entwickelt worden, um **R**emote **P**rocedure **C**alls (RPC) zu ermöglichen. Beim RPC wird ein lokaler direkter Aufruf eines Moduls durch einen Aufruf eines Moduls in einem anderen Rechner ersetzt. Diese Herkunft führte dazu, dass die ersten Webservices SOAP als „Tunnel" für applikationsspezifische verteilte Aufrufe genutzt haben und damit keinen Servicecharakter zeigten. Diese Situation setzt sich heute fort, da Applikationen, die auf SOAP aufbauen, nicht per se interoperabel sind. Webservices haben keine eigenen Benutzeroberflächen, mit der Folge, dass solche Benutzeroberflächen durch andere Mechanismen erst gebaut werden müssen. Daraus resultiert eine geringe Sichtbarkeit der Webservices für die Endbenutzer, da die Endbenutzer Software direkt nur durch die Benutzeroberflächen erleben.

Welche Voraussetzungen an Technik auf der Protokollebene sind für die Webservices notwendig? Obwohl Webservices auf Standardprotokollen aufbauen, brauchen sie eine gewisse Menge von Voraussetzungen. Diese Voraussetzungen bauen systematisch aufeinander auf. Der sogenannte Webservicestack erfüllt diese Voraussetzungen, er braucht, von unten nach oben betrachtet:

---

[61] Im Sprachgebrauch der Webservices oft auch Requestor anstatt Consumer genannt.
[62] Ursprünglich stand SOAP für **S**imple **O**bject **A**ccess **P**rotocol, aber mittlerweile wird dies für missverständlich gehalten, so dass SOAP keine weitere Bedeutung hat.

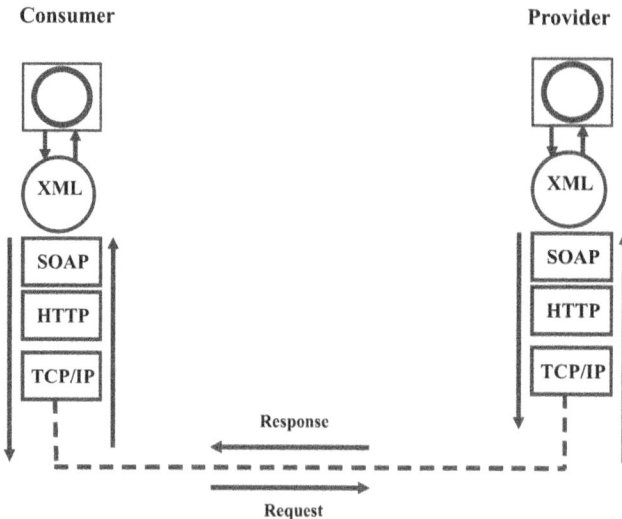

Abb. 2.14 Aufrufstack für Webservices mit XML und SOAP

Tabelle 2.8 Vergleich zwischen CORBA und Webservices

Eigenschaft	CORBA	Webservice
Datenmodell	Objektmodell	SOAP Messages
Koppelung	Eng	Eng/lose
Lokationstransparenz	Objektreferenz	URL
Typsystem	IDL	XML
Exceptionhandling	IDL Exception	SOAP-Fault Message
Serialisierung	ORB	–
Parameterübergabe	Referenz/Wert	Wert
Transfertyp	Binär	Unicode
Zustand	Zustandsbehaftet	Zustandslos
Laufzeitkomposition	DII	UDDI/WSDL
Registry	Interface- und Implementation-Repository	UDDI/ESB
Servicediscovery	CORBA Namingservice	UDDI
Sprachunterstützung	Jede Sprache mit IDL-Binding	Jede Sprache
Events	CORBA Eventservice	–

- TCP/IP – Diese logische Basisverbindung stellt das Rückgrat jeder Kommunikation im Webservice-Umfeld dar.
- XML – Die Protokollsprache XML dient zum Messageaustausch der einzelnen Webservice-Aufrufe.
- HTTP – Das HTTP nutzt das TCP/IP als darunterliegendes Transportprotokoll. Durch SOAP wird HTTP sowohl für den Aufruf als auch den Austausch der XML-Dateien, beziehungsweise XML-Datenströme genutzt.
- SOAP,

2.5 Service Oriented Architecture 55

- UDDI[63],
- WSDL[64].

Aufbauend auf diesem Protokollstack werden die einzelnen Webservices implementiert. Interessanterweise sind die Teile TCP/IP, HTTP, XML und SOAP so weit verbreitet, dass sie in vielen Bereichen den heutigen De-facto-Standard darstellen. Im Fall von TCP/IP ist der Übergang zur Hardware in Form von embedded Chips auf den Netzwerkkarten heute schon fließend[65]. Obwohl eine Reihe von verschiedenen Internetprotokollen existiert, hat sich XML als der De-facto-Standard für Webservices herauskristallisiert.

2.5.7 Präsentationsservices

Im Bereich der Service Oriented Architecture gibt es keine Services für die Benutzeroberfläche, da in einer SOA ein Service auf eine zustandslose Funktion reduziert wird. Aus ökonomischer Sicht betrachtet ist dies nicht besonders hilfreich, da schätzungsweise 50–70% der Softwareentwicklungskosten heute direkt oder indirekt Kosten der Benutzeroberfläche sind.[66] Der Bau dieser Benutzeroberflächen ist, bedingt durch die heute übliche Eventsteuerung und der großen Zahl an Kombinationsmöglichkeiten in Design, Implementierung und Test sehr teuer. Auf der anderen Seite ist die Benutzeroberfläche der Teil eines Softwaresystems, welcher für den Anwender direkt zugänglich ist und ihm damit einen Eindruck vom System vermittelt. Speziell die Akzeptanz eines neuen Softwaresystems steht und fällt mit der Benutzeroberfläche und der Erwartungshaltung der Anwender an diese Oberfläche. Dieses wichtige Kriterium wird von der Idee der SOA überhaupt nicht adressiert. Im Gegenteil, in der Literatur erscheinen Oberflächen meist als lästig und kompliziert oder es wird lapidar auf die Existenz von Browsern verwiesen.

Eine SOA benötigt eine generische Benutzeroberfläche, da sonst die Basisidee der Serviceorientierung verletzt wird. Insofern ist eine „reine" SOA nur mit Brow-

---

[63] Universal Description Discovery and Integration.
[64] Web Services Description Language, s. Abschn. 2.7.1.
[65] Ein Phänomen, welches als Sedimentation bezeichnet wird. Die Sedimentation kann man ausnutzen, um effektiver zu produzieren. Bei der Sedimentation bewegt sich ein Teil der Supportfunktionalität von der Applikation in die Middleware, von der Middleware in das Betriebssystem und von dort in die Hardware. Beispiele hierfür sind Netzwerkverbindungsprotokolle, die heute Bestandteile aller modernen Betriebssysteme sind. Aber auch Supportfunktionalität, wie beispielsweise ein Printspooler oder ein Jobscheduler, welche früher Bestandteil einer Software waren, sind heute oft in der Infrastruktur wiederzufinden. Ein besonders schönes Beispiel für Sedimentation ist Lastverteilung in Webservern; diese wanderte zunächst in die Betriebssysteme und ist heute sogar in der Netzwerkhardware implementiert.
[66] Die besonders hohe Vielfältigkeit (s. Anhang C.3.1) einer Benutzeroberfläche (nicht nur die möglichen Zustände der einzelnen Oberflächenelemente spielen eine Rolle, auch die Reihenfolge ihrer Aktivierung und Deaktivierung ist oft entscheidend), welche berücksichtigt werden muss, führt zu dieser großen Zahl.

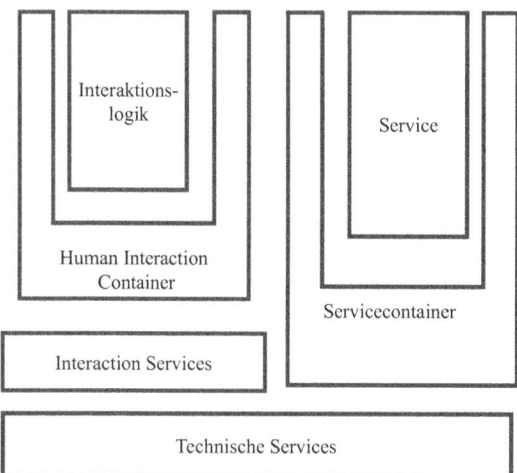

Abb. 2.15 Der Human Interaction Container in einer Gesamtarchitektur

sern oder Portlets[67] möglich. Eine andere Variante ist, die Benutzeroberfläche an dieselbe Ontologie (s. Abschn. 2.8.4) anzubinden wie den genutzten fachlichen Service, eine solche Strategie setzt keine heutigen Styleguides voraus, sondern standardisierte Repräsentationen fachlicher Objekte. In sehr engen Grenzen ist dies schon heute möglich, so zum Beispiel bei Adressen oder Kontendaten. Die funktionalen Anforderungen an einen Präsentationsservice sind:

- Daten – Daten müssen für eine Darstellung und Nutzung im Präsentationsservice in eigenem weit verbreitetem, offenem, standardisiertem und einfach verwendbarem Format vorliegen. Um eine gute Integration zu ermöglichen, sollten die Daten einer integrierten Ontologie folgen. Aufgabe der Präsentationsservices ist es, die Daten funktional und ansprechend nutzbar zu präsentieren. Dazu kann der einzelne Präsentationsservice präsentationsspezifische Daten transparent cachen[68], aber nicht explizit speichern wie die Basisservices; Präsentationsservices sind somit zustandsbehaftet.
- Funktionen – Die Komponenten zur Implementation der Funktionalität des Präsentationsservice sollten eine möglichst hohe Kohäsion und eine möglichst geringe Koppelung aufweisen. Je nach gewähltem Entwurfsmuster für die Implementation der Präsentationsservices gliedern sich die Funktionalitäten unterschiedlich. Eines der Ziele dabei ist es, eine möglichst gute Abstraktion der angebotenen Funktionalität bei weitgehendem Erhalt oder sogar einer Verbesserung der Performanz der implementierten Komponenten und der Gesamtfunktionalität des Präsentationslayers zu erreichen.

---

[67] Teile eines Portals.
[68] Das Caching verletzt die Forderung der Zustandslosigkeit, ist aber in der Praxis fast immer notwendig.

- Verhalten – Das Verhalten des Präsentationsservices muss korrekt, konsistent und jederzeit überprüfbar sein. Insbesondere müssen Transaktionen unterstützt werden. Das Verhalten sollte für Consumer des Systems so transparent und deterministisch wie möglich sein.
- Ausnahmen – Ausnahmen, welche für die Consumer relevant sind, müssen diesen in angemessener Form präsentiert werden. Alle Ausnahmen müssen protokolliert werden, um eine spätere Rückverfolgbarkeit bei Ausfällen der Funktionalität oder sonstigen Problemen zu ermöglichen. Bei Auftreten von nicht behebbaren, systemkritischen Fehlern und darauf folgendem Systemausfall sollte das System stets in einen gesicherten, deterministischen Systemzustand übergehen.

Anstelle eines Präsentationsservices lässt sich die Wechselwirkung eines Menschen mit Software auch anders modellieren. Ein Ansatz ist der **H**uman **I**nteraction **C**ontainer (HIC). Dieser Container, analog zum Servicecontainer (s. Abschn. 2.6.5), adaptiert sich dynamisch an eine geänderte Serviceumgebung und stellt dem Consumer stets die gleichen Funktionen zur Verfügung. Ein solcher Container führt zu einer völlig anderen Sicht auf ein IT-System (s. Abb. 2.15). Ein solcher HIC ist gleichwertig zu einem Servicecontainer und macht den Menschen zu einem Teil des IT-Systems, oder anders formuliert durch einen HIC wird der Mensch zu einem Subsystem des Systems und nicht zu einem Bestandteil der Systemumwelt (s. Anhang A). Die Interaction Services befassen sich mit dem Management der Consumeraufgaben und der Evaluierung des aktuellen Zustands von Dialogen und Interaktionsmustern.[69]

2.6 Service Oriented Platform

Die Flexibilität, welche eine Serviceorientierung innerhalb der Organisation und der Software produziert, muss sich in der Infrastruktur widerspiegeln und von dieser explizit unterstützt werden. Die Schwierigkeit der Unterstützung liegt darin begründet, dass durch eine SOA ein hohes Maß an Interoperabilität erzeugt wird, die infrastrukturell erst ermöglicht werden muss, ein **E**nterprise **S**ervice **B**us (ESB) ist ein Weg in diese Richtung. Die Heterogenität der Services als auch der ihrer Provider läuft dem jahrzehntealten Trend zur Homogenität in der Infrastruktur entgegen. Trotzdem lässt sich die Serviceorientierung auch auf die IT-Infrastruktur übertragen, denn dann kann die Infrastruktur wohldefinierte Services zur Verfügung stellen. Zwar ist es theoretisch möglich, Services ohne eine Serviceinfrastruktur durch direkte Aufrufe oder mittels eines Applikationsservers zu betreiben, aber diese Modelle haben keinerlei Vorteile gegenüber herkömmlichen Applikationen. Erst der Einsatz einer entsprechenden Serviceplattform ermöglicht es, die typischen Eigenschaften der Interoperabilität und Flexibilität, die von Services erwartet werden, wirklich zu nutzen.

---

[69] In gewisser Weise steht der HIC im Gegensatz zum „Affective Computing" oder „Instinctive Computing", bei dem explizit auf die emotionalen Bedürfnisse des einzelnen Menschen eingegangen wird und so eine erhöhte Produktivität erzielt werden kann.

Historisch betrachtet sind die meisten IT-Infrastrukturen stückweise, bottom-up und sehr technikzentriert entstanden, mit der Folge, dass sich die Infrastruktur und die Applikationen sehr eng koppeln. Diese enge Koppelung führt seit vielen Jahren zu einer Überbewertung der Technologie im Vergleich zu den eigentlichen Informationen, aber gerade diese Informationen sind der wirkliche Sinn und Zweck der IT. Dies ist eines der Risiken des pervasiven Computings (s. Kap. 4), speziell im häuslichen Umfeld existiert Infrastruktur im IT-Sinne meist nur rudimentär. Eine Folge der Serviceorientierung muss die Entkoppelung von Geschäftsprozessen und der darunterliegenden IT-Infrastruktur sein. Neben der Ausrichtung der IT-Infrastruktur auf mehr Services, Entkoppelung von Applikationen, muss auch das Infrastrukturmanagement in Form von Services durchgeführt werden. Dieser Teil wird als **S**ervice **O**riented **P**latform (SOP) bezeichnet. Eine solche SOP muss eine Reihe von Aufgaben erfüllen. Dazu zählen unter anderem:

- Sicherheit – Isolierte Server können auch schon heute sichere Webservices zur Verfügung stellen; dies wird aber in Zukunft nicht ausreichen, da die Sicherheit über mehrere Services hinweg und simultan auf diversen Plattformen erreicht werden muss. Außerdem muss eine SOP in der Lage sein, sich an ein externes Identity Management System andocken zu können.
- Routing – Die Infrastruktur muss es ermöglichen, alle Messages zu interpretieren und an einen entsprechenden Provider weiterleiten zu können. Ohne diese Routingfunktionalität lässt sich ein dynamisches Kompositionsmodell (s. Abschn. 2.5.3) nur schwer realisieren.
- Transformation – Die Transformation von XML-Strukturen ist zwar nicht unbedingt eine der originären Aufgaben einer SOP, trotzdem muss sie eine solche Funktionalität besitzen, ansonsten ist eine SOP nicht in der Lage, Routing entsprechend zu unterstützen. Daher liegt es nahe, eine Reihe von Transformationsservices innerhalb der SOP anzusiedeln.
- Prozessmanagement – Die Fähigkeit, Abläufe und Prozesse als ein Netz von Serviceaufrufen und Zustandsübergängen ablaufen zu lassen, ist eine der zentralen Fähigkeiten jeder SOP.
- Monitoring und Administration – Neben den Abläufen muss die SOP es ermöglichen, diese zu kontrollieren, messen und administrieren zu können.

Zusätzlich sollte eine SOP eine Reihe von Charakteristika aufweisen, um die Infrastrukturaufgaben einfacher bewerkstelligen zu können:

- inkrementelles Deployment,
- explizite Unterstützung öffentlicher Protokolle,
- dezentralisiert, dezentral verwaltet und ausbaubar.

Diese Aufzählung von Kennzeichen einer SOP zeigt, welche Mächtigkeit eine voll ausgebaute SOP besitzen muss. Das Phänomen der Sedimentation (s. Fußnote S. 55) setzt sich auch in einer SOP fort; bei einer SOP wandert immer mehr an Funktionalität, die heute in Applikationen angesiedelt ist, in die Infrastrukturschicht, außerdem übernimmt eine SOP in Zukunft eine Reihe von Funktionen, die heute ein Applikationsserver durchführt.

2.6.1 Komponenten

Eine SOP selbst besteht wiederum aus einer Reihe von Komponenten (s. Abb. 2.16), welche eine mehr oder minder klar umrissene Funktionalität besitzen:

- Servicedirectory – Das Servicedirectory liefert Informationen über die Services (Interfaces und Implementierungen), Provider und Rahmenbedingungen. Es besteht dabei aus zwei Blöcken:
  - Registry – Eine Registry gibt dem Consumer Angaben über die der Registry bekannten Services innerhalb der Reichweite der Infrastruktur. Da eine Registry und eine ESB nicht zwanghaft benutzt werden müssen, ist es auch denkbar, dass Services außerhalb der Organisation über Mechanismen angesteuert und genutzt werden, die nicht zur SOP gehören (zum Beispiel direkter Aufruf).
    Zu diesen Angaben zählen neben den syntaktischen Beschreibungen der Interfaces auch Informationen über die nichtfunktionalen Eigenschaften der Services (QoS, s. Abschn. 2.5.4), sowie Daten zur taxonomischen Klassifikation (s. Abschn. 2.8.4) oder ontologischen Positionierung (s. Abschn. 2.8.4) des entsprechenden Service. Die Registry enthält aber keine Serviceimplementierungen, sondern nur Verweise (meist in Form einer URI) auf die Implementierungen.
  - Repository – Ein Repository steuert den kompletten Lebenszyklus eines Service während seiner Entwicklung und Laufzeit und arbeitet mit der Registry zusammen. Das Repository verwaltet die Serviceinterfaces und Implementierungen (Konfigurations- als auch Versionsverwaltung).
    Das Repository enthält neben den Implementierungen auch eine Reihe von Metainformationen über die Services. Die Rolle, welche die Registry für den regulären Betrieb von Services hat, übernimmt das Repository für die Entwicklung von Services. Während der Entwicklung sind nicht nur Informationen über die Interfaces, sondern auch über die Art und Weise, wie die entsprechende Aufgabe gelöst worden ist und welcher Service von wem genutzt wird, im Repository zugänglich.

  Registry und Repository können auch gemeinsam in einem Paket implementiert werden, in diesem Fall versieht man das Repository mit einem UDDI-Interface und verweist dabei auf sich selbst.
- Werkzeuge – Eine SOP benötigt Werkzeuge für ihren sinnvollen Einsatz. Eine Vielzahl von heute noch nicht standardisierten Werkzeugen sind hier denkbar, die in zwei Kategorien eingeteilt werden können:
  - Administration – Zurzeit sind noch keine SOP-dedizierten Administrationswerkzeuge entwickelt worden. Es existieren aber Werkzeuge, die einen Teil des notwendigen Spektrums abdecken, aber sie entstammen einer anderen Applikations- und Infrastrukturhistorie. Wichtige zu unterstützende administrative Aufgaben sind:
    · Steuerung des ESBs,
    · Verwaltung von Rollen und Rechten für die Servicenutzung,

- Verwaltung von Policies zur Servicenutzung,
- Bepreisung[70],
- Verfolgung von Fehlern und Ausnahmen,
- Verfolgung des Lebenszyklus der Serviceimplementierungen,
- Kontrolle der Performanz der SOP.
– Entwicklung – Werkzeuge in dieser Kategorie umfassen faktisch alle typischen Softwareentwicklerwerkzeuge:
  - Generatoren für die Interfaces,
  - Modellierungswerkzeuge für Abläufe und Servicekomposition,
  - High-Level-Debugger[71],
  - Simulatoren für Abläufe und Servicekomposition,
  - Testwerkzeuge,
  - Analysewerkzeuge für Abhängigkeiten.
- Enterprise Service Bus – Der ESB bildet den eigentlichen Kern einer SOP (s. Abschn. 2.6.3).

2.6.2 Broker Architekturen

Heutige Ansätze für eine SOP nutzen meist Brokerarchitekturen, ein Broker ist eine Art softwaretechnischer Makler, der zwischen zwei oder mehreren Systemkomponenten vermittelt. In einer SOA übernimmt ein solcher Broker diverse Rollen, unter anderem:

- Übertragung von Informationen zwischen den verschiedenen Services,
- Anlegen und Zurverfügungstellung einer Registry,
- Abgleich zwischen Aufruf eines Service und dem implementierten Interface,
- Unterstützung der Verhandlung zwischen Consumer und Provider.

Da der Broker eine zentrale Rolle spielt, ist es notwendig, sein grundsätzliches Design näher zu beleuchten (s. Tabelle 2.9). Brokerarchitekturen sind nicht a priori festgelegt, außer sie werden als Produkt eingekauft, aber selbst dann können sie meist noch konfiguriert werden, von daher ist es sinnvoll, die verschiedenen Designalternativen für Brokerarchitekturen zu betrachten:

- zentral versus dezentral – In der Weise, wie die Größe und die Ansprüche an ein serviceorientiertes System wachsen, wird die Skalierbarkeit eine immer wichtigere Rolle in einer Organisation spielen. Hier sind dezentrale Architekturen vorteilhafter als zentrale, zumindest kann die Last in bestimmten Bereichen auf mehrere Broker verteilt werden. Im Gegensatz dazu bildet in einer zentralen

---

[70] Einige neue Services im Mobilfunkumfeld scheiterten in der Vergangenheit daran, dass sie nicht nachvollziehbar zu bepreisen waren.
[71] Ein High-Level-Debugger ermöglicht es, die Aufrufe der Services und die ausgetauschten Daten zu verfolgen und gegebenenfalls die einzelne Serviceimplementierung zu debuggen.

2.6 Service Oriented Platform

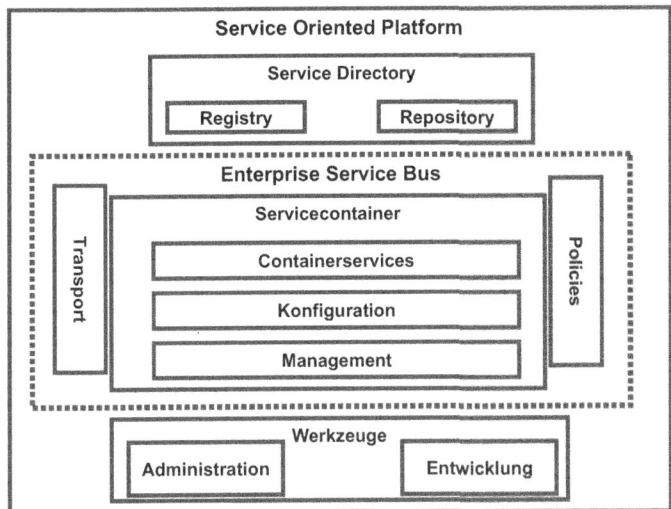

Abb. 2.16 Die Komponenten einer Service Oriented Platform

Tabelle 2.9 Unterschiedliche Brokerdesigns

Design	Alternativen	Kommentar
Verteilung	Zentral	Ein einzelner Broker, der alle Entscheidungen trifft.
	Dezentral	Mehrere Broker mit lokalen Entscheidungen.
Aufruf	In-band	Requests und Response werden übertragen.
	Out-of-band	Nur Requests existieren.
Brokertyp	Informationbroker	Gibt Hinweise über die Serviceorte. Fokus auf Registry.
	Servicevirtualizer	Gibt Services zusätzliche Funktionalität, zum Beispiel Transaktionen.
Fokus	Brokerfokus	Unabhängigkeit und Stabilität des Brokers. Services sind sekundär.
	Servicefokus	Services werden primär. Risiko der Verquickung.

Umgebung ein einzelner Broker das Rückgrat und eventuell auch das Bottleneck für die Skalierbarkeit. Außerdem können Probleme an einer zentralen Stelle das Gesamtsystem lahm legen. Ein dezentraler Broker hat dagegen den Vorteil, dass dieser nur seine lokalen Services kennt und auch nur von einer Teilmenge von Services genutzt werden kann. Bei dezentralen Lösungen gibt es neben der Möglichkeit, verschiedene Typen von Brokern einzusetzen auch die Chance, multiple Instanzen desselben Brokers zu nutzen. Aus Betriebssicht wird die zweite Variante bevorzugt, mit dem zusätzlichen Effekt, dass unterschiedliche Policies auf den verschiedenen Brokerinstanzen zu einer besseren Anpassung an die jeweilige Consumergruppe führen. Die dezentralen Lösungen führen zu spezifischen Problemen in der Infrastruktur. Eine Verteilung der Funktionalität auf mehrere Broker führt zu einer Fragmentierung der Information über das System.

Außerdem ist unklar, ob die Summe aus lokalen Optima auch immer ein globales Optimum darstellt. Um dieses Problem zu vermeiden ist bei einer dezentralen Lösung eine Koordination zwischen den Brokern notwendig, um zumindest bei den Policies und der Ressourcenallokation eine gemeinsame Lösung zu finden. Die Allokation knapper Ressourcen ist die primäre Stelle, an denen zentrale Systeme dezentralen überlegen sind. Folglich müssen alle Broker Informationen über sich selbst mit den anderen Brokern austauschen können. Diese zusätzlichen Informationen stellen für das Gesamtsystem ein Dilemma dar. Je mehr an zusätzlicher Information ausgetauscht wird, desto besser ist die Ressourcenallokation im Gesamtsystem. Aber je mehr Information ausgetauscht wird, desto mehr Overhead an Austausch entsteht, der von den tatsächlichen Services weggenommen wird. In dem Extremfall sehr vieler Services und ganz weniger Broker nähert man sich der zentralen Lösung, mit einer Kommunikationskomplexität von:

$$\mathfrak{I}_{\text{Broker}} \sim \mathscr{O}(1).$$

Im umgekehrten Fall – jeder Service hat seinen eigenen Broker – sind die Broker nur noch mit sich selbst beschäftigt. In diesem Fall müssen alle Broker miteinander kommunizieren:

$$\mathfrak{I}_{\text{Broker}} \sim \mathscr{O}(n^2).$$

- In-band versus Out-of-band – Die Kategorisierung zwischen in- und out-of-band gibt an, wie ein Broker auf Requests reagiert. Die In-band-Broker sind für den Request als auch den Response verantwortlich, damit stellen sie eigentlich einen Kanal zwischen Consumer und Provider dar. Bei dieser Variante sind die Provider für den Consumer anonym, da jede Kommunikation nur über den Broker funktioniert. Die Out-of-band-Broker sind nur auf einer Seite der Kommunikation beteiligt. In diesem Fall nutzen die Consumer den Broker, um einen Provider zu finden, entkoppeln sich aber danach vom Broker und kommunizieren direkt mit dem Provider über Folgeaktivitäten.[72] Der Vorteil dieser Variante ist eine deutlich niedrigere Basislast auf dem Broker, der jetzt fast nur noch wie eine Registry agiert.
- Informationbroker versus Servicevirtualizer – Die Informationbroker führen nur eine Softallokation durch. Dies bedeutet, dass der Broker Informationen über den Ort des Services bekannt gibt, aber keine Kontrolle über den tatsächlichen Service besitzt. Ein solcher Broker kann keine Garantien für die Verfügbarkeit oder die Qualität des jeweiligen Service geben. Typische Beispiele sind Broker, die wie Suchmaschinen agieren und dann dem Consumer eine URI zur Verfügung stellen. Ein Servicevirtualizer ist ein Broker, der eine harte Allokation durchführt, der Broker gibt Garantien für die Services, ihre Verfügbarkeit als auch ihre Qualitäten ab. Außerdem übermittelt er Informationen über die Ser-

---

[72] Die Basisidee des Servicemodells (s. Abschn. 2.5.2).

vicebeschreibung. Der Broker erscheint einem Consumer wie der Service selbst und kann sogar einfache Funktionalitäten, wie Serviceaggregation, anbieten.
- Brokerfokus versus Servicefokus – Viele Brokerarchitekturen sind dafür konzipiert worden, den Services als Infrastruktur zur Verfügung zu stehen und haben damit einen Servicefokus. In sehr heterogenen Umgebungen kann es jedoch sinnvoll sein, dem Broker ein gewisses Eigeninteresse zu geben, ein solcher Broker wird dann andere Broker und andere Services für seine Aufgaben nutzen.

2.6.3 Enterprise Service Bus

	Hub&Spoke Integration	verteilte Integration
Applikations-/Integrationslogik separat	traditionelle EAI	Enterprise Service Bus
Applikations-/Integrationslogik verbunden	Application Server	proprietäres Messagequeing (MOM, MQ)

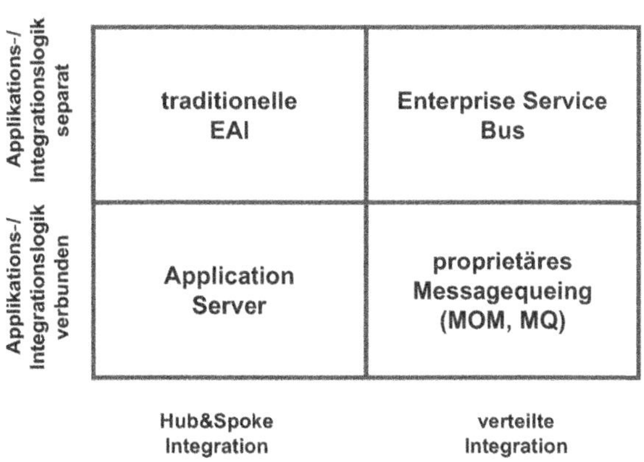

Abb. 2.17 Der ESB als Integrationsplattform

Informationen in einer Organisation sind oft auf verschiedenste Applikationen, Abteilungen und sogar Suborganisationen verteilt, wodurch es sehr schwierig ist, diese Informationen abzufragen oder zu konsolidieren. Der Enterprise Service Bus (ESB) ist ein Ansatz zur Integration von lose gekoppelten, verteilten Netzwerken. Der Begriff ESB wird mittlerweile von vielen Herstellern für ihre jeweiligen Produkte genutzt, ohne dass diese genau erklären, was ein ESB eigentlich leistet. Speziell die EAI[73]-Hersteller geben ihren bestehenden Produkten gerne die Bezeichnung ESB, obwohl es sich bei diesen im Grunde um EAI-Systeme mit Webserviceprotokollinterfaces handelt.

Der ESB kann auf der einen Seite als Konzept verstanden werden, das es, als Infrastruktur für die Informationsweitergabe einer Organisation, aufzubauen gilt. Er kann aber auch als Produkt verstanden werden, da inzwischen zahlreiche Softwarehersteller eine solche Lösung anbieten. Ein wichtiges Kennzeichen des ESBs ist die Existenz eines allgemein zugänglichen homogenen Administrationsinterfaces,

---

[73] Enterprise Application Integration.

welches eine zentrale Konfiguration des gesamten Systems und damit aller angeschlossenen Subsysteme ermöglicht.

Tabelle 2.10 Lose und enge Koppelungen

Eigenschaft	Enge Koppelung	Lose Koppelung
Interaktion	Synchron	Asynchron
Messagestil	RPC	Dokument
Pfad	Fest kodiert	Gerouted
Technologiemix	Homogen	Heterogen
Datentypen	Abhängig	Unabhängig
Syntax	Konvention	Publiziertes Schema
Koppelung	Beim Design	Laufzeit
Semantische Adaption	Neu kodieren	Durch Transformation
Softwareziel	Effizienz	Breite Nutzbarkeit
Konsequenzen	Antizipiert	Unerwartet

Dieser Ansatz geht über das Konzept eines einfachen EAI-Brokers hinaus. Ein typischer EAI-Broker (meist MOM-basiert) bietet als Funktionalitäten:
- Konnektivität,
- Datentransformationssysteme,
- Adaptoren für Applikationen,
- Routing von Messages.

Ein ESB bietet dieselben Funktionalitäten, allerdings mit dem großen Unterschied, dass die Funktionen selbst Services sind. Somit können diese Funktionen unabhängig voneinander und verteilt implementiert werden. Im Zusammenhang mit einer SOA stellt der ESB das eigentliche Rückgrat der Laufzeitumgebung dar. Applikationen werden entkoppelt und durch den ESB über logische Endpunkte verbunden.

Die Charakteristika, die einen ESB auszeichnen, sind:
- Pervasive Computing[74] – Eines der Ziele hinter dem Einsatz eines ESBs ist es, innerhalb der Organisation und auch interorganisatorisch, Pervasive Computing zu erreichen. Dies hat zur Folge, dass der ESB eine globale Reichweite erlangt, in jeden Teil der Organisation wie auch in andere Organisationen vordringt. Services verbinden sich mit dem ESB, werden dadurch sichtbar für andere und können gleichzeitig andere „sehen".
- Standardisierte Integration – Die standardisierte Integration ist eines der fundamentalen Konzepte des ESBs. Es sollten stets die vorhandenen Standards und Protokolle genutzt werden. Die fachlichen Interfaces werden zusammen mit ihren standardisierten Implementierungen in einer offenen „plug & play"-Architektur zusammengefügt. Das eigentliche Rückgrat bildet hierbei der ESB.

---
[74] Siehe Kap. 4.

2.6 Service Oriented Platform

Die immer stärkere Durchdringung der Organisationen mit Standards im technischen Umfeld ermöglicht erst die Entwicklung eines ESBs, denn ein ESB macht sich die Standardisierung zunutze.
- Verteilte Umgebung – Ein ESB muss in der Lage sein, für die Services einen Transportmechanismus zur Verfügung zu stellen, der bezüglich des Ausführungsortes transparent ist. Folglich muss der ESB eine verteilte Ausführungsumgebung unterstützen.
- Selektives Deployment – Bei der großen Anzahl von Services in einer Organisation sowie dem hohen Durchdringungsgrad des ESBs ist eine selektive und verteilte Einführung von Services notwendig.
- Verteilte Datentransformation – Ein wichtiger Teil der Integration ist die Fähigkeit Daten zu transformieren. Auf Grund der Verteilung des ESBs muss dies auch dezentral möglich sein.
- Eventgetriebene SOA – Innerhalb des ESBs werden Services als abstrakte Endpunkte von Verbindungen angesehen. Diese Endpunkte müssen auf asynchrone Ereignisse reagieren können. Die Unterstützung asynchroner Verarbeitung erhöht die Einsatzmöglichkeiten eines ESBs.
- Workflowunterstützung – Organisationen setzen immer stärker Workflowsysteme und Mechanismen zur Delegierung ein, folglich muss der ESB auch diese unterstützen.
- Verlässlichkeit – Das Konzept einer verlässlichen Übertragung ermöglicht erst die Idee von verteilten Transaktionen im Umfeld des ESBs.
- Autonomie – Der ESB ist völlig losgelöst von der tatsächlichen Organisationsform, in der er eingebettet ist. Er ist autonom in dem Sinne, dass er Bestandteil einer alles durchdringenden Infrastruktur wird.
- Dezentrale Steuerung des ESBs.

Eine typische serviceorientierte Software muss die drei Rollen des Servicemodells unterstützen. Jeder Consumer muss ein Lookup durchführen, der es ihm ermöglicht, einen Service zu verwenden. Dafür müssen bestimmte Aufrufe in den Code des Consumers implementiert werden. Durch die Einbindung eines ESBs rufen Services sich nicht mehr gegenseitig auf, die Kommunikation und das Routing werden über den ESB erledigt. Es existieren zwar noch immer die Rollen, die Vermittlung dazwischen übernimmt aber der ESB. Dadurch wird es ermöglicht, die Kommunikation nicht mehr in den Code schreiben zu müssen, sondern die Abhängigkeiten über Konfigurationen und Deploymentinformationen angeben zu können. Eine SOA und eine ESB-Implementierung sind a priori nicht identisch (s. Abb. 2.18), insofern lässt sich ein ESB als eine spezielle Form einer SOA betrachten und wird oft als Enterprise-SOA bezeichnet.

Der ESB braucht ein Transportmittel, um in der Lage zu sein, Daten und Aufrufe an die entsprechenden Services weiterzugeben. Im Rahmen einer ESB-Implementierung wären durchaus unterschiedliche Möglichkeiten vorhanden, eine solche Transportschicht zu bauen, aber in der Praxis hat sich die Nutzung einer **M**essage **O**riented **M**iddleware (MOM) als die heute favorisierte Lösung herausgestellt. Eine MOM übermittelt Daten zwischen verschiedenen Programmen durch

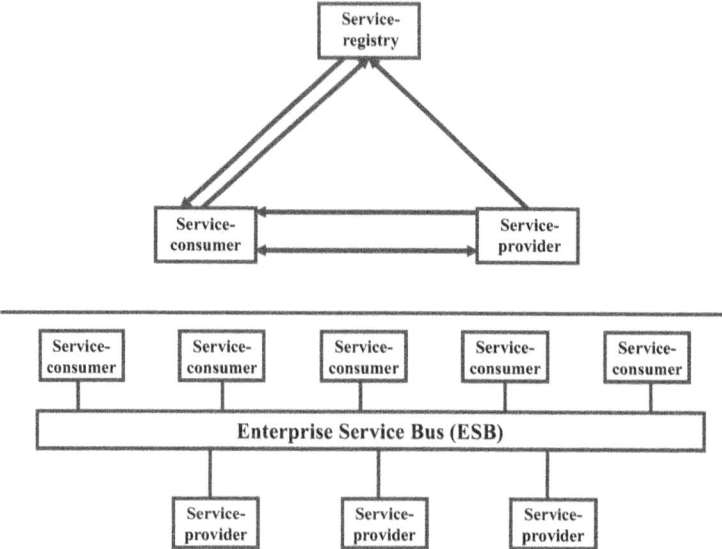

Abb. 2.18 Generisches SOA gegenüber einer ESB-Implementierung

Kommunikationskanäle, in denen feste Informationseinheiten (Messages) übertragen werden. Diese Messages enthalten neben der eigentlichen zu übertragenden Information (Payload) noch zusätzliche Informationen über Verteilweg, Struktur, Herkunft und so weiter.[75] Eine MOM-Umgebung ist üblicherweise asynchron aufgebaut, Sender und Empfänger wissen nur wenig voneinander. Das MOM-System übernimmt alle notwendigen Tätigkeiten, um die Message zu übermitteln. Die Nutzung eines MOM-Systems im ESB wird dadurch unterstützt, dass MOM-Systeme explizit eine Entkoppelung zwischen dem Sender und dem Empfänger vornehmen und damit auf natürliche Art und Weise eine lose Koppelung in den Services zwischen dem Consumer und dem Provider ermöglichen.

Das Übermittlungssystem der MOM garantiert, dass die gewählte Übertragungsoption eingehalten wird. Damit dies bei einer unsicheren Verbindung sichergestellt werden kann, wird intern ein Store and Forward System genutzt. Dabei wird die Message zunächst gespeichert, oft in einer Datenbank, es existieren aber auch einfache Dateisystemimplementierungen, und dann erst an einen Empfänger weitergeleitet. Ist der Empfänger nicht bereit, so kann der Prozess anhand der gespeicherten Message später noch einmal versucht werden. Neben der reinen Sicherstellung der Übertragung haben die meisten MOM-Systeme auch die Möglichkeit, die Reihenfolge von Messages sicherzustellen. Aus Performanzgründen dürfen Messages nur eine endliche Größe haben, von daher ist es üblich, große Messages in mehrere kleine aufzuteilen. Nach der Übertragung muss dann aber die Message wieder vollständig zusammengesetzt werden.

---

[75] Im Grunde ähneln MOM-Messages damit E-Mails, welche eine mögliche Erscheinungsform von Messages sind.

2.6 Service Oriented Platform

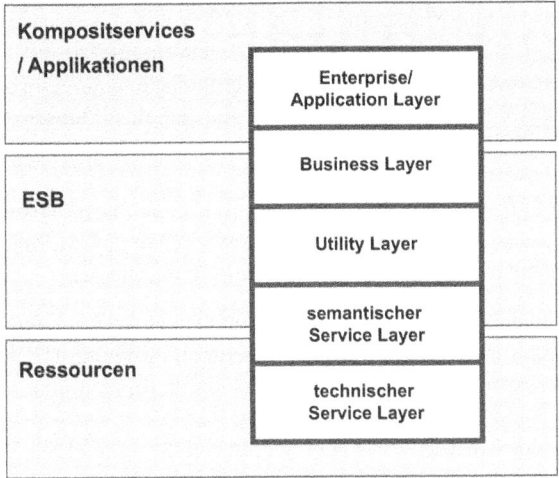

Abb. 2.19 Die einzelnen Layer einer SOA mit einem Enterprise Service Bus

Tabelle 2.11 Unterschiedliche Transporttechnologien im Vergleich

Kriterium	RPC	RMI	DCOM	Webservice	MOM	CORBA
Transaktionen	–	✓	✓	–	–	✓
Koppelung	Lose	Eng	Eng	Lose	Lose/eng	Eng
Standards	✓	✓	✓	✓	–	✓
Synchron	✓	✓	✓	✓	–	✓
Asynchron	–	–	–	✓	✓	–
Portierbar	✓	–	–	✓	✓	✓
Prozessunterstützung	–	–	–	✓	✓	–
Reliable	–	–	–	–	✓	–

2.6.4 Peer to Peer

In einer sehr dynamischen Umgebung oder in einem Ultra Large Scale System (s. Abschn. 6.9) funktioniert das Auffinden von Services nicht mehr so einfach, selbst dann, wenn eine Registry vorhanden ist. Das Fehlen einer zentralen Kontrolle macht dies sehr schwer. In diesem Fall ist es sinnvoller, bekannte P2P[76]-Techniken einzusetzen. In einem solchen Netzwerk haben alle Beteiligten die gleiche Funktionalität, sie unterscheiden sich nur darin, ob sie eine bestimmte Ressource zur Verfügung stellen oder nicht. Damit man P2P zusammen mit Services nutzen kann, muss jeder Provider wie eine Ressource im P2P-Netz behandelt werden. In den P2P-Netzen sind allerdings Rollen wie Provider und Consumer sehr viel dynamischer als bei anderen Serviceprotokollen. Die P2P-Netzwerke kamen Ende der neunziger Jahre als direkte Folge der drastisch erhöhten öffentlichen Bandbreite auf, zunächst

---

[76] Peer-to(**2**)-Peer.

im Bereich des Instant Messaging[77]. Die P2P-Protokolle wurden sehr schnell im privaten Umfeld für den Austausch von Dateien eingesetzt, mit allen daraus entstehenden lizenzrechtlichen Problemen, der einfache und anonym erscheinende Datenaustausch senkt die moralische Schwelle für illegales Raubkopieren. Bekannteste Vertreter von P2P-Netzwerken sind: *Napster, Gnutella, eDonkey, Overnet, Redswoosh*.

Das größte P2P-Netz jedoch ist heute immer noch das *SETI@home*[78] mit einer kombinierten Rechenkapazität von 10^{18} FLOPS[79]. Für das Auffinden von Ressourcen (Services) existieren im P2P-Umfeld drei Basisstrategien:

- Zentralverzeichnismodell – In diesem Modell existiert ein Zentralverzeichnis aller Ressourcen (Services) und ihrer jeweiligen Adressen (URI). Die einzelnen Peers registrieren ihre Adressen und Ressourcen im zentralen Verzeichnis. Dieses Modell ist analog dem Registryansatz.
- Flooded Request Modell[80] – Hier werden viele redundante Messages im gesamten Netzwerk verschickt, um damit Adresse (URI) und Ressource (Service) anzukündigen. Oft wird versucht, die Gesamtzahl der Messages durch TTL[81]-Techniken, bei der die Messages eine endliche Lebensdauer haben und anschließend nicht mehr transportiert werden, zu reduzieren.
- DHT[82]-Modell – Bei einem DHT-Netzwerk hat jeder Peer eine eindeutige ID und alle Peers bilden einen Ring. Die Position im Ring ist durch eine Hashfunktion und die ID gegeben. Jeder Peer kennt andere Peers und hat eigene Routingtabellen, welche durch die Distanz im Ring bestimmt werden. Neben den Peers wird auch jeder Ressource eine ID gegeben, so dass neben ihrer Existenz auch ihre Distanz innerhalb des DHT-Netzwerks bestimmt werden kann.

Eine solche Technik lässt sich auch einsetzen, um die Services als Ressourcen über ein P2P-Netzwerk zugänglich zu machen. Solche Netzwerke sind durchaus in der Lage große Systeme zu bilden. Speziell in öffentlichen Netzen können P2P-Systeme erfolgreich eingesetzt werden. Falls es mehrere Provider für denselben Service im P2P-Netz gibt, so lässt sich die Performanz eines Providers ermitteln:

$$T_{\text{predicted}}(i) = \frac{S}{1 - \lambda S} + \frac{1}{N} \sum_{n=1}^{N} D_n ,$$

hierbei ist $T_{\text{predicted}}(i)$ die vorhergesagte Responsezeit, λ die Ankunftsrate, S die mittlere Servicezeit und D_n die mittlere registrierte Zeitdifferenz für den n-ten Consumer und i-ten Provider. Auch schwierige Vorgänge wie Deployment sind relativ einfach in einer solchen Umgebung. Ein Nachteil existiert jedoch: Das Verschwinden von Services kann nicht aktiv publik gemacht werden, insofern müssen die

---

[77] Bekannteste Vertreter sind *ICQ* und *Skype*.
[78] Search for Extraterrestrial Intelligence.
[79] Sihe Abb. 1.4.
[80] *Gnutella* ist ein Vertreter dieser Art.
[81] Time to Live.
[82] Distributed Hash Table.

2.6 Service Oriented Platform

Consumer aktiv nach Ersatz suchen. Ein nicht mehr vorhandener Service würde $T_{\text{predicted}} \mapsto \infty$ bedeuten. P2P-Netze sind faktisch nicht administrierbar, innerhalb eines solchen „chaotischen" Systems müssen Regelwerke für eine Steuerbarkeit sorgen, da keine zentrale oder dezentrale, beziehungsweise föderale Administrationsinstanz existent ist. In einem ULS-System (s. Abschn. 6.9) würde eine P2P-Implementierung durchaus angebracht sein, allerdings sind hier die Governancemechanismen noch unklar. Neben der Frage der Sicherheit ist die Bandbreite im Netzwerk eine der limitierenden Faktoren hinter dem Einsatz von P2P-Systemen für Services. Der P2P-eigene Verwaltungsoverhead kann ein sehr großes Netzwerk stark belasten, mittlerweile existieren aber eigene P2P-Verwaltungsserver (zum Beispiel bei eDonkey), welche einen Teil dieser Administration übernehmen und so das Netzwerk deutlich entlasten, außerdem existieren schon die ersten Infrastrukturen, welche P2P-Servicenetzwerke aufbauen, dazu zählen: JXTA[83], XtremWeb und BOINC[84].

2.6.5 Servicecontainer

Zwar ist es technisch möglich, dass ein ESB oder ein P2P-System eine Reihe von APIs zur Verfügung stellt und ein Service diese dann auch nutzt, aber eine solche Implementierung ist viel zu risikoreich:

- Der Service sollte von den Details des Transports nichts wissen.
- Damit die Infrastruktur die Services verwalten kann, müssen alle Services für die Infrastruktur identische Eigenschaften besitzen.

Daher muss der Service von der Infrastruktur isoliert werden, um die ex- und impliziten Abhängigkeiten zu minimieren. Ein mögliches Modell für eine Entkoppelung zwischen Service und Infrastruktur ist das Servicecontainermodell (s. Abb. 2.20). Ein solches Servicecontainermodell hat für den Betrieb immense Vorteile, da die Erfahrungen aus dem Bereich von EJB-Frameworks als auch die dort gemachten Erfahrungen bei der Policierung und Steuerung solcher Container, inklusive Lastverteilung und Monitoring, recht gut übertragen werden können.

Die Managementinterfaces können nicht von außen aufgerufen werden, stellen folglich keine Services dar, sondern der Service reagiert auf Veränderungen seiner Umgebung, indem er aktiv nachfragt. Die Existenz solcher Interfaces, die keine Services implementieren, ist ein Bruch des Serviceorientierungsparadigmas, allerdings bildet das Gesamtsystem hiermit eine Art Metaservice, da das Verhalten im Sinne von Policies für das Gesamtsystem durch den Kontext der Umgebung gesteuert wird.

Eine der Aufgaben des Servicecontainers ist es, eine Ablaufumgebung für die Implementierung zu liefern und diese Implementierung der „externen Welt" zur

---

[83] Akronym für **Juxta**position, aus dem Lateinischen von *iuxta* (nebenan) und *positio* (Lage).
[84] **B**erkeley **O**pen **I**nfrastructure for **N**etwork **C**omputing.

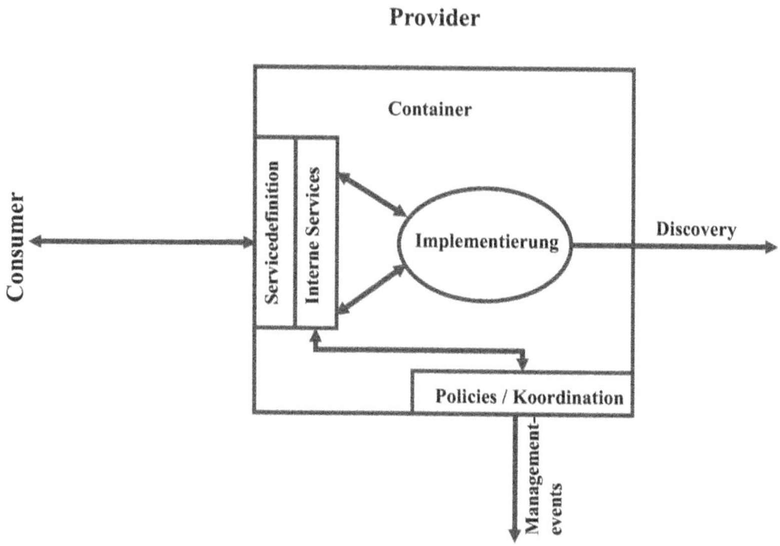

Abb. 2.20 Das Servicecontainermodell

Verfügung zu stellen. Die Kernfunktionalitäten eines solchen Servicecontainers sind:

- Discovery,
- Daten- und Protokolladapter,
- Konnektivität und Messageprocessing,
- Unterstützung für die dynamische Konfiguration (s. S. 43),
- Monitoring des internen Verhaltens und des Zustandes des Service,
- Mechanismen – Diese stellen Transaktionen, Sicherheit, Monitoring oder ähnliches zur Verfügung.

Der Servicecontainer sollte den gesamten Managementdatenfluss von und zu dem Service steuern. Dies betrifft speziell die Fähigkeiten in den Bereichen: Konfiguration, Monitoring und Audit, sowie Fehlerbehandlung. Damit der Service über den Servicecontainer mit der Infrastruktur überhaupt interagieren kann, enthält der Servicecontainer zwei separate Interfaces: Zum einen das Eingangsinterface und zum anderen das Ausgangsinterface. Die beiden Interfaces werden genutzt, um Messages an und vom eigentlichen Service zu senden und zu erhalten. Als Teil der Managementfähigkeiten muss der Servicecontainer die Möglichkeiten zum Audit und zur Protokollierung bieten. Dies verlangt jedoch, dass man in der Lage ist, den Service und sein Verhalten schon auf tiefer Ebene zu verfolgen.

Der Servicecontainer vermittelt zwischen der Infrastruktur und dem einzelnen Service, dafür bietet er eine Reihe von allgemeinen Funktionen (s. Abb. 2.21) an:

- Invocation,
- Deployment,
- Lifecyclemanagement,

2.6 Service Oriented Platform

- Transaktionsmanagement,
- Auditing, Tracking und Logging,
- Quality of Service (s. Abschn. 2.5.4).

Diese Trennung in die Eigenschaften des Servicecontainers und die des Service erlaubt es, einen Unterschied zwischen der Implementierung eines Service und entsprechenden Funktionen wie Auditing oder Transportfehlerbehandlung vorzunehmen, so dass die Serviceimplementierung sich auf ihre eigentliche fachliche Aufgabe konzentrieren kann. Bei anderen Funktionen wie den QoS führt diese Trennung zwischen Serviceimplementierung und dem Servicecontainer zu einer impliziten Standardisierung der QoS. Diese müssen jetzt für alle Services dieselben Kenngrößen erfassen. Da in diesem Modell der Servicecontainer fachlich neutral ist, sind es folglich die QoS auch. Mit den QoS können nur serviceübergreifende Größen erfasst und bewertet werden.

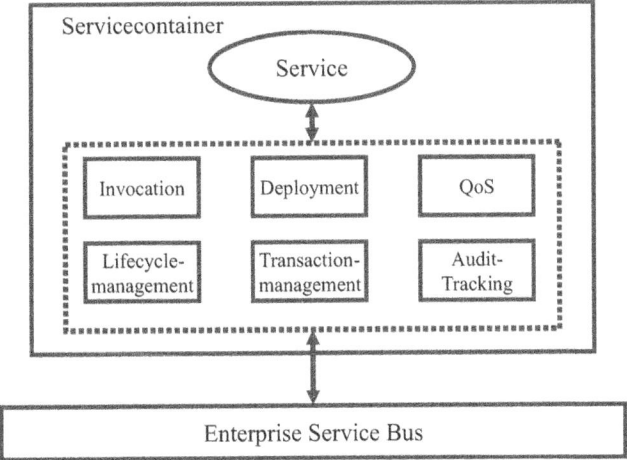

Abb. 2.21 Die Funktionalitäten eines Servicecontainers

Der eigentliche Aufruf eines Service innerhalb eines Servicecontainers ist die Hauptaufgabe eines Servicecontainers. Die übliche Abfolge (s. Abschn. 2.5) von Find, Bind und Execute ist für selten genutzte Fälle durchaus sinnvoll, aber im Rahmen eines großen Softwaresystems nicht gut einsetzbar. An dieser Stelle sorgt der Servicecontainer für eine praktikable Abkürzung. Im Rahmen der eingesetzten SOP muss die Servicedefinition von dem Mechanismus, Services zu finden und diese aufzurufen, getrennt werden. Fast alle Services nutzen über sehr lange Zeiten hinweg stets dieselben Services, warum sollte man sie daher andauernd suchen und wieder neu binden? Eine permanente Zuordnung ist gefragt. Und genau das leistet eine SOP.

Der Servicecontainer ermöglicht es, eine Entkoppelung zwischen dem Service und der Laufzeitumgebung sowie zwischen den einzelnen Services zu erreichen. Für den einzelnen Service innerhalb des Containers treten dabei eine Reihe von

Vereinfachungen auf. Durch den Servicecontainer und impliziten SOP wird der Service von der Verwendung konkreter Provideradressen (Endpunkte) befreit. Der Container übergibt diese Aufgabe an die SOP und fordert sie auf, anhand eines Regelwerks den geeigneten Provider zu finden und dynamisch zu binden. Diese Fähigkeit setzt allerdings voraus, dass die Servicekomposition dynamisch geschieht (s. Abschn. 2.7.4). Ein explizit genutzter Provider wird immer noch direkt angesprochen. Allerdings kann ein Servicecontainer diese Technik unterbinden, indem der Provider seine Services auch in einem Container zur Verfügung stellt und damit nur seine Interfaces dem Broker und sonst niemandem direkt gibt.

Die zweite Form der Entkoppelung ist die Entkoppelung von konkreten Interaktionsmustern. Der Container erlaubt es, synchrone und asynchrone, ja sogar parallele Aufrufe zu simulieren und damit den eigentlichen Service gegenüber den Komplexitäten des Interaktionsmusters zu isolieren. Die dritte Form der Entkoppelung durch den Servicecontainer ist die Neutralisierung der Messagestruktur. Die Mapping- und Transformationsregeln innerhalb der SOP können durch den Container genutzt werden, sodass der Service ein strukturell entkoppeltes Interface haben kann, welches die Chance auf langfristige Stabilität gibt (s. Abschn. 2.8.1).

2.7 Service Oriented Computing

Neben einer Architektur, welche die Nutzung von Services unterstützt, beziehungsweise einer Infrastruktur, welche den Aufruf von Services ermöglicht, muss man beim Einsatz von Services auch in der Lage sein Services zu konstruieren. Die entsprechende Disziplin hierfür ist das **S**ervice **O**riented **C**omputing (SOC). Der Bau von Services ist nicht identisch mit dem Bau von Applikationen oder Komponenten. Zwar kommen auch bei der Implementierung von Services „klassische" Design- und Programmiererkenntnisse zum tragen, aber das Design von Services verlangt noch mehr. Zum einen sollten Services möglichst zustandslos und zum anderen zu einem hohen Grad autonom sein. Des Weiteren zeigen Services ihre Mächtigkeit erst dann auf, wenn sie in einen fachlichen oder organisatorischen Kontext eingebettet werden. Das heutige SOC steht erst am Anfang seiner Entwicklung und wird, analog der Objektorientierung, vermutlich noch einige Jahre benötigen, um eine ähnliche Reife wie die Objektorientierung zu erlangen.

2.7.1 WSDL

Die **W**eb **S**ervices **D**efinition **L**anguage (WSDL) ist eine Spezifikation für netzwerkbasierte XML-Services. Die Sprache WSDL sieht auf den ersten Blick komplex aus, ist aber konzeptionell betrachtet einfach, insofern kann heute WSDL direkt[85] aus

---

[85] So verlockend diese Fähigkeit diverser Werkzeuge auch ist, Serviceinterfaces aus vorhandenem Code zu generieren, in aller Regel sind die daraus abgeleiteten „Services" keine „echten" Services im Sinne einer sinnvollen fachlich getriebenen Zerlegung.

2.7 Service Oriented Computing

vorhandenem Sourcecode generiert werden. WSDL ist ein notwendiger Bestandteil für die Infrastruktur von Webservices. Sie ermöglicht es, Providern ihre eigenen Services unabhängig vom darunterliegenden Protokoll zu beschreiben. De facto handelt es sich immer um SOAP als Protokoll. WSDL ist eines der Schlüsselelemente für UDDI, da ohne eine klare Interfacesprache die Webservices nicht sinnvoll zu publizieren sind. WSDL benutzt XML, um seine Definitionen des Service an potentielle Consumer zu übertragen. Neben dem Namen der Datentypen wird auch der Portname, der logische Port des Servers, an den Consumer übertragen. Die einzelnen Definitionsmöglichkeiten sind:

- *types* – Eine Erweiterung der Standarddatentypen um eigene Typen ist hier möglich. Auf Grund der Erweiterungsfähigkeit von WSDL ist es auch durchaus möglich, ein anderes Typen-Definitions-System, wie zum Beispiel die CORBA Interface Definition Language (IDL) zu benutzen. Dazu wird dann einfach ein anderes Element in dem *types*-Element erzeugt.
- *message* – Die abstrakte Definition der zu übermittelnden Daten, welche auch komplexe oder hierarchische Strukturen enthalten kann. Innerhalb des *definitions*-Elements befinden sich mehrere *message*-Elemente. Jedes *message*-Element hat ein *name*-Attribut, das der Message einen eindeutigen Namen verleiht. Ein *message*-Element besteht aus einem oder mehreren *part*-Elementen, die wiederum mit einer bestimmten Typdefinition verknüpft sind. Für die Verknüpfung mit einer Typdefinition stehen die Attribute *element* oder *type* zur Verfügung.
- *portType* – Ist eine Liste der abstrakten Operationen getrennt nach Input- und Outputmessages. Die *portType*-Elemente, es können ein oder mehrere Elemente sein, bekommen durch ihr Attribut *name* jeweils einen eindeutigen Namen verliehen. Jedes *portType*-Element definiert eine Menge von benannten Operationen. Abhängig von der Art der Operation befindet sich innerhalb eines *operation*-Elements ein *input*- oder ein *output* Element. Die Operationsarten können in folgende Kategorien eingeteilt werden:
    - one-way – Der asynchrone Aufruf des Service. One-way kann nur eine Eingabe empfangen und sendet keine Antwort.
    - notification – Asynchron mit Antwort.
    - request-response – Empfangen, dann Senden einer Message.
    - solicit-response – Senden, dann Empfangen einer Message.

    Bei den beiden asynchronen Aufruftypen werden keine Exceptions produziert. Das *input*- und das *output*-Element legen das abstrakte Messageformat für ein- und ausgehende Messages fest. Dies geschieht, indem sie mit einem bereits definierten *message*-Element verknüpft werden.
- *binding* – Das *binding*-Element definiert Messageformat und Protokolldetails für Operationen und Messages, die durch ein *portType*-Element identifiziert werden. Es können beliebig viele dieser *binding*-Elemente für ein bestimmtes *portType*-Element existieren. Damit ist es möglich, ein und dieselbe Operation über verschiedene Protokolle anzubieten. Jedes der Elemente wird durch ein *name*-Attribut benannt. Das zu verbindende *portType*-Element wird durch das *type*-Attribut festgelegt.

- *port* – Die Adresse für das *binding*-Element.
- *service* – Beinhaltet die Menge der *port*-Elemente.
- *import* – Um XML-Definitionen zu importieren.

Eine der Grundlagen von WSDL ist der Einsatz von Namespacekonstrukten in XML. Da WSDL in der Lage sein muss, verschiedenste Webservices abbilden zu können, müssen Homonyme innerhalb des jeweiligen Kontextes sauber aufgelöst werden. Damit die WSDL-Dokumente innerhalb einer UDDI-Registry einfacher zu finden sind, werden diese Dokumente in zwei Klassen eingeteilt:

- Serviceinterfaces – Das Serviceinterface enthält die Elemente: *types*, *import*, *message*, *portType* und *binding*. Hierbei wird das *import*-Element genutzt, um andere Serviceinterfaces zu importieren.
- Service Implementations – Das Implementationsdokument enthält nur die Elemente: *import* und *service*, wobei *service* Informationen über die Ports und die Bindings enthält, inklusive der jeweiligen URL.

2.7.2 Semantische Services

Der Aufbau von Prozessen in „regulären" Services ist ein Vorläufer für den Aufbau von Prozessen auf Grund von semantischen Services. Die semantischen Services gehen über eine rein syntaktische Beschreibung des Interface hinaus, da der Service für seine Auffindung mit zusätzlicher fachlicher Information über die Bedeutung des Service angereichert wird. Ein solcher semantischer Service ist ein Triplett aus Angaben:

$$\mathbb{S}_{semantisch} = \left\{ \left(\bigcup \mathbb{S}_{SLA}\right), \left(\bigcup \mathbb{O}_{semantisch}\right), \left(\bigcup \mathbb{S}_{Policies}\right) \right\},$$

hierbei wird der semantische Service $\mathbb{S}_{semantisch}$ durch die Summe der SLAs, $\bigcup \mathbb{S}_{SLA}$, die Summe der semantischen Operationen $\bigcup \mathbb{O}_{semantisch}$ und die Menge an unterstützten Policies $\bigcup \mathbb{S}_{Policies}$ beschrieben. Eine solche Beschreibung geht über die einfachen WSDL-Interfaces hinaus und ermöglicht es, den Service aus semantischer Sicht heraus zu finden und dadurch einsetzen zu können. Zur tatsächlichen Einordnung von semantischen Services ist es in der Regel notwendig, die semantisch beschriebenen Operationen durch Verweise auf eine Ontologie oder Taxonomie (s. Abschn. 2.8.4) näher zu erläutern. Ohne diese Einordnung in domänenspezifische Informationshaushalte degradiert die Idee des semantischen Service zu einer Art „abstrakten" WSDL-Sprache. Eine besondere Form der semantischen Services sind die semantischen Webservices (s. Abb. 2.22). Auf Grund der Historie sind die semantischen Webservices eine Mixtur aus Webservices und dem semantischen Web, ein Ansatz, der versucht, das WWW durch Bedeutungen zu ergänzen und damit mächtiger zu gestalten.

2.7 Service Oriented Computing 75

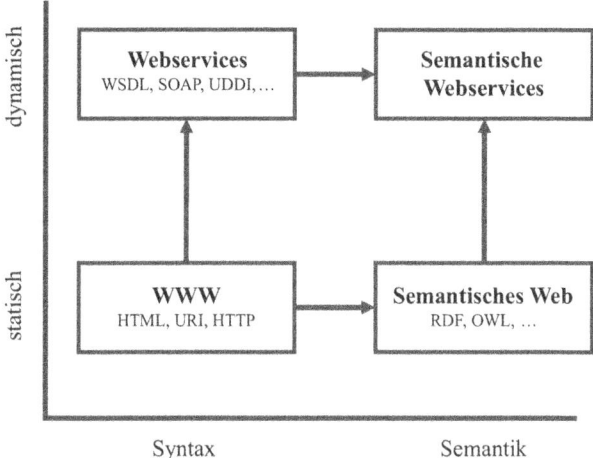

Abb. 2.22 Die Entwicklungen bei den semantischen Webservices

Die semantischen Operationen werden üblicherweise in zwei Klassen eingeteilt:
- Funktionssemantik – Es wird die Bedeutung der ausgeführten Funktion und anderer Funktionen dokumentiert.
- Datensemantik – Die Daten werden nicht nur durch ihre Typen beschrieben, sondern durch die Bedeutung der Daten und ihrer jeweiligen Zusammenhänge.

Bei der Beschreibung der SLAs nimmt man in der Regel eine Beschreibung der Bedeutung der QoS-Eigenschaften vor. Die Auswirkungen der Policies beziehen sich bei den semantischen Webservices auf die Darstellung der Ausführungssemantik. Die semantischen Services lösen sich komplett vom Prozessgedanken und ihren jeweiligen Kontexten heraus. Da man trotzdem aus den semantischen Services Prozesse zur Abwicklung von Aufgaben aufbauen muss, ist es notwendig, einen abstrakten Prozess zu definieren. Ein abstrakter Prozess stellt einen Prozess dar, welcher schon die Kontroll- und Datenelemente enthält, aber die konkrete Ausprägung der genutzten Services findet erst zum Ausführungszeitpunkt statt. Der Vorteil dieses Vorgehens ist, dass die Komplexität des Kontroll- und Datenflusses manuell kontrolliert werden kann und sich die Auswahl des entsprechenden semantischen Service automatisieren lässt. Diese Strategie ist dann sinnvoll, wenn sich Ausführungskosten und Zwangsbedingungen oder Kontexte ändern, aber der Kontrollfluss selbst relativ stabil ist. Um einen abstrakten Prozess im Rahmen von semantischen Services zu erzeugen, können alle Konstrukte der Prozessmodellierung genutzt werden. Der einzige Unterschied besteht darin, dass semantische Templates anstelle von Services genutzt werden. Die Templates ermöglichen es, diese später (zur Laufzeit) durch „echte" semantische Services zu ersetzen. Diese Templates dienen als „Vorstufe" zu den eigentlichen Services. Das Ziel der semantischen Services ist es, die Automatisierung im Umgang mit Services in den Bereichen Servicediscovery, Servicenutzung und Servicekomposition deutlich zu erhöhen und damit billiger Software bauen zu können.

2.7.3 Servicemodellierung

Die Modellierung von Services durchläuft, wie die Modellierung jeder Form von Software, die Phasen Analyse, Design und Implementierung und diese in aller Regel mehrmals. Bei der Serviceorientierung sind Zyklen notwendig, um überhaupt sinnvoll zu modellieren, mit dem Unterschied, dass die Zykluszeiten in der Serviceentwicklung deutlich kürzer sind als in der „klassischen" Software. Am besten eignen sich agile Verfahren wie eXtreme Programing oder Scrum für den Bau von Services. Die dort gewonnenen Erfahrungen mit dem Bau von Komponentensoftware können nahtlos auf den Bau von Services übertragen werden.

Neben den Prozessen und Services, beziehungsweise deren Komposition, müssen auch die Messages und die Events sowie die ausgetauschten Informationen modelliert und als Typen implementiert werden. An dieser Stelle spielen Ontologien eine große Rolle, da sie die funktionale Information der Interfaces mit den statischen Informationen der Messages, Events und Informationsstrukturen verknüpfen können. Das Design von Services wird durch unterschiedliche Anforderungen getrieben, dabei kann ein Service nur dann als „gut designed" gelten, wenn er wiederverwendbar ist.

Die Basisfragen im Servicedesign sind:

- Welcher Service wird für den Geschäftsprozess gebraucht?
- Wie wird dieser Service gebaut?

Die Antwort auf die erste Frage liefert die Serviceanalyse und die Antwort auf die zweite das Servicedesign. Die Serviceanalyse muss die vollständige Domäne betrachten, in der der entsprechende Geschäftsprozess angesiedelt ist. Folgende Schlüsseleigenschaften unterscheiden die Serviceanalyse von traditionellen Verfahren:

- Services werden in multiplen Systemen wiederverwendet. Ziel der Analyse ist es nicht, eine einzelne Applikation zu bauen, sondern den Service so zu konzipieren, dass er in diversen potentiellen Systemen Wiederverwendung findet.
- Die Domäne muss in ihre organisatorischen und funktionalen Aspekte zerlegt werden, um die entsprechenden Prozesse zu identifizieren. Die so entstehenden Subdomänen werden modelliert und durch Services repräsentiert. Simultan ist aber auch eine Repräsentation in Form von Objekten notwendig, da sonst eine Implementierung der Services nicht möglich ist.
- Der Service muss so strukturiert werden, dass er agil einsetzbar ist.
- Nichtfunktionale Eigenschaften der Services bilden einen wichtigen Aspekt der Serviceorientierung, diese müssen schon während der Analyse formuliert und berücksichtigt werden.

2.7 Service Oriented Computing

Eine der Basisfragen hinter der Serviceanalyse ist: Wie wird eine guter Abstraktionsgrad für Services erreicht, wenn nur das Geschäftsprozessmodell und die abstrakten Businessrequirements bekannt sind? Auf die Services angewandt bedeutet dies, das richtige Maß an Granularität für die entsprechenden Kontexte zu finden.

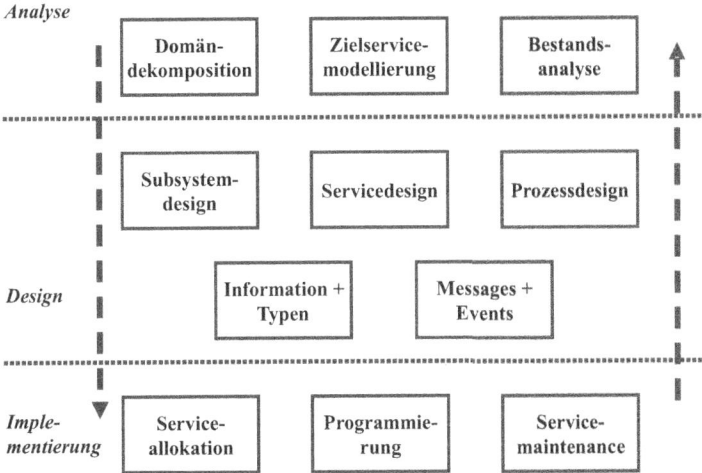

Abb. 2.23 Die Servicemodellierung verläuft zyklisch in den Phasen Analyse, Design und Implementierung

Das auffälligste Merkmal des serviceorientierten Designs ist die Trennung zwischen dem Verhalten von Komponenten und persistenten Objekten. Ein gutes Servicedesign hat drei Charakteristika:

- Die im Interface aufgeführten Methoden gehören zu den fachlichen Methoden der Domäne, nicht zu einfachen Datenzugriffen.
- Das Interface wird durch Elemente des Domänenmodells beschrieben.
- Die Services sind zustandslos und unabhängig vom jeweiligen Kontext.

Um Services zu modellieren, ist es am einfachsten in Komponenten zu denken. Diese stellen jeweils abgeschlossene Blöcke aus Funktionalitäten dar, welche dem Consumer zur Verfügung gestellt werden. An dieser Stelle wird schon zwischen Interface und zukünftiger Implementierung differenziert. Für einen solchen Service sind drei Aspekte entscheidend:

- Der Kontext, in dem der Service existiert. Ein Service existiert nie in vollständiger Isolation, er erfüllt eine spezifische Rolle in einem Kontext und kommuniziert auch aktiv mit diesem. Services können zusammenwirken und neue Services erzeugen und umgekehrt können Services auch in kleinere Services zerlegt werden. Hierfür ist eine Koordination zwischen den Services mit Hilfe des Kontexts wichtig.

- Der Servicevertrag, der von dem Service zur Verfügung gestellt werden soll. Dieser repräsentiert die Summe an Informationen, die für einen Consumer wichtig sind, ohne dass er die Implementierung kennen muss.
- Die Implementierung des Vertrages in gegebenen Kontexten. Die Implementierung eines Service kann auf beliebige Art und Weise erfolgen.

Ein zunehmend wichtiger Teil des Kontextes ist die Spezifikation und das Design für Events und Kommunikationsmuster. Services werden zwar direkt aufgerufen, die übergreifende Steuerung von Abläufen geschieht jedoch über Events und Kommunikationsmuster. Als steuernde Elemente müssen sie auch spezifiziert werden, um die „einfachen" Services überhaupt einsetzbar zu machen.

Die fachliche Granularität eines Service ist ein Maß dafür, wie viel Fachlogik ein Service beinhaltet, je gröber die Granularität, desto mehr Fachlogik wird im Service gekapselt. Im Gegensatz dazu gibt die Interfacegranularität nur an, wie groß der Ausschnitt des Objektmodells ist, welches durch den Service bearbeitet wird. Üblicherweise ist eine grobe Granularität besser, da weniger Services entstehen und die Fachlichkeit konzentrierter auftaucht. Allerdings haben grobgranulare Services den Nachteil, dass bei ihnen die Änderungswahrscheinlichkeit ansteigt und dass sie im Allgemeinen zu einer hochgradigen Spezialisierung tendieren, was die Wiederverwendung deutlich erschwert.

Tabelle 2.12 Grobgranulare Interfaces

Vorteil	Probleme & Risiken
Alle Daten in einem einzigen Aufruf.	Komplexe Daten und -strukturen. Große Messages. Erhöhte Komplexität durch die Behandlung multipler Ausnahmen in einem Servicerequest.
Zustandsinformationen können explizit Bestandteil des Aufrufs werden.	Übermittlung der Zustände kann zum falschen Zustand führen. Daten, die beim letzten Aufruf gültig waren, sind beim nächsten ungültig. Bei jedem Aufruf müssen die Daten neu validiert werden.
Selbstbeschreibende Daten sind möglich. Der komplette Kontext kann übertragen werden.	Services werden nur für ganz spezifische Szenarien gebaut und sind nicht wiederverwendbar.

Die verschiedenen Sichten der Abstraktion und der Granularität unterscheiden sich darin, dass eine Granularität sich stets auf eine Ebene der Abstraktion bezieht (immer auf das Abstraktionsniveau des jeweiligen Servicelayers). Innerhalb eines objektorientierten Systems wird die einzelne Softwareeinheit durch Klassen von Objekten geprägt: modelliert, entworfen und implementiert durch die Anwendung der Prinzipien der Objektorientierung. Innerhalb einer komponentenbasierten Architektur bilden die Komponenten die Ebene der Granularität, obwohl eine Komponente auch eine einzelne Klasse (im Sinne der Objektorientierung) sein kann, bilden in aller Regel mehrere Klassen eine Komponente aus. Folglich sind komponentenbasierte Architekturen grobgranularer als objektorientierte. Die Serviceorientierung

Tabelle 2.13 Feingranulare Interfaces

Vorteil	Probleme & Risiken
Kleine Messages enthalten einfache Daten.	Möglicherweise entsteht ein Übertragungszustand, der zu zusätzlicher Komplexität führt. Wiederherstellung bei fehlerhafter Übertragung muss implementiert werden. (Checkpoint/Restart, beziehungsweise Kompensation)
Individuelle Services können zu größeren komponiert werden.	Der Consumer muss die exakte Aufrufsequenz der Services verstehen.
Erhöhte Laufzeitflexibilität. Einzelne Services werden nur bei Bedarf angesprochen.	Komplexe Beschreibung im Sinne von Prä- und Postkonditionen. Individuelle Services haben keinen eigenen Kontext. Performanzprobleme durch die vielen Aufrufe.

besitzt eine abweichende Granularität, da diese den Service als die elementare Einheit betrachtet. Da Services beliebig gewählt werden können, rangiert ihre Größe von sehr groß (vollständige Applikationen) bis hin zu sehr klein (einzelne Methode eines Objekts). Für den Fall einer sehr feinen Granularität degeneriert eine serviceorientierte Entwicklung zu einem objektorientierten Design und im Rahmen einer sehr groben Granularität wird die Siloarchitektur der Legacysysteme erreicht.

2.7.4 Servicekomposition

Die Zusammensetzung neuer Services aus bestehenden Services kann auf zwei Arten geschehen, zum einen statisch und zum anderen dynamisch. Die statische Komposition entspricht in etwa der „klassischen" Programmiertätigkeit nur mit dem Unterschied dass keine Unterprogramme oder Bibliotheken aufgerufen werden, sondern Services. Bei der dynamischen Komposition ist die Situation schwieriger, hier sind die Services zum Designzeitpunkt nicht bekannt, dafür existiert aber eine Vorstellung darüber, welche Anforderungen an den Service zu stellen sind. Die gefundenen Services müssen in diesem Ansatz mit den Vorstellungen über die gewünschten Eigenschaften verglichen werden, genannt Matching. Beim Matching werden die Eigenschaften des Providers mit den Anforderungen des Consumers verglichen und einer der angebotenen Services wird gewählt. Das Matching hängt von zwei Voraussetzungen ab:

- Die Services der Provider müssen bekannt gemacht worden sein.
- Es muss eine Beschreibung der Consumeranforderungen vorhanden sein.

Wenn beide Vorbedingungen gegeben sind, dann lässt sich ein Matching in zwei logischen Schritten vollziehen. Zuerst wird nach einem semantisch gewünschten Service gesucht und in der gefundenen Menge nach der geeigneten Implementierung. Bei einem einzusetzenden Service muss nicht unbedingt der gesamte Service exakt passen, es reicht auch aus, wenn nur Fragmente des Service in semantischer wie struktureller Hinsicht angemessen sind. Eine Komposition von Services kann auf verschiedenen Ebenen ablaufen, von der technischen über die semantische Ebene bis hin zur Geschäftsprozessebene. Da eine Komposition von Services auf der Geschäftsprozessebene stets eine Komposition auf den anderen Ebenen voraussetzt, ist es sinnvoll, ein Kompositionsmodell durch mehrere Ebenen aufgebaut zu modellieren. Es existieren drei Basismechanismen, unabhängig von der betrachteten Ebene, um Services zu komponieren (s. Abschn. 5.13):

- Horizontal – Das horizontale Komponieren entspricht einer „Supply Chain". Die Services werden nacheinander aufgerufen und jeder nachfolgende Service nutzt den Output des vorhergehenden Service.[86]
- Vertikal – Das vertikale Komponieren entspricht dem „Subcontracting", ein Service nutzt intern andere Services, um seine Aufgaben zu erledigen.[87]
- Hybrid – Im hybriden Fall werden vertikale und horizontale Mechanismen gemeinsam eingesetzt.

Es lässt sich ein Grad D für Komponierbarkeit durch folgende Formel angeben:

$$\mathfrak{D}(S_i, S_j) = \sum_{p=0}^{p_{\max}} \alpha_p \left(\sum_{q=0}^{q_{\max}} w_{pq} \mathfrak{F}(S_i, S_j) \right). \tag{2.3}$$

Hierbei läuft p über die Ebenen und q über die Attribute. Die Gewichte w_{ij} und α_i können je nach Aufgabenstellung gewählt werden. Die Funktion $\mathfrak{F}$ gibt an, ob das gewählte Kriterium erfüllt ist oder nicht. An Hand der Gl. 2.3 lässt sich ein Grad für die Verknüpfbarkeit zweier Services automatisiert ermitteln. Falls eine automatische Komposition tatsächlich eingesetzt wird, empfiehlt es sich, Schwellenwerte für D festzulegen.

Eine spezielle Methode des Matchings ist das Conversationmatching. Dabei wird die Struktur des Prozesses für den die Services eingesetzt werden sollen, mit den möglichen Zuständen und Zustandsübergängen des nutzenden Serviceprozesses verglichen. Dies funktioniert natürlich nur bei zustandsbehafteten Services, die ihr Zustandsmodell publiziert haben! Für den Consumer stellt dann der Service einen endlichen Zustandsautomat dar. Eine Überprüfung der benötigten Zustände (Globaler Zustandsautomat) mit den zur Verfügung gestellten Zuständen durch den Service liefert ein Matchingmuster und damit eine Selektion von Services.

2.7.5 Serviceinteroperabilität

Interoperabilität ist eine Beziehung zwischen zwei Services, bei der die beiden Services in der Lage sind, spezifische Informationen gemeinsam zu nutzen und auf Basis dieser Informationen mit einer gemeinsamen operationellen Semantik zu agieren. Die Interoperabilität wird bei der Entwicklung der meisten Softwaresysteme schon zu einem frühen Zeitpunkt angestrebt. Die Interoperabilität spielt sich auf

---

[86] Unter Unix ist dies als Piping bekannt.
[87] Dies entspricht in traditionellen Programmiersprachen einem direkten Call.

2.7 Service Oriented Computing

verschiedenen Ebenen quasi aufsteigend ab (s. Abb. 2.24). Interoperabilität ist eine der zentralen Forderungen an einen Service, da nur durch diese die langfristige Verwendung des Service dauerhaft sichergestellt werden kann. Interoperabilität innerhalb einer Organisation ist schon lange bekannt und wird meist (fälschlicherweise) mit dem Begriff EAI belegt, mit dem Unterschied, dass im Rahmen von EAI die Interoperabilität ex post versucht wird, während bei Services diese ex ante notwendig ist. Insofern hat die Interoperabilität eines Service die gleiche Wichtigkeit wie dessen fachliche Funktionalität, während bei der EAI die Interoperabilität mehr schlecht als recht nachträglich versucht wird. Auf der Serviceebene kann bei der Interoperabilität zwischen vier Gebieten unterschieden werden:

- Signaturebene,
- Protokollebene,
- Semantikebene,
- Kontextebene.

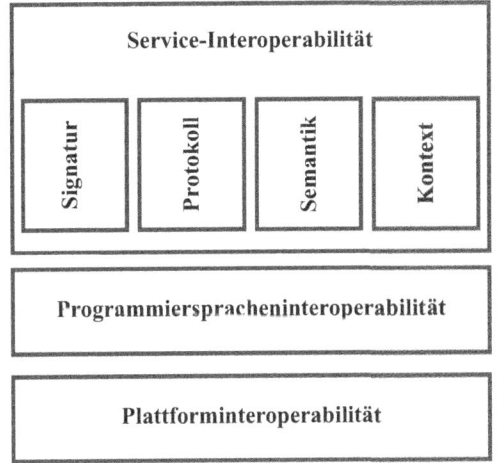

Abb. 2.24 Die Ebenen der Interoperabilität

Wann ist ein Service interoperabel? Es existieren zwei Merkmale, dies zu beurteilen: Zum einen die Kompatibilität und zum anderen die Ersetzbarkeit. Zwei Services gelten als kompatibel, wenn sie die Fähigkeit haben korrekt zusammenzuarbeiten, das heißt alle zwischen diesen beiden Services ausgetauschten Messages werden verstanden. Insofern handelt es sich bei der Kompatibilität um eine symmetrische Relation. Damit eine Kompatibilität zwischen zwei Services möglich ist, müssen beide Services auf allen Ebenen kompatibel sein, mit der Folge, dass beide Services innerhalb einer Ebene ein gemeinsames „Verständnis" haben. Für dieses gemeinsame Verständnis sind notwendig:

- Signatur – Beide Services müssen eine korrespondierende Signatur besitzen. Dies stellt die Kompatibilität auf dem syntaktischen Gebiet sicher. Der Consumer muss alle von ihm genutzten Interfaces des Providers syntaktisch verstehen.
- Protokoll – Auf der Protokollebene bedeutet Kompatibilität, dass ein gemeinsames Verständnis über die Menge aller gültigen Zustandsübergänge vorhanden ist.
- Semantik – Beide Services müssen der in der Kommunikation verwendeten Syntax die gleiche Bedeutung beimessen, das heißt, deren Semantik kennen und identisch interpretieren.
- Kontext – Wenn beide Services ein identisches Verständnis über die internen und externen Einflussfaktoren besitzen, sind beide in Bezug auf den Kontext kompatibel.

Die Interoperabilität in Form der Kompatibilität auf Protokollebene ist dann gegeben, wenn alle Restriktionen bezüglich des Ablaufs der Serviceinteraktion beachtet werden. Auf der Semantikebene ist die Kompatibilität gegeben, wenn das Verhalten eines Service mit dem Verhalten übereinstimmt, welches die anderen Beteiligten von diesem Service erwarten. Dies betrifft primär die Erwartungshaltung des Consumers gegenüber der Serviceimplementierung. Meist überprüfen die Provider Präkonditionen und die Consumer die entsprechenden Postkonditionen, um die Kompatibilität auf Semantikebene sicherzustellen. Auf der Ebene des Kontexts sind zwei Services kompatibel, wenn sie das gleiche Verständnis bezüglich der ausgeführten Interaktion in ihrer Umgebung haben.

Die Ersetzbarkeit ist im Gegensatz zur Kompatibilität keine symmetrische Relation zweier Services. Wenn ein Service durch einen anderen ersetzt werden kann, dann muss der andere Service nicht a priori äquivalent sein. Genauer betrachtet ist ein Service $\mathfrak{A}$ ersetzbar durch einen Service $\mathfrak{B}$, wenn er folgende Kriterien erfüllt:

- Signatur – Es muss eine vollständige und eindeutige Abbildung der Signatur von $\mathfrak{A}$ auf $\mathfrak{B}$ möglich sein, $\mathfrak{B}$ kann mächtiger als $\mathfrak{A}$ sein.
- Protokoll – Es muss eine vollständige und eindeutige Abbildung der möglichen Zustände von $\mathfrak{A}$ auf $\mathfrak{B}$ möglich sein, $\mathfrak{B}$ kann größer als A sein.
- Semantik – Wenn die Semantik von A in B enthalten ist und alle Prä- und Postkonditionen vollständig und eindeutig abbildbar sind, dann ist der Service $\mathfrak{A}$ durch $\mathfrak{B}$ semantisch ersetzbar.
- Kontext – Es muss eine vollständige und eindeutige Abbildung der externen Einflüsse des Services $\mathfrak{A}$ auf die externen Einflüsse des Services $\mathfrak{B}$ existieren.

Die Interoperabilität auf Signaturebene ist durch den Bezug der Interfaces beider Services gegeben, da diese Definitionen das gemeinsame syntaktische Verständnis zwischen Consumer und Provider darstellen. Eine direkte Ersetzbarkeit ist dann gegeben, wenn der Ersatzservice mindestens die Menge an Methoden und die darin verwendeten In- und Outputparameter besitzt, welche der zu ersetzende Service anbietet.[88] Die Ersetzbarkeit auf Protokollebene erfordert die Überprüfung, ob die

---

[88] Für einen Service mit WSDL-Beschreibung müssten für die Ersetzbarkeit die Elemente *types*, *message* und *portType* zusammen passen.

2.7 Service Oriented Computing   83

Reihenfolge der Ein- und Ausgabe sowie der Aufrufzeitpunkt beider Services konsistent zueinander sind. Theoretisch gesehen ist ein Service zustandslos, folglich kann er jederzeit aufgerufen werden, in der Praxis sind zustandslose Services eher selten anzutreffen, insofern spielt die Reihenfolge und der aktuelle Zustand eine wichtige Rolle.

Eine Möglichkeit, die Ersetzbarkeit auf semantischer Ebene zu beurteilen, ist das Behavioural Subtyping. Beim Behavioural Subtyping wird das Verhalten zweier Services auf eine Vererbungsbeziehung zwischen beiden zurückgeführt: Wenn das Verhalten einer Instanz einer abgeleiteten Klasse (Service $\mathfrak{B}$) konsistent mit dem Verhalten einer Instanz der Superklasse (Service $\mathfrak{A}$) ist, dann ist $\mathfrak{A}$ durch $\mathfrak{B}$ ersetzbar. Die kontextuelle Ersetzbarkeit eines Services $\mathfrak{A}$ durch einen Service $\mathfrak{B}$ bezüglich eines dritten Services $\mathfrak{C}$ ist gegeben, wenn $\mathfrak{B}$ in jedem relevanten Aspekt bezüglich der Interaktion zwischen $\mathfrak{C}$ und $\mathfrak{A}$ kontextuell konsistent ist. Konsistent werden zwei Interaktionen genannt, wenn ihre relevanten Aspekte aufeinander abbildbar sind.

Die semantische Interoperabilität ähnelt sehr stark dem Problem des Verstehens von Sprache zwischen einzelnen Menschen. Zwar gibt es jahrhundertealte Forschungen auf diesem Gebiet, jedoch ist man immer noch sehr skeptisch darüber, ob Menschen sich wirklich vollständig verstehen. Angewandt auf das Problem der semantischen Interoperabilität bedeutet dies, dass es keine eindeutige Interpretation einer Servicespezifikation gibt und folglich der Automatisierung Grenzen gesetzt sind, da eine gemeinsame „natürliche" und sichere semantische Basis fehlt. Das Serviceinterface wird vom Consumer, dem Provider oder dem Softwareentwickler in Form der Implementierung unterschiedlich interpretiert und daher mit Semantik gefüllt. Eine solche gemeinsame Basis kann durch eine gemeinsame Ontologie geschaffen werden.

Neben der syntaktischen und semantischen Interoperabilität zweier Services müssen auch die QoS miteinander verglichen werden, da auch diese Information ein, zumindest aus Sicht des Consumers, wichtiges Merkmal sein kann. Speziell in großen heterogenen Umgebungen sind die QoS nicht immer a priori identisch für jeden Provider. Einer der Gründe für eine Differenz der QoS liegt in der Vorgehensweise der Softwareentwickler auf Providerseite begründet: Interfaces (syntaktisch und semantisch) werden direkt oder indirekt zum Designzeitpunkt fixiert, während die QoS im laufenden Betrieb an eine sehr spezifische Umgebung angepasst werden.

2.7.6 π-Kalkül

Die meisten heutigen Systeme haben als Basisidee einen zustandsbehafteten Workflow.[89] In einem solchen Umfeld spiegelt der softwaregestützte Ablauf einen Verwaltungsprozess wider, strukturelle Veränderungen sind sehr selten und werden in

---
[89] Verarbeitungsschritte erfolgen fast immer sequenziell und jede „passierte" Station verändert ein Attribut; diese Veränderung wird vom Folgeschritt ausgewertet.

einer vorweg antizipierten Adaption berücksichtigt. Solche Applikationen sind zu starr und zu inflexibel, um auf rasche Veränderungen zu reagieren. Mittlerweile steht die Flexibilität und nicht mehr die rigide Ablaufkontrolle bei Software im Vordergrund. Eine rigide Ablaufkontrolle führt die Idee des SOEs (s. Abschn. 2.2) ad absurdum. In neuen Systemen dürfen Abläufe nicht durch Zustandsänderungen ausgelöst und verfolgt werden, sondern durch Events. Diese Events werden produziert und konsumiert durch Aktivitäten, welche keine statischen Verbindungen zu anderen Aktivitäten haben, sondern nur weitere Events absetzen und so das Gesamtsystem steuern. Events werden als Vorbedingungen genommen, um Aktivitäten auszulösen und ein Ergebnis zu produzieren. In einer solchen Architektur existiert keine zentrale Kontrollinstanz, welche alles steuert, vielmehr erlaubt die lose Koppelung mittels der Events auch In- und Outsourcing von Aktivitäten. Außerdem ermöglicht die Ereignissteuerung eine flexible Integration von Aktivitäten in andere Aktivitäten.

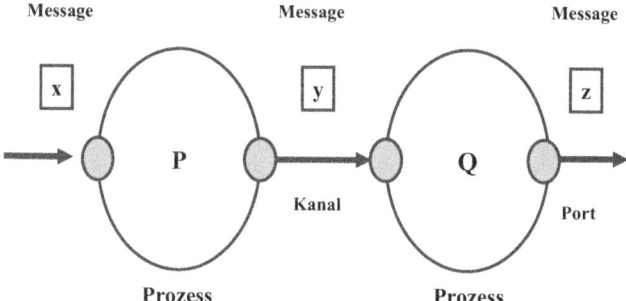

Abb. 2.25 Flussdiagramm des π-Kalküls

Traditionelle Integration braucht eine Kontrollinstanz, welche den Überblick über alle Teile besitzt. Messagebasierte Systeme hingegen haben keinen Bedarf an dieser künstlichen Kontrollschicht. Innerhalb von messagebasierten Systemen haben die einzelnen Teile nur noch Vor- und Nachbedingungen und führen eine Transformation des Inputs auf den Output durch. Neben dem In- und Output existiert eine einzelne Aktivität oder ein Service in einem definierten Kontext. Die Veränderung des Kontexts ist eine Eigenschaft, die alle offenen Systeme haben, da hier nicht vorausbestimmbar ist, welcher Kontext für die Ausführung einer Aktivität oder eines Service gerade der aktuelle ist.

Historisch gesehen waren zuerst sequenzielle Systeme mit vordefinierten Statusübergängen die Grundlage der meisten heutigen Applikationen und Workflowsysteme. Solche sequenziellen Systeme werden mathematisch durch das λ-Kalkül beschrieben. Systeme mit Parallelität und Verteilung oder mit mobilen Services benötigen eine gegenüber dem λ-Kalkül erweiterte mathematische Grundlage: Das π-Kalkül. Eine detaillierte mathematische Beschreibung der Grundlagen des π-Kalküls befindet sich in Anhang D.

Sequenzielle Systeme können formal durch das λ-Kalkül beschrieben werden. Dieses Kalkül kann Rekursionen und Aufrufe nach dem einfachen EVA-Prinzip[90] beschreiben. Eine typische Repräsentation für sequenzielle Systeme sind die Flussdiagramme. Auf tieferer Ebene lassen sich viele Programmiersprachen durch das λ-Kalkül beschreiben. Parallele Systeme lassen sich nicht mehr so einfach durch Flussdiagramme beschreiben, hier sind andere Mechanismen notwendig, so zum Beispiel Petrinetze. Speziell beim Auftreten multipler Instanzen des gleichen Service tun sich Petrinetze schwer. Um die Limitierungen der Petrinetze zu überwinden, wurden Theorien für mobile Systeme entwickelt. Mobile Systeme sind notwendigerweise immer auch parallel. Das für mobile Systeme entwickelte π-Kalkül repräsentiert Mobilität durch die Beschreibung der Bewegung von Verknüpfungen in einem abstrakten Raum von verknüpften Prozessen.[91] Das π-Kalkül benutzt das Konzept von wertbeschränkten Namen (eine Sammelbezeichnung für Kanäle, Links und so weiter) für die Interaktion zwischen parallelen Prozessen. Diese Fähigkeit des π-Kalküls macht es zu einer idealen mathematischen Grundlage für das Service Oriented Computing.

2.8 Service Oriented System Engineering

Die Softwareentwicklung in den nächsten Jahren wird sich anderen Herausforderungen stellen müssen, zum einen Services mit loser Koppelung, Autonomie und Verteilung und zum anderen dem Aufbau immer komplexerer Systeme (s. Abschn. 6.9). Die Umgebung der Services ist stark heterogen und verändert sich permanent, Services müssen sich auf diverse Verhaltensmuster ihrer jeweiligen Umgebung einstellen und diese explizit nutzen können. Das heute dominante Verfahren der Kenntnis aller Hard- und Softwarekomponenten zum Designzeitpunkt wird mit zunehmender Vernetzung und Verteilung immer weniger möglich sein, folglich steht die Runtime- und nicht die Designtimeevolution des resultierenden Systems im Vordergrund. Aber nicht nur das Verhalten der anderen Services und Systeme, sondern auch die genutzten Daten werden immer heterogener und immer weniger verlässlich werden, die Vielfältigkeit steigt stark an.

Das **S**ervice **O**riented **S**ystem **E**ngineering[92] (SOSE) betrachtet die für ein Serviceorientierungsparadigma notwendigen Systeme, erstellt sie und zeigt Wege, wie eine **S**ervice **O**riented **S**oftware (SOS) gebaut werden kann. SOSE beschäftigt sich nicht damit, wie ein einzelner Service gebaut wird, sondern damit, wie man aus Services Systeme und Funktionalität bauen kann. Daher liegt beim SOSE der Schwerpunkt der Betrachtung auf dem Prozess und der Funktionalität, nicht auf dem einzelnen Service. Der einzelne Service ist für das SOSE ein atomarer Teil. Speziell bei der Servicekomposition ist die Trennung zwischen SOC und SOSE willkürlich, da hier beide den Prozess betrachten müssen, aber SOC kommt dabei vom Service,

---

[90] **E**ingabe **V**erarbeitung **A**usgabe (EVA).
[91] Analog zu dynamisch erzeugten Hyperlinks in Hypertexten.
[92] Manchmal auch als **S**ervice **O**riented **D**evelopment of **A**pplications (SODA) bezeichnet.

mit dem Ziel neue Services zu schaffen, während SOSE ein System aus Services aufbauen möchte. SOSE ist eine disziplinübergreifende Tätigkeit, die ein System aus Services aus dem Blickwinkel des Lebenszyklusses, der Kybernetik und der Kundensicht betrachtet.

Die heute vorliegenden Implementierungen zeigen noch nicht das volle Potenzial, welches im Serviceorientierungsparadigma steckt, dies hat zwei Ursachen:

- Viele der heutigen SOA-Implementierungen sind durch einfaches Wrapping bestehender Applikationen entstanden. Diese Applikationen waren aber nie für Architekturen in Form einer SOA ausgelegt, mit der Folge, dass sie nur bedingt serviceorientiert sind.
- Heute werden neue Services fast immer von der IT initiiert. Das implizite Entwicklungsmodell dahinter ist providerzentriert. Solche Services reflektieren das, was der Provider glaubt, was genutzt werden kann. Wirklich gute Services können aber erst dann entstehen, wenn eine kundenzentrierte Sicht eingenommen wird.

Eine aus Services erstellte Software besitzt eine inhärente Unsicherheit, da sie verteilt und dynamisch zusammengestellt ist, beides liefert abweichendes Verhalten und mögliche Fehlerquellen. Die Vermischung von unterschiedlichen Granularitätsebenen verschärft diese Situation noch zusätzlich.

2.8.1 Evolution und Komplexität

Die Services und die aus den Services entstandenen Systeme entwickeln sich stets weiter. Dabei unterliegen Software und Services durchaus unterschiedlichen Gesetzmäßigkeiten. Eine Software befindet sich immer in einem definierten Zustand; das heißt implizit, dass jede Software einen Lebenszyklus durchlebt. Dieser Lebenszyklus ist die definierte zeitliche Abfolge von Zuständen. Das Lebenszyklusmodell als Ganzes zeigt die möglichen Zustände auf, welche die Summe aller Softwaresysteme annehmen können; insofern ist der Lebenszyklus ein generisches, idealtypisches Modell von Software.

Grundlage des Lebenszyklusmodells der Software ist die Beobachtung, dass jede Veränderung der Software einen Übergang von einem Zustand der Software in einen anderen Zustand darstellt:

$$\hat{O}(t,t_0)|\psi(t_0)\rangle \rightarrow |\psi(t)\rangle \,, \qquad (2.4)$$

wobei der zeitliche Unterschied $\delta t = |t - t_0|$ hinreichend klein sein sollte. Wenn die beiden Zustände $|\psi(t_0)\rangle$ und $|\psi(t)\rangle$ sehr nahe beieinander liegen, so gehören beide zum gleichen Zustand des Lebenszyklusmodells. Ein solches Vorgehen lässt aber die Vergleichbarkeit unterschiedlicher Systeme als sehr fragwürdig erscheinen. Aus diesem Grund werden die möglichen Zustände nicht nach internen, quantifizierbaren Eigenschaften der Software eingeteilt, sondern nach äußeren, qualitativen Eigenschaften. Die Zustände werden üblicherweise nach der jeweiligen Form der

2.8 Service Oriented System Engineering

Tabelle 2.14 Die unterschiedlichen Softwareparadigmen

Eigenschaft	Serviceorientierung	Objektorientierung	Strukturierte Programmierung
Methodik	Entwicklung durch Identifizierung lose gekoppelter Services, welche zu einer SOS zusammengefasst werden. (Legoprinzip)	Entwicklung durch Identifizierung eng gekoppelter Klassen mit einer hierarchischen Architektur, die auf der Vererbung beruht.	Entwicklung durch Identifizierung von Gruppen von fachlichen Funktionen, die Zustände im System verändern oder Funktionen aufrufen.
Abstraktion und Kooperation	Entwicklung verteilt: Applicationbuilder, Servicebroker, Serviceprovider. Applicationbuilder verstehen Softwarelogik und Domäne, Provider verstehen Programmierung.	Entwicklung durch ein einzelnes Team. Entwickler müssen programmieren und Domänenkenntnisse besitzen.	Entwicklung durch ein einzelnes Team. Entwickler müssen programmieren und Domänenkenntnisse besitzen.
Wiederverwendung	Zweistufig: Wiederverwendung von Services und Code in der Implementierung	Wiederverwendung von Code durch Vererbung und Klassenbibliotheken, seltener durch Laufzeitbibliotheken.	Wiederverwendung von Code mit Copy & Paste, seltener durch Laufzeitbibliotheken.
Dynamic Binding, Rekomposition	Serviceaufruf wird zur Laufzeit dynamisch gebunden. Services können auch erst zur Laufzeit entdeckt werden.	Assoziation zwischen Name und Methode zur Laufzeit, die Methode muss in ausführbarem Code gelinkt sein.	Statische Koppelung zwischen Name und statischem Code.
Maintenance	Service und SOS werden unabhängig voneinander verändert.	Softwareveränderung in Form von Releases und Patches durch Verteilung von Upgrades.	Softwareveränderung in Form von Releases und Patches durch Verteilung von Upgrades.

Entwicklung klassifiziert; dies zu einem gewissen Grad willkürlich, es hat sich aber in der Praxis ein hohes Maß an Übereinstimmung über alle Softwaresysteme hinweg gezeigt. Diese Form der Einteilung ermöglicht es, eine system- und organisationsübergreifende Vergleichbarkeit sicherzustellen. Relativ klar wird das Lebenszyklusmodell (s. Abb. 2.26), wenn es als ein Stufenmodell betrachtet wird, das sich zunächst nur entlang der Zeitachse bewegen kann. Die so entstehenden Stufen sind:

- Initialer Software-Zustand – Die initiale Software bezeichnet den Anfangszustand, den die Software hat, wenn sie zum ersten Mal in Betrieb genommen wird. Die initiale Software besitzt schon die Architektur der Software, welche während des gesamten Lebenszyklus erhalten bleiben wird.
- Entwicklung – Das Ziel der Entwicklungsstufe ist es, sich an die stetig verändernden Benutzeranforderungen sowie die Veränderungen der Umwelt anzupassen und Defekte aus der initialen Stufe zu beheben. In der Entwicklungsstufe werden das zunehmend gesammelte Wissen der Endanwender über die Software und

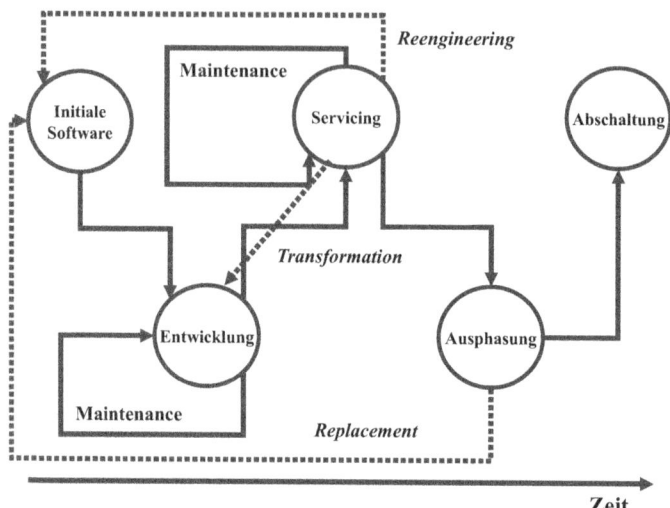

Abb. 2.26 Der Lebenszyklus von Software

das Wissen der Softwareentwickler über die Domäne zu treibenden Kräften, um die Software selbst zu verändern.
- Servicingzustand – Ist das Ende der Entwicklungsstufe erreicht, so tritt die Stufe des Servicing ein. In der Servicingstufe finden zwar auch noch Veränderungen statt, diese lassen aber die Software im Kern unverändert. Typischerweise spricht man in dieser Phase bei Veränderungen von „Patches" und „Bugfixes".
- Ausphasungszustand – Während der Ausphasung werden keine „Patches" mehr geliefert, wie noch im Zustand des Servicing; damit unterliegt die Software keinerlei Maintenance mehr. Eine längerfristige Benutzung der Software in dieser Phase durch die Endbenutzer führt zu einer Anhäufung von „Work-Arounds". Auf Grund der Tatsache, dass die Software sich nicht mehr verändert, werden Teile in ihr semantisch reinterpretiert und anders benutzt, als ursprünglich intendiert. Mit der Einführung eines „Work-Arounds" verändert der Endanwender unbewusst das System, dadurch wird der „Work-Around" zu einer Quasifunktionalität[93] des Systems.
- Abschaltungszustand – Die Abschaltung der Software ist der finale, meist irreversible, Schritt. Die Software wird entfernt und steht nicht mehr zur Verfügung.

Dieses Lebenszyklusmodell für Services führt dazu, dass die ersten beiden Phasen stark komprimiert werden und die dritte (Servicingphase) die längste sein sollte, da das Ziel der Services eine hohe Stabilität ist. Aus Sicht eines autopoietischen Systems (s. Anhang A.8) durchläuft ein Service nur zwei Phasen, Bootstrapping (die Erstinstallation) und Evolution, durch permanente Veränderung seiner Struktur mit dem Versuch ihn zu optimieren.

---

[93] Dies kann so weit gehen, dass offensichtliche Fehler zu Features werden.

2.8 Service Oriented System Engineering

Neben den einzelnen Phasen ist es wichtig, sich die Evolution von Software und speziell von Services vor Augen zu führen. Die sogenannten „Softwareevolutionsgesetze" gehen auf *Lehman* zurück. Die sieben Gesetze der Softwareevolution zeigen auf, welche Größen der Software (Services und Applikationen, eventuell mit einer unterschiedlichen Skala) sich wie, mit zunehmendem Lebensalter, ändern:

- **Kontinuierliche Veränderung** –
  I. Software, die genutzt wird, muss sich kontinuierlich anpassen, ansonsten wird sie sehr schnell nicht mehr nutzbar sein.
  Bei der Software wird der Veränderungsdruck durch die Differenz zwischen den Anforderungen der Domäne und damit implizit den Anforderungen der Organisation und den implementierten Eigenschaften der Software ausgelöst. Je größer diese Differenz, desto höher ist der Druck, die Software zu verändern. Ein Teil des Veränderungsdrucks wird durch die Software selbst produziert: Jede neue Installation oder Version der Software ändert durch ihren Einsatz die Domäne ab und erzeugt damit implizit eine Differenz zwischen der Anforderung der Domäne und der Software selbst. Dieser Druck ist wichtig, damit sich Software überhaupt entwickelt. Fehlt dieser Druck, indem beispielsweise die Software „eingefroren" wird, so wird die Software rapide obsolet. Dieses Gesetz resultiert daraus, dass Veränderungen der Domäne die einmal zu einem früheren Zeitpunkt getroffenen Annahmen ungültig machen.

- **Wachsende Komplexität** –
  II. Die Komplexität einer Software wächst stetig an, außer es wird Arbeit investiert, um diese Komplexität zu reduzieren.[94]
  Die wachsende Komplexität resultiert aus der stetig steigenden Zahl von Änderungen an der Software. Durch die Gesetze *I* und *VII* bedingt, müssen permanent Veränderungen an der Software vorgenommen werden, mit der Konsequenz, dass jede einzelne Änderung zu einer Erhöhung der Komplexität führt, da es immer eine nicht verschwindende Wahrscheinlichkeit für inkompatible und unstrukturierte Änderungen gibt. Mit zunehmender Komplexität wird es immer schwerer, die einmal erreichte Komplexität auf dem Anfangsniveau zu halten. Die Änderung der Komplexität, sprich das Komplexitätswachstum eines Systems beim Hinzufügen eines neuen Services, ist infinitesimal gegeben durch:

$$d\phi = \mathscr{K}(\phi), \qquad (2.5)$$

wobei ϕ ein gegebenes Komplexitätsmaß ist. Hierbei ist $d\phi$ der Komplexitätszuwachs und $\mathscr{K}$ eine nichtverschwindende Funktion der Komplexität. Für kleine Systeme ergibt sich im Grenzfall:

$$\lim_{\phi \to 0} \mathscr{K}(\phi) = k_0 > 0,$$

sodass sich für kleine ϕ die Änderung des Komplexitätsmaßes zu

$$d\phi \approx k_0$$

---
[94] Diese Beobachtung entspricht dem zweiten Gesetz der Thermodynamik: Die Entropie eines geschlossenen Systems ist streng monoton wachsend.

ergibt. Auf der anderen Seite kann gezeigt werden, dass das Funktional $\mathcal{K}$ sich für große ϕ wie ein Potenzgesetz verhalten muss, das heißt $\mathcal{K}(\phi \gg 1) \sim \phi^\nu$, mit einer nichtnegativen Konstanten ν. Das Lehman'sche Gesetz besagt nun, dass die Zahl der Quellmodule ϑ eines Softwarepakets einer einfachen Differentialgleichung genügt:

$$\frac{\partial \vartheta}{\partial t} = c_1 \vartheta + \frac{c_2}{\vartheta^2}. \qquad (2.6)$$

Diese Differentialgleichung korreliert die Zahl der Quellmodule ϑ mit der Zeit. Näherungsweise lässt sich die Differentialgleichung durch

$$\lim_{t \to 0} \vartheta \approx \sqrt[3]{3 c_2 t} \quad \text{und} \quad \lim_{t \to \infty} \vartheta \approx e^{c_1 t} \qquad (2.7)$$

lösen, was auch als das Turski-Lehman'sche Wachstumsmodell bekannt ist. Dieses Wachstumsmodell lässt sich auch auf Services übertragen, da Services wie jede Software aus Quellmodulen ϑ aufgebaut sind. Alternativ zu Gl. 2.6 kann für Systeme das Wachstum durch die Services für große Zeiträume ($t \to \infty$) angenähert werden durch:

$$\frac{\partial N_{\text{Services}}}{\partial t} = \frac{\partial}{\partial t} \sum_{i \in \text{Services}} \vartheta_i = \sum_{i \in \text{Services}} \left(c_{1,i} \vartheta_i + \frac{c_{2,i}}{\vartheta_i^2} \right) \approx \alpha N_{\text{Services}}. \qquad (2.8)$$

Hierbei wächst die Zahl der Services exponentiell an. Da jede Änderung eine Steigerung der Entropie zur Folge hat und eine Änderung sich in erster Näherung in einem proportionalen Wechsel der Entropie niederschlägt, lässt sich die Entropieänderung (s. Gl. 2.5) durch $\Delta S \sim S$ beschreiben. Die Folge ist, dass sich für die Entropie in erster Näherung eine Differentialgleichung der Form $\partial S / \partial t = \alpha S$ ergibt. Die Auswirkungen dieser einfachen Entropieentwicklung sind drastisch. Jeder noch so kleine Unterschied bei der Startentropie zum Zeitpunkt t_0 resultiert in einem noch größeren Unterschied in der Entropie zum Zeitpunkt $t_1 > t_0$.

- **Selbstregulierung** –
  III. Die Evolution von Software ist selbstregulierend mit Produkt- und Prozessmetriken, welche nahe an einer Normalverteilung liegen.
  Eine große Zahl dieser Mechanismen wirken auf die Software als Treiber oder als stabilisierende Kräfte. Da die Zahl dieser einzelnen Kräfte relativ hoch ist, kann die Entwicklung der Software als ein Subsystem betrachtet werden, welches in ein großes System eingebettet ist. Dieses Gesamtsystem übt nun durch eine große Zahl von quasi unabhängigen Entscheidungen einen Druck auf das System aus, welcher einer Normalverteilung ähnlich ist. Wenn dieser Druck eine Zeit lang auf die Entwicklung und damit implizit auf die Software angewandt wird, ist die Eigendynamik so stark, dass sich das Subsystem ein Equilibrium sucht.
- **Erhaltung der organisatorischen Stabilität** –
  IV. Die mittlere effektive Aktivitätsrate, welche für eine evolvierende Software angewandt wird, bleibt während der Lebensdauer der Software konstant.
  Die tatsächlichen Kostentreiber in Unternehmen sind meistens externer Natur: Verfügbarkeit von qualifiziertem Personal und Ähnliches. Auf der anderen Sei-

2.8 Service Oriented System Engineering

te ist ein großer Teil des Aufwands durch das Gesetz *III* vorgegeben: Um die Trägheit des Equilibriumszustands zu überwinden, ist sehr viel Aufwand notwendig. Die Folge dieser hohen Trägheit ist eine quasi konstante effektive Aufwandsrate.

- **Erhaltung der Ähnlichkeit** –
V. Die Inhalte von aufeinander folgenden Releases innerhalb einer Software sind statistisch konstant.
Einer der Faktoren bei der Veränderung von Software ist das Wissen aller Beteiligten über die Zielsetzung hinter der Software. Die Entwicklung tendiert dazu, in jeder der einzelnen Versionen besonders viel an neuer Funktionalität unterzubringen, denn es möchte einen „Mehrwert" suggerieren. Die entgegengesetzte Kraft ist die Notwendigkeit, dass alle Beteiligten die große Menge auch verstehen und umsetzen müssen. Der Fortschritt und die Dauer sind auch beeinflusst durch die Menge an Information, welche gewonnen werden muss. Das Verhältnis zwischen Informationsmenge und Aufwand zur Gewinnung der Information ist nicht linear, sondern der Aufwand erhöht sich ab einer gewissen Größenordnung so drastisch, dass von diesem Moment an die Gesamtmenge an zu gewinnender Information unüberwindbar erscheint. Die Folge dieser beiden wirkenden Kräfte ist eine statistische Konstanz bezüglich der Inhaltsmenge pro Release.

- **Wachstum** –
VI. Die funktionalen Inhalte einer Software müssen stetig anwachsen, um der Endbenutzererwartung auf Dauer gerecht zu werden.
Wenn eine neue Software eingeführt wird, existiert immer eine Differenz zwischen der implementierten Funktionalität und der tatsächlich gewünschten. Mit zunehmender Dauer wird der Ruf nach der Implementierung dieser fehlenden Funktionalität stärker, was über die Feedbackmechanismen zur Erweiterung der vorhandenen Funktionalität führt. Mathematisch gesehen gilt: $dV/dt = \mathcal{M}(t)$, wobei V das Volumen in einer geeigneten Form misst und $\mathcal{M}(t)$ eine positive Funktion der Zeit ist. Das Volumen der Software ergibt sich dann als das Integral $V(t) = \int_0^t \mathcal{M}(\tau) d\tau$ mit der Eigenschaft: $V(t > t_0) \geq V(t_0)$.

- **Nachlassende Qualität** –
VII. Die Qualität der Software wird als nachlassend empfunden, solange keine massiven Anstrengungen zur Adaption vorgenommen werden.
Eine Software kann nie alle Anforderungen exakt treffen, dafür ist die Zahl der Anforderungen zu groß. Da die reale Welt sich permanent verändert, steigt die Unschärfe zwischen der möglichen Gesamtmenge von Anforderungen an, während die Zahl der implementierten Anforderungen auf Grund der Systemgrenzen praktisch konstant bleibt. Die Unschärfe wächst also! Der Endbenutzer empfindet die so anwachsende Unschärfe als einen Verlust an Qualität. Je größer diese Unschärfe wird, desto schwieriger ist es für den Endbenutzer, das Verhalten der Software erwartungskonform vorauszusagen.

Zwar hängen die Evolutionsgesetze nicht von der Granularität der Softwarebestandteile ab, aber die Geschwindigkeiten einzelner Gesetze können sehr wohl durch Services beeinflusst werden. Daher muss die Designmaxime für Services und Systeme lauten:

Das Design von Services muss so sein, dass diese langfristig stabil bleiben und das Design der Applikation und Funktionen muss so sein, dass es auf permanente Veränderungen eingestellt ist.

Diese Maxime ist sinnvoll, da in aller Regel der Prozess eine viel größere Flexibilität verlangt, als die Informationen, die durch ihn manipuliert werden. Prozesse sind unterschiedlichen Meinungen und Moden durch den menschlichen Consumer ausgesetzt, wie auch massiv durch Marktgegebenheiten beeinflusst. Daher müsste das Design so sein, dass zukünftige Veränderungen antizipiert werden. Dies ist aber nicht immer möglich. Das Beste, was man erreichen kann, ist es für die Erweiterbarkeit einer aktuellen Lösung um zukünftige Anforderungen zu sorgen. In einem großen System, bestehend aus vielen SOS-Applikationen, wird sich die Zahl der Services auf Dauer nach dem Turski-Lehman'schen Wachstumsmodell (Gl. 2.8) verhalten, das heißt am Anfang werden wenige Services entstehen, deren Anzahl dann aber stetig anwächst und im Grenzfall $t \mapsto \infty$ gegen

$$N_{\text{Services}} \sim e^{\alpha t} \qquad (2.9)$$

geht. Das Komplexitätswachstum jedoch wird in einem großen System nicht durch die Zahl der Services bestimmt sein, sondern durch die mögliche Zahl der Verknüpfungen zwischen den einzelnen Services:

$$N_{\text{Interaktionen}} \sim \mathcal{O}(N_{\text{Services}}^2) \,. \qquad (2.10)$$

Aus den beiden Gleichungen 2.9 und 2.10 folgt, dass das Gesamtsystem ein exponentielles Komplexitätswachstum verzeichnet:

$$\mathcal{K} \sim e^{\gamma t} \,. \qquad (2.11)$$

Serviceorientierte Systeme haben somit dieselben Probleme wie andere Softwaresysteme in Form eines exponentiellen Komplexitätswachstums. Vermutlich wird das Komplexitätsproblem bei einem auf Services basierenden System sogar drastischer sein als bei einem nichtvernetzen System. Bei nicht vernetzten Systemen erzwingt das siloartige Verhalten, dass sich die Komplexität faktisch additiv verhält[95]:

$$\mathcal{K}_{\text{gesamt}} \approx \sum_{i \in \text{System}} \mathcal{K}_i \,,$$

mit der Folge, dass die Entropien sich in etwa addieren:

$$S_{\text{gesamt}} \approx \sum_{i \in \text{System}} S_i \,.$$

Durch die Einführung der Vernetzung werden die Silos aufgebrochen und damit die vorher gekapselte Komplexität externalisiert, was dazu führt, dass die entsprechende Komplexität stärker als additiv wächst:

---

[95] Im Sinne der Vielfältigkeit (s. Anhang. C.3.1).

2.8 Service Oriented System Engineering

$$\mathcal{K}_{gesamt} \approx \sum_{i \in \text{Service}} \mathcal{K}_i + \sum_{i,j} \mathcal{K}(i,j) + \sum_{i,j,k} \mathcal{K}(i,j,k) + \ldots ,$$

und die Entropie stärker als linear skaliert:

$$S_{gesamt} = \sum_{i \in \text{Service}} S_i + S_{\text{Interaktion}} \gg \sum_{i \in \text{Service}} S_i . \qquad (2.12)$$

Je kleiner die einzelnen Services sind und je größer ihre Anzahl, desto stärker dominiert die Interaktionsentropie, so dass im Grenzfall $n_{\text{Service}} \mapsto \infty$ der Zustand $S_{gesamt} \approx S_{\text{Interaktion}}$ erreicht wird.

Serviceorientierte Systeme gehen damit das Risiko ein, sehr viel schneller einen Komplexitätstod zu sterben als traditionelle Systeme. Ab einem gewissen Grad an Komplexität wird das Gesamtsystem nach dem Ashby-Conant-Theorem (s. Abschn. A.3) nicht mehr steuerbar und degradiert damit zu einem unbeherrschbaren System (s. Abschn. A.9), da die Vielfältigkeit nach Gl. C.5 und Gl. 2.12 durch

$$V \geq S_{gesamt} \gg \sum_{i \in \text{Service}} S_i$$

sehr groß wird.

2.8.2 Grenzen der traditionellen Verfahren

Traditionelle Methoden wie Wasserfallmodell oder der Rational Unified Process sind für eine Systementwicklung zum Teil sehr erfolgreich; als Beispiel kann hier die Mondlandung oder der Bau der ersten Atombomben dienen, trotzdem funktionieren sie wirklich gut nur unter bestimmten Randbedingungen. Diese sind typischerweise:

- Das gewünschte Ergebnis ist a priori bekannt, ist klar und unzweideutig beschreibbar.
- Es muss einen einzelnen zentralen Manager des ganzen Projekts geben.
- Veränderungen werden durch eine zentrale Instanz geregelt und freigesetzt.
- Es müssen austauschbare Ressourcen, welche auch wieder neu vergeben werden können, vorhanden sein.

Allerdings haben diese traditionellen Methoden auch ihre Grenzen. Sie sind nicht anwendbar, wenn eine der folgenden Bedingungen gegeben ist:

- Turbulente Umgebungen mit der Folge von permanenten und sehr schnellen Veränderungen der Anforderungen innerhalb der Organisation oder Domäne.
- Schlechtdefinierte Probleme –
- Kontextdominanz – Wenn technische Aspekte durch den Kontext überschattet sind, in den das Problemsystem eingebettet ist, dann ist der Erfolg des Systems nur dann möglich, wenn die fachlichen Probleme gleichzeitig gelöst worden sind.

- Unsicherheit – Wenn es keinen „optimalen" Weg gibt oder dieser nicht bestimmt werden kann.
- Mehrdeutige oder widersprüchliche Erwartungen und Ziele – Da die Fähigkeit Erfolg oder Zielerreichung messbar zu machen eine der Voraussetzungen in allen traditionellen Methoden ist, können diese nur sehr schwer bei Widersprüchen und Mehrdeutigkeiten angewandt werden.[96]
- Exzessive Komplexität – Traditionelle Methoden versuchen nicht die Komplexität als solche hinzunehmen, sondern wollen sie unter Kontrolle bringen oder reduzieren.

Die Folge dieser Defizite ist, dass man bei der Entwicklung großer Systeme (s. auch Abschn. 6.9) folgende Punkte stets berücksichtigen sollte:

- Die initiale Problemdefinition ist inkorrekt und sollte stets angezweifelt werden.
- Der Aufbau der Fähigkeit eines Systems sich zu verändern ist wichtiger als der Ersteinsatz, das heißt die Priorität liegt zu Beginn auf der Flexibilität eines Systems nicht auf der fachlichen Vollständigkeit.
- Zuerst muss der fachliche Kontext in den Vordergrund gerückt werden und die technischen Lösungen sollten in den Hintergrund treten.
- Die Effektivität eines Systems bestimmt sich hauptsächlich durch die „Weltsicht" des Systems.

2.8.3 Bricolage

Ein besonderes Vorgehensmodell, welches beim Aufbau von Systemen aus Services gut funktioniert, ist die Bricolage[97]. Unter der Bezeichnung Bricolage versteht man die Nutzung von vorhandenem Material, um daraus durch neue Verknüpfungen ein neues System zu schaffen. Der Bricoleur schafft kontinuierlich Neues aus dem Vorhandenen. Diese Vorgehensweise ist ideal in einer Umgebung, in der schon eine gewisse Menge an Services vorhanden ist, aus diesen werden neue gewonnen, ohne dass die bestehenden von Grund auf neu implementiert werden. Eines der Kernelemente der Bricolage ist, neben der Zusammensetzung von Neuem aus Bestehendem, die nichtvorhergesehene Verwendung des vorhandenen Materials in einer neuen Art und Weise. Insofern löst der Bricoleur bestehende Services aus ihrem Nutzungskontext und fügt sie in neue Kontexte ein. Eine solche Neuverwendung ist jedoch nur dann möglich, wenn der Service sich auf neue Kontexte einstellen kann und in ihnen weiter funktioniert. Bricolage ist eine explizite Bottom-Up-Vorgehensweise.

Die übliche Tätigkeit des Bricoleurs ist es, zunächst praktische Experimente mit den Services durchzuführen und das Ergebnis dann durch Überlegung zusätzlich zu

---

[96] In ihrem täglichen Leben haben die meisten Menschen gelernt, ohne größere Schwierigkeiten mit einigen Dichotomien zu leben.

[97] Aus dem Französischen, bedeutet in etwa Bastelei und wurde vom Soziologen *Lévi-Strauss* für das Vorgehen nach dem Motto: „Nehmen und verknüpfen, was da ist…" als Bezeichnung eingeführt.

2.8 Service Oriented System Engineering

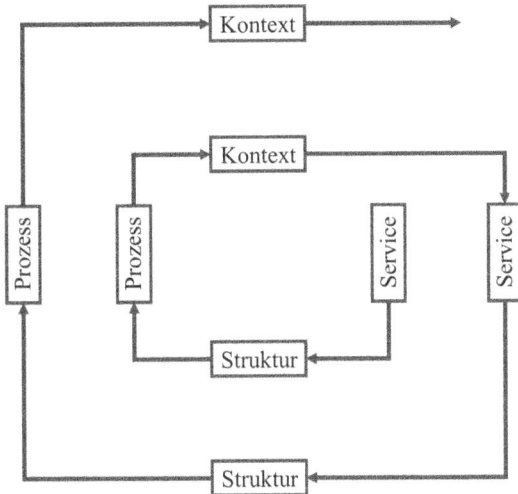

Abb. 2.27 Der Iterationsprozess der Bricolage

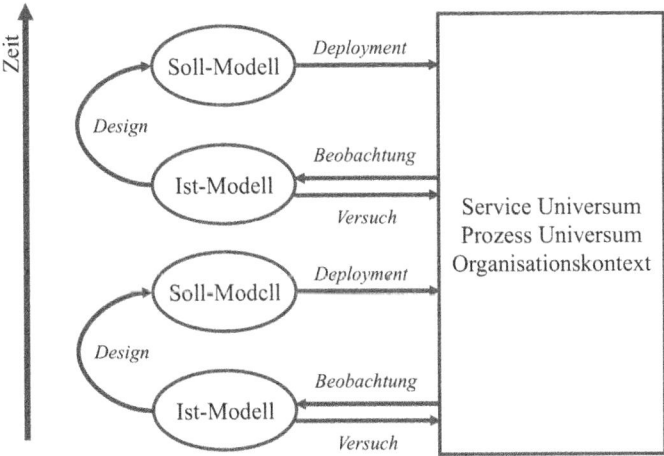

Abb. 2.28 Die Wechselwirkung der Bricolage mit der Umwelt

verfeinern und an neue Gegebenheiten anzupassen. Dabei wird dem Ergebnis eine gewisse Wahrscheinlichkeit gestattet, das heißt es steht nicht ab initio fest, ob überhaupt etwas Sinnvolles aus der Bricolage entsteht. Umgekehrt betrachtet gibt es aber auch eine Wahrscheinlichkeit, dass etwas völlig Neues durch die Bricolage hervorgerufen wird. Der Bricoleur benutzt nur das, was ihm zur Verfügung steht, da er nichts anderes hat. Insofern ist Bricolage eine Neuverknüpfung bekannter Services, um daraus neue Nutzung oder neue Services zu kreieren.

Aus systemtheoretischer Sicht ist Bricolage der Versuch, durch Beobachtung von Veränderungen im System (hervorgerufen durch den Bricoleur) die spezifische

Emergenz des Systems zu erkennen, zu verstehen und zu beschleunigen. Typisch für einen Bricolageprozess ist ein iteratives Vorgehen (s. Abb. 2.27), so dass aus Services neue Strukturen und Prozesse aufgebaut werden, welche wiederum neue Kontexte und Services schaffen. Genau wie der Bricoleur ist auch der Anwender einem endlichen Universum aus Services ausgesetzt, aber im Gegensatz zum Designer, welcher seine Umgebung aktiv abändern kann, fehlen dem Anwender die Mittel und Wege, die ihm zur Verfügung stehenden Services zu verändern, besonders in pervasiven Systemen. Der Anwender kann durch neue Arrangements und durch semantische Reinterpretation bestehender Services auch eine Bricolage an Systemen vornehmen und damit neue Nutzungen erschließen. Empirische Studien zeigen, dass in großen Systemen die Mehrheit der vorgenommenen Anpassungen auf Anwenderinitiativen zurückgeht. Bricolage ist oft das Ergebnis menschlicher Kreativität, Menschen nutzen Systeme anders, als ursprünglich gedacht oder antizipiert wurde.

2.8.4 Taxonomien und Ontologien

Taxonomien sind Klassifizierungsschemata, um Services einzuteilen. Diese werden durch die Provider oder Broker erstellt und mit Informationen über die Services gefüllt. Die so entstehenden Taxonomien dienen als Bindeglied zwischen Menschen und den beteiligten IT-Systemen. Die Taxonomien sind hierarchisch organisiert, da sie die großen Komplexitäten des Geschäftslebens abbilden, dabei bilden sich meist mehrere Taxonomien parallel aus. Idealerweise sind diese orthogonal zueinander. Die unterschiedlichen Taxonomien können nach den verschiedenen Aspekten des Verhaltens klassifiziert sein, mit der Folge, dass die Services sich mehrfach an unterschiedlichen Stellen registrieren lassen müssen, um ein hohes Maß an Aufrufbarkeit zu erreichen. Zwar wird auf Dauer eine gewisse Konvergenz der Taxonomien entstehen, aber da sich die Services selbst relativ rasch ändern dürften, existiert in der Taxonomie und damit in der Registry eine permanente Fluktuation. Taxonomien sind nur dann sinnvoll verwendbar, wenn sie von Menschen verwaltet und aufgesetzt werden, um den semantischen Kontext der Services reflektieren zu können. Jede entstehende Kategorie muss die Semantik ihrer enthaltenen Services definieren und jeder Service der Kategorie muss dieselbe Semantik implementieren. Eine solche semantische Beschreibung muss für einen Menschen verständlich und gleichzeitig für einen Parser syntaktisch interpretierbar sein. Die einzelnen Kategorien müssen ein einfaches oder multiples Vererbungsschema besitzen, welches wiederum ein Spiegelbild der Geschäftswelt ist. Die darin enthaltenen Services gehören in der Regel zu mehreren Kategorien. Bei der Ausführung von Services kann eine Reihe von Problemen auftreten, oft ist der „Aufrufer" selbst ein Service, welcher seinerseits eine Menge an syntaktischen und semantischen Annahmen über den aufzurufenden Service macht. Umgekehrt machen selbstverständlich die aufgerufenen Services jede Menge von Annahmen über den Aufrufer. Zwischen dem Aufrufer und den Aufgerufenen kann es im Rahmen der Kommunikation zu Diffe-

2.8 Service Oriented System Engineering

renzen kommen.[98] Die entstehenden Differenzen lassen sich als Konflikte klassifizieren:

- Technischer Konflikt – Heterogene Hardware und Betriebssysteme.
- Syntaktischer Konflikt – Unterschiedliche Repräsentation von Daten oder Funktionen, abweichende Protokolle.
- Struktureller Konflikt – Heterogene Modellrepräsentationen.
- Semantischer Konflikt – Unterschiedliche Bedeutungen derselben Ausdrücke.

Für die Lösung von technischen und syntaktischen Konflikten existiert eine lange Tradition in der IT, speziell mit dem Einsatz von hardware- und applikationsneutralen Protokollen lassen sich diese Konflikte in den Griff bekommen. Im Gegensatz dazu sind die strukturellen und semantischen Konflikte viel schwieriger. Durch die Mechanismen der öffentlichen und standardisierten Übertragungs- und Ausführungsprotokolle, welche die Konflikte auf technischer und syntaktischer Ebene gut unter Kontrolle bringen, treten die Probleme auf struktureller und semantischer Ebene stärker in den Vordergrund. Ist beides gelöst, so spricht man von semantischer Interoperabilität. Damit eine semantische Interoperabilität in einer heterogenen Umgebung[99] erreicht werden kann, muss die Bedeutung systemübergreifend ähnlich sein. Die möglichen semantischen Konflikte lassen sich näher klassifizieren:

- Namensraumkonflikte entstehen entweder in Form von Synonymen oder Homonymen.
- Domänenkonflikte entstehen, wenn verschiedene Referenzsysteme für die Werte benutzt werden.
- Strukturkonflikte werden erzeugt, wenn unterschiedliche Darstellungsformen unterschiedliche Daten nutzen, um das gleiche Konzept zu beschreiben.
- Metadatenkonflikte entstehen, wenn die Konzepte in dem einen System als ein bestimmter Typ repräsentiert werden und in dem anderen System völlig unterschiedlich erscheinen.

Ontologien werden genutzt, um die Semantik einer Informationsquelle zu beschreiben und damit den Inhalt explizit zu machen, mit der Folge, dass semantische Äquivalenzen zwischen unterschiedlichen Konzepten entdeckt werden können. Eine Ontologie[100] definiert sich zu:

---

[98] Diese Differenzen sind teilweise die Folge der losen Koppelung. Bei einer starren Koppelung werden viele der technischen und syntaktischen Konflikte schon durch den Compiler oder Linker entdeckt und können während der Designphase behoben werden.

[99] Heterogen im Sinne der Semantik, nicht in technischem Sinne, so zum Beispiel unterschiedliche Domänen, Sprachen oder Kulturen.

[100] Aus dem Bestreben der Philosophen, die Welt zu ordnen, entstand der Begriff der Ontologie. Aus dem Griechischen $\tau o\ o v$ (das Seiende) und $\lambda o \gamma o \zeta$ (Lehre). Das allgemeinste Seiende wird als Entität bezeichnet. In der Philosophie unterscheidet man, historisch bedingt, eine Reihe von Ontologien:

- Materialismus – Materie ist das Fundament alles Seienden. Es gibt überhaupt kein Ideelles, nichts Unkörperliches (Karl Marx).

Eine Ontologie ist eine explizite Spezifikation einer Konzeptionalisierung einer abstrakten und vereinfachten Weltsicht, welche die Elemente eines bestimmten Bereichs und deren Relationen beschreibt. Das Vokabular einer Ontologie ist die Menge aller Bezeichner, die den Objekten und Relationen zugeordnet sind, die sich auf Basis der Ontologie beschreiben lassen.

Alle Objekte und die Relationen zwischen ihnen, die sich auf Basis einer Ontologie beschreiben lassen, finden ihre Entsprechung im Vokabular in Form von Bezeichnern. Dies ermöglicht die Beschreibung einer Ontologie durch die Definition einer Menge von Termen. Die Definitionen ordnen den Bezeichnern der Elemente umgangssprachliche Texte zu, welche die Bedeutung dieser Namen beschreiben, und sie bilden Axiome, welche die Interpretation solcher Terme eingrenzen. Dazu können zum Beispiel Definitions- und Wertebereiche, Einordnung in Hierarchien, Vererbung von Klasseneigenschaften an Instanzen und so weiter gehören. Die Beschreibung einer Ontologie erfolgt unabhängig von der internen Wissensrepräsentation und Struktur konkreter Systeme. Für Systeme, Programme und auch menschliche Benutzer sind Ontologien ein Mittel, um sich über die Bedeutungen von Objekten und Relationen zu einigen, auf deren Basis sie miteinander interagieren. Dabei ist es weder notwendig, dass die beteiligten Consumer ihre eigene Weltsicht auf dieselbe Weise repräsentieren, noch dass sich diese in Umfang und Mächtigkeit entsprechen. Je nach Art und Umfang der Interaktion kann eine Verpflichtung der Beteiligten zu einer begrenzten gemeinsamen Ontologie genügen.

Eine Ontologie beginnt immer mit einer speziellen Sicht auf eine Domäne des betreffenden Wissensgebiets.[101] Diese Sichten werden typischerweise von vielen Anwendern in der jeweiligen Domäne geteilt. Eine Ontologie enthält neben den grundlegenden Theorien und Axiomen der Domäne auch eine Angabe über den Sprachgebrauch und „wie Dinge funktionieren". Eine Ontologie ist eine Formalisierung dieser domänspezifischen Sichten. Jede Ontologie identifiziert die interessanten Objekte einer Domäne und ordnet ihnen Symbole[102], die diese deklarativ repräsentieren, zu. Diese Menge an Objekten wird innerhalb der Ontologie zum Universum des Diskurses, in dem sie die Begrifflichkeit der Kommunikation bestimmen.

Die Ontologien dienen aber auch dazu, bereits bestehende Wissensbestände zusammenzufügen. Der Unterschied einer Ontologie gegenüber einer Taxonomie ist,

- Idealismus – Unkörperliche und gestaltlose, außerhalb von Raum und Zeit bestehende, Elemente bilden die Grundlage alles Existierenden (Platon).
- Mischformen – Diese gehen davon aus, dass es faktisch unmöglich ist, ideelle und materielle Seinskomponenten zu trennen.

[101] Typische Beispiele für solche Ontologien sind:

- Naturwissenschaftliche Ontologien: Elementarteilchen als Teil der Physik und Motorik des menschlichen Körpers als Teil der Biomechanik.
- Informatik: Definition und Manipulation von Daten als Teil der Informatik, Softwarearchitekturen, Algorithmen und Protokolle.
- Wirtschaft: Geschäftsstrategien, Finanzen, Buchhaltung, Marketing und Konzernbilanzierung.

[102] In der Physik der Elementarteilchen e^- für Elektronen, e^+ für Positronen und γ für Photonen.

2.8 Service Oriented System Engineering

dass die Ontologie ein Netzwerk von Informationen mit logischen Relationen darstellt, während die Taxonomie eine einfache Hierarchie bildet. Die Ontologien sind in einem System, welches aus einer Vielzahl von Services besteht, unumgänglich, da eine Auswahl ohne semantisches Wissen und das Wissen über eventuelle Relationen der Begriffe und Services zueinander ohne eine Ontologie faktisch nicht möglich ist. Ontologien sind nicht einfach statisch oder entstehen spontan, sondern sind das Ergebnis einer lang anhaltenden Wissensakquisition und verändern sich dabei permanent.

2.8.5 OWL-S und WSMO

Die Web Ontology Language for Web Services (OWL-S) ist hervorgegangen aus DAML-S[103,104] und hat als Zielstellung die semantische Beschreibung von Webservices, um die Lücke zwischen der herkömmlichen Infrastruktur der Webservices und dem semantischen Web zu schließen. OWL-S ist der bekannteste Vertreter für die Umsetzung semantischer Webservices, Anwendungsbereiche für OWL-S sind automatisierte Such- und Auswahlmöglichkeiten, Aufruf, Zusammenarbeit, Komposition und Laufzeitüberwachung von Webservices. OWL-S ist keine WSDL-Erweiterung, sondern eine komplementäre Entwicklung (s. Abb. 2.29). OWL-S ist durch eine Metaontologie strukturiert in:

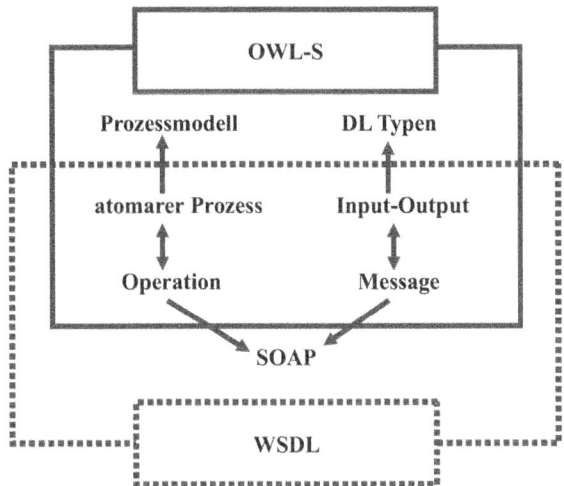

Abb. 2.29 Das WSDL-Grounding des OWL-S

---

[103] DARPA Agent Markup Language for Services.
[104] Defense Advanced Research Projects Agency (DARPA).

Tabelle 2.15 Einige OWL-Konstrukte und ihre mathematischen Entsprechungen

OWL-S	Mathematik	Bedeutung
IntersectionOf	$A \cap B$	Schnittmenge
UnionOf	$A \cup B$	Vereinigungsmenge
ComplementOf	$\neg A$	Negation
OneOf	$x \in \{a,b,c\}$	Element von
AllValuesFrom	$\forall R.\mathscr{C}$	Hat alle Werte aus $\mathscr{C}$
SomeValueFrom	$\exists R.\mathscr{C}$	Hat Wert aus Menge $\mathscr{C}$
MinCardinality	$\geq n$	Mindestkardinalität
MaxCardinality	$\leq n$	Maximalkardinalität
Cardinality	$\equiv n$	Exakte Kardinalität
SubClassOf	$A \sqsubseteq B$	Konzept A subsumiert Konzept B
EquivalentClass	$A \equiv B$	Konzept A äquivalent Konzept B
SubPropertyOf	$a \sqsubseteq b$	Eigenschaft a subsumiert b
SameAs	$\{a\} \equiv \{b\}$	a identisch zu b
InverseOf	$a \equiv b^{-1}$	Eigenschaft a invers zu b
TransitiveProperty	$(x,y) \in A \wedge (y,z) \in A \rightarrow (x,z) \in A$	Transitivität
SymmetricProperty	$(x,y) \in A \rightarrow (y,x) \in A$	Symmetrie

- *ServiceProfile*,
- *ServiceModel*,
- *ServiceGrounding*.

Webservices werden in WSDL als eine Menge von *ports* definiert, die im Wesentlichen aus Netzwerkadressen mit zugehörigen Protokollen und Datentypspezifikationen bestehen. Zu jedem *port* gehört ein *porttype*, der den Messageaustausch beschreibt (*operations*), an dem der *port* beteiligt ist. OWL-S hingegen unterstützt eine erweiterte semantische Beschreibung von Webservices über Kommunikationsinterfaces hinaus. Die Grounding-Ontologie von OWL-S unterstützt die gemeinsame Nutzung von OWL-S und WSDL. Unter Grounding wird die Abbildung zwischen der Ontologie als semantische Beschreibung und der WSDL-Definition eines Service als syntaktische Beschreibung verstanden. Prozesse werden dabei als abstrakte Servicespezifikationen betrachtet und enthalten keine Aussagen zu den Details der Kommunikation. Diese werden nach wie vor durch WSDL beschrieben. Außerdem wird die Grounding-Ontologie genutzt, um die Abbildung von bestimmten OWL-S-Ontologie-Elementen auf gewählte Elemente der WSDL-Spezifikation vorzunehmen. Durch OWL-S lässt sich ein Webservice wesentlich detaillierter beschreiben als mit WSDL. An Hand der zusätzlichen Abbildung auf bestimmte Begriffe aus den Ontologien ist es möglich, nicht nur funktionale Eigenschaften, sondern auch Fähigkeiten von Services semantisch eindeutig zu beschreiben.

Die **W**eb **S**ervice **M**odeling **O**ntology (WSMO) ist neben OWL-S ein anderer Versuch, Ontologien zugänglich zu machen. Das Ziel von WSMO ist es, Verfahren bereitzustellen, mit denen die semantische Servicenutzung automatisiert werden kann. Dazu wird eine geeignete Beschreibung von Services in allen Aspekten angestrebt, welche auch die Integrationsproblematik berücksichtigt. Das konzeptionelle Modell von WSMO ist ein Metamodell, in welchem die wichtigsten Komponenten zur Automatisierung der Servicenutzung festgehalten sind:

- Alle WSMO-Beschreibungen sind ontologiebasiert. Sie stützen sich auf das gemeinsame Verständnis der Anwender und die formale Semantik der zugrunde liegenden Sprache.
- WSMO-Beschreibungen werden strikt voneinander entkoppelt und werden unabhängig von ihrer Verwendung erstellt.
- Trotz der Heterogenität bei der Beschreibung von Ressourcen soll eine Kommunikation zwischen allen Teilnehmern möglich sein.
- Angebotene und benötigte Services unterscheiden sich grundlegend, was durch getrennte ontologische Rollen zum Ausdruck gebracht wird.
- Vorrangiges Ziel von WSMO ist die Versorgung von Teilnehmern mit Services, welche anschließend verwendet werden, um bestimmte Operationen durchführen zu können.

Das hieraus entwickelte konzeptionelle Modell von WSMO ist als Metamodell spezifiziert. Es basiert auf vier Hauptelementen:

- WSMO-Element – Stellt die abstrakte Oberklasse aller vier Hauptelemente dar. Jedes Hauptelement kann durch einen Satz nichtfunktionaler Attribute beschrieben sein. Jedes Hauptelement kann zu seiner Beschreibung Ontologien importieren.
- Ontologien – Ontologien liefern ein formal spezifiziertes Vokabular, das von allen anderen Komponenten verwendet wird. Die Ontologien der einzelnen Teilnehmer können unabhängig voneinander entwickelt und durch Import gegenseitig verwendet werden. Ontologien in WSMO bestehen aus Konzepten, Attributen, Funktionen, Relationen, Instanzen sowie Axiomen in Form logischer Ausdrücke.
- Ziele – WSMO sieht anders als OWL-S eine explizite Trennung der Beschreibung von angebotenen und benötigten Services vor. Für benötigte Services wird ein zielorientierter Ansatz verfolgt, bei dem der Wunsch des Consumers als Ziel formuliert wird, unabhängig davon, wie dieses durch einen konkreten Service ausgeführt werden könnte. Aufgabe der Ausführungsumgebung ist es dann, dieses Ziel durch Nutzung eines oder mehrerer Services zu erfüllen.
- Mediatoren – Bei der Nutzung von Webservices kann es zwischen Komponenten, die interagieren müssen, zu Heterogenität auf Daten-, Protokoll- und Prozessebene kommen, insbesondere dann, wenn die Interaktionen in einer offenen Umgebung stattfinden.

2.9 Sicherheit

Informationen haben für jeden einen Wert, unabhängig davon, wie diese Informationen zur Verfügung stehen. Es gilt diesen Wert zu schützen und zu erhalten. Mit dieser Erhaltung beschäftigt sich die Informationssicherheit, deren Ziel es ist, die Informationen und Prozesse in folgenden Kontexten zu schützen:

- Vertraulichkeit – Informationen sollten nur den dafür autorisierten Personen zugänglich sein.
- Integrität – Die Korrektheit und Vollständigkeit der Informationen und der entsprechenden Verarbeitungsmethoden muss geschützt werden.
- Verfügbarkeit – Die Informationen müssen, wenn sie benötigt werden, auch verfügbar sein.

Der Verlust von Vertraulichkeit, Integrität, Verfügbarkeit, Nachvollziehbarkeit, Authentizität und Verlässlichkeit von Informationen und Services hat große Auswirkungen auf jede Organisation, gleichgültig ob in der Wirtschaft oder Verwaltung. Im privaten Bereich kann ein Bruch der Vertraulichkeit peinliche Momente zur Folge haben. Besonders kritisch wird der Bruch der Vertraulichkeit im Bereich des Gesundheitswesens, der Finanzbehörden, der Justiz, beziehungsweise der Anwälte und der Polizei gesehen. Die Schaffung einer Umgebung für Informationssicherheit in einer finanzierbaren und „unmerklichen" Weise war schon immer eine Herausforderung für Softwaresysteme. Die Verfügbarkeit angemessener Sicherheitssysteme ist heute wichtiger denn je, da mit der Zugänglichkeit und Mächtigkeit von Software auch deren Sicherheitsrisiko ansteigt. Leider wird Sicherheit immer noch sekundär zur Funktionalität in der Software gesehen, mit dem Ergebnis, dass bei vielen Organisationen Kernprozesse einem hohen Risiko ausgesetzt sind.

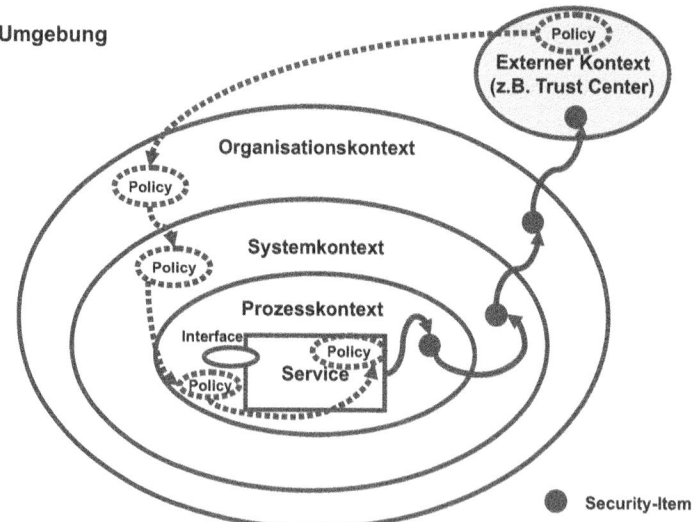

Abb. 2.30 Die Kontexte und Policies für Security aus systemtheoretischer Sicht

Sichere Applikationen entstehen nicht einfach zufällig, sie sind stets das Ergebnis davon, dass der Hersteller der Software sich entschieden hat eine sichere Applikation zu bauen. Insofern entsteht in aller Regel in einer Organisation, die kein Sicherheitsbewusstsein hat, auch keine sichere Software. Traditionell wurde die Sicherheit bei Einzelplatzcomputern oder kleinen Netzwerken durch den physischen

2.9 Sicherheit

Zugang geregelt. Dies ist innerhalb des Internets oder eines großen vernetzten Systems nicht mehr möglich. Hier sind aufgrund der Verteilung andere Mechanismen gefragt. Selbst in größeren Systemen geht man bezüglich des Zugangs von einer „geschlossenen Welt" aus. Eine solche Limitierung ist aber in pervasiven oder mobilen Umgebungen oder digitalen Businessökosystemen, kurz gesagt bei allen Formen von digitalen Ökosystemen, nicht mehr aufrechtzuerhalten. Sicherheit ist etwas, was in der Software nicht oder nur sehr schwer nachträglich eingeführt werden kann. Speziell beim Einsatz von Services stellt sich für die Sicherheit eine Reihe von neuen Herausforderungen:

- internetskalierend – Neue Services müssen das Potenzial haben, auf einer Vernetzung betrieben zu werden. Die Verwaltungs- und Sicherheitsmechanismen müssen dies explizit berücksichtigen inklusive der Nutzung öffentlicher Netze und Services als funktionale Erweiterung eigener Services.[105]
- organisationsübergreifend – Auf Grund der Internetskala können sich Sicherheitsmechanismen nicht mehr auf die eigene Organisation beschränken. Services werden auch organisationsübergreifend genutzt und dies muss unterstützt werden.
- autonom – Da es organisationsübergreifend keine zentrale Autorität gibt, muss die Sicherheit auch autonom gewährleistet werden. Man muss in der Lage sein, disjunkte Sicherheitszonen miteinander zu verbinden.
- Offenheit – Jeder Service muss in diversen Kontexten agieren können, mit der Folge, dass er sich auf unterschiedliche Policies und Sicherheitsmechanismen einstellen können muss. Dies setzt eine adaptive Architektur (s. Anhang B) voraus.
- evolutionär – Das System bestehend aus Services sowie jede einzelne Serviceimplementierung wird sich auch in Zukunft verändern.

Der Einfachheit halber lassen sich die Mechanismen für die Entwicklung von Sicherheit[106] als Pyramide darstellen (s. Abb. 2.31):

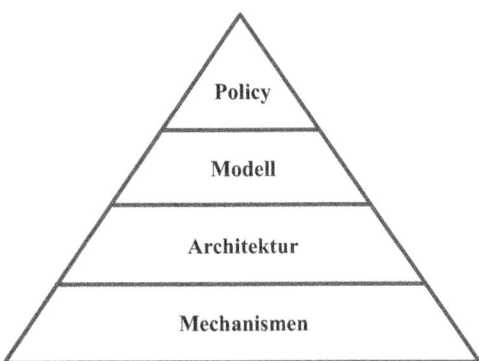

Abb. 2.31 Das Framework für das Securityengineering

---
[105] Die entstehenden Schwierigkeiten werden in Abschn. 6.9 angesprochen.
[106] Security Engineering.

- Policy – Die Policy formuliert auf abstrakter Ebene die Ziele und Anforderungen der Organisation an die Sicherheit. Sie wird durch die Antizipation von Bedrohungen und zukünftigen Zielen getrieben und sollte die Prinzipien des Risikomanagements[107] beachten.
- Modell – Das Modell zerlegt die Policy in abstrakte Ausdrücke, die analysiert und auf implementierbare Einheiten abgebildet werden können.
- Architektur – Diese beschreibt das Securitydesign in Bezug auf die Komponenten des Gesamtsystems und der Beziehungen untereinander. In einem verteilten System sind dies die Server, Middleware, Datenbanken und so weiter.
- Mechanismen – Hierunter wird eine Reihe von Wegen verstanden, das Securitydesign zu implementieren, dazu zählen Netzwerkprotokolle, Token, Credentials und so weiter.

Die Anforderungen an die Sicherheit machen die ohnehin schwierige Komposition von neuen Services aus einzelnen Services noch komplizierter, da Services von unterschiedlichen Providern zur Verfügung gestellt werden können und diese Provider sich oft nicht gegenseitig „trauen". Auf der anderen Seite haben Provider sicherzustellen, dass der von ihnen gelieferte Service eine Summe an vorgegebenen Sicherheitsrichtlinien in jeder Form der Zusammenarbeit mit anderen Services, der darunterliegenden Infrastruktur, inklusive Betriebssysteme, erfüllt und zwar unabhängig von dem jeweiligen Consumer des Service. Eine zusätzliche Komplexität wird noch dadurch produziert, dass der Consumer ein Interesse daran hat seine eigenen Daten vor dem Provider oder anderen Consumern zu schützen.

Eine mögliche Lösung für dieses Problem ist es, beim Serviceaufruf die entsprechende Sicherheitsrichtlinie zu übermitteln, sodass sie wie eine Eigenschaft des Service wirkt.

2.9.1 Sichere Übertragung

Jede Form eines Service muss eine Reihe von Sicherheiten bieten. Im Fall von SOAP lässt sich eine solche Sicherheit oberhalb, beziehungsweise unterhalb, des SOAP-Layers einbringen, unterhalb wäre auf Transportebene, so etwa in Form von HTTPS. Allerdings sollten Sicherheitsvorkehrungen nicht alleine auf der Transportebene gültig sein, sondern unabhängig davon auch auf darüberliegenden Ebenen, von denen SOAP eine ist. Für sicheres SOAP spricht:

- End-2-End-Security – Die einzelnen SOAP-Messages können über diverse unsichere Kanäle ans Ziel gelangen. Oft ist es weder dem Absender noch dem Empfänger bekannt, ob die Message über einen unsicheren Kanal übertragen

---

[107] Ein Risiko besteht aus dem Produkt der Schadenshöhe und der Eintrittswahrscheinlichkeit $r = ps$. Häufig auftretende Risiken mit geringer Schadenshöhe (Erkältung der Mitarbeiter) sind zwar ärgerlich, werden aber nicht aktiv angegangen. Umgekehrt werden sehr seltene Ereignisse mit hohen Schäden (Ausbruch eines Vulkans in Deutschland) auch nicht angegangen.

2.9 Sicherheit

wird oder nicht. Wenn nur eine der Zwischenstationen nicht vertrauenswürdig ist, ist der gesamte Übertragungsweg nicht vertrauenswürdig.
- Serviceunabhängigkeit – Der SOAP-Layer kann die Verschlüsselung als eigenständigen Service anbieten, daher wird dieser Aspekt der Sicherheit für den fachlichen Service transparent.
- Transportprotokollunabhängigkeit – Die SOAP-Verschlüsselung ist unabhängig vom genutzten Transportprotokoll.
- Persistente Messages – Da Messages nicht nur transportiert, sondern auch gespeichert werden können, ist es sinnvoll, diese persistenten Daten genauso zu schützen wie den Transport.

Durch die Verschlüsselung des XML lässt sich der XML-Teil einer Message mit Standardverschlüsselungstechniken chiffrieren und durch den Empfänger wieder dechiffrieren. Einziges Problem dieses Verfahrens ist der notwendige Schlüsselaustausch, dieser kann jedoch analog zum Verfahren des HTTPS über ein bekanntes Public/Private-Key-Verfahren implementiert werden.

Im Fall der XML-Encryption existiert ein spezieller *EncryptedData*-Tag, welcher direkt ein Teil der XML-Message ist:

```
<SecretMessageInfo xmlns="http://yourscheme.org/cryptv3">
<Agent> James Bond </Agent>
<SecretIdentity>
<xenc:EncryptedDate
xmlns="http://www.w3.org/2000/10/xmlenc"
Id="encData1"
DecryptionInfoURL="#decInfo1"
IV="afh834qf=">ansjhfjkahsdjkf5623rJnWHUWDnjqkehwrfu=
</xenc:EncryptedData>
</SecretIdentity>
</SecretMessageInfo>
```

Durch die explizite Trennung der Struktur und des Inhalts in XML ist es sinnvoll den Inhalt zu verschlüsseln und die Struktur unangetastet zu lassen. Der verschlüsselte Teil kann wiederum ein XML-Dokument sein. Nachteil dieser Form der Verschlüsselung ist, dass hierbei kein XML-Parsing des verschlüsselten Teils mehr möglich ist. Aus reiner Sicherheitssicht sollten auch die „Tags" mit verschlüsselt werden, da sonst aus der Struktur und den relativ kurzen Chiffretexten recht gut auf den Originaltext der Message geschlossen werden kann. Allerdings führt die Verschlüsselung der Struktur wieder zu dem XML-Parsing-Problem.

Das SOAP-DSIG beschreibt eine Möglichkeit, SOAP-Messages mit Hilfe von digitalen Signaturen zu unterzeichnen. Mit Hilfe von digitalen Signaturen können der Verfasser und die Integrität einer Message verifiziert werden. Nicht möglich ist jedoch die Verifikation des Senders.[108] Die XML Signature Specification be-

---

[108] Digitale Signaturen schützen daher nicht vor sogenannten Replay-Attacken, bei denen Messages abgefangen und zu einem späteren Zeitpunkt erneut versendet werden um sich unberechtigt Zugang zu einer Ressource zu verschaffen.

schreibt, wie SOAP-Messages digital signiert werden können. Zur Signierung einer Message berechnet der Sender aus den zu sendenden Informationen und einem geheimen Schüssel eine Signatur, die er zusammen mit den zu sendenden Nutzdaten in der SOAP-Message an den Empfänger sendet. Anhand des öffentlichen Schlüssels des Senders, der empfangenen Signatur, und den empfangenen Nutzdaten kann der Empfänger Integrität und Verfasser der Message überprüfen. Zum Unterzeichnen von SOAP-Messages mit einer digitalen Signatur ist der SOAP-Header Eintrag <SOAP-SEC:Signature> definiert worden. Unterzeichnet werden können beliebige Teile einer SOAP-Message.

Auch die Non-Repudiation-Anforderung, der zweifelsfreie Nachweis, dass der Sender die Message wirklich verschickt hat und der Empfänger die gleiche Message erhalten hat, lässt sich mit Hilfe von digitalen Signaturen erreichen. Dazu ist es notwendig, dass die Message die Identität des Senders, des Empfängers und eine Kennzeichnung, wie zum Beispiel einen Zeitstempel oder eine Sequenznummer zur Vermeidung von Replay-Attacken enthält. Durch die digitale Signatur des Zeitstempels und des Inhaltes der Message kann der Empfänger nachweisen, dass er genau diese Message vom Sender erhalten hat.

Falls es erforderlich ist, dass der Sender den Versand der Message nachweisen muss, ist es erforderlich, dass der Empfang der Message bestätigt wird. Der digital signierte Zeitstempel verhindert neben den Replay-Attacken auch, dass der Empfänger den mehrmaligen Erhalt der Message vortäuschen kann. Wenn in der Message die Identität des Empfängers angegeben wird, lässt sich vermeiden, dass jemand anderes als der beabsichtigte Empfänger den Empfang der Message für sich reklamieren kann. Bei asymmetrischen Verschlüsselungsverfahren benötigt man den öffentlichen Schlüssel des Kommunikationspartners, an den eine verschlüsselte Message gesendet werden soll. Auch bei der Prüfung einer Signatur braucht man den öffentlichen Schlüssel des Kommunikationspartners, der die Message versendet hat.

Die **S**ecurity **A**ssertion **M**arkup **L**anguage (SAML) handhabt den Austausch der Anfragen und Antworten zur Authentifizierung und Autorisierung durch definierte XML Datensätze. SAML selbst stellt keine Funktionalität zur Autorisierung oder Authentifizierung zur Verfügung. Durch SAML lässt sich lediglich zusichern, dass dies bereits an anderer Stelle erfolgt ist. Für die Unterstützung der Authentifizierung existiert ein Single Sign-On-Konzept, für die Vereinheitlichung der Autorisierung besteht ein Service.

Beim Single Sign-On authentifiziert sich der Benutzer einmal gegenüber einem Service und kann dann ohne erneute Authentifizierung auch Ressourcen anderer Services oder Websites nutzen, da die anfangs erfolgte Authentifizierung per SAML weitergereicht werden kann. Voraussetzung ist, dass alle Services SAML explizit unterstützen und der ursprünglichen Authentifizierungsstelle auch vertrauen.

Eine solche Authentifizierungszusicherung kann durch entsprechende Erweiterungen der SOAP-Spezifikation des Headers einer SOAP-Message dazu verwendet werden, SAML-Zusicherungen über die Identität des Absenders der SOAP Message zu liefern. Die digitale Signatur von Zusicherungen mit Hilfe der XML Signature Specification verhindert, dass Zusicherungen unberechtigt abgeändert werden können:

```
<saml:Assertion MajorVersion="1" MinorVersion="0"
AssertionID="127.19.7.7.7007"
Issuer=MI6" IssueInstant="2007-11-03T10:02:00Z">
<saml:Conditions
NotBefore="2007-11-03T10:00:00Z"
NotAfter="2007-11-03T10:05:00Z"/>
<saml:AuthenticationStatement
AuthenticationMethod="password"
AuthenticationInstant="2007-11-03T10:02:00Z">
<saml:Subject>
<saml:NameIdentifier
SecurityDomain="mi6.gov.uk"
Name="James Bond" />
</saml:Subject>
</saml:AuthenticationStatement>
</saml:Assertion>
```

Beim Autorisierungsservice geht man davon aus, dass ein Consumer auf eine Ressource oder einen Service zuzugreifen will. Die Sicherheitskontrolle (Gatekeeper) für diesen Service überprüft bei einem Autorisierungsservice (Policy Decision Point), ob der Benutzer autorisiert ist, den entsprechenden Service auch nutzen zu dürfen.

Wie auch die SAML Authentifizierungszusicherung kann die SAML Autorisierungszusicherung nach erfolgter Prüfung dem Header einer SOAP Message hinzugefügt werden:

```
<saml:Assertion ...>
<saml:Conditions .../>
<saml:AuthorizationStatement
Decision="Permit"
Resource="http://cia.gov/rpt_12345.htm">
<saml:Subject>
<saml:NameIdentifier
SecurityDomain="cia.gov"
Name="James Bond" />
</saml:Subject>
</saml:AuthorizationStatement>
</saml:Assertion>
```

2.9.2 WS-Security Suite

Die ursprünglichen Webservices besaßen keinerlei Unterstützung in punkto Sicherheit, aber es wurde rasch erkannt, dass eine explizite Unterstützung von Sicherheitsaspekten wichtig für einen kommerziellen Einsatz dieser Form von Services ist. Aus diesem Grunde wurde von *IBM* und *Microsoft* zusammen die **WS**-**S**ecurity-**S**uite (WS^3, s. Abb. 2.32) geschaffen.

Die Basisidee hinter WS^3 ist es, keine neuen Sicherheitstechnologien einzuführen, sondern auf bestehende zurückzugreifen. Damit wird gleichzeitig ein Sicherheitsmodell spezifiziert, welches es erlaubt, diverse Implementierungen simultan zu betreiben. Das Webservicesicherheitsmodell definiert Anforderungen an die Webservicesicherheit. Möglichkeiten zur Implementierung der definierten Sicherheitsziele bietet die WS^3 mit seinen Frameworks. Diese bieten Sprachkonstrukte mit denen unterschiedliche Sicherheitsfunktionen realisiert werden können. Die WS^3 ist modular aufgebaut. Sie beinhaltet ein Messagessicherheitsmodell (WS-Security), das mit seinem Framework die Basis der Spezifikationen bildet. Dieses wird erweitert mit einem Webservicesicherheitsrichtlinien Framework (WS-Policy), einem Vertrauensmodell (WS-Trust) und einem Datenschutzmodell (WS-Privacy). Weitere Standards bieten Funktionalitäten für den Aufbau anderer Sicherheitsmodelle. Durch Kombination der unterschiedlichen Komponenten kann eine komplette Sicherheitslösung für Webservices erreicht werden.

Das Protokoll WS-Security definiert die Erweiterungen zum SOAP-Messageaustausch, um Integrität und Vertraulichkeit der Messages zu gewährleisten und Authentifikation zu ermöglichen. Dazu definiert WS-Security Sicherheitstoken, die in SOAP-Messages integriert werden und beschreibt, wie die XML-Sicherheit Spezifikation (XML-Verschlüsselung und XML-Signatur) zur Verschlüsselung und zum Signieren verschiedener Teile von SOAP-Messages verwendet werden kann. Sind Bedingungen und Sicherheitsanforderungen in der Interaktion zwischen einem Consumer und einem Webservice erforderlich, können diese durch Sicherheitsrichtlinien beschrieben werden.

Bedingungen und Anforderungen werden durch den Provider mittels Policies festgelegt. Dazu stellt das WS-Policy Protokoll das erforderliche Framework. Speziell zur Festlegung von Sicherheitsrichtlinien wird der WS-Policy Standard verwendet. Dieser definiert Prinzipien zur Spezifizierung von Sicherheitsanforderungen. Die Verteilung von Richtlinien und deren Bezug zur Anwendung ist nicht Bestandteil dieser Standards. In der Spezifikation Webservices Metadata Exchange wird beschrieben, wie eine Richtlinie über SOAP-Messages oder eingeschlossen in XML- und WSDL-Dokumenten zugänglich gemacht werden kann.

Der WS-Policy-Standard definiert ein Framework, mit dem Webservices Sicherheitsbedingungen und Anforderungen zur Nutzung ihrer Funktionalität durch Consumer definieren können. Diese Anforderungen und Bedingungen werden in Policy Assertions formuliert. Die Richtlinien können Eigenschaften aus WS-Security, WS-Trust oder WS-SecureConversation festlegen, die erfüllt sein müssen, um die angebotenen Services zu nutzen. Möglich sind auch Angaben von Alternativen zur optionalen Anwendung, um bestimmte Sicherheitsziele zu erreichen. Flexibilität in Bezug auf unterschiedliche Tokentypen, kryptographische Algorithmen und Mechanismen ist Ziel des Standards. Für die Richtlinienerstellung bietet der Standard Sprachkonstrukte, mit denen Teile eines Dokumentes bestimmt werden können, die bestimmten Richtlinien entsprechen müssen. Das Protokoll WS-Trust ist eine Erweiterung der WS-Security-Spezifikation. WS-Security bietet ein Framework für

2.9 Sicherheit

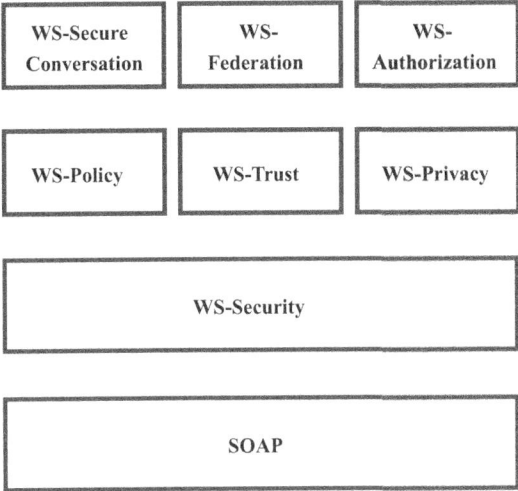

Abb. 2.32 Die WS-Security Suite

das Sichern von SOAP-Messages, basierend auf XML-Signatur, XML-Verschlüsselung und dem Sicherheitstokenkonzept. Mit Hilfe dieser Komponenten können verschiedene Teile eines SOAP-Envelope für unterschiedliche Vermittler oder Consumer gesichert werden mit dem Ziel, Authentizität, Vertraulichkeit und Integrität zu gewährleisten. Als Token kommen dabei X509-Zertifikate, Kerberos- und Benutzernamentickets zum Einsatz. WS-Security spezifiziert die Einbindung dieser Komponenten in SOAP-Messages und das Verweisen von signierten oder verschlüsselten Daten auf diese Token, legt aber nicht fest, wie diese Sicherheitstoken angefordert und ausgetauscht werden. Diese Aufgabe kann entweder programmtechnisch oder durch den Aufruf eines mit WS-Trust festgelegten Service erfolgen, der Token vergibt. WS-Trust bietet ein Framework für die Anfrage und Ausstellung von Sicherheitstoken und die Vermittlung von vertraulichen Verbindungen. Zentraler Service im WS-Trust Modell ist der Sicherheitstoken-Service (**S**ecurity **T**oken **S**ervice, STS), der für die Ausgabe, Prüfung und Erneuerung von Sicherheitstoken aller Art verantwortlich ist. Dafür definiert der STS Bindings, mit denen die entsprechenden Protokollnachrichten und die Eigenschaften, die ein Token und ein Consumer besitzen sollen, beschrieben werden. Alle Bindings verwenden ein Token Request Framework, das sich auf zwei Messagetypen beschränkt:

- *wst:RequestSecurityToken* für eine Anfrage an den STS,
- *wst:RequestSecurityTokenResponse* für die Antwort vom STS.

Entspricht ein Request nicht dem Binding, so sendet der STS einen entsprechenden Fehlercode (*wst:InvalidRequest*). Durch die Verwendung des WS-Adressing Framework ist es dem STS möglich, zwischen unterschiedlichen Bindings zu unterscheiden. Sicherheitstoken werden durch das Versenden einer *wst:RequestSecurityToken* Message bei dem STS angefordert. Entsprechend der Spezifikation sind drei Operationen möglich:

- Anfrage und Erteilung eines neuen Token,
- Erneuerung eines schon bestehenden Token,
- Überprüfung eines Token.

Nach der Überprüfung sendet der STS das angeforderte Token zusammen mit einem Proof-of-Possession-Token an den Anforderer zurück. Das Token kann nun verwendet und mittels WS-Security-Elementen referenziert werden. Mit Hilfe des Proof-of-Possession-Token kann der Empfänger beweisen, dass er das Sicherheitstoken verwenden kann. Es enthält einen, mit dem aus dem Zertifikat entnommenen öffentlichen Schlüssel chiffrierten, geheimen Wert. WS-Security und WS-Trust bieten Mechanismen für das Sichern einer einzelnen Message und für den Umgang mit Sicherheitstoken zur Authentifizierung. Webservices Secure Conversation definiert Erweiterungen, basierend auf WS-Security und WS-Trust, um eine sichere Kommunikation über mehrere Messages zu unterstützen. Dazu wird ein Sicherheitskontext zwischen den kommunizierenden Parteien gebildet, der mit Sicherheitskontexttoken aufgebaut wird. Diese enthalten ein von den Parteien gemeinsam genutztes Geheimnis, das die Basis für den Sicherheitskontext bildet. WS-SecureConversation definiert Mechanismen für die Bereitstellung und den Austausch von Sicherheitskontexttoken. Aus den bereitgestellten Sicherheitskontexttoken werden die Schlüssel zur sicheren Kommunikation abgeleitet. Der so entstandene Sicherheitskontext zwischen den kommunizierenden Parteien ist definiert als neuer WS-Security Tokentyp in Verbindung mit einem WS-Trust Binding.

Ein Sicherheitskontexttoken repräsentiert einen von zwei kommunizierenden Parteien gemeinsam genutzten Sicherheitskontext. Dieser wird über einen URI identifiziert und beinhaltet Schlüssel, die als Basis für die sichere Kommunikation der beiden Parteien genutzt werden. Der Sicherheitskontexttoken enthält keine Identitätsmerkmale. Eine eventuell erforderliche Authentifikation der Teilnehmer erfolgt vor der Bereitstellung des Token.

Das jeweilige Kontext-Token enthält außerdem Informationen zum Erstellungszeitpunkt und zur Gültigkeitsdauer. Zum Sichern der ausgetauschten Messages wird nicht das Kontext-Token selbst, sondern der Bezeichner verwendet, aus dem die Schlüssel abgeleitet werden. Nach Ablauf der Gültigkeitsdauer muss ein neues Kontext-Token ausgestellt werden.

2.9.3 Pervasive Umgebungen

Klassische Sicherheitsmechanismen gehen meist von der impliziten Annahme, dass es ausschließlich statische Komponenten im System gibt, aus. Zu solchen statischen Komponenten zählen unter anderem:

- Public Key Infrastruktur,
- Kommunikationsverbindungen zwischen den Principals,
- Sicherheitsmodule, meist signiert.

2.9 Sicherheit

In mobilen pervasiven Umgebungen ist dies nicht mehr so einfach möglich, da hier die Einflussgrößen:

- Ad-hoc-Netzwerke und Ad-hoc-Applikationen,
- kurze Reichweiten der Geräte,
- Heterogenität,
- Selbstkonfiguration ohne Netzwerkmanagement,
- Serviceevolution,

den Einsatz solcher statischen Komponenten verbieten, beziehungsweise stark erschweren. Außerdem ist in einer solchen Umgebung die Sicherheit auf der reinen Kommunikationsebene nicht ausreichend, da dem Gegenüber nur bedingt vertraut werden kann. In einer solchen Umgebung muss auch die Sicherheit als ein Service verstanden werden, außerdem empfiehlt es sich, die anderen Services wie Principals zu betrachten.

2.9.4 Privacy

Eine Erweiterung der Security ist die Idee der Privacy, der Schaffung einer vom Benutzer kontrollierbaren privaten Sphäre. Historisch gesehen ist Privatleben erst in neuerer Zeit ein Wert, beziehungsweise ein Recht. Die Bewegung zur Individualität in den westlichen Nationen im 18.–20. Jahrhundert hatte die Idee des Privatlebens als Trennung vom öffentlichen Leben zur Folge. In dem Maße, wie die Macht der Nationalstaaten zur Kontrolle des Individuums anstieg, kam es zu Gegenmaßnahmen durch Einzelne. In diesem Sinne stellt Privacy in der IT den Versuch dar, der immer stärker werdenden Kontrolle des Menschen durch Organisationen, seien sie öffentlich oder privat, zu begegnen. Es gibt sieben Grundsätze für die Gestaltung von Privacy im IT-Bereich:

- Benutzerkontrolle und -zustimmung,
- minimale Funktionalität für eine eingeschränkte Nutzung,
- gerichtete Identität,
- Soft- und Hardwareheterogenität,
- Integration von Menschen,
- Konsistente Nutzung in diversen Kontexten.

Ein System zur Erhaltung der Privacy muss dem Benutzer Vertrauen gegenüber dem System geben. Dieses Vertrauen kann dadurch erreicht werden, dass der Benutzer die Kontrolle über die Rechte und Funktionen des Systems hat. Dieses Gefühl des Vertrauens und der Kontrolle muss unabhängig vom Kontext mit dem Benutzer in einem mobilen System wandern. Bezüglich des Zugriffs auf Daten sollte stets nur das Minimum, welches nötig ist, gespeichert werden und Benutzer mit der am geringsten identifizierenden Information gespeichert werden.[109] Umgekehrt formuliert bedeutet dies, dass je mehr Informationen aus verschiedenen Quellen aggregiert werden, desto höher das Risiko ist, dass die Privacy verletzt werden kann.[110] Ein System muss den Benutzer auf Anfragen bezüglich seiner Identität aufmerksam machen und von diesem explizit die Zustimmung abfragen. In diesem Zusammenhang ist auch die Frage der digitalen Signatur problematisch, auf der einen Seite erscheint es sinnvoll, dass sich der Bürger in seinen Kontakten mit Behörden eindeutig identifizieren kann, auf der anderen Seite stellt eine Übertragung auf den privatwirtschaftlichen Sektor ein hohes Risiko in Bezug auf die Privacy dar.

---

[109] Dies widerspricht dem aktuellen politischen Trend. Legitimiert durch Maßnahmen gegen den Terrorismus werden immer mehr und immer stärker den einzelnen Menschen identifizierende Informationen von staatlichen Stellen gespeichert.
[110] Die Finanzämter versuchen durch den Abgleich diverser Datenbanken, Bankkonteninformationen und Buchhaltungseinträgen Steuerhinterziehung zu entdecken.

Kapitel 3
Mobile Computing

> *And therefore as a stranger give it welcome.*
> *There are more things in heaven and earth, Horatio,*
> *Than are dreamt of in your philosophy. But come;*
> *Here, as before, never, so help you mercy,*
> *How strange or odd soe'er I bear myself,*
> *As I perchance hereafter shall think meet*
> *To put an antic disposition on,*
> *That you, at such times seeing me, never shall,*
> *With arms encumber'd thus, or this headshake,*
> *Or by pronouncing of some doubtful phrase,*
> *As 'Well, well, we know,' or 'We could, an if we would,'*
> *Or 'If we list to speak,' or 'There be, an if they might,'*
> *Or such ambiguous giving out, to note*
> *That you know aught of me: this not to do,*
> *So grace and mercy at your most need help you, Swear.*
>
> Hamlet
> William Shakespeare
> 1564–1616

Viele große und komplexe Softwaresysteme, wie das Internet, *Microsoft Windows* oder auch das GSM[1]-Mobilfunknetz scheinen zurzeit auf eine Art „architektonische" Wand zu treffen:

- *Windows Vista* hatte bis zu seiner Einführung sehr lange mit der Rückwärtskompatibilität zu kämpfen. Diese Kompatibilität ist notwendig, da der Erfolg von *Windows* auf eine Reihe von Begleitprodukten zurückzuführen ist, die natürlich unterstützt werden müssen.[2]
- UMTS[3] setzt sich erst sehr langsam durch. Die meisten heutigen mobilen Geräte sind noch GSM-basiert.
- Das Internet hat eine beeindruckende Langlebigkeit, gerade deswegen hat sich das neue IPv6 Protokoll noch nicht durchgesetzt.

Menschen haben das wachsende Bedürfnis eines allgegenwärtigen Zugangs zu Informationen, an jedem Ort und zu jeder Zeit. Deshalb brauchen sie mobile und portable Geräte, aber auch angemessene Kommunikationssysteme und Softwareinfrastrukturen. Mobile Geräte in Form von Mobiltelefonen, Pagern und Notebook-

---

[1] **G**lobal **S**ystem for **M**obile Communication.
[2] Im Gegensatz dazu wird das *MacOS* von *Apple* häufiger erneuert, allerdings ist *Apple* im Vergleich zu *Microsoft* recht proprietär, mit der Folge, dass Updates einfacher sind.
[3] **U**niversal **M**obile **T**elecommunications **S**ystem.

computern sind schon alltäglich. Technologien wie WAP[4], GSM und im speziellen UMTS und ähnliche Kommunikationsstandards werden schon bald neue mobile Geräte erreichen und einen schnellen und unmittelbaren Anschluss ans Internet bieten.

Mobile Geräte haben immer noch ein Manko: Die Integration, so zum Beispiel das notwendige Synchronisieren von Daten. Daten sind zwar auf den einzelnen Geräten persistent, jedoch bleibt die automatische Synchronisation eine Notwendigkeit. Aktuelle Synchronisationssoftware besteht meist aus patentrechtlich geschützten Produkten, die nur zwischen speziellen Geräten und Applikationen funktionieren.

Ein zusätzliches infrastrukturelles Problem ist die transparente Erreichbarkeit für die mobilen Geräte, das Roaming (s. Abschn. 3.8). Obwohl Protokolle und Systeme, wie „mobile IP" den Consumern erlauben ihre IP-Adresse auch außerhalb ihres Subnetzes zu behalten, ist dies nicht so einfach wie das entsprechende Roaming mit Mobiltelefonen und hat auch deutliche Nachteile bei der Skalierbarkeit und Effizienz. Nicht nur Menschen oder Geräte können mobil sein, sondern auch der Programmcode. Unter „Mobilcode" versteht man Programmcode, der von einer Quelle zum Ziel wandert und auch dort ausgeführt wird. Mobilcode unterstützt die Mobilität des Consumers: Personalisierte Umgebungen können dem Consumer folgen, unabhängig von den Computern, die er benutzt. Plattformunabhängigkeit von Mobilcode wird durch die Verwendung von Skriptsprachen, deren Interpreter auf den meisten Systemen vorhanden sind oder durch einen Compiler für plattformunabhängige Repräsentationen wie Java Bytecode erreicht. Mobilcode ist ein wichtiges Programmierungsparadigma und eröffnet völlig neue Möglichkeiten für die Strukturierung von Softwaresystemen in einer sich dynamisch verändernden Umgebung. Es kann die Geschwindigkeit, Flexibilität, Struktur oder die Fähigkeit, mit Verbindungsunterbrechungen umzugehen, verbessern und ist sehr gut geeignet, falls Adaptierung und Flexibilität die Hauptanforderungen der Applikation sind.

Java Applets sind ein bekanntes Beispiel für Mobilcodekomponenten. Applets sind kleine Java Programme, eingebettet in einer Webpage, die innerhalb des Browsers ausgeführt werden können. Applets kombiniert mit einer vorhandenen Java Virtual Machine, Javas Lademechanismus, Codeserialization und RMI machen Java zu einem vollwertigen Mobilcodesystem, bei dem beliebiger Code über das Netzwerk heruntergeladen und lokal ausgeführt werden kann. Eine anspruchsvollere Variante des Mobilcodes, basierend auf dem Pushprinzip im Gegensatz zum Pullprinzip – das bloße Herunterladen von Code – sind mobile Agents. Sie bestehen aus sich selbst entfaltenden Softwareprozessen, die während ihrer Ausführung autonom von einem Computer zu einem anderen Computer (von Host zu Host) wandern können. Im Unterschied zu herkömmlichen mobile Code Systemen sind mobile Agents autonom bezüglich ihrer Positionierung. Sie entscheiden selbst (basierend auf ihrer Programmierungsstrategie und dem Kontext), ob und wann sie wandern möchten. Die Verwendung von mobilen Agents, meist Java basierend, wird durch eine wachsende

---

[4] **W**ireless **A**pplication **P**rotocol.

Tabelle 3.1 MANETs, Mobilfunknetze und Internet im Vergleich

Eigenschaft	MANET	Mobilfunk	Internet
Infrastruktur	Nicht stationär	Stationär	Stationär
Mobilität	Alle Geräte mobil	Endgeräte mobil	Geräte mehrheitlich stationär
Kommunikation	Drahtlos	Drahtlos/Kabel	Primär Kabel
Topologie	Dynamisch	Statisch	Statisch

Industrie unterstützt und erste kommerzielle Produkte (*Aglets, Voyager, Concordia*) sind bereits erhältlich.

Verglichen mit den traditionellen verteilten Systemen, versprechen die mobilen Agenten, dass sie mit der für das heutige Internet charakteristischen, dynamischen, heterogenen und offenen Umgebung besser zurechtkommen. Electronic Commerce ist einer der attraktivsten Bereiche in diesem Zusammenhang: ein mobiler Agent kann als Verkäufer, Käufer oder Händler von Gütern, Services oder Information auftreten. Sie können im Internet einkaufen und dabei die besten Angebote auf Webservern lokalisieren und falls sie mit einer Verhandlungsstrategie ausgerüstet sind (intelligente mobile Agents), könnten sie für ihre Besitzer sogar Transaktionen durchführen. Weitere Anwendungsgebiete sind Informationssuche im Internet, Monitoring, Ferndiagnose, Groupwareanwendungen und Unterhaltung. Sie sind zur Personalisierung von Services gut geeignet und dynamische Codeinstallation durch Agenten ist eine elegante Methode, um die Funktionalität existierender Systeme zu verändern. Sie begünstigen die Entwicklung von neuen und wertsteigernden Services und sind interessant für zukünftige pervasive Computing Anwendungen (s. Kap. 4), bei denen kleine mobile Geräte spontan mit neuen Funktionen und speziellem Programmcode „upgedatet" werden können.

3.1 Mobile Computing

Unter dem Oberbegriff des mobile Computings versteht man die Verwendung von Computern an beliebigen Orten, dabei steht die Kommunikation zwischen mobilen Consumern, mobilen Geräten und den dazugehörigen Applikationen im Vordergrund. Objekte werden im Allgemeinen als mobil bezeichnet, wenn sie geeignet sind, ohne großen Aufwand ihren Standort zu wechseln.

Ein Spezialfall des mobile Computings ist das MANET (**M**obile **A**d-hoc **Net**work). Solche MANETs entstehen ohne eine ausgeprägte feste Infrastruktur, indem sie sich dynamisch formen, so zum Beispiel auf Autobahnen, wenn jedes Fahrzeug als Netzwerkknoten dient und die Fahrzeuge in ihrer Gesamtheit ein Netz bilden. Eine spezielle Subform ist das VANET (**V**ehicular **A**d Hoc **Net**work), bei dem neben den Fahrzeugen auch stationäre Elemente wie Barken an Brücken oder Polizeistationen vorkommen. Ein durchaus denkbares Szenario ist die Rückmeldung von Navigationssystemen in den Fahrzeugen über ihr jeweiliges Ziel, um damit den Verkehrsfluss aller Teilnehmer zu steuern.

Es existieren drei verschiedene Formen von Mobilität:

- Endgerätemobilität – Die Endgeräte sind mobil, wenn sie ihren Einsatzort wechseln können, ohne ihre Netzanbindung dauerhaft zu verlieren. Dem Endgerät ist dabei ein fester Consumer zugeordnet.[5]
- Consumermobilität – Diese Art der Mobilität liegt vor, wenn ein Consumer für eine bestimmte Aufgabe verschiedene Endgeräte an unterschiedlichen Orten nutzen kann. Es ist daher immanent wichtig, den Consumer eindeutig zu identifizieren und ihm ein beliebiges, nicht unbedingt mobiles Endgerät als möglichen Zugangskanal zuzuordnen.[6,7]
- Servicemobilität – Mit dem Begriff Servicemobilität bezeichnet man die technische Möglichkeit, einen bestimmten Service an beliebigen Orten ausführen zu können, so lange dort das Interface des Service zugänglich ist. Zum Beispiel kann E-Mail von verschiedenen Orten weltweit in Anspruch genommen werden, wenn das benötigte Kommunikationsnetz dort zur Verfügung steht.

Neben der Mobilität stellt die Fähigkeit zur Kommunikation einen wichtigen Aspekt des mobile Computings dar. Mobile Geräte können zwischen verschiedenen Netzwerken bewegt werden und so ihre Kommunikationsverbindung erneuern oder aufrecht erhalten. Die kurzfristige Vernetzung von Geräten ohne feste Kommunikationsinfrastruktur und ohne die Notwendigkeit, den Consumer in eine aufwendige Konfiguration einzubeziehen, ermöglicht es, spontan Daten zwischen mobilen Geräten auszutauschen. Diese Art der Anbindung wird als Ad-hoc-Vernetzung bezeichnet.[8]

Die mobile Nutzung von Computern bringt jedoch auch einige Nachteile mit sich, so unterliegt besonders das mobile Computing folgenden Zwangsbedingungen:

- Verbindungsstabilität,
- Ressourcenknappheit,
- Sicherheits- und Zuverlässigkeitsrisiken.

---

[5] Beispiele für solche mobilen Endgeräte sind: PDAs, *iPhones*, Handys...

[6] Ein nichtstationärer Arbeitsplatz innerhalb einer großen Organisation ist für viele Mitarbeiter schon heute gang und gäbe. Hierbei loggen die Mitarbeiter sich an einem beliebigen Arbeitsplatz ein und verstauen ihre „persönlichen" Gegenstände in einem leicht zu transportierenden Rollcontainer. Zwar vermindert ein solcher Ansatz für ein Unternehmen zunächst die Fixkosten, auf Dauer aber erschwert der nichtstationäre Arbeitsplatz durch seine zwangsläufige Anonymität die Bindung an das Unternehmen, mit dem Risiko einer „Entwurzelung" des einzelnen Mitarbeiters.

[7] Solche Szenarien führen stets zu ganz spezifischen Fragen: *Wie heißt mein Drucker heute wieder?* Oder: *Wo steht denn der Drucker HP-X-31-5?*

[8] Die Verbindung mobiler Geräte mit einem stationären Netzwerk, um von verschiedenen Orten aus an bestehenden Kommunikationsinfrastrukturen, wie zum Beispiel dem Internet, teilhaben zu können, ist Thema des nomadic Computings. Soziologisch betrachtet ist die Portabilität und Miniaturisierung von Alltagsgegenständen ein Charakteristikum und eine Voraussetzung für ein Nomadentum.

3.1 Mobile Computing

Das mobile Computing steht in engem Zusammenhang mit der Vision[9] des pervasiven Computings (s. Kap. 4), in der mobile Geräte nahtlos und im Idealfall unsichtbar in das tägliche Leben der Consumer integriert sind. Die mobilen Geräte bilden dabei mit ihrer Kommunikationsverbindung untereinander ein System, das dem Consumer überall und jederzeit zur Verfügung steht, um ihn zu unterstützen, ohne selbst besondere Aufmerksamkeit zu verlangen. Es gibt drei Anwendungsschwerpunkte des mobile Computings:

- Mobile Computing dient als Ersatz für einen stationären Computer, zum Beispiel Nutzung von E-Mail, Informationsbeschaffung oder Durchführung von Transaktionen.
- Mobile Echtzeitsysteme für Verkehrssysteme brauchen mobile Computing Fähigkeit (Navigationsgeräte).
- Mobile Computing unterstützt verteiltes Arbeiten und wird in bestehende Infrastrukturen zur Organisation, Verteilung und Ausführung der Aktivitäten integriert.

Beim mobile Computing stehen Services und Probleme im Vordergrund, die sich daraus ergeben, dass die Voraussetzungen der Stabilität fixer Infrastrukturen im mobilen Bereich nicht gegeben sind. Ein mobiles System kann anhand seiner Fähigkeiten, mobil und portabel zu sein sowie Möglichkeiten zur drahtlosen Kommunikation zu besitzen, charakterisiert werden. Diese Eigenschaften bringen jeweils eine Reihe von Limitierungen des mobilen Systems mit sich:

- Drahtlose Kommunikation – Ein mobiles System muss über die Möglichkeit drahtlos zu kommunizieren verfügen, denn erst dadurch gewinnt es seine Ortsunabhängigkeit und kann flexibel eingesetzt werden. Drahtlose Netzwerke verfügen oft über eine geringere Bandbreite als feste Netze, da die verfügbaren Ressourcen wie Frequenzen oder Übertragungszeiträume durch Multiplexverfahren zwischen den Kommunikationsteilnehmern geteilt werden müssen, außerdem kann es zu Schwankungen der Bandbreite kommen, welche von der Belastung und der Verfügbarkeit des Netzes abhängig ist.
Drahtlose Netzwerke weisen generell höhere Fehlerraten auf, da Funksignale nicht gegen Störungen abgeschirmt werden können. Durch die vielen entstehenden Übertragungsfehler wächst zugleich der Aufwand an Kommunikation, denn Übertragungen müssen zur Fehlerkorrektur mit höherer Redundanz gesendet und gegebenenfalls wiederholt werden. Im Fehlerfall kommt es durch Timeouts noch zu weiteren Verzögerungen. Unerkannt gebliebene Fehler können die Übertragung verfälschen oder unbrauchbar machen.
In drahtlosen Netzen kommt es zudem häufig zu Verbindungsabbrüchen. Diese werden einerseits durch die Fehleranfälligkeit des Netzes verursacht, zum

---

[9] *Wer Visionen hat, sollte zum Arzt gehen.*

Helmut Heinrich Waldemar Schmidt
(*23.12.1918)
deutscher Bundeskanzler

Beispiel wegen Überlastung des Netzes oder durch Störsignale aus der Umgebung. Weiterhin haben drahtlose Netze nur eine beschränkte Reichweite. Mobile Geräte, die den Funkbereich des drahtlosen Netzes verlassen, werden in ihrer Verbindung getrennt. Verbindungsabbrüche werden jedoch auch absichtlich vom Consumer herbeigeführt.

Mobile Geräte werden ausgeschaltet, um Energie zu sparen, die Kommunikation wird beendet, um Verbindungskosten zu reduzieren oder die Verwendung des mobilen Gerätes ist an bestimmten Orten[10] untersagt. Letztlich könnte der Consumer eine Verbindung sogar vorsätzlich unterdrücken, um Unerreichbarkeit vorzugeben. Mobile Systeme müssen sich außerdem an heterogene Netzwerke anpassen. Diese verfügen eventuell nicht nur über unterschiedliche Bandbreiten und QoS-Merkmale, sondern auch über völlig andere Eigenschaften und Protokolle.[11]

Die Ausbreitung eines Signals durch Funk kann kaum beschränkt werden, außer durch eine große Distanz[12] oder durch abschirmende Materialien.[13,14,15] Die Signale sind daher jedem empfangsbereiten Gerät zugänglich, um die Kommunikation anderer abzuhören oder zu manipulieren. Dies stellt ein erhebliches Sicherheitsrisiko dar, dem nur durch geeignete Verschlüsselungsverfahren entgegengetreten werden kann. Dem Bedürfnis nach Sicherheit und Datenschutz steht aber nur ein endlicher Vorrat an Energie und Rechenkapazität zur Verfügung. Eine Verschlüsselung von Daten (s. Abschn. 2.9) direkt an der Quelle kann den Bedarf an diesen Ressourcen vervielfachen, was einige Applikationen eventuell unmöglich macht.

- Mobility – Ein mobiles System verfügt über die Möglichkeit, seinen Aufenthaltsort zu ändern, ohne seine Funktionalität zu verlieren. Durch die Nutzung eines drahtlosen Netzes kann eine Kommunikation im Idealfall sogar während der Ortsänderung selbst aufrecht erhalten bleiben. Die Mobilität des Systems stellt jedoch Herausforderungen an die konkrete Adressierung und an die Informationsbeschaffung: Ein mobiles System hat keine ortsbezogene feste Adresse, unter der es permanent zu erreichen ist. Der Aufenthaltsort muss also nach einem Ortswechsel aufwendig ermittelt werden und kann unter Umständen vielleicht auch gar nicht mehr festgestellt werden. Außerdem stellt sich die Frage, ob ein bestimmtes mobiles Gerät oder ein bestimmter mobiler Consumer adres-

---

[10] So zum Beispiel in Flugzeugen und Krankenhäusern, weder für das Flugzeug noch für das Krankenhaus gibt es heute technische Gründe für ein Handyverbot. Speziell im Fall der Krankenhäuser scheint der Hauptgrund für das Handyverbot die Auslastung der krankenhauseigenen Telefoninfrastruktur zu sein.

[11] So müssen zum Beispiel teilnehmende Geräte einer Infrarot-Verbindung aufeinander ausgerichtet werden, während sich Kommunikationspartner einer Funkverbindung unabhängig voneinander in verschiedenen Räumen befinden können.

[12] Signalstärken schwächen sich mit $1/r^2$ ab.

[13] Stahlbeton, größere Mengen Gestein oder Meerwasser schirmen Signale gut ab.

[14] Aus diesem Grund sind viele Autotunnels mit Repeatern oder Schlitzkabeln versehen, damit die Autofahrer dort weiterhin Radio hören oder telefonieren können.

[15] Ein besonderer Fall ist der Einsatz von Störsendern, um die Nutzung von Handys in Opernhäusern oder Justizvollzugsanstalten zu unterbinden.

3.1 Mobile Computing

siert werden soll. Mobile Consumer sind in der Regel durch mehrere mobile oder stationäre Infrastrukturen zu erreichen. Soll ein mobiler Consumer ausfindig gemacht werden, so muss zugeordnet werden können, über welche mobilen Geräte eine Kommunikation möglich ist. Aus Sicherheitsgründen kann eine Authentifizierung von Consumer oder Gerät notwendig werden.

Die Umgebungsinformationen und lokal verfügbare Services sind durch die Mobilität des Systems hochdynamisch. Nach einer Änderung des Aufenthaltsortes können andere Informationen und Ressourcen zur Verfügung stehen als vor dem Ortswechsel. Eben noch verfügbare Services werden im Einzelfall sogar während der Serviceausführung unterbrochen oder verändern ihre Parameter. Neben den einzelnen Services kann sich auch die Netzwerktopologie verändern und einen Ad-hoc-Verbindungswechsel erfordern. Relevante Kontextdaten müssen daher zeitnah sensorisch oder kommunikativ erfasst und ausgewertet werden. Die Notwendigkeit, Kontextdaten aus der unmittelbaren Umgebung zu beziehen, steht jedoch dem Recht des Consumers gegenüber, seine Privatsphäre zu wahren und die Weitergabe von vertraulichen Informationen zu verwehren. Insbesondere detaillierte Daten zum Aufenthaltsort eines mobilen Geräts oder eines Consumers müssen vor Missbrauch geschützt werden.

- Portability – Die meisten mobilen Systeme verfügen über eine geringe Größe und eine Beschaffenheit, die es dem Menschen ermöglicht, sie ständig mit sich zu führen.[16,17] So sind sie meistens handlich[18] und verfügen über eine wiederaufladbare Batterie. Die Portabilität verleiht den mobilen Systemen erst ihre charakteristischen Eigenschaften und damit ihre praktische Einsatzfähigkeit. Hieraus ergeben sich aber auch große Einschränkungen in ihrem Leistungspotenzial. Mobile Systeme besitzen eine endliche Energiequelle. Da auch die Größe der Batterie durch das Design des mobilen Geräts begrenzt wird, ist hier ein Kompromiss zwischen der maximalen Kapazität und einem Mindestmaß an Portabilität gefragt. Begrenzte Energiequellen stellen in jedem Fall Ansprüche an einen möglichst effizienten Umgang mit den verfügbaren Ressourcen: Hardware und Softwareapplikationen müssen jeden unnötigen Energieverbrauch vermeiden und nicht benötigte Komponenten nach Gebrauch abschalten.

Auf Grund ihrer geringen Größe können die mobilen Systeme nur mit sehr kleinen, leistungsarmen Benutzerinterfaces ausgestattet werden. Displays verfügen nur über eine sehr geringe Auflösung, sind oft nur monochrom und bieten wenig Platz, um umfangreiche Dokumente darzustellen oder deren Bearbeitung zu erlauben.

Eine der Schlüsseleigenschaften für mobile Systeme ist ihre Fähigkeit zur Adaption, etwas was Menschen schon sehr lange und sehr gut beherrschen. Adaption ist im Umfeld von Software sehr viel schwieriger, da die wenigsten heutigen Applika-

---

[16] Das subjektive Gewichtsempfinden für das Gerät hat sich in den letzten Jahren verschoben, so wurden früher Computer mit einem Gewicht von 8 kg als leicht empfunden. Solche Laptops werden mittlerweile als „Schlepptops" bezeichnet.
[17] Tragbare C-Netz-Mobiltelefone hatten in etwa die Größe und das Gewicht einer Autobatterie...
[18] Bei den Handys scheint zu gelten: Je kleiner das Handy, desto höher der Status des Besitzers.

tionen und Services wirklich adaptierbar sind. Aber gerade diese Adaption ist es, welche das mobile Computing erst sinnvoll macht.

Die meisten heutigen mobilen Systeme basieren auf einer Form der Mikroadaption: Es wird sich auf die Adaption innerhalb einer fest vorgegebenen Applikation beschränkt. Diese Adaption wird üblicherweise auf Anfrage und durch den Kontext des individuellen Consumers ausgelöst. Eine einzelne Applikation ändert sich, um den neuen Anforderungen gerecht zu werden, damit ist diese Form der Adaption applikationsintrinsisch. Aber dies wird in Zukunft nicht mehr ausreichen, genau wie im Internet als auch in digitalen Businessökosystemen (s. Kap. 5) wird die Makroadaption, die Veränderung aller Services, immer stärker in den Vordergrund rücken.

3.2 Übertragungstechnologien

Jedes mobile Kommunikationssystem benötigt eine Übertragungstechnologie, um überhaupt in der Lage zu sein, Daten auszutauschen und Services aufrufen zu können. Die bekanntesten Vertreter der heute üblichen Übertragungstechnologien sind[19]:

- GSM (**G**lobal **S**ystem for **M**obile Communication) – Das GSM-Netz war der Einstieg in die mobilen Netze als Nachfolger des C-Netzes. Ein GSM-Netz ist ein Circuit Switched Network[20], bei dem stets eine Verbindung von einem Teilnehmer zu einem anderen hergestellt wird. Insofern ähneln GSM-Netze analogen Festnetzen. Ähnlich wie im Festnetz stellt eine Vermittlungsstelle die Verbindung mit dem anderen Teilnehmer her, dabei müssen die Vermittlungsstellen nicht immer identisch sein – im Gegensatz zum Festnetz. Das GSM-Netz teilt sich in drei verschiedene Subnetze:

    - BSS[21] – Das BSS enthält alle notwendigen Komponenten, welche für die Verbindung des Netzwerks mit den mobilen Teilnehmern verantwortlich sind.
    - NSS[22] – Dieses Subsystem befasst sich mit der Vermittlung von Verbindungen, der Teilnehmerverwaltung und dem Mobilitätsmanagement.
    - IN[23] – Innerhalb des Subsystems sind Accounting und Reporting sowie die Bepreisung angesiedelt.

---

[19] In der Vergangenheit wurde oft auch WAP (**W**ireless **A**pplication **P**rotocol) als mögliche Technologie zitiert. Auf diesem Gebiet hat eine Ernüchterung eingesetzt. De facto hat WAP heute keinerlei größere Bedeutung.
[20] Leitungsvermittelndes Netzwerk.
[21] **B**ase **S**tation **S**ubsystem.
[22] **N**etwork **S**ubsystem.
[23] **I**ntelligent **N**etwork **S**ubsystem.

3.2 Übertragungstechnologien

Die theoretische Reichweite[24] einer GSM-Station ist ein Kreis mit etwa 37 km, praktisch ist eine solche GSM-Zelle jedoch meist durch ihre Kapazität begrenzt, so dass in Ballungszentren eine GSM-Zelle manchmal nur wenige hundert Meter Reichweite besitzt. GSM besitzt eine effektive Übertragungsrate von etwa 9,6 kbit/s.

- **GPRS** (**G**eneral **P**acket **R**adio **S**ervice) – Das GSM-Netz wurde für die Sprachübertragung konzipiert, jedoch setzte Mitte der neunziger Jahre ein Boom bei der mobilen Datenübertragung ein, welcher primär durch das Internet ausgelöst wurde. Aus diesem Grund wurde GSM auf das GPRS erweitert. Einer der großen Nachteile eines GSM-Systems ist die konstante Bandbreite und Symmetrie innerhalb der Verbindung. Für Datenübertragung ist dies aber nicht besonders effizient, da zum einen die Nutzung asymmetrisch (in der Regel werden sehr viel mehr Daten gelesen als gesendet) und zum anderen die Nutzung zeitlich stark variiert (ein Browser lädt eine große Menge auf einmal, während der Benutzer das Ergebnis des Herunterladens nur langsam[25] lesen kann). Für Datenübertragungen ist es daher viel effizienter, einen Kanal nur während der konkreten Übertragung zu schalten und ihn anschließend sofort wieder freizugeben. Um dies zu erreichen, erhält nicht jeder Consumer einen exklusiven Kanal, sondern mehrere Consumer teilen sich einen solchen. Zwar kann zu einem gegebenen Zeitpunkt immer nur genau ein Teilnehmer senden oder empfangen, aber im Mittel ist der Durchsatz an Daten viel höher, und beträgt theoretisch[26] 170 kbit/s. In der Praxis werden jedoch nur etwa 50 kbit/s erreicht.[27] GPRS ist zurzeit das meist genutzte Protokoll für die mobile Datenübertragung mit typischen Anwendungen wie MMS[28].

- **UMTS** (**U**niversal **M**obile **T**elecommunications **S**ystem) – UMTS ist die Weiterentwicklung in der Reihe von GSM und GPRS. Durch die höhere Trägerfrequenz sind im UMTS sehr viel größere Bandbreiten möglich, was zu einer Übertragungsrate von bis zu 2 MBit/s führt. Allerdings ist die Reichweite auf circa 8 km beschränkt. Die Übertragung wird bei UMTS im Gegensatz zu GSM durch den Einsatz von ATM[29] geprägt. Es wird erwartet, dass die Services direkt in das IP-Netzwerk integriert sein werden. In der Anfangsphase wird die Trennung von Sprache und Daten beibehalten werden. Für die Daten wird die gleiche Lösung eingesetzt wie bei GPRS. In der zweiten Phase soll dann eine Integration von Daten und Sprache stattfinden, was entweder durch eine auf einer ATM basierenden

---

[24] Diese Reichweite ergibt sich aus einer einfachen Überschlagsrechnung: ein Timeslot bei GSM hat eine Dauer von 0,576875 ms bestehend aus 156,25 Bit. GSM verwendet eine Schutzzeit (Guard Period) zwischen den Signalen von 68,25 Bit. Dies resultiert in einer unterscheidbaren Zeit von $\Delta t = \frac{1}{2} \times 68.25 \times \frac{0.576875}{156.25}$ ms ≈ 0.1259895 ms, durch $s = c\Delta t = 0.1259895$ ms $\times c \approx 37796.85$ m ergibt sich die maximale Reichweite.

[25] Dies gilt allerdings nur, so lange es sich um Texte handelt. Bilder und Videos können von Menschen sehr schnell wahrgenommen werden.

[26] Die Rate ergibt sich aus $8 \times 21,54$ kbit/s $\approx 171,2$ kbit/s.

[27] 53,6 kbit/s im Download- und 13,5 kbit/s im Uploadbereich.

[28] **M**ultimedia **M**essaging **S**ervice – als Nachfolger des GSM-basierten SMS (**S**hort **M**essage **S**ervice).

[29] **A**synchronous **T**ransfer **M**ode.

verbindungsorientierten oder durch eine auf IP basierenden, paketvermittelnden Plattform geschehen könnte. Beide Ansätze bringen neben dem Vorteil der weiteren Integration in den Mainstream der Informationstechnologie die Möglichkeit, den Quality of Service zu steuern.
- WLAN (**W**ireless **L**ocal **A**rea **N**etwork) – Das WLAN wurde im IEEE[30]-Standard 802.11 (s. Tabelle 3.3) als ein drahtloses Netzwerk völlig analog dem üblichen drahtgebundenen Ethernet (802.X) spezifiziert und ist heute die Standardmethode, Computer miteinander über Funknetze zu verbinden. Durch den 802.11b Standard sind Übertragungsraten von bis zu 11 MBit/s möglich, allerdings nur auf kurzer Distanz zwischen Sender und Empfängern (bis circa 20 m). Der heute dominante 802.11g Standard erlaubt sogar Geschwindigkeiten von bis zu 54 MBit/s. Alle Stationen, die auf dem gleichen Kanal Daten austauschen, werden als BSS[31] bezeichnet. Ein BSS kann auf vier verschiedene Arten betrieben werden:

  1. Ad-hoc – Dieser Betriebsmodus ist in der Praxis recht selten vertreten, da hier alle Geräte als gleichberechtigte Peers innerhalb einer BSS-Region auftreten.
  2. Infrastructure – Der Infrastrukturmodus ist der meist genutzte, da hierbei ein sogenannter Access Point eine zentrale Rolle übernimmt, in dem er die Kommunikation der einzelnen Endgeräte bündelt und dann in ein Netz (meist Inter- oder Intranet) als Knoten einspeist. Auch die Kommunikation zwischen zwei Endgeräten im gleichen BSS erfolgt über den Access Point mit der Konsequenz, dass die Daten doppelt übertragen werden müssen, da nur eine Kommunikation zwischen Endgerät und Access Point stattfindet.[32,33]
  3. ESS[34] – Da ein WLAN Access Point nur eine geringe Reichweite besitzt, ist es oft notwendig, mehrere Access Points zu einer logischen Einheit zusammenzufassen. Durch ESS kann ein mobiles Endgerät sich von einem zum anderen Access Point bewegen und sich bei jedem neuen Access Point automatisch anmelden.
  4. Bridging – Beim Bridging wird das übliche drahtgebundene Ethernet zwischen zwei Access Points durch eine Funkstrecke ersetzt.

- Bluetooth[35] – Bluetooth war zunächst nur als eine Art universeller Kabelersatz für den Anschluss verschiedener Peripheriegeräte gedacht. Nach einer eher schleppenden Einführung von Bluetooth-Geräten sind mittlerweile viele Han-

---

[30] Institute of **E**lectrical and **E**lectronics **E**ngineers.
[31] **B**asic **S**ervice **S**et.
[32] Sterntopologie.
[33] Eine Ausnahme bilden hier Systeme, die 802.11e mit dem DLP (**D**irect **L**ink **P**rotocol) unterstützen. Mit Hilfe von DLP können Endgeräte auch direkt miteinander kommunizieren.
[34] **E**xtended **S**ervice **S**et.
[35] Der Name Bluetooth ist eine Hommage an den Wikingerkönig *Harald Blauzahn* (910–987).

3.2 Übertragungstechnologien

dys[36,37], Headsets und PDAs mit der Bluetooth-Funktechnik verfügbar. Aber auch Drucker, Tastaturen, Mäuse, Modems, ISDN- und DSL-Adapter, Digitalkameras, Camcorder und so weiter sind heute mit Bluetooth ausgerüstet. Doch Bluetooth ist weit mehr als ein reiner Kabelersatz. Mit der zunehmenden Verbreitung kommen weitere Anwendungen hinzu: Kommunikation zwischen PDAs und Handys, sei es zum Surfen oder zur Übertragung von Kontakten und Terminen[38] oder auch zum Übertragen von Bildern aus der Digitalkamera direkt auf einen Drucker. Der Einsatzbereich von Bluetooth weitet sich in die Richtung drahtloser LANs aus. Dies ist zwar auch mit anderen drahtlosen Übertragungstechniken möglich, zum Beispiel mit der Übertragung via Infrarot über die IrDA[39]-Schnittstelle, jedoch hat IrDA eine sehr geringe Reichweite und die Notwendigkeit einer direkten Sichtverbindung. Damit beschränkt sich die Anwendung üblicherweise auf reine Punkt-zu-Punkt Verbindungen, die nur zwei Geräte miteinander kommunizieren lässt. Bluetooth hingegen erlaubt die Verbindung von mehr als zwei Geräten und erfordert keinen direkten Sichtkontakt zwischen den Geräten.

Bluetooth nutzt, wie alle Geräte nach dem 802.11b- oder 802.11g-Standard (s. Tabelle 3.2), das 2,4 GHz Band. Für diese Frequenz ist keine Lizenzierung erforderlich. Jedoch unterscheiden sich sowohl das Zugriffsverfahren als auch die angebotenen Services grundlegend voneinander. Bluetooth nutzt das sogenannte FHSS[40]. Dabei werden 79 Kanäle innerhalb des 2,4 GHz-Bands – jeder mit einer Kanalbreite von 1 MHz – verwendet. Ein Generator für Pseudozufallszahlen erzeugt die Folge von Frequenzen, auf die gewechselt wird. Verwenden alle Geräte den gleichen Startparameter und sind diese die gesamte Zeit über synchronisiert, wechseln die Geräte gleichzeitig auf die neuen, zufälligen Frequenzen. Jede Frequenz ist nur für eine gewisse Zeitspanne aktiv. Die Zufallssteuerung von FHSS ist eine gute Möglichkeit, Frequenzen in einem nicht regulierten Frequenzband zuzuweisen. Daneben bietet es auch ein Minimum an Sicherheit, da ein Eindringling nicht weiß, zu welcher Frequenz gewechselt wird und auch nicht die Zeitspanne kennt, für die eine Frequenz gültig ist. Das Abhören einer Verbindung wird dadurch erschwert. Leider wird bei den heutigen Geräten Bluetooth primär als einfache serielle Schnittstelle zwischen zwei Geräten genutzt und nicht als Einbindung in ein komplexeres Netzwerk, obwohl Bluetooth genau die hierfür notwendigen Fähigkeiten und Mechanismen hat.

- NFC **N**ear **F**ield **C**ommunication – Das NFC ist eine drahtlose Funktechnologie für sehr kurze Entfernungen (bis zu maximal 20 cm) und wurde von den Firmen *Sony*, *Philips* und *Nokia* maßgeblich entwickelt und standardisiert. Die Idee

---

[36] Bei dem Wort Handy handelt es sich um einen Scheinanglizismus, der angelsächsische Begriff ist *Mobile Phone* oder *Cell Phone*.
[37] Bis heute ist es unklar, wer den Begriff Handy geprägt hat. Sicher ist nur, dass er etwa 1988 auftauchte. Dass das Wort Handy durch die damalige *Bundespost* erfunden wurde, ist fragwürdig, da diese ihr erstes Mobilgerät „Pocky" nannte.
[38] PIM (**P**ersonal **I**nformation **M**anagement).
[39] **I**nfrared **D**ata **A**ssociation.
[40] **F**requency **H**opping **S**pread **S**pectrum.

Tabelle 3.2 Drahtlose Übertragungstechnologien

Technologie	Reichweite	Bandbreite	Nutzung
WLAN (Wireless Local Area Network), WiFi (Wireless Fidelity)	≈100 m	Bis zu 54 MBit/s	LAN-ähnliche Kommunikation
WiMAX (Worldwide Interoperability for Microwave Access), IEEE 802.16a/d/e	<113 km	Bis zu 70 MBit/s	WLAN-ähnliche Kommunikation
HIPERMAN (High Performance Radio Metropolitan Area Network), IEEE 802.16/a	<113 km	Bis zu 70 MBit/s	WLAN-ähnliche Kommunikation
WiBro Wireless Broadband	<5 km	50 MBit/s	Koreanische Version des WiMAX, mit QoS-Unterstützung
Wireless USB	1–10 m	480 MBit/s bei 3 m, 110 MBit/s bei 10 m	Datenverbindung zwischen Systemen in drahtlosen persönlichen Netzwerken
Bluetooth	1–100 m	721 kbit/s	Datenverbindung zwischen Systemen in drahtlosen persönlichen Netzwerken
Zigbee, IEEE 802.15.4	≈50 m	250 kbit/s	Sensornetzwerke, Remote Monitoring
Wibree	5–10 m	1 MBit/s	Datenverbindung zwischen Systemen in drahtlosen persönlichen Netzwerken mit geringem Stromverbrauch
RFID (Radio Frequency Identification)	<30 cm passiv, <100 m aktiv		Automatische Erkennung
NFC (Near Field Communication)	4–20 cm	424 kbit/s	Kurzreichweitige Übertragung bei Handys
IrDA (Infrared Data Access)	<1 m	9,6 kbit/s	Infrarotkommunikation bei direkter Sicht

hinter NFC ist, dass es auf intuitive Art und Weise ermöglicht, durch simples „Berühren" eine P2P-Verbindung zwischen zwei Geräten herzustellen. Das NFC Protokoll ist kompatibel mit den bereits existierenden und weltweit sehr verbreiteten Chipkartentechnologien wie *Mifare* und *Felica*, daher kann NFC auch mit bereits bestehender Hardware kombiniert werden. Die Übertragung in NFC erfolgt über magnetische Felder und basiert auf induktiver Koppelung. Dies bietet, im Gegensatz zu Hochfrequenztechnologien des Mobilfunks, den Vorteil einer erhöhten Privacy durch die kurze Reichweite. Außerdem können magnetische Felder entsprechend abgeschirmt werden. Sender sowie Empfänger bilden eine symmetrische P2P-Verbindung. Eine interessante Funktion von NFC ist die automatische Wahl des optimalen Übertragungsprotokolls.

Allerdings werden bei den meisten der heute genutzten Protokolle die theoretischen Grenzen in der Praxis nicht erreicht. Dies liegt an diversen Gründen:

3.3 Mobile Services

Tabelle 3.3 Die IEEE-Standards

Standard	Inhalt	Jahr	Kommentar
IEEE 802.11	2,4 GHz, max. 2 MBit/s	1997	Ursprünglicher Standard
IEEE 802.11a	5 GHz, max. 54 MBit/s	1999	
IEEE 802.11b	2,4 GHz, max. 11 MBit/s	1999	
IEEE 802.11e	Quality of Service		Wireless Multimedia Enhancements
IEEE 802.11f	Internet Access Point Protocol	2003	Internetzugang für feste Infrastruktur
IEEE 802.11g	2,4 GHz, max. 54 MBit/s	2003	
IEEE 802.11h	5 GHz	2003	Europäischer Standard, Anpassung von 802.11a
IEEE 802.11i	MAC Security Enhancements	2004	Neue Sicherheitsspezifikation
IEEE 802.11n	max. 320 MBit/s	?	In Vorbereitung

- Die theoretischen Maxima nehmen üblicherweise an, dass es nur einen aktiven Consumer pro Zelle zu einem Zeitpunkt gibt. In der Realität gibt es aber stets einen Wettbewerb mehrerer Consumer um dieselbe Ressource.
- In der Theorie sind stets ideale physikalische Bedingungen vorhanden.
- Oft werden Spezifikationen nicht vollständig von Herstellern implementiert mit der Folge, dass Geräte mit niedrigeren Protokollwerten agieren müssen.
- Handover von einer Zelle in die nächste ist oft sehr performanzintensiv.
- Theoretische Grenzen beziehen sich oft auf die physikalische Menge, nicht auf die Nettolast eines höheren Protokolls.
- Mobile Netzwerke haben meist eine längere „Round Trip"-Zeit als Festnetze mit der Folge, dass bei TCP/IP mehr Pakete verloren gehen.
- Häufig sind die genutzten Anwendungen überhaupt nicht für Mobilität entworfen worden.

3.3 Mobile Services

Es existieren heute schon eine Reihe von Services, jenseits von Telefongesprächen und SMS[41], welche mobil zur Verfügung stehen, allerdings werden sie zurzeit noch nicht ausgiebig genutzt. Zu diesen Services (s. Tabelle 3.4) zählen:

- Browsing – Viele Aktivitäten können mit einem einfachen mobilen Webbrowser vorgenommen werden. Limitierender Faktor ist heute die Displaygröße und die Tastatur des Endgeräts.
- Voice over IP – Ein Beispiel hierfür ist *Skype*.
- P2P Live Video – Die Übertragung eines Videos von einem Handy zum anderen ist ein typische Anforderung in diesem Bereich.
- Streaming Audio – Radiostationen oder Musikbörsen.

---

[41] **S**hort **M**essaging **S**ystem (SMS) ist ein Beispiel für einen Service, der von Seiten der Consumer aus gestartet wurde. Die Mobilfunkprovider dachten nie daran, dass SMS ein Erfolg werden würde, da es recht umständlich und sehr eingeschränkt bezüglich der Größe ist.

Tabelle 3.4 Existierende Services für mobile Umgebungen

Service	Bandbreite	Verzögerung	Verlust	Typus
Browsing	>64 kbps	<2 s	0	Burst, asymmetrisch
VoIP	4–64 kbps	<400 ms	<3%	Kontinuierlich, symmetrisch
P2P Live Video	16–384 kbps	<400 ms	<1%	Kontinuierlich, symmetrisch oder asymmetrisch
Streaming Audio	16–128 kbps	<10 s	<1%	Kontinuierlich, asymmetrisch
Streaming Video	16–384 kbps	<10 s	<1%	Kontinuierlich, asymmetrisch
Gaming	<64 kbps	<200 ms	0	Kontinuierlich, symmetrisch
Instant Messaging	>10 kbps		0	Burst, symmetrisch
P2P Filesharing	>128 kbps	<15 s	0	Kontinuierlich, symmetrisch oder asymmetrisch
E-Mail	>40 kbps	<2 s	0	Burst, asymmetrisch
Downloading	>64 kbps	<15 s	0	Burst, asymmetrisch

- Streaming Video – Analog zum Streaming Audio für Videos.
- Gaming – Vorstellbar sind hier alle Formen von interaktiven Single und Multiplayer Spielen.
- Instant Messaging – Analog den SMS allerdings ähnlicher *ICQ* oder *Yahoo!Gomobile*.
- P2P Filesharing – Es existiert schon ein mobiles Systems namens *Symella*, ähnlich dem *Gnutella* (s. Abschn. 2.6.4).
- E-Mail – Lesen und Versenden von E-Mails, dies ist heute schon mit den einfachsten Handys möglich.
- Downloading.

Alle diese Services sind nicht spontan entstanden, sondern meist eine Folge evolutionärer und inkrementeller Serviceentwicklung. Neben der Bandbreite der Übertragung und der Dichte von Servicestationen sind für die Entwicklung von Services im mobilen Bereich die Fähigkeiten der Endgeräte entscheidend. Hier stellen sich besonders drei Eigenschaften als wichtig heraus:

- Rechenleistung,
- Speicherkapazität,
- Bildschirmauflösung.

In allen drei Bereichen sind in den letzten Jahren deutliche Fortschritte zu beobachten, wobei hier die Limitierungen durchaus unterschiedlich sind. Bei der Bildschirmauflösung ist zurzeit noch die Größe des Geräts ein entscheidender Faktor, sollten jedoch die ersten Brillen oder gute Projektoren entwickelt werden, so stellt dies kein wirkliches Hemmnis dar. Schwieriger ist die Lage bei der Rechenleistung; diese ist primär durch Energieaufnahme und Wärmeabgabe limitiert. Ein Handgerät schafft es nicht mehr als 3 Watt an Leistung zu entwickeln, ohne Schwierigkeiten bei der Ableitung der Wärme zu bekommen.[42] Die größten Fortschritte wurden im

---

[42] Je kleiner ein Gerät, desto kleiner ist seine Oberfläche und desto schwieriger ist die Wärmeableitung, da diese mit der Oberfläche skaliert. Dies geschieht auf Grund von Abstrahlung, *Stefan-*

3.4 Serviceentdeckung in mobilen Umgebungen

Bereich der Speicherkapazität erzielt; schon heute sind Speichersticks im GB Bereich gut einsetzbar. Auch die Energieaufnahme der mobilen Geräte konnte in den letzten Jahren gesenkt werden.

Heute ist die Verfügbarkeit mobiler Services so stark angewachsen, dass oft nicht mehr die reine Verfügbarkeit eines Service eine entscheidende Rolle spielt, sondern verstärkt die Verbindungsqualität während der Nutzung in den Vordergrund rückt. In einigen Bereichen verwischt sich der Unterschied zwischen stationären und mobilen Services soweit, dass diese überlappen oder kaum noch unterschieden werden können.

3.4 Serviceentdeckung in mobilen Umgebungen

Mit dem zunehmenden Auftreten von Ad-hoc-Netzwerken tritt die Frage danach, wie ein Service in einer mobilen Umgebung entdeckt werden kann, immer stärker in den Vordergrund. Für die Entdeckung von Services in einer Umgebung gibt es verschiedene Anforderungen an die jeweiligen Service Discovery Protokolle, dazu zählen:

- Interoperabilität – Es gibt viele verschiedene Geräte, die für P2P-Systeme verwendet werden können, für diese Geräte existieren die unterschiedlichsten Typen von Systemsoftware. Somit sollte ein Protokoll unabhängig von darunterliegender Hardware und Systemsoftware sein, um auf den verschiedenen Geräten eingesetzt werden zu können. Ebenso werden von System zu System die Repräsentationen von Geräten, Services und Zuständen oft sehr unterschiedlich gehandhabt. Daher wird ein einheitlicher Mechanismus zur Servicelokalisierung, Servicebeschreibung, Serviceverwendung und Servicebekanntmachung, welcher unabhängig von verwendeter Hard- und Software ist, benötigt.
- Skalierbarkeit – Die Skalierbarkeit stellt eines der wichtigsten Kriterien in der Serviceentdeckung dar. In kleinen Netzen spielt die Anzahl der verschickten Messages keine große Rolle. Bei großen Systemen jedoch, nimmt die Anzahl der Peers sehr zu und die Protokolle skalieren oft nicht mehr. Das System wird von Messages regelrecht überflutet und die einzelnen Peers können diese Anfragen nicht mehr verarbeiten. Daher ist es wichtig, dass Protokolle auch in großen Systemen noch funktionsfähig bleiben.
- lokalitätsbasierte Services – Es gibt Services, die sich auf einen bestimmten Ort beziehen sowie ortsunabhängige. Daher sollten Protokolle sicherstellen, dass Services sowohl einen physischen als auch einen logischen Ort besitzen können.
- Historie – Gute Protokolle enthalten Strategien zum Auffinden häufig genutzter Services als auch zur Optimierung von dediziertem Consumerverhalten. Hierfür ist eine Historie notwendig.

Boltzmann-Gesetz: $P = \sigma A T^4$, beziehungsweise Wärmeleitung das *Fourier'sche* Gesetz, mit: $P \sim A(T_2 - T_1)$.

- Metadaten – Im Allgemeinen obliegt die Beschreibung der einzelnen Services den jeweiligen Protokollen; diese Beschreibungen sind jedoch nicht immer für Menschen verständlich, daher muss es möglich sein, Servicebeschreibungen der Systeme mit Metainformationen, beziehungsweise Ontologien und Taxonomien, verknüpfen zu können.

Damit eine Koordination zwischen den Consumern und den Providern in einer solchen mobilen Umgebung möglich ist, wurden einige Protokolle für die Serviceentdeckung spezifiziert. Zu diesen Protokollen zählen:

- Jini[43] – Jini hat als Ziel, Softwarekomponenten und Geräte zu einem dynamisch verteilten Java-basierten System zu vereinen. Es werden Mechanismen zur Servicekonstruktion, Serviceentdeckung und Kommunikation innerhalb des Jini-Frameworks bereitgestellt. Der Kern von Jini besteht aus drei Protokollen:
  - Discovery – Discovery wird genutzt, wenn ein neues Gerät sich verbindet[44] oder wenn ein Service den Lookupservice für seine Registrierung sucht[45].
  - Join – Ein Join wird durchgeführt, wenn ein Service sich einem Lookupservice anschließen will.
  - Lookup – Ein Lookup wird durchgeführt, wenn ein Consumer einen Service sucht, um ihn zu nutzen.

Die Kommunikation zwischen den Beteiligten erfolgt in mehreren Schritten:

1. Der Provider lokalisiert einen Lookupservice durch einen Multicast im Netzwerk oder durch vorheriges Wissen, zum Beispiel via einer Registry.
2. Der Provider registriert ein Serviceobjekt und seine Serviceattribute mit dem Lookupservice. Das Serviceobjekt enthält ein Javainterface[46] für den jeweiligen Service.
3. Der Consumer kann den Service anhand der Javatypen oder anderen Serviceattributen suchen. Eine Kopie des Serviceobjekts wird dem Consumer übergeben und für die Kommunikation mit ihm genutzt.
4. Der Consumer interagiert direkt mit dem Provider.

Der Lookupservice funktioniert wie eine SOA-Registry (s. Abschn. 2.6), in der Services gefunden und aufgelöst werden können. Neben den Basismechanismen unterstützt Jini auch Transaktionen bis hin zum 2-Phase-Commit.

Eines der großen Probleme von Jini ist seine Festlegung auf eine proprietäre Technologie, da die Kommunikation zwischen Services nur auf Java RMI[47] aufsetzen kann. Außerdem existieren faktisch keine Sicherheitskonzepte, die in die Nutzung von Jini eingebunden sind.

---

[43] Jini ist kein Akronym, obwohl manche Autoren der Ansicht sind, es stünde für **J**ava **I**ntelligent **N**etwork **I**nfrastructure.
[44] Stets in der Kombination Discovery/Join.
[45] Stets mit der Kombination Discovery/Lookup.
[46] Dabei muss es sich strenggenommen nicht um einen Service handeln, einzig ein Javainterface ist hierfür notwendig.
[47] **R**emote **M**ethod **I**nvocation.

3.4 Serviceentdeckung in mobilen Umgebungen

- Salutation – Die Salutation Architektur besteht aus zwei primären Komponenten:
  - Salutation Manager – Dieser ist ähnlich dem Lookup von Jini, allerdings mit verstärkter Wirkung als Servicebroker. Der Salutation Manager baut für den Transport auf dem Transport Manager auf.
  - Transport Manager – Der Transport Manager sorgt für die Übertragung der Daten zwischen den einzelnen Services dadurch, dass er verlässliche Kanäle zur Verfügung stellt.

  Der ursprüngliche Fokus lag bei Salutation auf dem Versuch der Automatisierung von Vorgängen im Bürobereich. Typische Geräte sind PCs, Drucker, Fax und Scanner. Den beteiligten Services und den Consumern wird von den Salutation Managern ein einheitliches Interface präsentiert, mit dessen Hilfe Services registriert, nach Services gesucht und Services benutzt werden können. Die Salutation Manager treten dabei als Repräsentanten von Consumern und Providern auf und handeln in deren Auftrag. Der Salutation Manager enthält außerdem noch an Funktionalität:

  - Service Registry –
  - Service Discovery – Hierbei wird das ONC RPC Protokoll von *Sun* genutzt.
  - Service Availability – In periodischen Abständen wird die Verfügbarkeit von Services geprüft.
  - Session Management – Hier wird die Art des Serviceaufrufs gesteuert. Innerhalb von Salutation existieren drei verschiedene Modi:
    - native Mode – Der Session Manager ist nicht am Serviceaufruf beteiligt, die Invokation findet direkt zwischen Consumer und Provider statt.
    - emulated Mode – Der Session Manager dient als Übermittler für die Messages von Consumer zu Provider und umgekehrt.
    - salutation Mode – Der Session Manager agiert wie ein Gateway, in dem er gegebenenfalls auch Messages abändert oder Interfaces anpasst.

- UPnP (**U**niversal **P**lug and **P**lay)[48] – Das UPnP stellt eine Architektur für P2P-Netzwerke dar. Innerhalb von UPnP kann ein Gerät sich am Netzwerk beteiligen, eine IP-Adresse bekommen, seine Fähigkeiten mitteilen und sich über die Anwesenheit und Fähigkeiten anderer Geräte informieren. Außerdem kann ein Gerät das Netzwerk wieder verlassen, ohne dass ein inkonsistenter Zustand zurückbleibt. Das UPnP benutzt zur Serviceentdeckung das SSDP[49]. Dieses Protokoll wird zur Mitteilung über die Anwesenheit eines Geräts als auch zur Auffindung anderer Geräte und Services genutzt, insofern ist das SSDP ähnlich dem Jini. Ein neues Gerät verbindet sich mit einem Multicast (`ssdp:alive`) mit allen vorhandenen, um seine bestimmten Kontrollpunkte bekannt zu geben. Im Gegensatz zu Jini existiert jedoch keine zentrale Registry, auch die Suche (`ssdp:discover`) ist ein Multicast an alle. Eine UPnP-Verbindung läuft in 5 Schritten ab:

---

[48] Abgeleitet von dem Plug & Play Mechanismus unter *Windows* oft auch als Plug & Pray bezeichnet.
[49] **S**imple **S**ervice **D**iscovery **P**rotocol.

1. Discovery – Wenn ein Gerät sich mit dem Netzwerk verbindet, gibt das Gerät seine Services den Kontrollpunkten bekannt. Kommt ein neuer Kontrollpunkt hinzu, so erlaubt UPnP diesem nach den für ihn interessanten Services zu suchen.
2. Description – Nachdem ein Gerät sich mit einem Kontrollpunkt verknüpft hat, weiß dieser wenig über das konkrete Gerät. Hierfür nutzt der Kontrollpunkt die vom Gerät übergebene URL, um mehr über die Services des Geräts zu erfahren.
3. Control – Durch die Kenntnis der Services kann der Kontrollpunkt Kontrollnachrichten an das Gerät in Form von SOAP-Messages versenden.
4. Eventing – Die UPnP-Beschreibung eines Service enthält eine Liste der Aufrufe, auf die der Service reagiert und eine Angabe über die Zustandsänderungen des Service zur Laufzeit. Der Service gibt Änderungen dieser Zustände über Event-Messages bekannt.
5. Presentation – Wenn ein Gerät eine URL für die Präsentation hat, dann kann der Kontrollpunkt diese URL auflösen und in einen Browser laden.

- SLP (**S**ervice **L**ocation **P**rotocol) – Das SLP ist ein dezentralisiertes Protokoll, welches die Serviceentdeckung innerhalb eines Standortes ermöglicht. Hierzu wird eine Service-URL definiert und über mehrere Agenten verwaltet:

  – User Agent,
  – Service Agent,
  – Directory Agent.

  Der User Agent entspricht dem traditionellen Consumer, der Service Agent dem Provider und der Directory Agent nimmt die Rolle einer dynamischen Registry wahr. Ein solches Protokoll findet sich auch im Bluetoothprotokoll SDP wieder. Der Typ und die Lokation eines Service werden mit Hilfe einer Service-URL angegeben, welche in RFC[50] 2609 spezifiziert wurde. Die Adressen haben die abstrakte Form

  ```
  service:"<srvtype>"://"<addrspec>".
  ```

  Der Ausdruck <srvtype> gibt dabei den Typ des Service an, wobei dieses Feld auch eine Unterstruktur haben kann. Der Adressraum selbst ist eine herkömmliche URL.
  SLP unterstützt mit Hilfe sogenannter Scopes eine Zerlegung der Servicelokationsarchitektur in Teilbereiche. Scopes können als symbolische Namen aufgefasst werden. Jeder Agent wird mit einer nicht leeren Menge an Scopes konfiguriert. Agenten antworten nur auf Nachrichten von anderen Agenten, wenn die Schnittmenge der in der Nachricht enthaltenen Scopes mit der Menge der eigenen Scopes nicht leer ist. Agenten sind nur dann in der Lage, erfolgreich miteinander zu kommunizieren, wenn sie mit mindestens einem gemeinsamen Scope-Identifier konfiguriert worden sind.

---

[50] **R**equests for **C**omments.

3.4 Serviceentdeckung in mobilen Umgebungen

- Bluetooth SDP[51] – Im Bluetooth (s. S. 122) SDP ist der Provider selbst ein verteiltes System, jedes Gerät (im Sinne von Bluetooth ist dies ein Provider) publiziert eine Liste seiner Services mit vordefinierten und frei wählbaren Serviceattributen. Das SDP beschränkt sich in seiner Spezifikation allerdings nur auf die Suche nach Services, Sicherheitsaspekte bleiben dabei unberücksichtigt.

Tabelle 3.5 Die verschiedenen Methoden zur Entdeckung von Services

	SLP	Jini	Salutation	UPnP	Bluetooth SDP
Hersteller	*IETF*	*Sun*	Konsortium	*Microsoft*	*Nokia*
Transport	TCP/IP	Unabhängig	Unabhängig	TCP/IP	Funk
Sprache	Unabhängig	Java	Unabhängig	Unabhängig	Unabhängig
Plattform	Abhängig	Unabhängig	Abhängig	Abhängig	Abhängig

Die Entdeckung von Services in kleinen Systemen gestaltet sich im Vergleich zu großen Systemen mit einigen hundert oder tausend Providern dagegen relativ einfach. Denn in kleinen Systemen, die nur einige wenige Provider besitzen, muss nicht auf die manchmal nur spärlich vorhandenen Ressourcen wie Bandbreite oder Prozessorleistung geachtet werden. Außerdem muss eine viel geringere Anzahl an Peers nach einem gewünschten Service durchsucht werden. Die Skalierbarkeit, das heißt bis zu welcher Provideranzahl ein System noch funktionsfähig ist, hängt dabei vom verwendeten Protokoll und der verwendeten Technik[52] ab. Damit aber große Systeme mit einigen hunderten oder gar tausenden Providern funktionsfähig bleiben, muss auf eine besonders effiziente Nutzung der Ressourcen Wert gelegt werden. Daher muss das Ziel einer effizienten Suchstrategie sein, den gesuchten Service, den ein beliebiger Peer im System besitzen kann, über möglichst wenige Zwischenstationen und in minimaler Zeit zu lokalisieren. Des Weiteren sollte im Fall der Nichtexistenz dieses gesuchten Service der suchende Consumer in ebenso minimaler Zeit darüber in Kenntnis gesetzt werden. Die Beachtung der Kriterien Entdeckungszeit und Antwortzeit bestimmen ganz stark die Funktionstüchtigkeit und Effizienz des Service Discovery in großen Systemen. Oft existieren keine zentralen Repositories, speziell bei P2P-Systemen, sodass meist Broadcasts genutzt werden.

- Flooding – Beim Flooding sendet ein Consumer eine Suchanfrage an alle seine Nachbarn. Die Suchanfrage enthält hierbei, neben Spezifikationen zu dem gewünschten Service, einen TTL[53]-Zähler und einen GUID[54]. Der GUID dient dazu eine Suchanfrage eindeutig zu identifizieren. Der TTL-Zähler beschreibt die Lebenszeit einer Suchanfrage in Hops. Ein Hop kann dabei als Übergang zu einem Peer angesehen werden. Die Suchanfrage wird nun von Peer zu Peer an

---
[51] Service Discovery Protocol.
[52] Netzwerktopologie, Übertragungstechnik, Protokolle...
[53] Time-To-Live.
[54] Globally Unique Identifier, global eindeutiger Identifikator.

alle Nachbarn eines Peers weitergeleitet. Die Anfrage wird solange weitergeleitet, bis entweder der TTL-Zähler gleich 0 ist oder ein Treffer erzielt wird. Bei einem Treffer kann die Antwort-Nachricht mit Hilfe der in den Listen der Peers gespeicherten GUIDs und IP-Adressen direkt zum suchenden Peer zurückgeleitet werden. Damit kann der suchende Peer mit dem Providerpeer eine direkte Verbindung aufbauen und den Service nutzen. Bei dieser Suchstrategie ergeben sich zwei Hauptprobleme:

- Welcher Wert wird für den TTL-Zähler gewählt? Ist er zu niedrig, kann ein gesuchter Service eventuell nicht gefunden werden. Ist er zu hoch, kann das System unnötig belastet werden, indem eine Anfrage erfolglos immer weiter dupliziert und weitergeleitet wird. Die Wahl eines geeigneten TTL-Zählers spielt eine zentrale Rolle.
- Im Laufe der Zeit wird die Zahl der Duplikate der Suchanfrage im System immer größer. Dadurch erhalten die Peers immer mehr Messages, die verarbeitet werden müssen. Damit steigt sowohl die Auslastung der einzelnen Peers als auch die allgemeine Netzauslastung.

Je größer die Systeme werden, desto schlechter skaliert diese Strategie; es kann dann sehr lange dauern, bis eine Suchanfrage beantwortet wird, beziehungsweise das ganze System wegen Überlastung ausfällt (s. Anhang A.9). Um eines der Hauptprobleme des Floodings, die Wahl eines optimalen TTL-Zählers, zu lösen, wurde der Expanding Ring Algorithmus entwickelt. Dabei bleibt der grundlegende Ablauf des Floodings erhalten. Nur die Wahl eines TTL-Zählers ändert sich, da der Consumer für seine Suchanfrage zunächst einen niedrigen Wert des TTL-Zählers wählt. Wird der gewünschte Service nicht gefunden, so wird der TTL-Zähler erhöht und die Suchanfrage erneut gesendet.

Das Iterative Deepening ist eine Weiterentwicklung des Expanding Ring Algorithmus. Hier wird bereits vor Beginn der Suche eine Policy definiert, die im ganzen System einheitlich ist. Diese Policy besteht aus einer festen Anzahl vordefinierter Suchtiefen. Wenn ein Consumer nun eine Suchanfrage erstellt, wählt er als TTL-Zähler den kleinsten Wert der Policy und schickt die Suchanfrage an alle seine Nachbarn. Die Suchanfrage wird nun wie beim Flooding von den Peers verarbeitet. Im Unterschied zum Expanding Ring Algorithmus wird die Suchanfrage hier aber nicht verworfen, wenn der TTL-Zähler abgelaufen ist, sondern die Suchanfrage wird von dem Peer bei der entsprechenden Suchtiefe für die Wartezeit W zwischengespeichert. Der suchende Consumer erhält in der Zwischenzeit Antworten von den einzelnen Peers, welche die Suchanfrage bereits verarbeitet haben. Hat er einen passenden Service gefunden, ist die Suche beendet. Sendet er keine neue Suchanfrage mehr, verwerfen die Peers, welche die Suchanfrage zwischengespeichert haben, diese nach der Wartezeit W. Hat der suchende Consumer nach Ablauf der Wartezeit W noch keinen passenden Service gefunden, generiert er eine sogenannte Resend Message. Als TTL-Zähler für die Resend Message wählt der Consumer den aktuellen Policy-Wert, schickt aber den nächsten Policy-Wert mit. Zur Erkennung der Resend Message existiert ein systemweiter eindeutiger Identifier. Außerdem enthält die Resend Message die GUID der

3.4 Serviceentdeckung in mobilen Umgebungen

originalen Suchanfrage. Der Vorteil einer solchen Resend Message ist, dass diese Nachricht nicht erneut von allen Peers bis zur aktuellen Suchtiefe nochmals verarbeitet werden muss. Die Resend Message wird wieder an alle Nachbarn weitergeleitet, aber eben ohne Verarbeitung. Hat diese Resend Message nun die Suchtiefe erreicht, aktivieren die Peers, welche die vorhergehende Suchanfrage zwischengespeichert haben, diese wieder und leiten sie, mit einem aktualisierten TTL-Zähler an alle ihre Nachbarn weiter. Welche Suchanfrage wieder aktiviert werden muss, erkennen die Peers an der mitgelieferten GUID der Resend Message. Die Resend Message wird ohne weitere Verarbeitung verworfen. Dieser Prozess wird solange wiederholt, bis entweder der suchende Consumer einen passenden Service gefunden hat oder der maximale Policy-Wert erreicht ist.

- Random Walk – Bei dem Flooding wird eine Breitensuche angewendet. Der Random Walk hingegen ist eine Tiefensuche. Dabei wird eine Suchanfrage nicht an alle benachbarten Peers versendet, sondern nur an einen zufällig ausgewählten Peer. Um zu vermeiden, dass dieser Peer dieselbe Suchanfrage nochmals erhält, wird in der Suchanfrage der Pfad, der bisher genommen wurde, verzeichnet. Außerdem speichern die Peers Informationen über die Services, welche ihre Nachbarn ersten und zweiten Grades zur Verfügung stellen. Erhält ein Peer nun so eine Suchanfrage, schaut er zuerst lokal bei sich, ob er oder einer seiner nächsten Nachbarn den gesuchten Service besitzt. Erst wenn er ihn nicht lokal findet, leitet er die Suchanfrage an einen wieder zufällig ausgewählten Nachbarn weiter. Dieses Weiterleiten wird solange wiederholt, bis der gesuchte Service gefunden wurde oder der TTL-Zähler der Suchanfrage abgelaufen ist. Zur Verhinderung, dass eine Suchanfrage endlos im Netz herumgeschickt wird, gibt es neben dem TTL-Zähler einer Suchanfrage noch eine Variante, die Checking genannt wird. Diese beinhaltet, dass die Suchanfrage regelmäßig überprüft, ob die Suchanfrage schon erfolgreich war. Dazu sendet sie nach jedem Hop, bevor die Nachricht an den nächsten Hop weitergeleitet wird, eine Checking Message an den Consumer. Darin fragt der Consumer an, ob dieser Peer den gesuchten Service schon gefunden hat. Ist dies nicht der Fall, wird die Suchanfrage weitergeleitet. Eine Weiterentwicklung des Random Walk wird als k-Random Walk bezeichnet und bedeutet, dass mehr als nur eine Suchanfrage weitergeleitet wird – nämlich k Stück. Sie dient dazu die Verzögerung, die beim herkömmlichen Random Walk durch die Versendung an nur einen Peer auftritt, zu verringern.

- lokale Indizes – Es gibt Erweiterungen zum Random Walk, hierbei verwaltet ein Peer einen lokalen Index über alle zur Verfügung gestellten Services der Peers in einem Umkreis von r Hops. Dabei wird r als Indexradius bezeichnet und von einer systemweiten Policy festgelegt. Diese Policy enthält außer dem Indexradius r noch die Information $P = (a, b)$, welche die Peers angibt, welche die Suchanfrage bearbeiten. Bei der Bearbeitung durchsucht ein Peer dabei seinen lokalen Speicher, ob er oder einer der benachbarten Peers den gesuchten Service zur Verfügung stellen kann. Bei einem positiven Ergebnis wird dies dem suchenden Peer mitgeteilt. Auch hier muss beim Random Walk für die Verwaltung der Indizes zusätzlicher Aufwand betrieben werden. Tritt ein Peer einem Netzwerk bei, muss eine sogenannte „Join-Message" mit einem TTL vom Indexradius r versendet werden. Somit erhalten alle Peers, die sich im Umkreis von r Hops befinden, die aktuellen Informationen über diesen Peer. Jeder Peer, der eine solche Join-Message erhält, sendet seinerseits eine Join-Message mit seinen Services direkt an den neu beigetretenen Peer. Verlässt ein Peer das Netzwerk, dann kann er dies mit einer Leave-Message mit $TTL = r$ tun. Somit können die Peers, die ihn in ihren lokalen Indizes haben, diesen verlassenden Peer aus ihren Indizes herauslöschen. Bei einem ungeregelten Verlassen des Netzwerks, der Peer fällt plötzlich weg, werden die bei den Peers gespeicherten Indizes nach einer Wartezeit automatisch gelöscht. Als letzte Möglichkeit, die lokalen Indizes zu aktualisieren, kann ein Peer, der seine Services aktualisiert hat, eine Update-Message wieder mit $TTL = r$ versenden. Somit werden seine nächsten Nachbarn über neue Services von ihm informiert. Ein Vorteil dieses Algorithmus ist, dass die allgemeine Netzauslastung dadurch reduziert wird, dass nicht jeder Peer die Suchanfragen bearbeiten muss, da leistungsschwache Peers absichtlich übergangen werden.

In einer „klassischen" SOA (s. Kap. 2) existieren in der Regel nur sehr wenige, meist vorab bekannte Instanzen einer einzelnen Serviceimplementierung[55]; in einer mobilen Umgebung ist dies jedoch völlig anders, hier ist es durchaus üblich, dass es multiple Instanzen des gleichen Service gibt. Von daher muss in einer mobilen Umgebung der Unterschied zwischen Servicetyp und Serviceinstanz auf der einen Seite und parallel dazu zwischen Serviceaufruf und Serviceexecution auf der anderen Seite gemacht werden. Insofern ist eine aktive Rolle der Infrastruktur in einer mobilen Umgebung wichtiger als in einer „klassischen" SOA. Im Rahmen eines Aufrufs wird nämlich nicht die Instanz bestimmt, sondern zunächst nur der Servicetyp – im Sinne einer Klasse, welche sich dann instanziiert. Es ist die Aufgabe der Infrastruktur, die momentan verfügbaren Instanzen auf den gerufenen Servicetyp abzubilden. Ein zusätzliches Problem ist, dass der Metadatenzugriff auch dezentralisiert stattfinden muss, was die Nutzung eines zentralen Modells sehr schwer macht.

3.5 Präsentationsservices

Die multimodale Interaktion, das heißt die Kombination mehrerer Kommunikationsmittel wie zum Beispiel Sprache und Gestik, fängt schon kurz nach unserer Geburt an und wird im Laufe der Kindheit sukzessive verfeinert. Menschen nutzen im tagtäglichen Einsatz von Kommunikationsmedien unterschiedlichste Sinne aus:
- Hören,
- Sprechen,
- Sehen,
- Tasten.

---
[55] Meist existiert genau ein Provider pro Service, welcher exakt eine Implementierung dieses Services betreibt.

3.5 Präsentationsservices

Solche Kommunikationsformen bestimmen den Alltag jedes Menschen. Mittlerweile ist man in der Lage, auch in Bezug auf Computer und Software multimodale Interaktionen zu nutzen, was von dem Menschen als „natürlicher" empfunden wird. Es ist möglich, Sprachunterstützung zusammen mit einer grafischen Darstellung anzubieten oder eine Tastatureingabe mit einer Spracherkennung zu vereinigen. Selbst Teile der Mimik – die Augenbewegungen – können in modernen Kampfjets zur Steuerung genutzt werden. Erste Programme zur Erkennung des Gemütszustandes über die Mimik und den Sprachfluss existieren bereits. Was liegt also näher als in einer technisierten Umgebung auch multimodale Interaktion nutzen zu können?

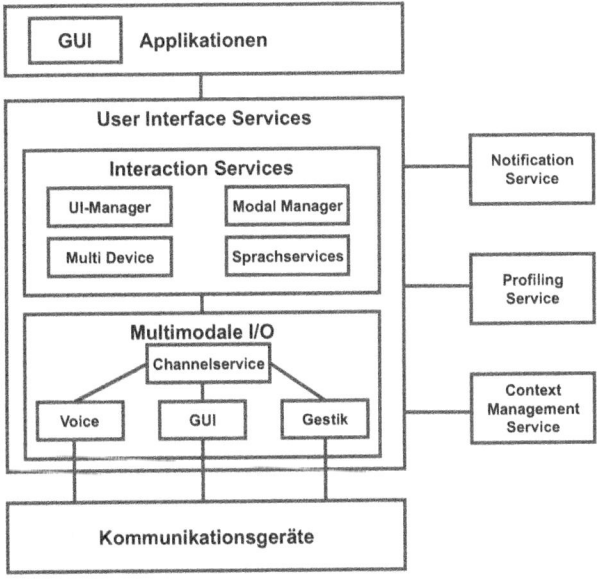

Abb. 3.1 Die Architektur der User Interface Services

Der technische Fortschritt in den letzten Jahren ist auf diesem Gebiet enorm, schon heute ist es möglich sich vom „klassischen" Keyboard-Mouse-Input zu trennen[56] und mit einer stiftbasierten[57] Interaction – sei es auf einer speziellen Oberfläche oder durch in den Stift eingebaute optische Sensoren – zu einer dem Zeichnen und manuellen Schreiben ähnlicheren Eingabe zu kommen. Auch das Gebiet der Spracherkennung hat große Fortschritte gemacht und wird heute schon in Spezial-

---

[56] Das Keyboard als Schreibmaschinentastatur wurde Mitte des 19. Jahrhunderts erfunden, die QWERTY-Tastatur 1868 durch *Christoper Latham Sholes* und die Maus 1963/64 durch *Douglas C. Engelbart* und *William English*.
[57] Stylus.

systemen mit einer stark formalisierten Sprache (Justiz, Medizin...) kommerziell eingesetzt.[58]

Berührungsaktive Oberflächen machen zusätzliche Formen der Eingabe möglich.[59] Von GUIs zu Multitouchoberflächen, von der Tastatur zur Erkennung von Gestik, die Benutzerinterfaces diversifizieren sich sehr rasch. Ein weiterer Effekt ist die Verschiebung weg von einem einzigen Punkt des Inputs (Maus-Tastatur) hin zu mehreren unterschiedlichen aber simultan vorhandenen und genutzten Inputpunkten. Ein Beispiel für natürliche Interaktionen ist die Spielkonsole *Nintendo Wii*, bei der Bewegungen der Spieler registriert und als Input für Computerspiele genutzt werden. Erste experimentelle Ansätze für ein Brain-Computer-Interface existieren schon, hierbei werden Gehirnströme beobachtet und daraus Rückschlüsse auf intendierte Aktionen abgeleitet. So sehr dies nach Science Fiction klingt, wir dürfen nicht vergessen, dass in weniger als 20 Jahren der PC von seinem experimentellen Status zu einem überall verfügbaren System wurde.

Ähnlich den Inputgeräten verändern sich auch die Outputsysteme, angefangen von einfachen Projektionen auf Frontscheiben in Kampfflugzeugen über Brillen mit eingebauten Stereomonitoren bis hin zu optisch aktiven Textilien. Die Richtung geht auch hier zu einer immer stärkeren Diversifikation. Es ist davon auszugehen, dass Interfaces nicht mehr stabil im Sinne von Systemgrenzen bleiben, sondern dass wir durch die Veränderung unser Umgebung immer stärker in Interfaces leben werden. Dies kann sogar soweit gehen, dass die entsprechenden Geräte in den menschlichen Körper „eingebaut" werden.[60]

Da der Mensch in einer solchen Umgebung diverse Kommunikationsformen nutzen kann, müssen auch die entsprechenden Services hierfür vorhanden sein (s. Abb. 3.1 und Abb. 2.15). Für den GUI-Service können „klassische" Geräte wie PDAs oder auch Handys und Laptops, sprich jede Form von Display genutzt werden. Um eine Form der Sprachunterstützung (Voice Service) zu haben, reichen ein Mikrofon und ein Lautsprecher aus und schließlich können Gestik und Mimik an Hand eines Infrarotstrahls, der den menschlichen Körper abtastet, analysiert werden. Gestiken können auch genutzt werden, um die entsprechenden Kontrollelemente der Umgebung auszuwählen. Die Menge der Eingaben aus den unterschiedlichen Kanälen wird gebündelt und an die Interaction Services weitergegeben. Diese Bündelung ist notwendig, da eine Interaktion auch aus einer zeitlich abgestimmten Kombination verschiedener Sinne bestehen kann.[61] Ein erfolgversprechender Ansatz – aus Sicht der Softwarearchitektur – ist es, die Idee des HICs (s. S. 57) zu nutzen und so den Menschen zu einem Consumer zu machen, der sich damit identisch zu anderen Consumern – meist Services – verhält.

---

[58] Ein anderes Einsatzgebiet ist das Abhören von Telefongesprächen, um dann das Gespräch nach der Benutzung bestimmter Schlüsselwörter aufzuzeichnen. Es gibt das Gerücht, dass die Verwendung von folgenden Begriffen das Mithören der NSA (**N**ational **S**ecurity **A**gency) garantiert: *Al Kaida, Osama bin Laden, Bombe, Explosives, Guns, Assassination, Conspiracy,* ...
[59] Bekannt durch die Bahnautomaten oder Aufzugsteuerungen.
[60] Bei Hörgeräten, Insulinpumpen oder Herzschrittmachern akzeptieren wir dies klaglos.
[61] Schon kleine Kinder sind in der Lage, auf eine Eissorte zu deuten und „Die will ich!" zu sagen.

3.6 Kontextwahrnehmung

Für den Menschen ist es ganz selbstverständlich, sich unbewusst auf diverse Kontexte ganz spontan einstellen zu können, nicht so für Services! Der größte Teil der heutigen Software reagiert auf vordefinierte Eingaben – genauer gesagt auf vordefinierte Zustandswechsel – welche vorweg definierten Protokollen folgen. Die wenigsten heutigen Softwaresysteme, geschweige denn Services, sind in der Lage, ähnlich wie ein Mensch auf nichtantizipierte Kontextveränderungen zu reagieren.[62] Ein Schritt in diese Richtung sind VSM-Services (s. Anhang B.1). Was jedoch ist ein Kontext?

Ein Kontext ist jede Form von Information, die genutzt werden kann, um die Situation einer Entität[63] zu charakterisieren. Dabei kann es sich bei der Entität um einen Menschen, eine Software, einen Service handeln, sofern diese Entität eine relevante Wechselwirkung mit dem Consumer oder dem zu betrachtenden Service hat.

Die angebotenen Services können sich entweder an einem bestimmten Ort befinden oder sie existieren in einer wechselnden, dynamischen Umgebung. Um Services erkennen und nutzen zu können, benötigt der Consumer die spezielle Fähigkeit, Umgebungsinformationen erlangen und verarbeiten zu können.[64] Diese Fähigkeit wird als Context Awareness bezeichnet, Awareness beinhaltet eine wahrnehmende Komponente (syntaktisch) sowie ein Verstehen des Wahrgenommenen (semantisch). Dabei wird speziell durch das Erkennen und Verstehen der Aktivitäten anderer Services der Kontext für eigene Aktivitäten gebildet. Awareness ermöglicht es dem Individuum, aktuelle Informationen oder Ereignisse, die durch die Präsenz von anderen Geräten, Personen oder Services ausgelöst werden, wahrzunehmen und das eigene Handeln darauf abzustimmen. Als Resultat eines solchen Mechanismus können spezifische Reaktionen oder Anpassungen an eine Menge von Services erfolgen.

Der Kontext stellt dabei die Abbildung der Menge aller verfügbaren Umgebungsinformationen auf die für die Services relevanten Informationen und Bedingungen dar. Informationen können sowohl kommunikativ als auch sensorisch gewonnen werden. Man unterscheidet im Allgemeinen zwischen räumlichen und logischen Kontextdaten. Es gibt vier verschiedene Ausprägungen von Context Awareness:

- Location Awareness – Location Awareness bezeichnet speziell die Erkennung und Verarbeitung physikalisch räumlicher Umgebungsbedingungen. Ortsbezogene Daten werden mit Hilfe von Sensormechanismen oder GPS[65] erhoben und geben Aufschluss über die absolute Position eines Individuums.[66]

---

[62] Die Fähigkeit des Menschen zum Kontextwechsel ist so stark ausgeprägt, dass wir oft erst im Fehlerfall feststellen, dass der Kontext verändert wurde.
[63] Zur Definition von Entität s. S. 27.
[64] Auch im statischen Fall kann der Kontext sich verändern, er wird sich allerdings in aller Regel viel langsamer verändern als im dynamischen oder mobilen Fall.
[65] Global Positioning System. Das GPS nutzt 24 Satelliten (und 3 Backupsatelliten), um die geographische Position eines Empfängers mit einer Genauigkeit von etwa 1–5 Meter zu bestimmen.
[66] Ein bekanntes Einsatzgebiet für diese Technik sind Navigationsgeräte für Fahrzeuge.

- Situation Awareness – Bei der Betrachtung von logischen Kontextinformationen ist die exakte Positionsbestimmung nicht unbedingt notwendig, stattdessen rückt relative Nähe zu anderen Geräten, Personen oder Services in den Mittelpunkt. Kommt zum Beispiel ein benötigter Provider in den Aktionsbereich eines potentiellen Consumers, so kann ein Event ausgelöst werden, welcher auf den aktualisierten Kontext aufmerksam macht. Zur Situation Awareness können auch soziale und kulturelle Faktoren beitragen, da sich hier ein Service auf den sozialen und kulturellen Kontext des jeweiligen Consumers einstellen muss.
- Network Awareness – Die Fähigkeit, Veränderungen der Kommunikationsverbindung wahrnehmen und beurteilen zu können, wird als Network Awareness bezeichnet. Hierzu gehört auch die Ermittlung und Auswertung der Kommunikationsgeschwindigkeit oder die Feststellung der Fehlerrate bei einer Übertragung.
- Energy Awareness – Informationen über den Zustand einer Energiequelle werden unter dem Begriff Energy Awareness zusammengefasst. Insbesondere Aussagen über den Energieverbrauch einzelner Rechenvorgänge und Applikationen können in diesem Zusammenhang Entscheidungen über die Verwendung von Ressourcen beeinflussen.

Ein Bewusstsein über Zeit und Kosten oder gar über den Verlauf der eigenen Mobilität ist ein weiterer wichtiger Punkt für die Integration von Services. Zu wissen, wann und wo sich das genutzte System unter welchen Bedingungen befindet, kann unter Umständen entscheidende Informationen zur Auswahl von Services oder sogar über zukünftige Aufenthaltsorte oder Bedürfnisse liefern. Kontextsensitive Systeme eignen sich insbesondere für mobile Applikationen, da diese in der Lage sein müssen, die aus der Mobilität resultierenden dynamischen Umgebungsbedingungen zu erfassen. Anforderungen des Consumers können automatisch aus der Nutzungssituation heraus erkannt und die Funktionalität des Systems entsprechend angepasst werden. Dies erlaubt nach der Vision des pervasiven Computings (s. Kap. 4) die größtenteils unbewusste Nutzung von mehreren miteinander vernetzten Geräten auch in Situationen, die keine exklusive Aufmerksamkeit des Consumers für die Anwendungsinteraktion erlauben.

Ein besonderes Problem ist die Auffindung von Services in bestimmten Kontexten, dabei kann der Kontext drei verschiedenen Kategorien angehören:

- Computingkontext – Hierzu zählen die kontextuellen Informationen, welche sich auf die Operationen des Service beziehen.
- Consumerkontext – Dieser bezeichnet Informationen, die sich auf den Consumer beziehen.
- physischer Kontext – aktuelle Zeit, Ort, Wetter, Temperatur, Luftdruck…
- Kontexthistorie – Die Aufzeichnung der Veränderung der diversen Kontexte.

Diese Kontexte können durch spezifische Fragen geklärt werden:

- Wer? – Die Frage nach dem sozialen Kontext. Dieser Kontext besteht aus Informationen bezüglich der Identität des Consumers und anderer Menschen in seiner Umgebung. Oft wird diese Information genutzt, um ein Userprofiling vorzunehmen und damit Präferenzen zu eruieren oder spezifische Services anzubieten.

3.6 Kontextwahrnehmung

- Was? – Die Frage nach dem funktionalen Kontext, meist wird versucht herauszufinden, welche Tätigkeit der Consumer gerade verrichtet.
- Wo? – Mit dieser Frage wird der physische Kontext ermittelt. Der Ort, an dem sich das Gerät oder der Consumer gerade befindet oder sich hinbegeben will.
- Wann? – Der Versuch, den zeitlichen Kontext zu ermitteln. Bei anstehenden Kaufentscheidungen kann diese Frage sehr wichtig sein oder bei Navigationssystemen, um Staus zu umfahren.
- Warum? – Die Frage nach der Motivation, dieser Typus lässt sich am schwersten ermitteln, da die Motivation von Benutzern in der Regel nicht offensichtlich ist.

Der Kontext wird einem Service meistens über die Infrastruktur vermittelt, dafür muss diese Infrastruktur kontextsensitiv sein. Es gibt zwei Typen von kontextsensitiven Infrastrukturen:

- passiv kontextsensitiv – Kontext ist eine Funktion der Zeit und der Umgebung und Umgebung wiederum eine Funktion der Consumer, Services, Ressourcen und anderer Elemente. Passive Infrastrukturen sammeln nur Informationen über den Kontext, ohne sich selbst dabei zu verändern, aber sie stellen eine universelle Kontextrepräsentation für alle Services zur Verfügung.
- aktiv kontextsensitiv – In kontextsensitiven Umgebungen werden die Informationen über Kontexte in Form von „Policies" direkt an die Services weitergegeben.

Die größte Schwierigkeit bei dem Versuch Kontexte zu modellieren ist, dass der Designer eines Service meist implizite Annahmen über die möglichen Kontexte trifft und dadurch den Lösungsraum unnötig und vor allen Dingen unvorhergesehen einengt. Hinzu kommt, dass Kontexte stets ein hohes Maß an Mehrdeutigkeit aufweisen, daher ist es sinnvoll, Toleranzen bei der Nutzung von Kontextinformationsservices explizit als QoS zu nutzen. Typische Parameter im Rahmen einer pervasiven Umgebung sind (mobile Services haben offensichtlich zusätzliche QoS im Vergleich zur SOA, s. Kap. 2):

- Präzision,
- Fehlertoleranz,
- räumlich-geographische Überdeckung[67],
- zeitliche Gültigkeit,
- semantische Verständlichkeit.[68]

Die meisten heutigen Systeme leiten ihre Terminologie aus den persönlichen Präferenzen einzelner Softwareentwickler oder Mediadesigner und allgemeinen organisatorischen und kulturellen Standards ab. Idealerweise werden Ausdrücke genutzt, welche den Sinn oder den Typ eines spezifischen Elements widerspiegeln, aber selbst diese Regel erlaubt eine Menge unterschiedlicher Variationen speziell, wenn man die Technik der zusammengesetzten Wortschöpfungen anwendet. In einer mobilen Welt kann aber nicht mehr angenommen werden, dass der Consumer die lokalen Eigentümlichkeiten beherrscht.

---

[67] Zum Beispiel: In welchem Raum herrscht welche Temperatur? Wo ist welches Wetter?
[68] Speziell Formulierungen wie im Korridor benötigen eine Relation zur Semantik.

Die Auswahl und Ableitung von Begriffen ist oft auch kontextabhängig, was die Situation noch zusätzlich erschwert. Eine Möglichkeit, dem Problem zu begegnen, ist die Schaffung einer globalen Definition. Diese globalen Definitionen werden in Ontologien (s. Abschn. 2.8.4) verwaltet und durch Ontologiesprachen (s. Abschn. 2.8.5) beschrieben. Aber es sollte berücksichtigt werden, dass Ontologien den gleichen Gesetzen unterliegen wie die Entwicklung von Software, sie reflektieren nämlich nur die Sichtweise ihrer Erzeuger. Folglich stellen sie fast immer eine kontextabhängige und keine universelle Sicht dar.

In einer mobilen Umgebung ist es nicht ausreichend nur die Signatur eines Service zu kennen, denn Syntax allein – ohne jeden Kontext und jede Semantik, welche sich erst durch den Kontext instanziiert – ist nichtssagend. Auf semantischer Ebene funktioniert eine Interaktion etwas anders. Ein spezielles Beispiel für eine semantische Interaktion ist eine Auktion. Hierbei wird versucht, den Kaufpreis eines Verkäufers gegenüber einer Gruppe von Käufern zu maximieren, während jeder einzelne Käufer versucht seinen Preis zu minimieren. Das „Auktionsprotokoll" enthält mehrere implizite Regeln (diese Regeln sind durch den Kontext gegeben und damit allen Beteiligten bekannt):

- Die Käufer wissen vom Auktionator, dass dieser von ihnen nur ein Gebot braucht.
- Der Käufer kennt vorab die Eigenschaften und Qualitäten[69] des Gegenstandes[70], für den er bietet. Der Bieter unterbricht nicht das Protokoll, um den Gegenstand zu testen oder zu inspizieren.
- Der Bieter wird vom Auktionator darüber informiert, wenn er den Zuschlag erhält, alle anderen wissen nur, dass sie nicht den Zuschlag erhalten haben.
- Der Bieter mit dem höchsten Gebot erhält den Zuschlag.[71]

Im Gegensatz zu Auktionen haben ad hoc Serviceinteraktionen in einer mobilen Umgebung zu Beginn keine Informationen über den Kontext oder die Natur der Informationen, die der Provider braucht. Der Consumer muss folglich den Provider nach diesen Informationen fragen, mit der Konsequenz, dass die Wechselwirkung zwischen Services nicht auf einer a priori bekannten Abfolge von Serviceaufrufen basieren kann. Der Inhalt und die Natur der übermittelten Daten bestimmt die Abfolge und den Verlauf der Interaktion zwischen den Services, insofern lassen sich einfache Auktionsprotokolle nicht direkt auf mobile Umgebungen übertragen. Außerdem machen solche Auktionen nur Sinn, wenn es viele Anbieter und einen neutralen Auktionator gibt.

---

[69] Bei der Ersteigerung herrenloser Koffer ist zwar der Inhalt unbekannt, dies ist jedoch die explizite Qualität des Gegenstands und meist auch der wirkliche Anreiz zum Bieten.
[70] Dabei kann es sich auch um einen Service handeln.
[71] Bei Ausschreibungen ist es umgekehrt, hier wird eine Leistung eingekauft und der niedrigste Bieter erhält den Zuschlag.

3.7 Verhandlungsprotokolle

Die Nutzung von Software im Handel beschränkt sich heute meistens auf die reine Datenübermittlung oder Inventur in Warenwirtschaftssystemen, während die dazugehörigen Verträge noch immer in Papierform geschlossen werden.[72,73] Eine solche Limitierung eines Vertragsabschlusses hemmt jedoch den Einsatz elektronischer, insbesondere mobiler, Medien. Daher sind neben der reinen Leistungserbringung – im Sinne von Services – auch Mechanismen für elektronische Verhandlungen und anschließende Vertragsbildungen, besonders für mobile Services, interessant. Befinden sich diese einmal universell im Einsatz, so ist von einer Verbreitung dieser Mechanismen auf alle Formen des elektronischen Handels auszugehen.

Für Verhandlungen zwischen zwei Parteien auf elektronischer Ebene werden meist zwei unterschiedliche Theorien herangezogen:

- Agententheorie – Hierbei wird sich primär auf die Verhandlungen vor Vertragsabschluß konzentriert.
- Transaktionstheorie – Die Transaktionstheorie betrachtet stärker die Effizienz eines Vertrages, nachdem er zustande gekommen ist.

In der Agententheorie existiert ein Auftraggeber genannt Principal und einen Auftragnehmer genannt Agent, nicht zu verwechseln mit dem mobilen Agenten (s. S. 114). Bei dem Aufbau einer Beziehung zwischen diesen Beiden überträgt der Principal bestimmte Aufgaben an den Agenten, dieser wiederum erhält für deren Erledigung eine Vergütung. Hierbei nutzt der Principal spezielle Services des Agenten oder seinen Informationsvorteil aus. Dieser Vorteil kann auch in einen Nachteil umschlagen, indem der Agent sein Wissen über den Principal gegen diesen ausnutzt.[74] Die Interessen sind hier widersprüchlich, der Principal will seine Kosten minimieren und der Agent will seine Bezahlung erhalten, ohne eine maximale Leistung zu erbringen. Der Informationsvorsprung des Agenten hilft diesem, genau diese Tatsache vor dem Principal zu verschleiern. Die Agententheorie beschäftigt sich mit dieser Problematik, indem sie versucht, Lösungen bei ungleich verteilten Informationen und Interessenunterschieden zu finden.

Der Principal ist auf explizite Steuerungs- und Kontrollmechanismen angewiesen, um das opportunistische Verhalten des Agenten unter Kontrolle zu bringen.

---

[72] Ein Vertrag kommt durch Angebot und Annahme zustande. Mündlich, telefonisch, per Fax oder per Handschlag abgeschlossene Verträge sind genauso gültig wie Verträge auf Papier mit den Unterschriften aller Beteiligten. Das Festhalten eines Vertrages auf Papier, seine elektronische Speicherung und so weiter machen nur den Beweis darüber leichter, was tatsächlich Inhalt dieses Vertrages ist, obwohl es für die Rechtsgültigkeit im Regelfall nicht bedeutsam ist, wo und wie dessen Inhalt gespeichert wurde. Deswegen ist Schriftlichkeit (bis hin zum Notariatsakt) in manchen Rechtsvorschriften für die Gültigkeit eines Vertrages vorgesehen.

[73] Nicht nur an der Börse oder auf Auktionen können per Handschlag, Armheben, Fingergesten oder auf Zuruf rechtswirksame Millionengeschäfte zustande kommen. Dies spiegelt sich im HGB § 346 wieder: *Unter Kaufleuten ist in Ansehung der Bedeutung und Wirkung von Handlungen und Unterlassungen auf die im Handelsverkehr geltenden Gewohnheiten und Gebräuche Rücksicht zu nehmen.*

[74] Die Agententheorie geht davon aus, dass jeder der Beteiligten sich opportunistisch verhält und sein eigenen Vorteil maximiert.

Die effizienteste Methode ist es, Anreizmechanismen für eine optimale Vertragsbeziehung zu nutzen. Hierbei gewinnen beide, indem durch den Anreiz sowohl der Principal eine möglichst gute Leistung als auch der Agent möglichst hohen Gewinn erhält. Kontrollmechanismen im Sinne von Strafen werden seltener eingesetzt, da hierbei ein zusätzlicher Überwachungsaufwand entsteht.

Bei der Transaktionstheorie wird eine Organisation als eine Verbindung von Verträgen angesehen, während im Sinne der Transaktionstheorie eine Transaktion die Übertragung von Verfügungsrechten zwischen zwei oder mehreren Partnern darstellt. Die hierbei entstehenden Aufwände sind die Transaktionskosten. Im Gegensatz zur Agententheorie, welche die Verträge ex ante betrachtet, befasst sich die Transaktionstheorie mit der ex post Betrachtung der Vertragsausführung.

Diese Verhandlungstheorien lassen sich auch auf elektronische Verträge[75] übertragen, wobei der eigentliche Vertragsprozess aus drei Phasen besteht:

- Shopping,
- Verhandeln,
- Abwicklung.

Zusätzlich zur Agenten- und Transaktionstheorie können bei der elektronischen Verhandlung in sehr kurzer Zeit eine Menge an Informationen, beziehungsweise Vertragsvorschläge, ausgetauscht werden. Während des Shoppings (auch als Wissensphase bezeichnet) müssen die Bedürfnisse der Consumer und die Struktur der Informationen bezüglich der Provider, der Produkte, Services, Konditionen, Qualitäten und so weiter ausgetauscht und interpretiert werden. Diese Informationen führen schließlich zu einem Geflecht aus Angeboten, Requests und Gegenofferten, die letztlich zur Verhandlungsphase führen, in der anschließend die genauen Rechte und Pflichten ausgehandelt werden. Im Rahmen der Abwicklung werden dann die aus dem Vertrag entstehenden Obligationen erfüllt.

Bei mobilen Umgebungen kommt noch die Frage der Lokalisation, beziehungsweise der Mobilität und Anonymität der Beteiligten hinzu. In einer mobilen Umgebung sind für anstehende elektronische Verträge eine Reihe von Services notwendig:

- Zertifizierung – Die effektivste Maßnahme zur Identifikation der beteiligten Parteien ist in einer elektronischen Umgebung die Zertifizierung.
- Validierung – Bei der Validierung wird die semantische und formelle Korrektheit des entstehenden Vertrags überprüft.
- Verhandlung –
- Kontrolle und Steuerung – Primäre Aufgabe ist hier die Sicherstellung des Workflows und die Überwachung rechtlicher Aspekte, dazu zählen:
  - Vertraulichkeit,
  - Authentizität,
  - Integrität,
  - Nachvollziehbarkeit,
  - Verfügbarkeit,
  - kontrollierter Zugang.

---
[75] Electronic Contracting.

- Durchsetzung,
- Schlichtung,
- Repository.

Ohne die Einführung dieser Services machen elektronische automatisierte Verhandlungen wenig Sinn.

3.8 Serviceroaming

Unter dem Begriff Roaming versteht man die Fähigkeit von einem Bereich der Überdeckung im Rahmen des mobilen Computings nahtlos in einen anderen Bereich zu wechseln. Serviceroaming ist die Möglichkeit unter Beibehaltung einer Verbindung einen Service nahtlos in verschiedenen Umgebungen nutzen zu können. Damit ist man in der Lage, einen Service an einem Ort zu starten und unter konstanter Interaktion die Nutzung an einem anderen Ort fortzusetzen.

Damit ein solches Serviceroaming überhaupt möglich ist, müssen vier grundlegendere Typen von Roaming (in aufsteigender Reihenfolge, nach dem ISO/OSI Schichtenmodell) beherrscht werden:

- Physisches Layer Roaming,
- Network Layer Roaming,
- Session Layer Roaming,
- Application Layer Roaming.

Der physische Layer wird heute schon recht gut beherrscht und entspricht der Bewegung eines Handys innerhalb einer Stadt. Hier geschieht der Wechsel meist nahtlos und unbemerkt durch den Benutzer (außer im Fehlerfall). Dieser Transfer von einem Access Point zu einem anderen wird auch als Handoff bezeichnet. Die nächste Ebene ist schon etwas problematischer, beim Netzwerkroaming steht das Problem der festen IP-Adressen im Vordergrund – schließlich wurde das IP-Netz mit dem Gedanken von stationären Computern und dynamischen, selbstfindenden Verbindungswegen (Routing) konzipiert. Erste Ansätze, dies zu lösen, lassen sich in den Hotspots (WLAN-Access Points) wiederfinden.[76] Prinzipiell ist das Network Layer Roaming beherrschbar, allerdings fehlt zum Teil noch die Infrastruktur, dies zu tun. Eine vielversprechende Entwicklung in dieser Richtung ist WLAN über UMTS (s. S. 122 und Tabelle 3.2). Die darauf aufbauenden Roamingebenen des Session und Application Layers werden heute noch nicht so gut beherrscht, allerdings sollte eine zunehmende Serviceorientierung hier deutlich helfen, da die Kombination aus autonomen und zustandslosen Services Roaming auf Applikations- und Sitzungsebene deutlich vereinfacht.

---

[76] Das Verfahren funktioniert nach den persönlichen Erfahrungen des Autors sehr viel weniger stabil als das Handyhandoff.

3.9 Webservices

Die heutigen mobilen Umgebungen sind von einer großen Heterogenität in Hardware als auch Betriebssystemsoftware auf den einzelnen Geräten geprägt; für eine solche Umgebung sollten sich Webservices (s. Abschn. 2.5.2) als ideal herausstellen, da diese ja keine Annahmen über die Implementierung machen und hardware- als auch programmiersprachenneutral sind. Trotzdem dies eine gute Lösung ist, ist sie im heutigen Zustand der mobilen Geräte nicht besonders praktikabel, da Webservices für mobile Verhältnisse einen riesigen Overhead produzieren. Zum einen benötigt das Codieren und Decodieren von XML-SOAP-Messages Rechenleistung und Bandbreite und zum anderen wird sich die Lücke zwischen klassischen Systemen und drahtlosen auch in der Zukunft nicht schnell schließen, mit der Folge, dass Webservices immer größer werden, da sie die vorhandenen „klassischen Kapazitäten" ausnutzen. Selbst moderne drahtlose Systeme haben nur eine Bandbreite von 300–500 kb/s für Download und 56–90 kb/s für den Uploadbereich. Im Vergleich hierzu stellt die drahtgebundene Technik Bandbreiten im Bereich von 10 MB/s–1 GB/s zur Verfügung. Außerdem gibt es bei der drahtlosen Übertragung mehrere Faktoren, welche die Bandbreite drastisch einschränken können.

Kombiniert mit der Tatsache, dass XML-Kodierung zusammen mit SOAP die Größe einer Nachricht um eine Größenordnung erhöht und der Beobachtung, dass die meisten Webservices HTTP als Protokoll nutzen (HTTP führt durch sein Request/Response Paradigma stets zu einer beidseitigen Kommunikation mit einer erhöhten Chance von Bandbreitenverschlechterung bei hoher Latenz), erscheint die Nutzung „klassischer" Webservices im mobilen Umfeld nicht besonders sinnvoll. Daher werden sich im mobilen Umfeld andere Kombinationen mit komprimierter oder mehr oder minder proprietärer XML durchsetzen. Ein etwas anderer Ansatz ist es, die mobilen Endgeräte nur als Benutzeroberfläche einzusetzen und die gesamte Servicenutzung oder -durchführung auf der Serverseite vorzunehmen. In dieser Architekturform wird das mobile Gerät zu einem Browser degradiert.

Kapitel 4
Pervasive Computing

> *Always be wary of any helpful item that weighs less than its operating manual.*
> Terry Pratchett
> (*28.4.1948)

Unter dem Begriff des pervasive[1] Computings versteht man die Idee, in allen Lebensbereichen des Menschen Software einzusetzen, dabei verschmilzt der Computer mit den einzelnen Gegenständen so stark, so natürlich, dass er für den Menschen praktisch verschwindet[2]. Aus einer phänomenologischen Perspektive beurteilt ist pervasive Computing genau das Gegenteil von einer virtuellen Realität, welche als Basisidee die Abbildung realer Gegenstände in eine Computerwelt vornimmt. Beim pervasive Computing wird die Realität mit sehr vielen Computern durchsetzt und verändert, dadurch, dass das pervasive Computing reale Gegenstände verändert und mit neuen Eigenschaften ergänzt. Durch die Ergänzung der Gegenstände mit zusätzlichen (softwaretechnischen) Funktionalitäten, entsteht eine neue Form der Realität: Die „augmented Reality", in der Alltagsgegenstände neue Eigenschaften und verborgene Qualitäten erhalten.

Die beiden Begriffe pervasive und ubiquitous[3] Computing werden in der Praxis fast synonym genutzt, diesem etwas unpräzisem Sprachgebrauch folgt auch das vorliegende Buch. Der letztere Begriff – das ubiquitous Computing – ist stärker in der akademischen Welt verbreitet, während der Erstere mehr von der Industrie forciert wird. Der größte Unterschied zwischen beiden Begriffen besteht im Grad der Mobilität (s. Abb. 4.2). Der Begriff des ubiquitous Computings geht zurück auf *Mark Weiser*, welcher es als das Ziel seiner Vision ansah, die Computernutzung durch eine vollständige Durchdringung aller Aspekte des Lebens zu erhöhen. Pervasive Computing ist in der Regel weniger mobil als ubiquitous. Dass unsere Lebenswelt immer stärker von Software bestimmt wird, ist für alle Menschen in den Industrienationen offensichtlich. Das pervasive Computing versucht immer mehr Alltagsgegenstände mit Sensoren, Prozessoren und eingebetteter Software zu versehen, während das ubiquitous Computing zusätzlich von der Mobilität der so

---

[1] Pervasive im Sinne von Allesdurchdringend.
[2] Außer im Fehlerfall, hier wird das Vorhandensein des Computers an Hand der Fehlermeldungen, beziehungsweise des Fehlverhaltens massiv sichtbar.
[3] Die Idee des ubiquitous Computings wie auch die des World Wide Webs (WWW) lässt sich schon ansatzweise in einem Artikel vom *Vannaver Bush* im Jahr 1945 finden.

entstehenden Gegenstände ausgeht, trotzdem wird in diesem Buch der Begriff pervasive Computing für eine mobile oder stationäre Lebens- und Arbeitswelt genutzt, die hochgradig mit Software und Computern durchsetzt ist.

Das pervasive Computing skaliert somit in zwei Dimensionen, zum einen in der Dimension der physischen Ausdehnung, schließlich kann über das entsprechende Netzwerk die Ausdehnung eines Systems riesig sein und zum anderen über die Maßzahl der Computerdichte:

$$\rho_C = \frac{dn_c}{dV} = \frac{\text{Anzahl Computer}}{\text{Volumen}}. \tag{4.1}$$

Eine solche Computerdichte ρ_C ist allerdings mit Vorsicht zu genießen, zwar lässt sich die Maßzahl Volumen unserer Umgebung recht gut eruieren[4], die Anzahl der Computer zu messen ist jedoch schwieriger, da moderne Geräte oft aus mehr als einem Chipsatz bestehen und daher die Anzahl der Computer, je nach Definition, schwanken kann. Auf alle Fälle wird die Zahl der Computer und auch die Computerdichte (Gl. 4.1) in der Zukunft noch deutlich ansteigen. Speziell in mobilen Systemen kommt noch die Dimension der Beweglichkeit mit hinzu, mit der Konsequenz, dass enge Koppelungen in solchen mobilen Systemen nicht sinnvoll sind. Die Skalierung wie auch die häufig entstehenden engen Koppelungen in pervasiven Systemen sprechen dafür, dass sich hier sehr rasch ULS-Systeme (s. Abschn. 6.9) ausprägen können.

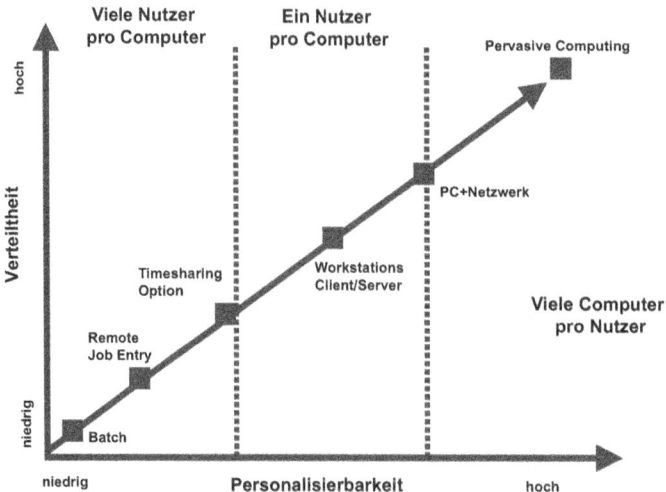

Abb. 4.1 Das Wachstum der Menge an Computern pro Benutzer

Diese starke Durchdringung der Lebenswelt durch Computer und Software führt zu einer immer größeren Vernetzung und auch Vermischung zwischen der realen

---

[4] In Deutschland haben Wohnzimmer eine durchschnittliche Fläche von 20–24 m², was einem Volumen von etwa 50 m³ entspricht.

4 Pervasive Computing 147

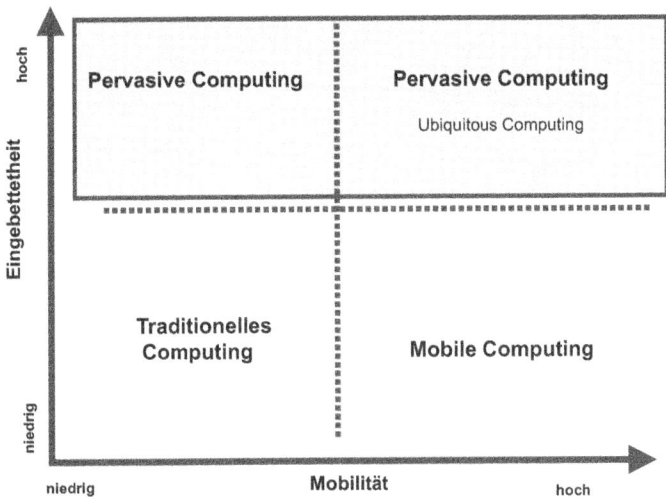

Abb. 4.2 Die verschiedenen Computing Formen (traditionelle Einteilung)

und der digitalen Welt. Im Sinne eines heideggerianischen „Gestells" bildet die IT primär einen Ersatz für die physische Realität. In dieser Betrachtungsweise ist die IT eine Ordnung (Technologie), welche sich auf die Bedeutung (Information) bezieht, insofern beschäftigt sich die IT mit der Bedeutungsgebung und Ordnung. Als solches Ordnungsinstrument ist die IT ein systematischer Weg, um Bedeutung zu erzeugen und Sinn zu stiften. Somit schafft die IT eine eigene Realität und innerhalb der IT existiert kein Unterschied mehr zwischen der symbolischen Repräsentation und der Realität. Als Hintergrundsystem verändert die IT die Welt und schafft neue Realitäten. Daher ist die Essenz der IT der Ersatz der Realität durch eine IT Realität.[5,6] Da die IT aber immer stärker in den Hintergrund rückt, ist es schwer, sie zu fassen, daneben ist die IT neben dem Ersatz für die Realität auch ein Ersatz für die Anwesenheit eines spezifischen Menschen.

In solchen Umgebungen ist es unabdingbar, dass die Menschen als explizite Teile eines soziotechnischen Systems verstanden und als solche Teile des Systems auch entsprechend mitmodelliert werden müssen. Das Ziel ist es, dem Menschen zu ermöglichen, dass er mittels natürlicher und sprachlicher Interaktion seine persönliche Umgebung beeinflussen, beziehungsweise Informationen aus ihr aufnehmen kann. Die einzelnen Geräte (Hardware) sollen für den Menschen dabei quasi unsichtbar bleiben. Diese Einbettung in die Lebens- und Arbeitswelt sollte so weit gehen, dass ein zukünftiger Mensch nicht mehr die konkreten Funktionen einzelner Geräte bedient[7], sondern er nur noch Ziele und Wünsche an seine Umgebung

---

[5] Psychisch gestörte Online-Spieler sind mittlerweile nicht mehr in der Lage, zwischen ihrer physischen Realität und der Online-Welt zu unterscheiden.
[6] Der große Erfolg von *Second Life* beruht auf dem Verschwinden des Unterschieds zwischen der Realität und einer Online-Welt.
[7] Videorecorder sind notorisch bekannt dafür, dass sie eine verwirrende Benutzeroberfläche haben.

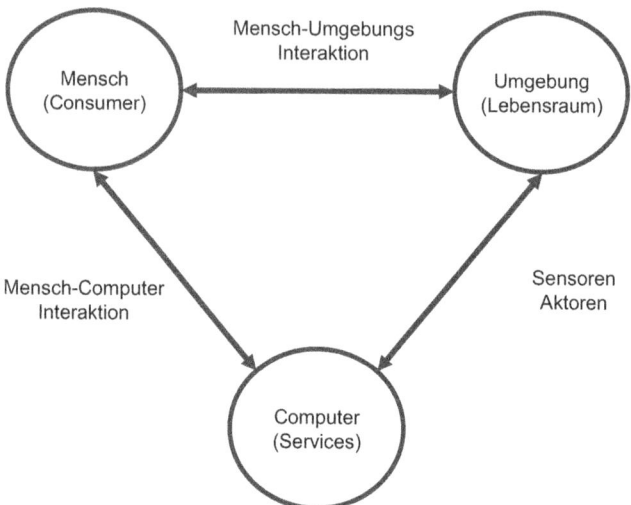

Abb. 4.3 Der Mensch als Teil des Systems in ambienter Intelligenz

stellt, die diese dann erfüllt.[8] Die grundsätzlichen Anforderungen an eine solche Umgebung sind:

- Die Umgebung muss sich der Situation, in der der Mensch sich befindet, bewusst sein. Gleichzeitig muss die Umgebung in der Lage sein, die Interaktionen des Menschen zu erfassen und in einen Kontext zur gegenwärtigen Umgebungs- und Consumersituation zu stellen.
- Die Umgebung muss in der Lage sein, die beobachtbaren Interaktionen zu registrieren und aus ihnen mögliche Consumer- und Umgebungsziele[9] abzuleiten. Diese Interpretationen müssen auf der Voraussetzung geschehen, dass der Mensch in seinen Tätigkeiten und seinen Zielen gefördert werden soll.
- Die Umgebung muss die zuvor gefundenen Ziele und Aktionen umsetzen. Hierzu verfügt sie über geeignete Strategien, wie auf Basis der vorhandenen Geräte und Services die Umgebung verändert werden kann.

Obwohl die Summe dieser Forderungen an eine funktionierende pervasive Umgebung sehr hoch ist, lassen sich bereits heute starke Trends in Richtung der Realisierung des pervasive Computings vorfinden:

- Mikrocomputer werden zunehmend in Gegenstände integriert und verdrängen damit immer mehr den klassischen PC.[10]

---

[8] Moderne Fernseher und Satellitenreceiver stimmen sich selbstständig aufeinander ab.
[9] Über Policies oder Veränderungen der Umgebung kann der einzelne Mensch Umgebungsziele implizieren.
[10] Moderne PDA (**P**ersonal **D**ata **A**ssistant) haben schon heute Computereigenschaften. Andere Geräte zeigen eine starke Handy-Computerintegration, so zum Beispiel *Blackberrys*. Aber auch Heizungsanlagen, Telefonanlagen, Autos...

4 Pervasive Computing

- Neue eingebettete Systeme werden immer kleiner und sind immer weniger sichtbar für den Benutzer.[11,12]
- Die eingebetteten Mikrocomputer digitalisieren die vorhandenen Gegenstände und erhöhen damit ihren Wert.[13]
- Nicht mehr das Gerät, welches genutzt wird, steht im Zentrum der Kommunikation, sondern der zur Verfügung gestellte Service.[14]

Diese Trends zeigen auf, dass das pervasive Computing das genaue Gegenteil von virtueller Realität ist. Im Rahmen der virtuellen Realität wird versucht, die reale Welt in den Computer abzubilden, während das pervasive Computing hingegen versucht, die Gegenstände der realen Welt durch den Computer zu verändern und zu Teilen eines riesigen Kommunikationsnetzes zu machen mit dem Ergebnis, dass reale und virtuelle Welt sich überlappen und miteinander verschmelzen.

Der angesprochene Ersatz der IT für die Realität lässt sich in virtuellen Räumen für den Einzelnen beobachten, aber auch die zunehmende Globalisierung ist ein Ergebnis der Essenz der IT als Ersatz. Denn Globalisierung ist kein Ergebnis von Wirtschaftlichkeit, sondern von der veränderten Realität, die durch die IT erst möglich gemacht wurde. Diese Globalisierung bildet nun einen Hintergrund, der wiederum die Dynamik in der IT erhöht, sodass menschliche Aktivität einen anderen Stellenwert erhält, sei es durch die Möglichkeit der Loslösung von einem konkreten Ort[15] oder durch Veränderung der Beziehung zwischen Produzenten und Konsumenten.

Typisch für das pervasive Computing ist:

- Diversifikation der Endgeräte – Viele mobile Geräte, aber auch embedded Systems oder hochgradig spezialisierte Systeme.
- hoher Grad an Mobilität – Mobile Benutzer, mobile Geräte und eventuell auch mobile Serversysteme.
- Allgegenwärtigkeit – Im Wohnumfeld entsteht so die ambiente Intelligenz (s. Abschn. 4.1).
- Spontaneität – Verbindungen wie auch Trennungen der Verbindungen geschehen spontan und ohne Vorwarnung.
- häufiger und abrupter Kontextwechsel – Durch die Mobilität und Spontaneität müssen sich Endgeräte auf permanenten Wandel einstellen.
- Übertragungskonvergenz – Speziell Konvergenz zwischen Daten, Video, Audio und Steuerungssignalen.

Eine der großen Schwierigkeiten ist, dass es in solchen Umgebungen eine Vielzahl von Beteiligten – im Sinne von Services und Providern als auch Geräten – gibt, von denen nicht erwartet werden kann, dass alle kooperativ zusammenarbeiten. Innerhalb eines sogenannten Smartspaces (s. Abschn. 4.2) dürfte dies sehr viel einfa-

---

[11] RFID ist ein Schritt in eine solche Richtung.
[12] Die meisten Navigationssysteme haben *Windows CE* als Betriebssystem, ohne dass der Benutzer dies sieht.
[13] Satellitendecoder, Fernseher, DVD-Recorder...
[14] Bei der Nutzung eines Telefons denken wir nicht mehr darüber nach, ob der Service durch eine Analog-, ISDN- oder VoIP-Verbindung implementiert wurde.
[15] Telearbeit, Offshoring.

cher sein, da dieser meist über die Infrastruktur eines einzelnen Providers kontrolliert wird. Aber außerhalb dieser Smartspaces herrscht auf Dauer das Chaos. Unterschiedliche Provider liefern unterschiedliche Services, welche sich zu diversen unvorhergesehen Services oder Applikationen zusammenfügen.

Der Mensch wird mit unterschiedlichen Applikationen in ganz zufälliger Art und Weise arbeiten. Dies führt im Grunde den Begriff der Applikation ad absurdum, vielmehr wird es in solchen Umgebungen um die Kontrolle und Ausgestaltung der einzelnen Services gehen. Die oft zitierte Annahme, dass sich ein System proaktiv auf den konkreten Menschen einstellen kann und seine Intention als auch Kontexte „erahnen" kann, wird außerhalb der Smartspaces vermutlich überhaupt nicht funktionieren. Zum einen ist die Umgebung völlig unvorhersehbar und zum anderen dürfte die Entwicklung mehrerer „paralleler" Systeme exorbitant teuer sein. Daher liegt es nahe einen einfacheren Weg zu wählen: Der Mensch als Consumer muss aktiv in die Konfiguration seines Systems eingebunden werden und kann somit selbst die Wahl der jeweiligen Kontexte steuern. Daher muss die Aufgabe einer Middleware in einer solchen offenen Umgebung neben der Zurverfügungstellung von Services die Bereitstellung von etlichen einfachen Konfigurationswerkzeugen für den jeweiligen Consumer sein.

Die typischen Einsatzgebiete des pervasiven Computing sind heute:

- Fahrzeuge – Bei den Fahrzeugen ist in den letzten Jahrzehnten im Bereich der Motor- und Fahrsteuerung ein immer stärkerer Softwareeinsatz zu beobachten. Aber auf diesem Gebiet geht es mit der Sensorik und der Reaktion auf Kontexte noch weiter: Sitze, Helligkeiten, Radiosender usw. stellen sich automatisch auf die Präferenzen des Fahrers und die momentane Geschwindigkeit ein. Routen- und Ausweichplanung über integrierte GPS-Systeme mit TMC[16]-Anschluss gehören heute schon zum Standard. In der Formel 1 werden die aktuellen Fahrzeugdaten direkt an das Serviceteam übermittelt. Wagen der gehobeneren Klasse besitzen zum Teil schon Wegfahrsperren auf GPS-Basis. In der Zukunft könnten sich Fahrzeuge an Verkehrsknotenpunkten oder auf Autobahnen gegenseitig regulieren und so den Gesamtverkehrsdurchsatz drastisch steigern. Auch Blackboxen für Unfallauswertungen analog den Flugzeugen existieren schon und sind vor Gericht zugelassen.
- intelligentes Haus[17] – Neben einer individuellen Bilder- oder Farbenwelt, bei der sich die Wände an die Bewohner anpassen, stellen die Steuerung von Temperatur, Licht, Feuchtigkeit, Musik schon heute technische Möglichkeiten für ein Haus dar, um sich auf die Bewohner einzustellen. Auch weitergehende, vernetzte Fähigkeiten wie das Absenken von Lautstärken beim Telefonklingeln sind möglich. Die Kommunikation von Objekten im Haus (zum Beispiel Kühlschrank, Waschmaschine, Vorratsschränke...) mit externen Dienstleistern ist technisch möglich, mit dem Resultat eines Kühlschranks, der im Sommer selbstständig Bier nachbestellt.

---

[16] Traffic Messaging Channel.
[17] Siehe Abschn. 4.1.

4 Pervasive Computing
151

- Medizintechnik – Erfassung von Körperdaten (Temperatur, Blutdruck, Herzfrequenz...) oder die ferngesteuerte Abgabe von Medikamentendosen sind ein Einsatzgebiet. Auch die lückenlose Überwachung von entnommenen Blut-, Urin- und Gewebeproben über RFID-Chips sind heute schon problemlos machbar.[18]
- Warenwirtschaft und Logistik – Hier ist der Einsatz von RFID-Chips schon am weitesten gediehen, soweit, dass mittlerweile schon viele Daten nicht nur während der Produktion erfasst werden, sondern auch direkt am Point-of-Sale, sodass eine Art Echtzeitverkaufsstatistik möglich ist.
- Nahrungsmittel und Tierhaltung – Beide Bereiche sind durch diverse Skandale stärker in den Mittelpunkt des öffentlichen Interesses gerückt. Um dem zu begegnen, wird heute eine lückenlose Rückverfolgung in der Nahrungsmittelproduktion verlangt, welche durch den Einsatz von pervasive Computing ermöglicht wird.
- Ausweispapiere – Seit Herbst 2005 werden in Deutschland Pässe mit einem RFID-Chip versehen, eine ähnliche Form des Einsatzes ist auch für Banknoten[19,20], Briefmarken, Notarurkunden oder Kreditkarten denkbar.
- Eintrittskarten – Wird heute schon in Hotels oder in Nahverkehrsmitteln (Fahrkarte per SMS) eingesetzt.
- Militärtechnik – Positions- und Planübermittlung auf dem Gefechtsfeld an den einzelnen Infanteristen wird schon heute erprobt.

Die heutige Entwicklung scheint in zwei Richtungen zu gehen: Zum einen in das Gebiet von pervasiven Multimediasystemen speziell im häuslichen Bereich und zum anderen in den Bereich der Produktions- und Logistiksteuerung, besonders gefördert durch die RFID-Technologie. Die aufgezeigten Trends stellen erst den Beginn der Entwicklung dar, welche sich in Zukunft noch verstärken wird. Solche Umgebungen haben aber nicht nur Vorteile, sondern auch Nachteile. Recht schwer ist so zum Beispiel die Authentifizierung eines Consumers in einer solchen Umgebung, denn traditionelle Mechanismen sind nicht anwendbar:

- Die Interaktion ist häufig zwischen den einzelnen Geräten und es ist nicht anzunehmen, dass ein beliebiges Gerät in einer beliebigen Umgebung verlässlich identifiziert werden kann. Außerdem dürften Massenprodukte keinerlei Identität haben.
- Die Vertrauenswürdigkeit leitet sich üblicherweise aus der Vertrauenswürdigkeit des Besitzers ab, aber in hochdynamischen Umgebungen ist es unklar, ob der Besitzer der Identität auch vertrauenswürdig ist, von daher nützt reine Identifikation nur sehr wenig.

Bei der Entwicklung pervasiver Systeme muss gegenüber „klassischen" Softwaresystemen ein radikales Umdenken stattfinden. Zwar sind die einzelnen Geräte

---
[18] Diese lückenlose Nachverfolgbarkeit ist auch für Dopingkontrollen wichtig.
[19] Zur schnellen und eindeutigen Verfolgung.
[20] Wenn alle Geldscheine und Kreditkarten RFID-Tags haben, ist es möglich, dass ein Warenhaus seine Kunden schon am Eingang auf die Menge an mitgeführtem Geld oder den jeweiligen Kreditrahmen abfragt und seine Verkaufsstrategie entsprechend steuert. Abschirmende Brieftaschen oder Ministörsender wären eine Gegenmaßnahme.

physisch fassbar, das System als Ganzes muss jedoch in seiner Bauweise den Umschwung von einer systemzentrischen Sicht zu einer benutzerzentrischen Sicht schaffen.

Speziell die Betrachtung der Sicherheit in pervasiven Systemen muss sich auf drei Domänen konzentrieren:

- Consumer,
- Service,
- Infrastruktur.

Die Sicherheitsanforderungen in einer solchen Umgebung sind andere als in mehr oder minder geschlossenen Umgebungen, besonderer Berücksichtigung bedürfen folgende Aspekte:

- sicherer Serviceaufruf – Zusätzlich zur reinen Entdeckung muss auch der eigentliche Serviceaufruf (Invocation) geschützt werden.
- sichere Serviceentdeckung – Wenn die Entdeckung von Services kompromittiert worden ist, dann sind es auch die Services selbst, denn dann können beliebige Services ausgetauscht werden, ohne dass der Consumer dies wahrnimmt. Neben der Entdeckung des Service muss es auch möglich sein, den Provider der Services verbindlich zu identifizieren.
- Registration und Deregistration der Services – In den meisten geschlossenen Systemen, so in einer „klassischen" SOA, ist dies aus sicherheitstechnischer Sicht kein großes Problem, anders in einer sich ständig verändernden Umgebung. Hier müssen Autorisierung und Authentisierung auch für den Registrations- und Deregistrationsvorgang unterstützt werden, sonst droht der Ersatz legitimer Services durch andere Provider. Neben der Feststellung der Identität des Providers ist auch die Frage der Integrität des angebotenen Service zu klären. Außerdem müssen typische Attackformen wie „Replay Attack" – wobei ein zweiter Consumer einfach die Schritte des ersten aufzeichnet und sie wiederholt – verhindert werden.

Die Folge dieser Betrachtungsweise ist, dass sich die Infrastruktur für das pervasive Computing auf die Integration heterogener Geräte und den Zugang von heterogenen Umgebungen einstellen können muss. Innerhalb einer solchen Umgebung lassen sich einige Plattformen und Rollen identifizieren (s. Abb. 4.4):

- Netzwerkplattform – Diese Plattform wird von dem Netzwerkbetreiber, meistens einer Mobilfunkgesellschaft, zur Verfügung gestellt. Typische Protokolle sind hier GSM, GPRS, UMTS oder WLAN (s. Abschn. 3.2 und Tabelle 3.2).
- Serviceplattform – Die Serviceplattform ist das, was man in der SOA als die Serviceinfrastruktur (SOP) bezeichnet (s. Abschn. 2.6).
- Providerplattform – Innerhalb der Providerplattform existiert die tatsächliche Serviceimplementierung mit allen Facetten von reinen Servicesystemen bis hin zu Legacysoftwaresystemen.

Die eingesetzten Rollen sind, bis auf zwei, identisch zu einer „klassischen" SOA. Diese beiden zusätzlichen Rollen sind:

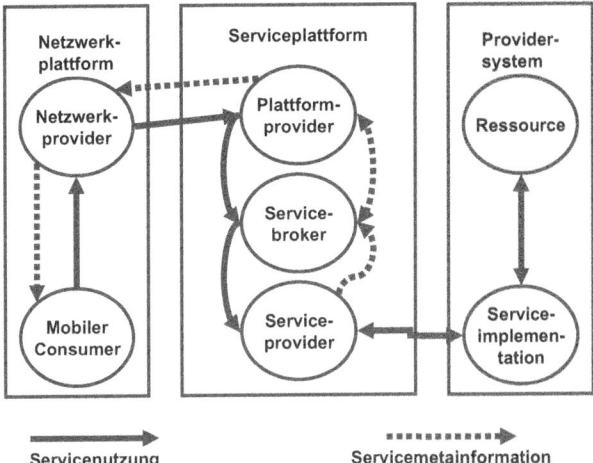

Abb. 4.4 Die Rollen in einer pervasiven Umgebung

- Serviceplattformprovider – Dieser stellt die Infrastruktur für die Provider zur Verfügung. Häufig ist er faktisch identisch mit dem Netzwerkplattformprovider. Der Serviceplattformprovider muss dem Provider zusätzlich auch eine Serviceerzeugungs-, sowie eine Servicevermittlungsumgebung zur Verfügung stellen.
- Netzwerkplattformprovider – Er stellt dem mobilen Consumer das eigentliche (physische) Netzwerk zur Verfügung.

4.1 Ambiente Intelligenz

Der Ausdruck ambiente Intelligenz bezeichnet das Forschungsziel, unser tägliches Leben immer stärker mit Computern und Software zu verbinden, sodass am Ende unsere gesamte Lebensumgebung aktiv auf uns als Menschen agiert. Die ambiente Intelligenz zerfällt in drei Subthemen:

- Pervasive Computing – die Fähigkeit, überall Computer mehr oder minder unbemerkt einzusetzen.
- Pervasive Communication – eine notwendige Voraussetzung für Pervasive Computing. Ein großer Schritt in diese Richtung ist der massive Einsatz der RFID-Technologie.
- Intelligente Benutzerinterfaces.

Von der Vision des pervasiven Computings sind wir zwar noch ein weites Stück entfernt, trotzdem boomt die Mobilfunkindustrie mit immer kleineren und immer intelligenteren Geräten. Außerdem verdrängen die satellitengestützten Navigationssysteme die klassischen Landkarten aus unseren Fahrzeugen, ganz zu schweigen von GPS-Kompassen für Segler oder Wanderer. Mittlerweile werden in der Gastronomie die Bestellungen nicht mehr auf Notizblöcke geschrieben, sondern über mobile Geräte erfasst.

Die Menge an Informationen und deren Komplexität wächst exponentiell[21] an, mit der Folge einer Informationsüberflutung des Einzelnen. Es gibt daher einen stetig wachsenden Bedarf an intelligenten Systemen, um diese Informationsflut zu bewältigen. Eines der Ziele hinter der ambienten Intelligenz ist es, unsere Umgebung so zu verändern, dass wir die Informationsverarbeitung und -bereitstellung darin nur noch unbewusst wahrnehmen. Damit ein solches Konzept vollständig umgesetzt werden kann, braucht es Systeme, die sehr viel stärker auf menschliche Emotionen, Gestik, Mimik, praktisch alle unsere zwischenmenschlichen Kommunikationsmittel ausgelegt sind. Wir entdecken Wissen nur durch unsere Sinne: Sehen, Riechen, Schmecken, Hören und Berühren; diese beschreiben nicht nur unsere physische Realität, sondern sind auch die einzigen Verbindungen zur Realität. Daher ist ambiente Intelligenz nicht nur Wahrnehmung der Umgebung, sondern auch Interaktion mit ihr, oder anders formuliert: Da unser Wissenserwerb meist über Hypothesen und Feedback funktioniert, brauchen wir nicht nur eine passive Aufnahme, sondern stets permanente Interaktion.

Allerdings sind die heutigen Systeme noch weit davon entfernt, sich nahtlos in unsere Welt einzugliedern. Ein großes Problem der kleinen Geräte sind die Möglichkeiten zur Ein- und Ausgabe. Während es am klassischen PC leicht fällt, sich durch Menüs zu klicken – ein großes Display und eine Maus – ist es schwierig, sich auf dem mobilen Endgerät durch eine vergleichbare Anzahl von Punkten durchzuarbeiten.[22] Ein anderes Problem sind die unterschiedlichen Ausgangspositionen. Während man beim normalen Computer meist nur mit diesem beschäftigt ist, ist man bei mobilen Applikationen häufig unterwegs und somit abgelenkt oder unter höherem Zeitdruck. Zwar könnte das entsprechende Benutzerinterface verbessert werden, dennoch wird es nie die Qualität eines PCs erreichen und auch die Nutzungssituation bleibt stets anders.

Wesentlich größeres Potenzial hat die Idee, die Geräte durch stärkere Vernetzung mit ihrer Umwelt dem Menschen besser anzupassen. Jede Information, welche die Geräte selbstständig über den aktuellen Kontext, in dem sie agieren, in Erfahrung gebracht haben, müssen sie nicht mehr vom menschlichen Consumer erfragen. Sie sind also ein sehr wichtiges Hilfsmittel, um adaptive Systeme zu ermöglichen.

Neben der Vereinfachung des Benutzerinterfaces ergeben sich weitere Vorteile. So hat der Mensch manche Informationen, die den Nutzungskontext charakterisieren, gar nicht zur Verfügung[23]. Hier kann das eingebettete Gerät selbstständig einen zusätzlichen Nutzen liefern. Auch können viele Dinge komplett autonom entschieden und durchgeführt werden. Hierfür sind die Informationen über den Kontext unerlässlich, in dem sich das jeweilige System befindet. Das Entscheidende an diesen

---

[21] Der Festplattenbedarf für E-Mails innerhalb großer Unternehmen verdoppelt sich zurzeit unterjährig.
[22] Auch die Tastaturen sind bei Geräten wie *Blackberrys*, *iPhones* oder Handys eher eine Form des Notbehelfs.
[23] Stauinformation im Navigationssystem.

4.1 Ambiente Intelligenz

Informationen ist, dass der Service in der Lage sein muss, den aktuellen Kontext zu interpretieren, der immer erst zur Laufzeit des Programms zur Verfügung steht. Damit der Service mit den Informationen umgehen und auf dieser Basis Entscheidungen treffen kann, müssen sie stark formalisiert sein. Häufig sind es sehr kleine, heterogene „Informationsstückchen", welche es zu verarbeiten gilt.

Eine Möglichkeit, eine ambiente Intelligenz zu etablieren, ist die Existenz von impliziten serviceorientierten Systemen. Diese sind Kollektionen von autonomen Agenten, welche miteinander kooperieren, um einen Service zur Verfügung zu stellen. Diese Kooperation ist nicht statisch oder a priori geplant, sondern entsteht spontan als eine besondere Form der Emergenz (s. Anhang A).

In einer solchen Umgebung benötigt der Consumer eine Reihe von speziellen Services, so zum Beispiel den Suchservice, damit er überhaupt in der Lage ist, eine Registry, ein Repository oder überhaupt andere Services zu finden. Der Consumer begibt sich auf die Suche nach einem Service, den er direkt ansteuern kann. Handelt es sich bei dem Consumer um einen Menschen, der einen Service nutzen will, so wird er in aller Regel einen spezifischen Präsentationsservice suchen, damit er überhaupt in Interaktion mit den Services treten kann.

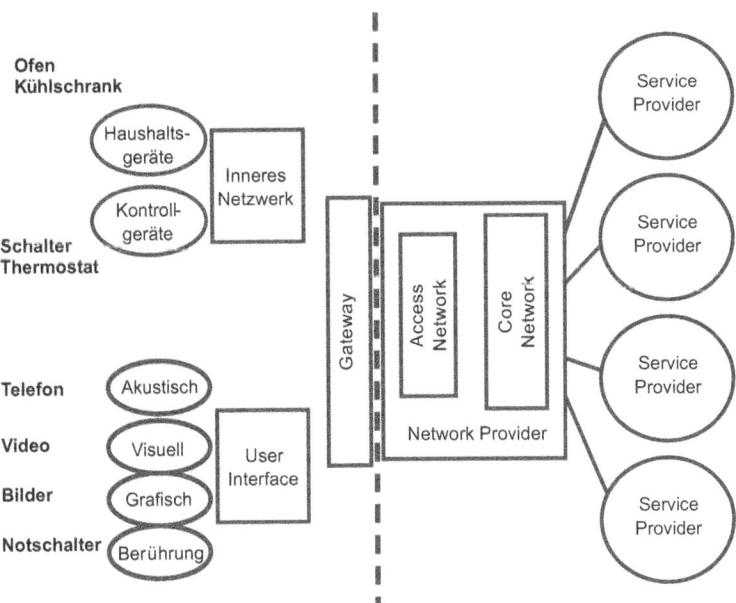

Abb. 4.5 Das Smart Home Konzept, welches versucht, ein Haus als Lebensraum mit der Umwelt zu vernetzen

Das Hauptproblem der ambienten Intelligenz, also einer Umgebung, welche sich aktiv auf Veränderungen einstellt, ist nicht unbedingt die Frage der technischen Machbarkeit, sondern sehr stark die Frage nach den vorhandenen Strukturen. Im Gegensatz zu Services innerhalb von Organisationen, welche de facto stabil und vorbestimmt sind, ist bei mobiler Nutzung ein vorheriges Kennen von Consumer und Provider nicht unbedingt gegeben. In diesem Kontext tauchen für Services spezielle Probleme auf:

- Was? – Provider und Consumer müssen gemeinsam verstehen, über was sie eigentlich reden. Das gemeinsame Verstehen über geteilte Daten ist ein Problem, welches eine Ad-hoc-Verbindung zwischen Provider und Consumer stark behindert. Terminologien, Begriffe, Definitionen, welche von den Softwareentwicklern des Service genutzt werden, sind sehr stark durch deren eigenen Kontext und ihre eigenen Namenskonventionen bestimmt. Die lokale Terminologie, definiert durch den Provider, ist oft für den Consumer unverständlich. In gewisser Weise ähnelt das dem Problem, über Satellitenfernsehen einen Fernsehkanal aus der zentralen Mongolei zu sehen. Zwar ist das Bild mit allen Pixeln sichtbar und der Ton hörbar (die technische Protokollebene), aber das Gesagte und Gezeigte völlig unverständlich, so lange nicht Mongolisch beherrscht wird.
- Warum? – Provider und Consumer müssen ein gemeinsames Verständnis darüber entwickeln, warum sie miteinander kommunizieren. Das Auffinden von Services ist ein Problem, welches besonders im mobilen Umfeld nicht ungewöhnlich ist. Der erste Schritt für einen Consumer ist es, überhaupt einen Provider zu lokalisieren. Zwar kann eine Registry den Weg zu einem Provider zeigen, wie jedoch findet ein Consumer eine Registry?[24] Außerdem enthalten die wenigsten Servicebeschreibungen Informationen darüber, was ein Service wirklich macht, was oft eine Folge der Implementierungsneutralität ist.
- Wie? – Provider und Consumer müssen ein gemeinsames Verständnis darüber haben, wie kommuniziert werden soll.

Offensichtlich muss die Kommunikation in solchen pervasiven Umgebungen deutlich reichhaltiger sein als ein einfacher syntaktischer Abgleich. Insofern spielt die Frage nach der Bestimmung der Semantik eine wichtige Rolle.

Ein Ziel hinter der ambienten Intelligenz ist die Schaffung eines sogenannten intelligenten Hauses. Ein solches soll auf die Bewohner reagieren und ihnen eine möglichst optimale Lebens- und Arbeitswelt zur Verfügung stellen. Allerdings lassen sich die Erfahrungen aus der Welt der IT in großen Organisationen nicht uneingeschränkt auf die IT-Welt eines intelligenten Hauses übertragen, denn private Lebensräume haben gegenüber Organisationen einige Besonderheiten:

- Es existiert faktisch kein IT-Betrieb, mit der Folge, dass das System selbstständig agieren, konfigurieren und sich selbst reparieren können muss.
- Die gewünschte Investitionshöhe dürfte für einen privaten Markt limitiert sein, das heißt es muss nach kostengünstigen Lösungen gesucht werden.

---

[24] Dies ähnelt dem Problem, welches ein Handy hat, im Ausland einen Provider zu finden. Speziell bei europäischen Modellen war es in der Vergangenheit oft schwierig einen Provider in den USA zu finden, wenn der Benutzer kein Triband-Handy besaß. Mittlerweile sind Triband-Handys Standard geworden.

4.1 Ambiente Intelligenz   157

- Die Consumer (Bewohner) können die Umgebung auch ablehnen, mit der Folge, dass ein solches System sehr flexibel, adaptierbar sein und sich auf eine große Bandbreite von Kontexten[25] einstellen können muss.
- Die Benutzer haben eine sehr viel höhere Vielfältigkeit (s. Gl. C.3) als trainierte Benutzer einer Officesoftware.
- Rollen, Bedürfnisse und Relationen sind nicht so klar definiert wie in Managementinformationssystemen.
- Privacy und Kontrolle können konfliktreich sein.[26]

Eine häufiger erwähnte Vision im Umfeld der ambienten Intelligenz ist die des smart oder networked Homes, neben den üblichen Anforderungen nach regulierender Heizung oder Licht gibt es hier die Möglichkeit, durch Multimedia direkt die tägliche Wahrnehmung des Menschen in einer solchen Umgebung zu verändern. Außerdem macht die große Verbreitung von heutigen Mediageräten ein solches Szenario sehr wahrscheinlich. Ein Schlüsselkriterium für ein erfolgreiches Multimediahaus ist die Adaption des Systems an den Consumerkontext. Um dies zu gewährleisten, ist ein explizites Consumerkontextmodell notwendig. Ein solches Modell unterliegt einigen Herausforderungen:

- Die Wahrnehmung und Interpretation jedes Mediums geschieht nur relativ zu dem Kontext, in dem dieses konsumiert wird.
- Die Angemessenheit von Entscheidungen und die Wahl von Medien sind nur in einem Kontext sinnvoll zu betrachten.

Insofern ist eine solche „generische" Umgebung nur schwer zu kontrollieren, ohne den aktuellen Benutzer explizit an der Konfiguration und Steuerung zu beteiligen.

Aus Sicht der Systemtheorie sind pervasive Systeme sehr groß (im Sinne der Anzahl der beteiligten Elemente, beziehungsweise Instanzen), hochgradig dynamisch und besitzen eine hohe Analogie zu verteilten Applikationen. Aus diesem Blickwinkel betrachtet haben solche Systeme ganz besondere Anforderungen an die Systementwicklung:

- Kontextveränderung – In dem Maße, wie sich die Consumer durch ihre physische Welt bewegen, verändert sich auch der Ausführungskontext der Services. Die entstehenden Systeme müssen daher selbstständig mit Kontextveränderungen umgehen können. Theoretisch könnte man auch den Consumer fragen, aber das ist sehr umständlich.[27] Mechanismen, dies zu bewerkstelligen, sind neben Events auch Checkpoint-Restart-Verfahren.
- Ad-hoc-Komposition – Bedingt durch die hohe Mobilität und die hohe Dynamik erwarten die Consumer, dass sich die Kompositservices selbstständig die momentan besten Services suchen und diese dann entsprechend zusammenstellen.

---

[25] So zum Beispiel einen Besucher aus einem anderen Sprach- und Kulturraum.
[26] Bekannt ist hier der Widerspruch zwischen Babyfon und Abhöranlage oder Sicherheit und Privatsphäre bei der Videoüberwachung öffentlicher Plätze.
[27] Das C-Netz der Telekom hatte die unangenehme Eigenschaft, dass man sich bei jedem Zellenwechsel wieder neu anmelden musste; im Gegensatz zum heutigen D-Netz. Dieses dauernde Anmelden und die Unterbrechung der Gespräche haben die Verbreitung des C-Netzes nicht gefördert.

Ein solcher Wunsch impliziert aber die Fähigkeit zur Ad-hoc-Komposition von Services. Auch das Verhalten eines Service muss sich dynamisch anpassen.
- Gemeinsame Nutzung – Im Grunde versucht pervasive Computing Informationen jedem und überall zugänglich zu machen. Da es sehr unpraktisch ist, den Consumer seine Ressourcen selbst verteilen zu lassen, muss der entsprechende Nutzungsmechanismus systemimmanent sein.

4.2 Smartspaces

Eines der Konzepte, das eine Behandlung von pervasiven Umgebungen ermöglicht, ist das Smartspacekonzept[28]. Ein sogenannter Smartspace ist ein technisches System, welches in der Lage ist, Wissen über seine Umgebung und seine Bewohner zu beschaffen und anzuwenden, um damit die Wahrnehmung der Bewohner zu verbessern. Hinter dem Smartspace steckt die Metapher eines Raumes oder Hauses, welches Außentemperatur, Helligkeit und die Vorlieben seiner Bewohner gleichzeitig kennt und entsprechende Maßnahmen vornimmt.[29] Ein Smartspace interagiert daher in zwei Richtungen, zum einen mit seinen Consumern und zum anderen mit seiner Umgebung. Für diese Interaktionen sind eine Reihe von Funktionen notwendig:

- Kontextwahrnehmung – Ein Smartspace muss sich auf seine Umgebung einstellen können, das heißt er muss in der Lage sein, den aktuellen Kontext wahrzunehmen. Für die Beobachtung des Kontextes ist eine Reihe von Sensoren (meist physikalischer Natur) notwendig.
- Adaption – Der Smartspace muss in der Lage sein, sich auf Veränderungen dieser Umgebung anzupassen.
- Funktionalitätsveränderung – Der Smartspace erlaubt es der Umgebung, Effekte in seinem „Inneren" zu produzieren und damit Funktionen für die Bewohner zu verändern.

Für alle Smartspaces muss die Infrastruktur, das heißt der Teil, in dem die Services existieren, besondere Anforderungen jenseits der „üblichen" Mobilitätsproblematiken (s. Kap. 3) erfüllen. Zu diesen Anforderungen an eine Smartspace-Infrastruktur gehören:

- Explizite Repräsentation des aktuellen Kontextes – Damit ein Service in einem Smartspace in der Lage ist, eine Art kontextübergreifende Interoperabilität zu gewährleisten, muss der Kontext explizit dargestellt und zugänglich sein. Dabei muss vor allem die Bedeutung (im ontologischen Sinne) repräsentiert werden, so dass der semantische Kontext angemessen interpretiert werden kann.
- Kontextquerying – Ein Smartspace enthält viele diverse Kontexte, insofern muss ein Service in der Lage sein, Kontexte abzufragen und auswählen zu können.

---
[28] Intelligente Räume.
[29] Auch Fahrzeuge reagieren bis zu einem gewissen Grad wie Smartspaces.

- Kontextlogiken – Kontexte sind im semantischen Sinne hierarchisiert (analog zu den Ontologien), daher muss eine Infrastruktur es ermöglichen logische Schlüsse im Rahmen der Kontexthierarchien zu ziehen.

Im Grunde sind Smartspaces aggregierte Umgebungen, welche aus zuvor getrennten Räumen gestaltet wurden. Solche Smartspaces können als zusätzliches Charakteristikum haben:

- geschlossen – Meetingräume, Teamräume, Gebäude, aber auch Gänge oder Aufzüge,
- offen – Innenhöfe, Parks.

Die Einbettung der Serviceinfrastruktur in eine vorhandene oder noch besser, neu zu schaffende, Bauinfrastruktur ermöglicht es, dass sich beide, mehr oder minder, gegenseitig wahrnehmen und auch gegenseitig kontrollieren. Speziell die offenen Smartspaces müssen das Phänomen der lokalisierten Skalierbarkeit zeigen. Typischerweise muss die Intensität der Interaktion diverser Geräte innerhalb des Smartspace stark ansteigen, dies ist bei offenen Smartspaces mit großen Dimensionen aber nicht sinnvoll, da sonst die Bandbreite[30] sehr rasch überschritten wird, folglich muss die Dichte der Interaktion der Geräte mit zunehmendem Abstand sinken, da ansonsten die Bandbreite nicht mehr ausreicht. Die Zahl der Geräte steigt, bei konstanter Dichte ρ_0, quadratisch mit der Basislänge L an:

$$N_{\text{Geräte}} \sim \rho_0 L^2 ,$$

mit der Folge, dass jede konstante Bandbreite schnell ausgeschöpft wird.

4.3 Technik

Alle pervasiven Systeme haben einige besondere technische Eigenschaften, die sie von anderen Systemen unterscheiden, dazu zählen speziell:

- Permanente und überall verfügbare Geräte und Services, analog zu den heutigen Handys, *iPhones* und *Blackberrys*.
- Automatische Steuerung und Anpassung an die jeweilige Situation und die Consumerpräferenzen.
- Sehr einfache Schnittstellen für ein optimales Human-Computer-Interface, welche geringe Aufmerksamkeit benötigen (s. S. 55–57).
- Automatische Ausführung wiederkehrender Standardvorgänge ohne Consumerinteraktion, schon heute stellen sich die meisten elektronischen Geräte selbstständig von Sommer- auf Winterzeit um.

---

[30] Video-on-Demand-Systeme wie *YouTube* oder *MyVideo* haben den Bandbreitenbedarf in den letzten Jahren drastisch in die Höhe schnellen lassen. Verstärkt wird dies noch durch große Online Spiele wie *Second Life* oder *World of Warcraft*.

Damit diese Eigenschaften umgesetzt werden können, ist eine Reihe von technischen Komponenten notwendig:
- Verteilte Infrastruktur für die Sensoren und Schnittstellen.
- Verteilte Infrastruktur für Messages und Serviceaufrufe.
- Persistenz von historischen und kumulierten Daten.
- Anbindung weiterer Services via Gateways oder Bussysteme.
- Subsysteme, welche in der Lage sind Entscheidungen zu treffen und Policies umzusetzen.
- Steuerungssubsysteme, welche ihren Steuerungsmechanismus adaptieren können müssen, entweder auf Grund von Umweltveränderungen oder auf Grund der Historie (Lernfähigkeit).[31]

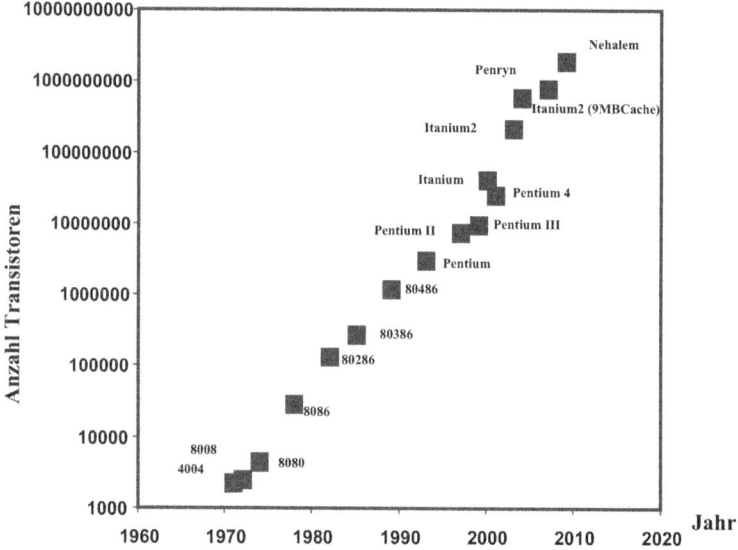

Abb. 4.6 Das Moore'sche Gesetz für Intel-CPUs

Dass dies heute überhaupt möglich ist, ist die Folge mehrerer Entwicklungen auf der, der Geräte unterliegenden, Hardwareebene:
- Miniaturisierung – Elektronische Geräte werden zunehmend kleiner und simultan leistungsfähiger, Grund hierfür ist die steigende Packungsdichte von Schaltkreisen – bekannt als das Moore'sche Gesetz (s. Abb. 4.6). Dabei folgt die Komplexität der Schaltkreise einem Exponentialgesetz

$$\mathcal{K} = \mathcal{K} \, e^{\lambda t}$$

---

[31] VSM-Controller (s. Anhang B.2) sind ideale Kandidaten für solche Steuerungssysteme.

4.3 Technik

mit der Verdoppelungszeit:

$$T_2 = \frac{\ln 2}{\lambda} \approx 18 \text{ Monate}. \quad (4.2)$$

In jüngster Zeit scheint sich die Verdoppelungszeit aber auf etwa 24 Monate abzuschwächen.

Zum einen wird die Hardware immer billiger und zum anderen erlangen die kleinen Chips immer mehr an Rechenleistung und Funktionalität. Dieses Phänomen wird aus Sicht der Software als Sedimentation[32] bezeichnet. Reine Softwarefunktionalität wie zum Beispiel TCP/IP-Unterstützung, Webserver, Printspooler sind mittlerweile Bestandteile der Funktionalität von Chips geworden. Limitierend kann auf diese Entwicklung die Updateproblematik wirken, wenn kleine Bauteile eines langlebigen Geräts auf neue Versionen geändert werden müssen, so kann dies nicht immer gut möglich sein.

- Nanotechnologie – Die Nanotechnologie wird der Miniaturisierung nochmals zusätzliche Impulse verleihen.
- Energieversorgung – Parallel zur Miniaturisierung ist die Energieversorgung in den letzten Jahren für mobile Systeme immer besser geworden. Neben besseren Energiespeichern und verminderter Leistungsaufnahme der Hardware[33] rückt drahtlose Energieübertragung stärker in den Vordergrund, so nutzen die RFID-Chips schon heute drahtlose Übertragung.
- Materialien – Es existieren schon heute sogenannte „intelligente Materialien", als solche werden meist Verbundwerkstoffe bezeichnet, welche auf elektrische oder mechanische Reize reagieren, indem sie sich unter Spannungseinwirkung verformen oder unter Druck Spannung erzeugen. Solche Materialen können als Sensoren eingesetzt werden oder unter besonderen Bedingung ihre Ursprungsformen wiederherstellen[34]. Ein spezieller Fall sind hier RFID-Chips auf Polymerbasis, bei denen der Chip direkt in die Substanz integriert ist.
- Bauformen – Durch neue Materialien und Miniaturisierung lassen sich für Geräte auch völlig neue Bauformen konzipieren. Kleidung kann zum Sensormedium und zur Kommunikationsschnittstelle werden.
- Universalität – Heutige Geräte vermischen immer mehr die Unterschiede zwischen Telefon, Kamera, Videokamera und Computer.[35] Auch der Übertragungskanal wird universeller, mittlerweile existieren schon die ersten UMTS und WLAN Geräte.
- Interoperabilität – Die Interoperabilität der Geräte und Services untereinander wird eines der Schlüsselkriterien für den Erfolg des pervasive Computings sein,

---

[32] Siehe Fußnote S. 55.
[33] Die ersten C-Netz Telefone hatten die Größe einer Autobatterie und beinahe auch ein solches Gewicht...
[34] Bei Brillen setzt man diese „Memory"-Technik schon länger ein.
[35] Interessanterweise geht die Konvergenz der Geräte nur in eine Richtung: Handys werden in ihrer Funktionalität durch Foto- und Videofähigkeiten ergänzt, aber niemand käme auf die Idee, mit seiner Kamera zu telefonieren.

Tabelle 4.1 Das Bell'sche Gesetz

Jahrzehnt	Systeme
1960–70	Mainframes
1970–80	Minicomputer
1980–90	Personal Computer
1990–2000	Webbasiertes Computing
2000–2010	Handys, PDAs, RFID, drahtlose Technologie

schließlich sollen alle Geräte zusammenarbeiten können. Anerkannte Normen und industrieweite, offene Standards sind hierfür zwingende Voraussetzungen.

Die Tendenz der Hardwareuniversalität setzt sich auf Übertragungsprotokollebene fort. Hier ist eine Konvergenz zum Internetprotokoll (IP) zu beobachten; mittlerweile zeigt sich, dass die früheren Modems[36,37] durch Voice over IP[38] abgelöst werden. Diese Veränderungen, speziell das Moore'sche Gesetz (Gl. 4.2) auf der technischen Ebene, wird durch das Metcalfe'sche Gesetz[39] auf der Geschäftsebene verstärkt. Das Metcalfe'sche Gesetz lautet:

Der Wert eines Netzwerks steigt quadratisch mit der Zahl der Teilnehmer.

$$V \sim N^2 .$$

Hinter diesem Gesetz stehen vor allen Dingen die beiden impliziten Annahmen, dass jeder neue Knoten einen quasi konstanten zusätzlichen Wertbeitrag liefert und dass die Kommunikationsfähigkeit nicht durch die Größe des entstehenden Netzwerks eingeschränkt wird. Unter Berücksichtigung der effektiven Bandbreite, welche tatsächlich endlich ist, sollte die Gesetzmäßigkeit des Metcalfe'schen Gesetzes nicht mit dem Quadrat, sondern mit

$$V \sim N \ln N$$

gehen. Dies hat zur Folge, dass der produzierte Mehrwert von hochgradig vernetzten Systemen mit der Zahl der beteiligten Geräte drastisch ansteigt. Verstärken wird sich dieser Effekt noch zusätzlich durch das sogenannte Bell'sche Gesetz (s. Tabelle 4.1):

Jedes Jahrzehnt entsteht eine neue, viel billigere Klasse von Computern, definiert durch Plattform, Interface und Vernetzung.

Aus diesem Blickwinkel betrachtet, wird die Zukunft primär durch diese neuen technischen Plattformen bestimmt sein und die Netzwerke der Zukunft werden immer größer und simultan auch immer wertvoller werden.

---

[36] IP via Telefon.
[37] **Mod**ulator und **Dem**odulator.
[38] Telefon via IP.
[39] In einem planaren Graphen mit N_{Knoten}-Knoten, bei dem jeder mit jedem über eine Kante verbunden ist, steigt die Zahl der Kanten quadratisch an: $N_{\text{Kanten}} = \frac{1}{2} N_{\text{Knoten}} (N_{\text{Knoten}} + 1)$.

4.4 Multitierarchitektur

Die Idee eines Service und des fundamentalen Serviceparadigmas (s. Abschn. 2.1) wiederholt sich in pervasiven Umgebungen auf den verschiedensten Ebenen und führt zu einer Art Multitierarchitektur auf der Ebene der Services. Diese Multitierarchitektur enthält von unten nach oben:

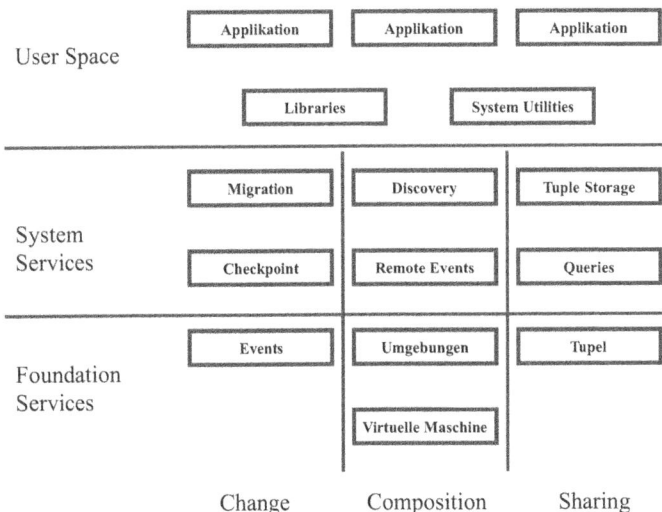

Abb. 4.7 Die Architektur von *One.world*

- Chiplayer – Der Chiplayer bildet die kleinste mehr oder minder geschlossene Einheit. Auf dieser Ebene spielt der einzelne Chip die Hauptrolle. Hier sind elementare Funktionalitäten wie Funkkommunikation oder Mechatronik angesiedelt.
- Devicelayer – Jedes Gerät des Devicelayers kann aus diversen Knoten und Kanten des Chiplayers bestehen, für das einzelne Gerät bilden stets einer oder mehrere Chips ein isoliertes Subsystem mit einem eigenständigen Graphen. Die Koppelung der Chips, deviceübergreifend, wird über den Devicelayer modelliert. Insofern entstehen aus Sicht des Chiplayers zwei Typen von Kanten: Intra- und Interdevicekanten. Aus systemtheoretischer Sicht bilden die Geräte Subsysteme, da sie intern eine starke Koppelung aufweisen und nach außen nur Interfaces zur Verfügung stellen.
Die Geräte sind die Elemente einer pervasiven Umgebung, welche direkten Consumerkontakt haben können, dies betrifft speziell die User Interface Devices. Ansonsten kann ein Gerät beliebige Services zur Verfügung stellen. Diese Deviceservices sind jedoch nie semantisch ausgeprägt, sondern stets technisch. Die in diesem Layer angesiedelten Knoten rangieren von einem Handy über einen Kühlschrank, Fernsehgerät bis hin zu einem PC oder auch größerem Rechner.

- Smartspace Layer – Ein Smartspace besteht aus vielen miteinander wechselwirkenden Geräten. Die Geräte innerhalb eines Smartspace bilden wiederum Graphen, wobei sich Smartspaces auch durchaus überlappen können, so dass die einzelnen Graphen Subgraphen eines großen Graphen aus Geräten bilden. Ist ein solcher Smartspace an das Internet angeschlossen, so bilden sich globale – im Sinne von weltumspannende – Smartspaces heraus. Dieser Layer ist durch die Schaffung semantikreicher Services geprägt. Der Mensch erlebt einen Smartspace als eine Umgebung, die auf ihn aktiv reagiert und sich auf seine Bedürfnisse einstellt, wobei das einzelne Gerät für den Beobachter in der Regel nicht mehr als individuelles Gerät wahrgenommen wird. Eine Ausnahme ist hierbei der Fehlerfall, dann wird das Versagen nicht dem Smartspace angelastet, sondern einem spezifischen Gerät, meist dem Benutzerinterface.

Das Verschwinden des Computers (in diesem Fall des Geräts) aus der Wahrnehmung des Consumers ist kennzeichnend für pervasive Computing. Innerhalb des Smartspace Layers verschwindet nicht nur der Computer, sondern auch das Netzwerk, welches die Geräte miteinander verknüpft. Die Zahl der Interdevicekanten innerhalb eines Smartspace wird deutlich größer sein als die Zahl der Kanten, welche in andere Smartspaces verweisen. Die entstehenden Devicegraphen sollten durch geringe Abstände[40] gekennzeichnet sein. Auf Grund der großen Anzahl von pervasiven Geräten in einer solchen Umgebung werden sich wenige Zentralgeräte und wenige User Interface Devices herausbilden. Die Beschränkung auf wenige User Interface Devices ist auch durch die entstehende Ergonomie- und Trainingsproblematik eine sinnvolle Strategie.

Ein Smartspace kann theoretisch auch aus einem einzigen Gerät bestehen, in dem dieser direkt auf die Bedürfnisse des Consumers reagiert, so zum Beispiel im Fall der Arbeitsumgebung von Softwareentwicklern. Auch Umgebungen, die dem Consumer virtuelle Realitäten präsentieren, fallen in diese Kategorie, insofern dürfte der Arbeitsplatz eines Softwareingenieurs in Zukunft einen eigenständigen Typus eines Smartspace darstellen.

Charakteristisch für den Chip- und Devicelayer ist der große Grad an Lokalität zusammen mit einer P2P-Kommunikation und einem sehr engen Netzwerk. Für den Menschen allerdings verschwindet das eigentliche Netzwerk hinter dem Benutzerinterface, mit der Folge, dass ein solches System aus einer benutzerzentrierten, beziehungsweise serviceorientierten, Sicht her aufgebaut werden muss. Ein solches System darf auch nicht statisch sein, obwohl die einzelnen Chips durchaus statisch sein können, es muss sich evolutionär an die geänderten Consumerbedürfnisse anpassen können. Eine andere Eigenschaft in solchen Netzwerken ist die Fähigkeit zur Selbstkonfiguration als auch zur Selbstheilung. Durch das Verschwinden des Netzwerks für den Menschen ist diesem auch die Möglichkeit genommen direkt steuernd einzugreifen, daher muss das System viele Tätigkeiten selbstständig erledigen – vor allen Dingen Konfiguration, Adaption und Reparaturen.

Der Devicelayer hat noch eine weitere Eigenschaft, die ihn von größeren Systemen unterscheidet, er sollte ein Multicast zu beliebigen Geräten erlauben, da sonst

---

[40] One Hop Network.

4.5 Autonome Kommunikationsservices

Tabelle 4.2 Die Funktionen von Applikationen und ihre Abbildung in *One.world*

Applikationsfunktion	One.world-Service
Suche	Query-Engine
Persistenz	Strukturierte I/O
Kommunikation	Remote Events
Auffinden (räumlich)	Discovery
Fehlerreduktion	Checkpointing
Mobilität des Geräts	Migration

Änderungen in diesen P2P-Netzen nicht schnell genug oder überhaupt nicht propagieren können.

Einer der bekanntesten Versuche, eine Architektur für pervasive Systeme aufzubauen ist *One.world*. Die *One.world*-Architektur (s. Abb. 4.7) besteht aus drei großen Blöcken:

- Foundation Services – Die Foundation Services adressieren direkt die Grundprobleme pervasiver Systeme (s. S. 157): Die Kontextveränderung, die Ad-hoc-Komposition und die gemeinsame Nutzung. Eine virtuelle Maschine (analog Java) isoliert die Services gegenüber der konkreten Hardware und erlaubt eine hohe Mobilität der Services. Es ist ein gemeinsames Datenmodell und Typsystem für alle Services definiert, was den Austausch und die gemeinsame Nutzung von Daten erleichtert.[41]
Jede Kommunikation in *One.world* findet asynchron mit Hilfe von Events statt, wobei diese Events auch zur Feststellung einer eventuellen Kontextveränderung dienen können. Durch die Nutzung von asynchronen Events kommt es zu einer Entkoppelung der einzelnen Services innerhalb von *One.world*. Der Servicebereich Umgebungen (Environments) hat als Aufgabe, die dynamische Komposition von Services zu ermöglichen.
- System Services – Die System Services dienen in *One.world* als Bausteine für den Aufbau von Kompositservices, neben einer Query-Engine für Abfragen gibt es hier auch Mechanismen zur Übertragung von Events und „Transaktionsunterstützung" in Form von Checkpointing. Beim Checkpointing wird ein vollständiger Zustand einer Applikation gespeichert und an andere Umgebungen übertragen um dort die Arbeit wieder fortsetzen zu können.
- User Space – Innerhalb des User Space gibt es dann wieder die „traditionellen" Bibliotheken und Applikationen für die Endbenutzer.

4.5 Autonome Kommunikationsservices

Im Allgemeinen ist ein Kommunikationsservice eine Funktionalität eines Netzwerks, welches innerhalb des Netzwerks Services zur Verfügung stellt, die es

---

[41] Eine Idee, die sich in der .NET-Architektur wiederfindet.

ermöglichen das Netzwerk zu nutzen, beziehungsweise die Ressourcen des Netzwerks einzusetzen. Ohne solche Services sind große pervasive Systeme nicht denkbar. Ohne die Kommunikationsservices können auch applikative Services de facto nur schwer genutzt werden, folglich stellen sie eine notwendige Vorraussetzung für große Netze dar. IP-Datagram-Routing, DNS[42], Kyrptographiewerkzeuge, VPN[43], oder P2P-Datenverbindungen, sie alle stellen Kommunikationsservices dar. Innerhalb einer pervasiven Umgebung sollten sich diese Services zu einer Menge an Kommunikationsservices bündeln und so den fachlichen Services „Arbeit" abnehmen. Nicht nur auf der Ebene des Transports sind solche Services notwendig, auch auf der mehr infrastrukturellen Ebene wie zum Beispiel die Lokalisation von Services und das Routing von Serviceaufrufen oder von Datenströmen. Aber gleichgültig auf welcher Ebene der Kommunikationsservice angesiedelt ist, er wird, damit er sinnvoll nutzbar sein soll, in Form von Software realisiert werden.

In einer sehr komplexen Netzwerkwelt ist die einzig effektive Art und Weise, solche Kommunikationsservices zu entwickeln und einzusetzen, sie autonom und flexibel adaptierbar zu machen. Netzwerkservices müssen daher einer Reihe von Anforderungen genügen:

- Autonomie – Services müssen autonom im Sinne einer Selbstheilung und Selbsterhaltung sein.
- Dynamische Adaption an Veränderungen – Die Services müssen in der Lage sein, sich je nach Anforderungen neu zu konfigurieren und diese Rekonfiguration muss zur Laufzeit stattfinden können.
- Kontextsensitivität – Für jeden Service in einer verändernden Umgebung ist Kontextsensitivität unabdingbar.
- Generelle Einsetzbarkeit – Der Service muss in der Lage sein, in einer heterogenen Umgebung auf mehr oder minder beliebiger Hardware funktional akzeptable Eigenschaften zu besitzen.
- Skalierbarkeit – Kommunikationsservices sollten immer ein „gutes" (quasi lineares oder zumindest linear-logarithmisches) Skalierungsverhalten gegenüber der Last zeigen.

Die Kombination verschiedenster Kanäle sollte dynamisch geschehen und durch den Kommunikationsservice selbst initiiert werden; eine Implementierung hiervon sollte nicht hierarchisch – im Sinne von Ebenen – aufgebaut sein, da sonst die Performanzprobleme entstehen. Vielmehr sollte der Kommunikationsservice ein Service sein, welcher die verschiedenen Kanäle miteinander kombiniert. Ein anderes Problem bei den Kommunikationsservices ist, dass alle unsere heutigen Kommunikationsfunktionen auf Schichtenarchitekturen basieren.[44]

Solche Schichtenmodelle sind jedoch eine der Quellen für Performanzprobleme in der heutigen Kommunikation. Aber die Schichtung als Prinzip aufzugeben ist extrem schwer, da Schichtung eine Möglichkeit ist, Komplexität beherrschbar zu

---

[42] **Domain Name Service.**
[43] **Virtual Private Network.**
[44] Besonders das ISO/OSI-Kommunikationsmodell.

machen (s. Anhang A). Der große Erfolg des Internets ist nicht zuletzt eine Folge der konsequenten Schichtung von Protokollen – durch hierarchische Protokolle und geschachtelte Ebenen der Abstraktion sind im Internet offene Interfaces und Modularisierung zustande gekommen, da dies die Entwicklung und Proliferation von Netzwerkprotokollen und Applikationen und damit des Internets fördert. Ein Weg, dem Performanzproblem zu begegnen, ist das sogenannte „Cross Layering", hierbei wird bewusst auf die Isolation der Kommunikationsschichten verzichtet und über mehrere Schichten hinweg „getuned".

4.6 Entwicklungsmodelle

Traditionelle Entwicklungsparadigmen, wie zum Beispiel messagebasierte Systeme, Client-Server Architekturen oder Shared Memory sind unangemessen für die Entwicklung pervasiver und speziell autonomer Systeme:

- Traditionelle Programmierung verlangt ein mehr oder minder statisches Gesamtsystem. Eine oft gefundene Voraussetzung ist es, ein hohes Maß an a priori Wissen über das zukünftige System zu besitzen – die meisten Vorgehensmodelle versuchen, alle Requirements vor Beginn des Designs zu erhalten. Meist werden eine feste raumzeitliche Koppelung und eine referentielle Existenz vorausgesetzt. Die Annahmen, dass Komponenten im selben Netzwerk „leben" und sich gegenseitig kennen, sind implizit in den meisten Vorgehensmodellen vorhanden. Aber diese Annahmen können nicht über große, verteilte und sich permanent verändernde Systeme gemacht werden. Hier ist die Interaktion mit unbekannten Services, Consumern und Ressourcen die Norm und nicht die Ausnahme! Das Nichtvorhandensein eines zentralen Kontrollknotens macht die Adaption irgend einer a priori Strategie sinnlos.
  Neue Programmiermodelle müssen davon ausgehen, dass sie sich in einer hochgradig dynamischen Umgebung befinden, dass keine Annahmen über andere Services oder Infrastrukturen getroffen werden können, dabei muss gleichzeitig Rücksicht auf mögliche kollektive Phänomene – speziell Emergenz – genommen werden. Ein Weg in diese Richtung sind VSM-Services (s. Abschn. B.1).
- Heutige dominante Methoden der Kommunikation zwischen Komponenten wie Messageübertragung oder Shared Memory haben keine Mechanismen für Kontextsensitivität und semantische Interaktionen. In den meisten Modellen existieren Services und Komponenten in einer Art Vakuum, in dem es nur noch andere Services oder Komponenten gibt. Solche Modelle können Kontextsensitivität nur rudimentär simulieren; auch schreiben heutige Entwicklungsmethodiken in der Regel die Infrastruktur vor. Diese konstruktiven Eigenschaften behindern mögliche Mechanismen im Bereich der Selbstadaption, Selbstheilung und Selbstkonfiguration.
  Diese Mechanismen sind heute externalisiert, das heißt ein Mensch nimmt diese Mechanismen als Bestandteile eines soziotechnischen Systems zur Implementierung des einzelnen Service wahr. Dies kann entweder zur Laufzeit – durch den

Betrieb – oder zum Designzeitpunkt – durch die Maintenance – geschehen, oder anders formuliert: Heutige Services sind nicht dazu entworfen auf Veränderungen ihrer Umgebung zu reagieren.
- Die meisten Kommunikationsmodelle sind Schichtenmodelle[45,46]. Dies verhindert typischerweise die Adaption des Kommunikationsmediums an das Netzwerk und die Applikationsdomäne. Auf der einen Seite machen die Schichtenmodelle die höheren Schichten „blind" gegenüber der Implementierung oder Änderungen darunterliegender Schichten: auf der anderen Seite ist den niedrigen Schichten nicht bekannt, was da eigentlich transportiert wird.
- Ein weiteres Problem ist die Frage der Koordination der Services. Die meisten heutigen Modelle gehen von einer zentralen Koordination im Sinne einer SOP (s. Abschn. 2.6) oder in Form eines Repositories aus. In großen mobilen oder pervasiven Systemen, beziehungsweise in einem EOA-System (s. Kap. 5), existiert eine solche zentrale Koordination nicht mehr. Dies ist auch aus einer psychologischen Perspektive betrachtet interessant, zuerst wurden Services in Form von Applikationen direkt kontrolliert, durch SOA und das nachfolgende Outsourcing von Services ist die direkte Kontrolle nicht mehr möglich. Heute wird im SOA-Umfeld versucht, über den Zugang zum Service (ESB, Repository) die Kontrolle und damit die Machtausübung zu erhalten. In neueren Systemen dürfte dies gar nicht mehr möglich sein, mit der Folge, dass der Einzelne Angst vor einem Kontrollverlust hat. Folglich müssen Services einen hohen Grad an Autonomie und Adaptionsfähigkeit aufweisen (s. Anhang. B.1).

Die meisten Softwareentwicklungsmodelle, welche für verteilte Systeme entwickelt wurden, wie zum Beispiel RPC[47] oder CORBA, versuchen die Verteilung und die Geräte zu verstecken und die Entwicklung von der konkreten Topologie zu lösen. Im Prinzip sind dies Fortsetzungen der Idee, dass ein Programm an exakt einem Ort ist. Von daher betrachtet muss Softwareentwicklung für pervasive Systeme auf anderen Prinzipen basieren:

- Veränderungen aufzeigen – Die Systeme sollten Veränderungen aktiv aufzeigen, so dass die Applikationen und Services eigene Strategien entwickeln können, um sich auf diese Veränderungen der Serviceumgebung einzustellen.
- Dynamische Komposition – In einem sich stetig verändernden Umfeld sollte man in der Lage sein, Services beliebig und zur Laufzeit zu neuen Services zusammenfassen zu können. Daher ist dynamische Servicekomposition in einer pervasiven Umgebung ein Muss.
- Strikte Serviceorientierung – Die Trennung zwischen Interface und Implementierung und die bekannten Mechanismen einer SOA erlauben es, trotz einer dynamischen pervasiven Umgebung, ein gewisses Maß an Stabilität aufrecht zu erhalten.

Die heutige Softwareentwicklung wird vom PC als Ziel- und Entwicklungsplattform dominiert. Für pervasive Umgebungen ist dies aber nicht ausreichend, da sich

---
[45] Zum Beispiel das ISO/OSI-7-Schichtenmodell der Informationsübermittlung.
[46] Siehe S. 37.
[47] **Remote Procedure Call**.

4.6 Entwicklungsmodelle

solche Umgebungen in mehreren zentralen Punkten von einem Einzelplatzsystem[48] unterscheiden:

- Neue Geräte benötigen neue Benutzerinterfacekonzepte – Viele Geräte haben weder Maus noch Tastatur oder überhaupt keinen Bildschirm, mit der Folge, dass andere Formen der Interaktion gefragt sind, so zum Beispiel: Stift, Finger, Stimme, Gestik, Mimik.
  Neue Formen der Interaktion sind daher möglich und notwendig und müssen auch in der Entwicklung konzeptionell unterstützt werden. Im Rahmen des Softwaredesigns ist es sinnvoll, das Benutzerinterface von der Servicelogik zu trennen; ein Vorgehen, welches innerhalb von Schichtenarchitekturen und speziell der SOA „üblich" ist.
- Systeme in solchen Umgebungen müssen sich den Veränderungen gemäß adaptieren.
- Die Software muss sich nicht nur auf neue Umgebungen, sondern auch auf die Existenz verschiedener Consumer – mehr oder minder simultan – einstellen können.
- Synchrone Kollaboration ist eine essentielle Fähigkeit in solchen Umgebungen.
- Eines der Hauptcharakteristika pervasiver Umgebungen ist das Vorhandensein einer großen Zahl von Geräten, welche miteinander kommunizieren.

All dies bedingt, dass die Software sich auf veränderte oder neue Umgebungen einstellen und mit diversen anderen Geräten zu einem gemeinsamen Nutzen agieren können muss. Die vorhandenen Geräte haben meist unterschiedliche Fähigkeiten zur Interaktion, nicht nur mit Consumern, sondern auch mit anderen Systemen. Dies muss eine Softwareentwicklungsmethodik explizit berücksichtigen.

Aber alle diese Aspekte werden von heutigen PC-Systemen nicht erfüllt! Betrachtet man sich die Unterschiede, so wird klar, warum ein Servicekonzept solche Probleme lösen kann. Zum einen implizieren Services lose Koppelung und zum anderen machen Services keine Annahmen über die Implementation anderer Services, daher auch keine Annahmen über die Interaktionsmuster. Zum Dritten isoliert ein Human Interaction Container (s. Abschn. 2.5.7) das Benutzerinterface vom fachlichen Service.

Im Rahmen von großen pervasiven Systemen, speziell dem Internet, ist ein völlig anderer Trend zu beobachten: die Auflösung der „klassischen" Applikation. In der Vergangenheit wurde Software entweder als Individualsoftware für große Systeme entwickelt oder die Software wurde in Form von COTS[49]-Software[50] ausgeliefert, dasselbe geschah mit Bildern oder „Clip Arts", diese wurden mit der Software importiert und dann vom Benutzer per Copy & Paste weitergenutzt. Die Vernetzung über das Internet hat hier einen profunden Wandel hervorgerufen. Plattformen wie *YouTube*, *MyVideo*, Blogs oder Groups von diversen Providern haben eine Verschie-

---

[48] Heutige PCs sind als Einzelplatzrechner konzipiert worden.
[49] Commercial of the Shelf.
[50] Im PC-Sektor oft auch als Shrink-Wrap-Software bezeichnet, da sie in eingeschweißten (Shrink-Wrap) Packungen ausgeliefert wird.

bung weg vom „professionellen" Content hin zum UGC[51] (benutzererzeugter Inhalt) bewirkt. Mehr Menschen als je zuvor setzen ihre kreativen Fähigkeiten ein und verändern Inhalte[52], nicht nur ihre eigenen Inhalte, sondern auch der Content anderer Menschen wird wiederverwendet, ergänzt, abgeändert, erweitert...

Das Potenzial zum Austausch von Wissen war in der Geschichte der Menschheit noch nie so groß wie heute!

Diese verschiedenen Mediadaten wirken zusammen wie eine „Applikation", ein Vorgang, der auch als Mashup bezeichnet wird. Der Trend in der Zukunft wird sein, dass dies nicht nur für den Content, sondern auch für Funktionen stattfindet, womit Services ähnlich heutigen *YouTube*-Videos entstehen werden. Die Webservices mit den entsprechenden Werkzeugen machen es für Benutzer möglich, eigenständige Services in einer Art Bricolage (s. Abschn. 2.8.3) zusammenzubauen und diese Services wiederum anderen zur Verfügung zu stellen. In Zukunft werden wir alle Erzeuger, Entwickler und Publizisten von Content und Services sein, genauso wie wir heute Consumer sind. Da sich Mashups noch im Anfangsstadium ihrer Entwicklung befinden, existiert heute kein Standard für deren Interoperabilität. Die meisten Werkzeuge im Mashup-Umfeld sind hochgradig proprietär, aber dies dürfte sich in der Zukunft schnell ändern.

Eine Folge dieser Möglichkeit ist, dass sich immer mehr Nischenentwickler herausbilden und zu einer Art „Habitatstruktur" (s. Abschn. 5.4) zusammenfinden. Was zunächst wie ein völlig chaotisches System erscheint, wird sich auf Grund von sozialem Druck, speziell durch die Nutzung und die Toleranz der Benutzer, beziehungsweise deren Intoleranz, zu einem stabilen System entwickeln. Hier können die Open Source Projekte als gutes Beispiel dienen. Es wird sich hier ein permanenter Zwiespalt zwischen Diversifikation auf der einen und Uniformität auf der anderen Seite herausbilden; beides Kräfte, welche auf die entstehenden Services und Artefakte einwirken werden, mit der Folge, dass je infrastruktureller etwas ist, desto uniformer auch die Lösung sein wird.[53]

4.7 Dynamische Komposition

Speziell bei den mobilen Services (s. Kap. 3) ist die dynamische Komposition in Zusammenhang mit pervasiven Umgebungen sehr interessant, da die Services und mögliche Kompositionen oft nicht a priori bekannt sind. Dasselbe gilt selbstverständlich auch dann, wenn ein neues Gerät als Provider einem Smartspace beitritt. Ein verteiltes offenes System ist dadurch charakterisiert, dass seine Services und seine Umgebung kontinuierlich evolvieren. Hierbei geschieht die Evolution nicht zentral gesteuert, sondern die einzelnen Bestandteile des Systems verändern sich unabhängig voneinander, analog den ULS-Systemen (s. Abschn. 6.9). Services verschwinden, sind zeitweise nicht erreichbar, können ihr Interface verändern und

---
[51] User Generated Content.
[52] Dies sollte man wertungsfrei sehen, da sich über Geschmack grundsätzlich streiten lässt.
[53] Es gibt nur eine geringe Notwendigkeit eigene Sortieralgorithmen zu schreiben.

so weiter, aber eine Veränderung der Implementierung ist nach dem Serviceorientierungsparadigma irrelevant. Außerdem verändern sich die funktionalen und nichtfunktionalen Anforderungen der Consumer in Abhängigkeit vom Kontext. Eine Adaption auf dieses hohe Maß an Veränderung muss daher eine der Schlüsselforderungen an solche Systeme sein.

Ein großes Problem in einer pervasiven Umgebung ist die permanente Veränderung der Umgebung des Kompositservices, da manche Provider wegbrechen, andere ihre QoS ändern oder es zu Überlastungen kommt, folglich muss ein einmal komponierter Service sich während seiner Lebenszeit rekonfigurieren, um diesen Veränderungen gewachsen zu sein. Während der Ausführung eines Kompositservice kann dieser eine Veränderung der Umgebung entdecken und muss auf diese reagieren, dafür sucht er neue Provider, um wieder den gleichen Gesamtservice für den Consumer zu liefern. Wenn alle Services vollständig zustandslos sind, ist dies problemlos möglich. In der Praxis hat man es jedoch stets mit zustandsbehafteten Services zu tun, daher ist es notwendig, fachliche Daten und Zustandsinformationen in „neu" komponierte Services übernehmen zu können.

Innerhalb pervasiver Netze stellt der Verbindungsabbruch das größte Risiko dar. Es existieren drei Mechanismen zur Reduktion dieses Risikos:

- Veränderungsantizipation – Bei dieser Strategie gibt es zwei Möglichkeiten:
  - Replikation – Diese kann auch providerseitig vorgenommen werden und ist damit transparent für den Consumer.
  - State Transfer – Beim State Transfer hält der Consumer den Zustand der einzelnen Services und des Kompositservice fest und ermöglicht es nach erneuter, rekonfigurierter, Nutzung des Kompositservice in diesen alten Zustand wieder zurückzukehren, dabei wird der erwünschte Zustand aktiv an den „neuen" Service übermittelt.
- Veränderungsvermeidung – Typische Mechanismen hierzu sind, die Mobilität des Consumers einzuschränken oder sich auf bestimmte Provider zu fokussieren. Aber diese Techniken sind in einer mobilen Umgebung nicht wirklich praktikabel.
- Fehlertoleranz – Rollback- und Replaytechniken, wie man sie aus dem Datenbankumfeld kennt, können hier eingesetzt werden.

4.8 Evolution

In einer pervasiven Umgebung kann eine Evolution aus zwei unterschiedlichen Perspektiven betrachtet werden, zum einen eine mikroskopische und zum anderen eine makroskopische Perspektive. Auf der mikroskopischen Ebene geht es um die Entwicklung einzelner Services, Protokolle oder Geräte, auf der makroskopischen Ebene hingegen um die Entwicklung eines Systems von Services als Ganzem. Die makroskopische Evolution lässt sich durch ein digitales Ökosystem (s. Kap. 6) beschreiben.

Beide Skalen haben unterschiedliche Dynamiken, Zeitskalen und Mechanismen; sie benötigen verschiedene Modelle und Werkzeuge. Auf der mikroskopischen Skala wird sich mit Serviceevolution, Tuning, Laufzeitparameter und ähnlichem befasst. Aus makroskopischer Sicht wird beschrieben, wie erfolgreich sich Services ausbreiten, replizieren und das Netzwerk durchwandern oder wie Kooperationen ablaufen.

Beide Perspektiven werden auf die Dauer gesehen benötigt, aber letztlich wird für die menschliche Nutzung die makroskopische Ebene wichtiger werden, da man hier im Begriff ist, ein hochgradig komplexes nichtbeherrschbares System (s. Anhang. A.9) aus einer großen Anzahl eng miteinander verwobener Services zu produzieren. Aber die mikroskopische Sicht bleibt weiterhin wichtig, da das Tuning und die Veränderung einzelner Services essentiell zur langfristigen Entwicklung eines großen Systems beitragen. Zu den Mechanismen der mikroskopischen Evolution gehören die der Evolution von Services innerhalb einer SOA durch die Techniken des SOCs, aber auch mögliche exotische Varianten wie Fraglets (s. Abschn. 6.2.2).

Für die makroskopische Evolution existiert eine Reihe von Ansätzen (für eine Detaillierung, s. Kap. 6), dazu zählen:

- evolutionäre Spieltheorie – In der evolutionären Spieltheorie werden die Entwicklungen von Populationen durch die Interaktion der Individuen modelliert. Hierbei erhalten die Individuen einen „Gewinn" je nach Höhe ihrer Reproduktionsrate. Dabei können die einzelnen Spezies durchaus Phänomenen wie Aussterben, Mutationen oder Invasionen von außen ausgesetzt sein.
- stochastische Prozesse – Die makroskopische Evolution kann auch als ein stochastischer Prozess betrachtet werden, hierbei reagiert ein opportunistisches Netzwerk auf zufällig auftretende Veränderungen.
- Systembiologie – Im Rahmen dieses Ansatzes wird der Versuch unternommen, biologische Phänomene mathematisch zu modellieren und diese Modelle dann auf allgemeine Systeme zu übertragen.

Die selbstständige Veränderung von Services kann so weit gehen, dass wir Services als „intelligent" empfinden. Damit ein Service ein solches Verhalten zeigen kann, muss dieser erst einmal in der Lage sein etwas wahrzunehmen, entweder seine Umwelt (im Sinne von Kontext, s. Abschn. 3.6) oder andere Services und simultan sich auch gemäß einer Veränderung adaptieren zu können.

Eine Möglichkeit, den Begriff der Wahrnehmung für Systeme und damit auch für Services zu definieren, lautet:

Ein System wird als kognitiv (wahrnehmend) bezeichnet, wenn es die Modelle anderer Systeme in der Wechselwirkung mit diesen ausnutzt.

Diese Wahrnehmung kann soweit gehen, dass der Service sich selbst kontrolliert und an andere selbstständig adaptiert, so zum Beispiel die Viable System Services (s. Anhang B.1).

Kapitel 5
Digitale Businessökosysteme

> *Ich denke, dass es einen Weltmarkt für vielleicht*
> *fünf Computer gibt.*[1]
> Thomas John Watson Sr.
> *IBM*-Vorstand
> 1874–1956

Heute wird das meiste Potenzial für Einsparungen in Organisationen entweder im Bereich des Reengineerings der Kernprozesse oder im Outsourcing von Aktivitäten gesehen. Dieser Trend geht durch alle Markt- und Industriesegmente, mit der Folge einer stark erhöhten Fragmentierung und – vor allen Dingen – einer exponentiell wachsenden Komplexität. Parallel dazu tendieren die Verbindungen zwischen zwei Organisationen immer temporär und fluktuierender zu werden. Dies hat zur Folge, dass die Adaption der Organisation und der „Netzwerke" mehr sein muss als ein zeitlich singuläres Projekt: Es kann nur ein permanent laufender Prozess sein.

Wenn die Geschäftswelt als ein System von miteinander interagierenden Organisationen betrachtet wird, so hat diese Welt als grundlegende Eigenschaft, dass diverse autonome Subsysteme (Organisationen) miteinander dynamisch interagieren und sich zeitlich gesehen strukturell und funktional verändern. Dabei zerfällt die Geschäftswelt in mehrere, mehr oder minder entkoppelte, Domänen. Am leichtesten lassen sich diese Domänen an ihrem jeweils eigenen Sprachgebrauch und Vokabular erkennen. Eine solche Domäne wird auch in Anlehnung an biologische Systeme als Businessökosystem bezeichnet. Eines der bekanntesten Beispiele eines Businessökosystems ist das Automobilökosystem. Es besteht nicht nur aus den Automobilwerken, ihren Zulieferern, der Metallindustrie, sondern auch den Mineralölgesellschaften und dem Straßenbau. Mineralöl-, Metall- und Bauindustrie wiederum bilden eigenständige Businessökosysteme und verbinden sich parallel mit anderen Businessökosystemen. Alle diese Industrien wären ohne das Automobil überhaupt nicht in der heutigen Form entstanden. Dieses Ökosystem konzentrierte sich auf eine Erfindung (das Auto) und es war in der historischen Perspektive relativ einfach vorauszusehen, wie sich diese Businessökosysteme entwickeln würden.[2]

Im Gegensatz zu den aus dem Maschinenbau (Automobil, Flugzeug) oder der Energietechnik (Öl, Kohle) initiierten Businessökosystemen entstanden computer- oder softwaregestützte Businessökosysteme wie *SAP* oder *Microsoft* nicht durch die Kombination von Materialien, sondern durch die systematische Verknüpfung von

---
[1] Ob er es je gesagt hat ist allerdings umstritten...
[2] Für eine kritische Stellungnahme zur Vorhersehbarkeit von Entwicklungen, s. S. 228.

Ideen, mit der Folge, dass diese Businessökosysteme nicht zufällig, sondern mehr oder minder gesteuert entstanden sind.

Die zunehmende Globalisierung hat zu einer mehr oder minder freien Verschiebbarkeit von Objekten und Kapital auf der Welt geführt, aber nicht zu einer Verschiebung von Wissen und Bedeutung. Diese beiden Größen sind praktisch immer lokal. Wissen wird lokal gewonnen, aber das Ergebnis (die Anwendung des Wissens) wird oft global genutzt. Nutzbar ist es jedoch nur durch verstärkte Vernetzung, nicht nur sehr großer Organisationen, sondern auch zunehmend mittelständischer und kleiner Organisationen. Obwohl die Globalisierung als Zukunft stets wie ein Mantra von Politikern und Wirtschaftsführern wiederholt wird, ist sie jedoch nur bedingt optimal, denn die sogenannte „tacit knowledge", dass nichtkodifizierte Wissen von Personen über Kulturen, Organisationen und spezielle Fertigkeiten lässt sich nur sehr schwer relokalisieren.[3] Es ist genau dieses Wissen, auf das kleine und mittelständische Organisationen aufbauen können.

Bei dem Buzzword *e-Commerce* denken die meisten Menschen zuerst an Organisationen wie *Amazon.com*, *Yahoo.com*, *Google.com* oder an eine der anderen „Dot-Com"-Firmen[4], aber dies sind alles B2C-Firmen. Digitale Businessökosysteme zielen sehr viel stärker auf die B2B-Märkte ab, bei denen es generell weniger Käufer, aber meist größere Mengen an Transaktionen gibt.

Marktpolitisch gesehen führt ein digitales Businessökosystem zu einer Stärkung von lokalen Wirtschaften mit der Konsequenz einer „anderen" Infrastruktur- und Investitionspolitik. Heutige publizierte Maßzahlen wie beispielsweise der *e-readiness-Index*[5] sagen über die Fähigkeiten eines Landes sehr wenig aus, da sie im Grunde nur Mittelwerte liefern – das typische Benchmarkphänomen. In solchen Untersuchungen rangieren dann Estland (entwickelte *Skype*) auf Platz 27 oder China auf 54, obwohl der Umsatz mit Softwareentwicklung in China mittlerweile genauso hoch ist wie in Indien. Digitale Businessökosysteme sind interessanterweise auch für Entwicklungsländer geeignet, die durch eine solche Maßnahme Anschluss an die globale IT-Wirtschaft finden können.

Heutige Mobiltelefonprovider sind das Gegenbeispiel für digitale Businessökosysteme, da diese sich primär als Betreiber aller Services auf der Plattform verstehen und daher alle Services beherrschen wollen. Parallel dazu haben die Gerätehersteller für Handys im Grunde eine Strategie gewählt, die davon ausgeht, dass es sinnvoller ist, billige Handys mit geringer Funktionalität zu produzieren als teuere Mobilgeräte mit hoher Funktionalität. Dies geschah, um in einem wachsenden Mobilfunkmarkt eine breite Kundenbasis zu erhalten, mit der Folge, dass diese Handys kaum geeignet sind, mobile Services in großem Umfang zu nutzen (s. Kap. 3). Im Gegensatz dazu hat das Internet eine völlig andere Richtung genommen. Hier konzentrieren sich die Provider auf die Bereitstellung von horizontalen Services und einer allgemeingültigen Infrastruktur, mit der Folge, dass sich auf dieser Plattform andere

---

[3] Außer durch Relokalisierung von Menschen. Geschichtliche Vorbilder sind hier die Ansiedelung der Hugenotten in Deutschland oder der spanischen Juden in England, aber auch die Kolonialisierung des nordamerikanischen Kontinents durch England und Frankreich.

[4] Von den „Dot-Com"-Firmen hat sich schon eine gewisse Anzahl aus dem Markt verabschiedet.

[5] Global IT-Report.

Provider für zusätzliche Services ansiedeln können. Im Gegensatz zu einer SOA (s. Abschn. 2.5), welche faktisch nur aus Services besteht, sind reale Systeme aus einer großen Menge von unterschiedlichen Komponenten aufgebaut, dazu zählen unter anderem:

- Wissen,
- Prozesse,
- Services,
- Repräsentationen.

Alle diese Komponenten agieren gemeinsam, um ein digitales Businessökosystem zu schaffen.

Biologische Ökosysteme als Namenspatron werden üblicherweise in terrestrische und aquatische Ökosysteme eingeteilt, welche je nach Klima weiter unterteilt sind, wobei diese sich oft nur schwer unterscheiden lassen und zum Teil überlappen. Zwei fundamentale Unterschiede zwischen biologischen und solchen „ökonomischen" Ökosystemen existieren jedoch:

- Biologische Systeme haben keine Zielgerichtetheit, im Gegensatz zu ökonomischen Systemen, welche stets einen Zweck[6] verfolgen.
- Mit der Ausnahme von Mikroben kommt es in biologischen Systemen nicht zu einer genetischen Verknüpfung von Spezies, ganz im Gegensatz zu Ökonomien.

Zusätzlich dazu gibt es auch im Bereich der Forschung einen Unterschied, digitale Businessökosysteme werden primär aus dem Blickpunkt der Effizienz oder der Kontrolle betrachtet, biologische Ökosysteme hingegen meist phänomenologisch.[7] Businessökosysteme haben jedoch im Gegensatz zu biologischen Ökosystemen nicht so etwas wie Gene, welche als eine Analysegröße in der Biologie dienen können, diese Größe fehlt in einem digitalen Businessökosystem.

Die Erforschung von digitalen Businessökosystemen wird im Rahmen des *EU Framework VI Projects* zur Schaffung der Informations- und Kommunikationstechnologie der nächsten Generation durch die Europäische Union gefördert. Ein digitales Ökosystem kann wie folgt definiert werden:

Ein digitales Businessökosystem besteht aus mehreren unabhängigen Beteiligten, welche in einer digitalen Umgebung zusammenarbeiten, um damit einen Prozess oder eine Transaktion zu ermöglichen, die folgende Eigenschaften besitzen:

- **Der Prozess oder die Transaktion überschreitet die Grenzen einer Organisation,**
- **jeder der Beteiligten hat nur die Verantwortung für einen Teil des Prozesses,**
- **niemand hat die Verantwortung für den Gesamtprozess.**

---

[6] Obwohl dieser Zweck den im ökonomischen System agierenden Menschen oft entgangen ist.
[7] Schon *Stafford Beer* verglich 1959 die menschlichen Organisationen mit biologischen Systemen und argumentierte dabei, dass eine industrielle Organisation wie ein Organismus ist, welcher auf die Veränderungen seiner Umgebung reagiert.

In einem solchen System entstehen völlig neue Problemstellungen, so zum Beispiel, wie dezentrale Verantwortung zu regeln ist oder welcher der Beteiligten wie auf Veränderungen der Geschäftsprozesse reagieren muss. Außerdem stellen sich Fragen im Bereich von Selbstorganisation, Autopoia und der Fähigkeit zur Selbstheilung. Ökonomien sind im Grunde selbstorganisierend, allerdings nur dann, wenn sie auf einer langen Zeitskala betrachtet werden.[8,9] Da in einem solchen dezentralen System keine zentrale Kontrolleinheit mehr existent ist, müssen sich auch die Mechanismen zur Steuerung des Systems verändern.

Digitale Businessökosysteme leben von der dynamischen Serviceaggregation und deren Evolution! Alle Services interagieren und formen erst dadurch das neue Gesamtsystem namens „digitales" Businessökosystem, insofern entsteht eine Art Service Oriented Enterprise (s. Abschn. 2.2), allerdings mit dem fundamentalen Unterschied, dass es keine zentrale Kontrolle und auch kein gemeinsames Ziel bei den Beteiligten gibt. Ein solches digitales Businessökosystem hat mehrere Vorteile:

- Es ist sehr flexibel (s. Abschn. 2.4), da sich die Orchestration oder die Choreographie des übergreifenden Prozesses schnell an Marktveränderungen anpassen können muss.
- Es schafft „gleiche" Opportunitäten für alle, da sich, unabhängig von der Größe, auch sehr kleine Organisationen beteiligen können.
- Durch die Beteiligung vieler Organisationen kann es kosteneffektiv sein.

Solche Businessökosysteme existieren heute schon in Ansätzen, meist allerdings getrieben durch einen zentralen Knoten. Beispiele hierfür sind: *Linux*, Open Source Projekte, *iTunes*, aber auch *SAP* mit seiner ganzen Berater- und „Veredler"-Umgebung. Wie exemplarisch zu sehen ist, benennen wir oft sogar diese Ökosysteme nach ihren zentralen Knoten. Für Außenstehende lässt sich dann das eigentliche Businessökosystem nicht mehr vom Zentralknoten unterscheiden.

5.1 Evolution der IT-Adoption

Es ist besonders wichtig bei der Betrachtung der Evolution der IT-Adoption in Organisationen zu beachten, dass Technologie sich nicht wie ein physikalisches Objekt verhält, sondern wie eine Form des praktischen Wissens. Kennzeichnend hierfür ist, dass dieses Wissen teil-, erlern- und reproduzierbar ist. Als soziales Element ist Technologie eine soziale Erfindung, welche formbar ist und durch ihre Anwendung auch wieder geformt werden kann. Gleichzeitig verändert Technologie jedoch auch den Nutzer. Aus der historischen Perspektive betrachtet ist die Entwicklung zu einem digitalen Ökosystem eine Abfolge einfacher „logischer" Schritte.

---

[8] Die Selbstorganisation innerhalb von Ökonomien stellt die Politik immer wieder vor neue Herausforderungen, da sie im Grunde nur Rahmenbedingungen schaffen kann.
[9] Nichtselbstorganisierende Ökonomien, wie die stalinistischen Wirtschaftsordnungen waren offensichtlich nicht besonders erfolgreich.

5.1 Evolution der IT-Adoption

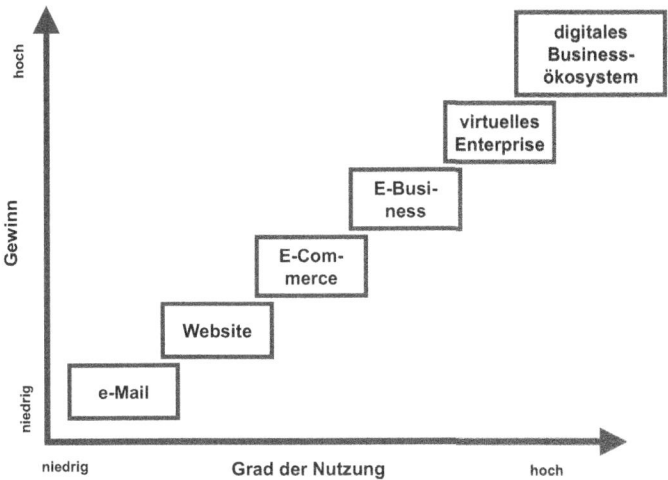

Abb. 5.1 Die Evolution der IT-Adoption in Organisationen

Die Adoption von Internettechnologie, als notwendige Voraussetzung für ein digitales Businessökosystem, innerhalb von und durch Organisationen ist ein kontinuierlicher Prozess (s. Abb. 5.1), der in sechs Schritten verläuft:

- e-Mail – Die früheste kommerzielle Nutzung von e-Mail geht in das Jahr 1985 zurück. Allerdings implizierte die Nutzung keinerlei kulturelle Veränderung in den betreffenden Organisationen. Die e-Mail wurde als eine Art anderes Fax[10] genutzt.[11,12]
- Websitepräsenz – In der zweiten Phase (ab etwa 1993[13]) kam es zu einer Proliferation von Webauftritten. Diese wurden jedoch nicht von den Zielgruppen in Anspruch genommen. Erst mit dem Einsatz von Suchmaschinen und verstärkter Ergonomie[14] wandelte sich das. Trotz ihrer sehr weiten Verbreitung waren zu diesem Zeitpunkt Websites oft nur das elektronische Pendant zu gedruckten Katalogen oder sonstigem Marketingmaterial mit einer sehr geringen Menge an Funktionalität.
- e-Commerce – Ab 1996 erlaubte es der Fortschritt der IT-Technologie, ökonomische Transaktionen online zwischen Organisationen abzuwickeln. Die ersten

---

[10] Der Ausdruck Fax ist die Kurzform von Telefaksimile. Das Fax wurde 1979 offiziell von der *Bundespost* in Deutschland eingeführt. Erstaunlicherweise wurde die Idee der elektronischen Übertragung von Bildern durch *Alexander Bain* schon im Jahre 1843 erfunden.

[11] Der Autor war einmal Mitarbeiter eines Unternehmens, in dem per e-Mail eingehende Bestellungen ausgedruckt und dann per Fax an den Vertrieb weitergesandt wurden.

[12] Ähnlich den Spam-Mails existieren auch Spam-Faxe, s. Fußnote S. 7.

[13] Ein erstaunliches Datum, wenn man bedenkt, dass die Idee des WWW mit HTTP als Protokoll zum Austausch wissenschaftlicher Informationen durch *Tim Berners-Lee* erst 1989 entstand.

[14] In den neunziger Jahren waren die Websites zum Teil so schrecklich, dass die schlimmsten in der *Minskys Worst* Liste gekürt wurden.

e-Banking und e-Payment Systeme kamen auf den Markt. Zu diesem Zeitpunkt beginnt auch die Personalisierung der Websites für den jeweiligen Consumer.
- e-Business – Die vierte Phase begann etwa ab 1999. Zu diesem Zeitpunkt fing das Internet an großen Einfluss auf die Prozesse und Geschäftsmodelle von Organisationen zu nehmen.[15] Beispiele für Applikationen, welche zu diesem Zeitpunkt massiv eingesetzt, beziehungsweise eingeführt wurden, sind:

  – Call Center,
  – e-Procurement,
  – Datawarehouse,
  – Supply Chain Management,
  – Enterprise Ressource Planing,
  – Customer Relationship Management.

  Diese e-Business-Phase ist in den allermeisten Organisationen bis heute noch nicht vollständig abgeschlossen worden.
- virtuelles Enterprise (s. Abschn. 2.2) – Mit zunehmender Durchdringung des Internets in Organisationen und in der Lebenswelt von Menschen sowie der steigenden Anzahl von internetfähigen Applikationen begann die Entstehung einzelner virtueller Enterprises, da jetzt die technologische Infrastruktur für deren Existenz geschaffen war. Trotz der vorhandenen Möglichkeiten sind erst die wenigsten Organisationen in der Lage und, vor allen Dingen, Willens sich an virtuellen Enterprises zu beteiligen.
- digitales Businessökosystem – Als Konsequenz aus dieser Evolution treibt die dynamische Kooperation der Beteiligten die Idee des virtuellen Enterprises weiter und dehnt sie auf ganze Wirtschaftsräume aus – das digitale Businessökosystem entsteht. Dieses wird die Art und Weise, wie Organisationen aufgebaut sind und wie sie interagieren, in Zukunft drastisch verändern.

5.2 Gesundheit und Robustheit

Ein Businessökosystem, welches in der Lage ist, nachhaltiges Wachstum im Bereich der Chancen für seine Mitglieder und gleichzeitig seinen Kunden einen Nutzen zu geben, ist ein „gesundes" Businessökosystem. Im Gegensatz dazu ist ein Businessökosystem, welches nur neue Produkte liefert und dann bei der nächsten größeren Störung zusammenbricht, kein gesundes Businessökosystem. Dasselbe gilt für den Fall, dass das Businessökosystem sich statisch verhält, indem es keine Innovationen an seine Kunden liefert. In Analogie zu natürlichen Ökosystemen müssen drei notwendige Bedingungen für eine solche Form der „Gesundheit" eines Businessökosystems vorhanden sein:

---

[15] Bekannteste Vertreter dieser Spezies: *eBay, Amazon, Google, Yahoo...*

5.2 Gesundheit und Robustheit

- Innovation,[16]
- Robustheit,
- Produktivität.

Das einfachste Maß für Robustheit ist es, die „Überlebensfähigkeit" eines Systems gegenüber Störungen zu messen. Für eine solche Messung gibt es zwei unterschiedliche Methoden.

- Ein Ansatz ist es, den Umsatz und die Wertschöpfung in einem solchen Businessökosystem zu bestimmen und seine Fähigkeit, sich in diesen beiden Größen von Rückschlägen, wie Wirtschafts- oder Börsenkrisen, zu erholen, als Maß für die Robustheit zu nutzen.
- Ein anderer Ansatz ist graphentheoretischer Natur, indem betrachtet wird, wie stark ein solches System durch den Wegfall einer Kante oder eines Knotens betroffen ist (s. S. 20). Manche Industriezweige, zum Beispiel die Chipindustrie sind stark abhängig von einigen wenigen Schlüsselbetrieben (Waferproduktion). Viele heutige Businessökosysteme sind aber nicht „gleichverteilt", sondern gruppieren sich um einen zentralen Schlüsselknoten; so im Fall von *SAP*, *Microsoft* oder *Apple*. Der Wegfall dieses Zentralknotens zerstört dann das bestehende Businessökosystem.

In klassischen Ökosystemen wird die Produktivität eines Systems durch die Effektivität definiert, wie es Rohmaterial (Wasser, Mineralien, Erde, Luft...) in Biomasse verwandeln kann. Innerhalb biologischer Systeme bleibt das Rohmaterial relativ konstant und die Produktivität muss nicht unbedingt drastisch ansteigen, solche Systeme zeigen oft auch ein homöostatisches Verhalten (s. Anhang A.3). Erfolgreiche Businessökosysteme sind in dieser Hinsicht völlig verschieden, sie sind permanent äußeren Veränderungen – neuen Prozessen, neuen Technologien, neuen Herausforderungen, neuen Wettbewerbern – ausgesetzt. Folglich ist das Wachstum an Produktivität für ein solches System extrem wichtig. Als Maß kann hier durchaus das „klassische" Maß einer Volkswirtschaft, die Produktivität pro Arbeitnehmer genutzt werden.

Die beiden Größen Robustheit und Produktivität allein stellen aber nicht sicher, dass ein Businessökosystem tatsächlich gesund ist, es ist wichtig, dass es ein großes Maß an Diversität innerhalb des Ökosystems gibt, sonst kann sich dieses nicht optimal anpassen.[17] Innovation und die Erzeugung von Marktnischen sind kritische Mechanismen, durch die Businessökosysteme ihre Diversität auf Dauer erhöhen. Aus dieser Diversität resultieren Alternativen und Optionen für die Consumer des Ökosystems. Als Maß für die Innovationskraft in einem Businessökosystem – und speziell auch in einem digitalen – kann der Ertrag von „Venture Capital" Investitionen genutzt werden, da es gerade diese sind, die auf Innovationen setzen.

Schon heute existiert eine Reihe von Businessökosystemen in der IT-Welt, zwar sind diese noch keine digitalen Ökosysteme, aber sie zeigen doch die zukünftige Entwicklung in diesem Sektor auf:

---
[16] Bei natürlichen Ökosystemen entspricht dies der Erzeugung von ökologischen Nischen.
[17] Monokulturen sind sehr empfindlich gegenüber Störungen.

- *eBay* – Ist eines der bekanntesten „neuen" internetbasierenden Geschäftsmodelle, in dem es die Idee einer Auktion auf eine Internetplattform hebt.
- *iPod* und *iTunes* – Die Musikindustrie erlebt zurzeit einen Wandel im Hard- als auch Softwarebereich. Speziell die Kombination aus MP3-Playern und der Fähigkeit, Musik herunterladen zu können, verändert diesen Sektor immens. Speziell die P2P-Systeme wie *Kazaa*, *Napster* oder *Gnutella*[18] stehen im Zentrum des öffentlichen – auch juristischen – Interesses. Technologische Innovationen dieser Systeme zusammen mit dem Geschäftsmodell von *Apple*, welches Hardware (*iPod*) als auch Softwareservices (*iTunes*) beinhaltet, werden den Markt noch stärker verändern.
- *Real Play*, *Quicktime* und *Mediaplayer* – Multimedia auf dem PC ist eine bei allen Endbenutzern beliebte Funktionalität. Neben der Verbesserung von Multimediaplayern ist es in diesem Ökosystem zu neuen Protokollen wie RSS[19] gekommen. Auch die Existenz von *YouTube* und anderen Contentsystemen unterstützt das Wachstum dieses Ökosystems.
- *Google* – Hier ist zwar noch kein vollständiges Ökosystem wie in der Musikindustrie entstanden, doch der Zentralknoten *Google* hat das Geschäftsmodell des „performance based Advertising" erfunden und sich damit eine eigenständige Nische im Werbemarkt geschaffen.

Neben einfachen Maßen für Robustheit kann auch das Stabilitätskriterium für Ökosysteme, das Pulsing Paradigma (s. S. 232), als Kriterium herangezogen werden. Bei diesem Paradigma zeigt sich die Stabilität eines Ökosystems durch die Existenz gedämpfter Oszillationen zwischen mehreren Fixpunkten.

5.3 Ecosystem Oriented Architecture

Es existiert eine strukturelle Koppelung zwischen der Geschäftswelt im Sinne der Ökonomie und dem digitalen Businessökosystem, in dem sich die beteiligten Organisationen aufhalten. Das digitale Businessökosystem stellt eine Menge von Repräsentationen des „realen" Ökosystems dar. Im digitalen System werden diese Repräsentationen für Aufgaben wie das Suchen, die Aggregation und Empfehlung von Services oder die Reorganisation von Wertschöpfungsketten genutzt.

Die Existenz und aktuelle Struktur des digitalen Businessökosystems verändert die beteiligten Organisationen zum einen strukturell und zum anderen das Beziehungsgeflecht dieser Organisationen untereinander. Umgekehrt betrachtet produziert diese Veränderung wieder eine strukturelle Veränderung der Repräsentation der Organisation im digitalen Businessökosystem, beziehungsweise des gesamten digitalen Businessökosystems. Diese Form der strukturellen Koppelung mit gegenseitiger Veränderung und Stabilisierung ist eine Form der Autopoia (s. Anhang A.8).

---

[18] Siehe S. 67.
[19] **R**eally **S**imple **S**yndication. RSS ist ein Service auf Webseiten, der ähnlich einem Nachrichtenticker die Überschriften mit einem kurzen Textanriss und einen Link zur Originalseite enthält.

5.3 Ecosystem Oriented Architecture

Da das digitale Businessökosystem an das sozioökonomische System der Teilnehmer gekoppelt ist, wird seine Architektur auch von diesem beeinflusst und umgekehrt.

Die heutige Form der Service Oriented Architecture (SOA, s. Abschn. 2.5) reicht als Architektur für solche Szenarien nicht aus, da sie primär für eine einzelne Wertschöpfungskette in einer statischen Domäne mit relativ feststehenden Beteiligten entwickelt wurde. Die meisten SOA-Implementierungen zielen sogar darauf ab, nur eine einzelne Organisation und darin nur Teile einer Prozesskette abzubilden. Heutige B2B-Implementierungen weisen in aller Regel eine sehr strikte Asymmetrie auf. Es gibt einen „Master" in der Prozesskette und viele Zulieferer als Provider für Services. Für ein verteiltes „demokratisches" Szenario ist dies hinderlich. B2B-Lösungen werden in der Praxis sehr selten außerhalb der Grenzen einer großen Organisation eingesetzt, da solche Lösungen sehr schwierig zu warten und zu verändern sind. Die Service Oriented Architecture wurde unter dem Leitgedanken von innerorganisatorischen Systemen entwickelt, mit der Konsequenz, dass die strukturellen oder funktionalen Aspekte einer SOA durch eine zentrale Governanceinstanz geregelt werden:

- Die Infrastruktur, speziell ein Servicebus, ein Repository und eine Registry sind unter der Kontrolle der SOP (s. Abschn. 2.6).
- Funktionale Spezifikationen werden im Voraus geplant und finden Eingang in das Repository.
- Die Interfaces repräsentieren einen gemeinsamen Vertrag zwischen Provider und Consumer, in der Regel werden sie einseitig durch den Provider definiert.
- SOA ist das historische Ergebnis von EAI, RPC und CORBA mit dem Fokus auf Applikationen, Prozeduren und Objekte.
- Die Registry, beziehungsweise das Repository, ist eines der Schlüsselelemente einer SOA, wenn es nicht da ist, sind die Services nicht erreichbar. In einer sehr verteilten Umgebung ist dies problematisch.

Innerhalb einer „klassischen" Organisation kann eine SOA skalieren,[20] aber nur, da innerhalb einer Organisation folgende Voraussetzungen gelten[21]:

- Die Kommunikation ist stark hierarchisch orientiert.[22]
- Es existiert eine zentrale Kontrolle innerhalb der Organisation, mit dem Resultat, dass die Infrastruktur als auch die Referenzmodelle zentral verwaltet werden können.
- Funktionale oder infrastrukturelle Veränderungen werden durch die Geschäftsziele getrieben und lassen sich daher harmonisieren.

Ein einzelnes organisationsübergreifendes Referenzmodell[23] ist in einem digitalen Businessökosystem überhaupt nicht möglich, da die diversen Interessen und Ent-

---

[20] Falscher Zuschnitt von Services und Verantwortungen kann auch hier die Skalierungsfähigkeit einer SOA negieren.
[21] Zumindest theoretisch.
[22] Obwohl das Management der meisten Organisationen nicht müde wird das Gegenteil zu behaupten und gerne Schlagworte wie *flache Hierarchien* oder *offene Kommunikation* verwendet.
[23] Auch bekannt als das „Big Picture".

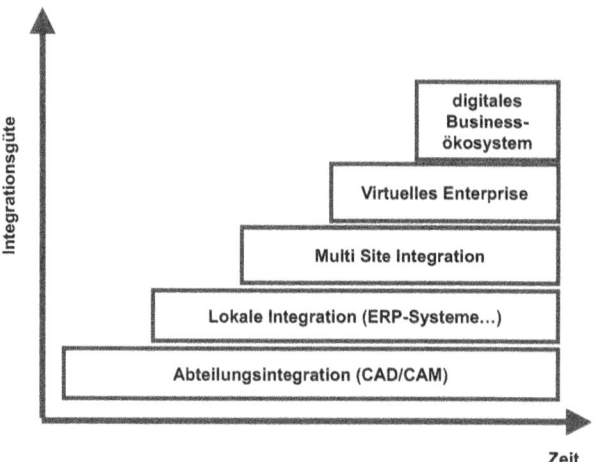

Abb. 5.2 Die verschiedenen Stadien der Integration, von der einfachen Integration auf Abteilungsebene bis hin zu einem digitalen Businessökosystem

wicklungen zu widersprüchlich sind, außerdem fehlt ein universelles Standardvokabular, auf das sich jeder beziehen kann. Es existieren aber innerhalb bestimmter Gruppen mehr oder minder geschlossene Vokabulare, folglich geht der Weg von einfachen Taxonomien (s. Abschn. 2.8.4) innerhalb einer Gruppe zu sogenannten „Folksonomien"[24], also gruppenspezifischen Einteilungen, mit der Konsequenz, dass heutige Suchmaschinen mit ihrem einfachen Patternmatching nicht mehr ausreichen, sondern intelligente Alternativen für Suchmechanismen gefragt sind, da eine ontologische Suchunterstützung in einem solchen Umfeld unabdingbar ist.

Digitale Businessökosysteme müssen diese Limitierungen überwinden und brauchen daher auch einen neuen Architekturstil, welcher von einer SOA abweicht: Eine sogenannte **E**cosystem **O**riented **A**rchitecture (EOA). Die digitalen Businessökosysteme ändern die Regeln gegenüber dem Leben in einer SOA, denn da, wo eine SOA von der Interaktion innerhalb einer Organisation existiert, profitieren die digitalen Businessökosysteme von den unterschiedlichen Interaktionen zwischen diversen Organisationen, beziehungsweise zwischen Gemeinschaften. Insofern modellieren sie sehr viel stärker die heute zu beobachtende Wirtschaft. In einem solchen Businessökosystem sind die Wertschöpfungsketten nicht linear und disjunkt, sondern sie überlappen sich:

- Es existiert kein zentrales Koordinationssystem zwischen den vielen beteiligten Organisationen.
- Ein einzelnes funktionales Referenzmodell existiert nicht, dafür sind die Interessen der beteiligten Organisationen zu widersprüchlich.

---

[24] Eine „Folksonomie" ist ein verteilter, kollaborativer Ansatz, um digitale Informationselemente durch Verschlagwortung zu kategorisieren. Die verwendeten Schlagworte sind subjektiv durch den einzelnen Benutzer geprägt und die Vergabe der Schlagworte erfolgt bewusst ohne feste Regeln und Strukturen.

5.3 Ecosystem Oriented Architecture

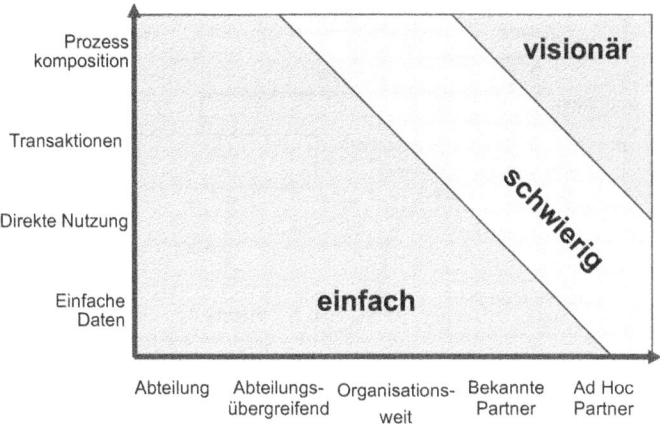

Abb. 5.3 Koordinationskomplexität für digitale Businessökosysteme

- Heute existierende soziale und geschäftliche Netzwerke sind nicht hierarchisch ausgerichtet, sondern weisen Clusterstrukturen als auch Charakteristika von skalenfreien Netzwerken (s. Anhang. A.10) auf.

Der größte hypothetische Vorteil digitaler Businessökosysteme gegenüber anderen organisatorischen Modellen ist ihr Potenzial für eine adaptive Selbstorganisation, aber eine solche muss nicht nur effizient im Sinne von Software sein, sondern sie muss auch Bedeutung im Sinne der Ausübung einer Geschäftsfunktion besitzen.

Die Konstruktion realer digitaler Systeme ist daher eine Gratwanderung zwischen der Freiheit des Systems, sich selbst zu organisieren und einen beliebigen „optimalen" Zustand zu erreichen und der Randbedingung, dass das System auch einen Geschäftsnutzen produzieren muss. Je mehr das Systemverhalten durch die interne Dynamik eines Systems geprägt ist, desto geringer ist die Wahrscheinlichkeit, dass es der Erwartungshaltung bezüglich Geschäftsfunktionen aus dem Blickwinkel der Benutzer entspricht. Wenn ein System nur durch die interne Dynamik bestimmt wird, so sind die Subsysteme in der Lage, sich schnell zu reproduzieren und zu überleben, aber das System erfüllt keine externalisierbare Funktion außer der eigenen Existenz.[25] Wird hingegen ein System nur durch die fachliche Funktionalität bestimmt, so ist es so stark eingeengt, dass es nur einen sehr kleinen Lösungsraum ausnutzen kann und dadurch nur selten eine mögliche optimale Lösung durch dynamische Veränderung findet.

Digitale Businessökosysteme haben den großen Vorteil, dass sie ihr Wissen praktisch dezentral speichern. Ähnlich einem neuronalen Netzwerk wird das Gesamtwissen im Ökosystem verteilt und kein einzelner Knoten besitzt das „Kopfmonopol". Auf der einen Seite führt die Verteilung der Information zwar zu Problemen mit der Redundanz, auf der anderen Seite ist das System aber immun gegenüber dem

---

[25] In gewisser Weise der Traum eines Entwicklers...

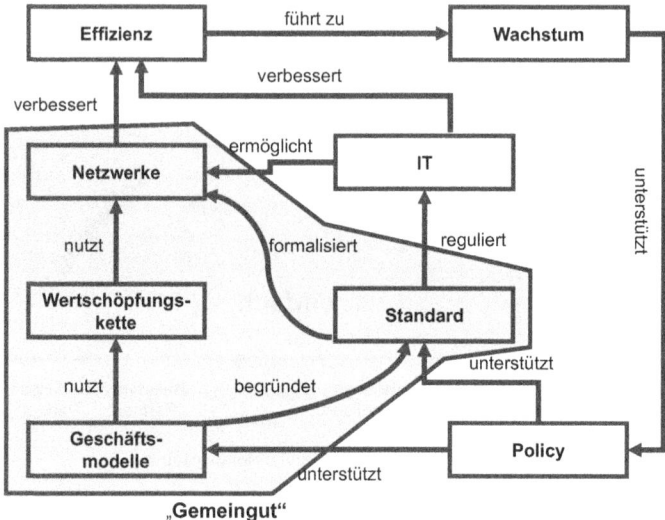

Abb. 5.4 Die Wachstumsschleife für digitale Businessökosysteme

Wegbrechen des Knotens mit dem „Kopfmonopol" oder eines beliebigen anderen Knotens.

Aber die Parallele zwischen biologischen Ökosystemen und der Geschäftswelt, beziehungsweise den digitalen Businessökosystemen trägt nur endlich weit. Es gibt zwei große Unterschiede zwischen diesen beiden Makrosystemen:

- Intention – Die biologische Evolution hat keine Zielrichtung, wohingegen die Geschäftswelt im Grunde dadurch getrieben wird zu befriedigen, was Menschen wollen und brauchen.[26]
- Kombination – Bis auf Viren und Bakterien kommt es in der Biologie in der Regel nicht (freiwillig) zu artenübergreifenden Kombinationen.[27] In der Ökonomie hingegen ist die freie Kombination von Organisationen an der Tagesordnung. In diesem Sinne ist wirtschaftliche Entwicklung das Resultat von der Arbeit Einzelner, die heterogene Dinge – Ideen, Produkte, Services, Organisationen, Fähigkeiten – einsetzen, um damit Probleme zu lösen.

Speziell bei kleinen und mittleren Organisationen, welche heute noch keine so große Sättigung durch IT wie große Organisationen haben, bahnt sich im Rahmen der digitalen Businessökosysteme ein drastischer Wandel an. Für diese bilden solche Systeme eine optimale Umgebung zum raschen Wachstum (s. Abb. 5.4). Im Fall von digitalen Businessökosystemen wird Erfolg oder Misserfolg direkt sichtbar, denn entweder das System wächst (Erfolg) oder es zerfällt (Misserfolg).

---

[26] Zum Teil wird der Wunsch erst durch die Unternehmen in den Menschen erzeugt. Dies ist eine besondere Form der Autopoia (s. S. 263).
[27] Solche Tiere werden Hybride genannt. Die bekanntesten Hybride sind Maulesel und Maultier, als Kombinationen von Pferd und Esel. Beide sind unfruchtbar. Allerdings ist der Liger (Löwe mit Tiger) durchaus fruchtbar.

5.3 Ecosystem Oriented Architecture

Tabelle 5.1 Digitale Businessökosysteme aus drei Blickwinkeln

Sozialwissenschaften	Informatik	Naturwissenschaften
Benutzergemeinschaft	Benutzerkategorien	Eine Population wechselwirkender Systeme und Spezies
Eine Menge gemeinsamer Sprachen	Eine Menge formaler Sprachen	Eine verteilte Evolutionsumgebung
Ein Satz von Regularien und Leitlinien, um Vertrauen zu produzieren	Eine Sicherheits- und Identitätsinfrastruktur	Eine dynamische, adaptive, selbstlernende und skalenfreie Netzwerkinfrastruktur
Eine Servicepopulation	Eine Serviceentwicklungsumgebung	
Eine serviceorientierte Vorgehensweise	Ein verteiltes P2P-System	
	Ein verteilter Persistenzlayer	

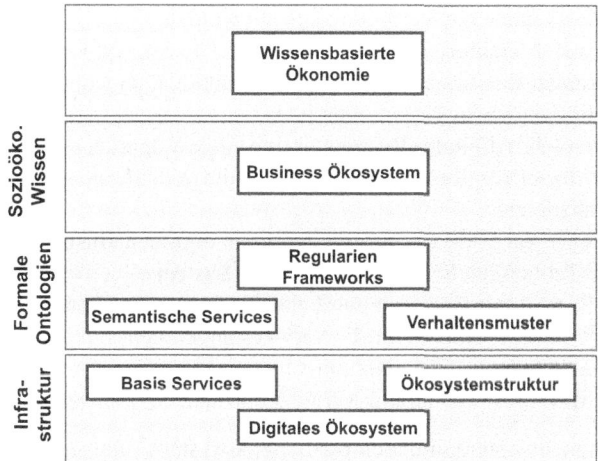

Abb. 5.5 Die generische Architektur eines digitalen Businessökosystems

Digitale Businessökosysteme dürfen jedoch nicht nur die Domäne von Softwareexperten, welche sich mit künstlicher Intelligenz oder mit großen und komplexen Systemen beschäftigen, bleiben, sondern die zukünftigen digitalen Businessökosysteme werden einen interdisziplinären Zugang aus den Sozial-, Computer- und Naturwissenschaften (s. Tabelle 5.1) benötigen. Damit ein digitales Businessökosystem erfolgreich sein kann, braucht es eine Reihe von heute noch nicht abschließend geklärten sozioökonomischen Randbedingungen, da in der Geschäftswelt die richtige Balance zwischen Kooperation und Wettbewerb für solche Umgebungen vorhanden sein, beziehungsweise geschaffen werden muss.

Offene und flexible Geschäftsnetzwerke verlangen preiswerte und verlässliche technische Infrastrukturen sowie organisatorische und geschäftliche Innovationen.

Heute schon nachweisbare Kooperationserfolge sind zum Beispiel im kollaborativen Design sichtbar. Das Ursprungsdesign eines Produktes ist typischerweise für ungefähr 75% der Produktkosten verantwortlich. Das gemeinsame Design durch mehrere Organisationen kann diesen hohen Kostenblock deutlich absenken.

Man kann diese Eigenschaften auch umgekehrt zur alternativen Definition eines digitalen Businessökosystems nutzen (vergleiche S. 175):

Ein digitales Businessökosystem ist eine lose gekoppelte, nachfragegetriebene[28], kollaborative Umgebung, in der alle Beteiligten, genannt digitale Spezies, versuchen aktiv zu ihrem eigenen Nutzen und Profit zu agieren.

Aus dieser Definition lassen sich einige Charakteristika für digitale Businessökosysteme ableiten:

- Es muss eine Informationsinfrastruktur jenseits der einzelnen Organisation vorhanden sein, welche durch alle Beteiligten nutzbar ist. Diese Infrastruktur kann auch durch eine Organisation außerhalb des digitalen Businessökosystems für diverse Ökosysteme zur Verfügung gestellt werden.
- Es werden sich mehrere domänenorientierte Cluster von Organisationen zu eigenen digitalen Businessökosystemen herausbilden, da jeder Cluster nur für bestimmte digitale Spezies interessant ist.[29]
- Damit ein solches digitales Businessökosystem erfolgreich sein kann, muss es eine große Anzahl von Ressourcen enthalten, die in der Lage sind, kosteneffektive Services anzubieten.
- Die Nutzung von Fähigkeiten innerhalb des digitalen Businessökosystems geschieht ausschließlich über die Services des Systems.
- Jedwede Form der Information wird elektronisch ausgetauscht.
- Es werden multiple Kanäle für die Services angeboten.
- Alle digitalen Spezies sind autonom, aber stark miteinander vernetzt.
- Die Infrastruktur ist hochgradig vernetzt und selbstorganisierend.

Die Governance in einem digitalen Businessökosystem kann sich nicht auf die einzelne teilnehmende Organisation beziehen, sondern nur auf die Art und Weise der Zusammenarbeit der Organisationen und auf die, dem digitalen Businessökosystem unterliegende, Infrastruktur. Die Grundidee, dass in einem digitalen Businessökosystem virtuelle Organisationen aus vielen kleinen und mittleren Organisationen entstehen, agiert als ein Leitprinzip bei der Auswahl und Struktur der technischen Plattform eines digitalen Businessökosystems.

Im Rahmen einer EOA stellt sich schnell die Frage, wie denn die Identität von Consumern und Providern geregelt werden kann. Schließlich ist eine EOA nicht wie eine SOA innerhalb einer großen Organisation angesiedelt. Zunächst einmal sind alle Consumer und Provider innerhalb einer EOA anonym. Es ist jedoch möglich, eine Untermenge der Provider als sogenannte „Credential Provider" zu etablieren. Diese konzentrieren sich auf die Aufgabe, die genauen Identitäten der Services und

---

[28] In diesem Zusammenhang bedeutet nachfragetrieben, dass die Anforderungen von „Außen" kommen.
[29] Ähnlich den nahöstlichen Basaren, welche stets gleiche Händler an ähnlicher Stelle gruppieren.

5.3 Ecosystem Oriented Architecture

Tabelle 5.2 Governancedimensionen bei digitalen Businessökosystemen

Dimension	Charakteristika
Konstitution und Ausgleich der Interessen	Gemeinsame Werte, konstitutionelle Dokumente, Manifeste, Rechte und Pflichten
Kommunikationskultur	Transparenz, Proceduralität, Nachverfolgbarkeit, Policies
Glaubwürdigkeit und Vertrauen	Diverse Teilnehmer, diverse Allianzformen, regionale Koordination
Organisation und Synchronisation Technologie	Verteilte virtuelle temporäre Organisationen Softwareentwicklungsmethodik, Open Source, Serviceorientierung

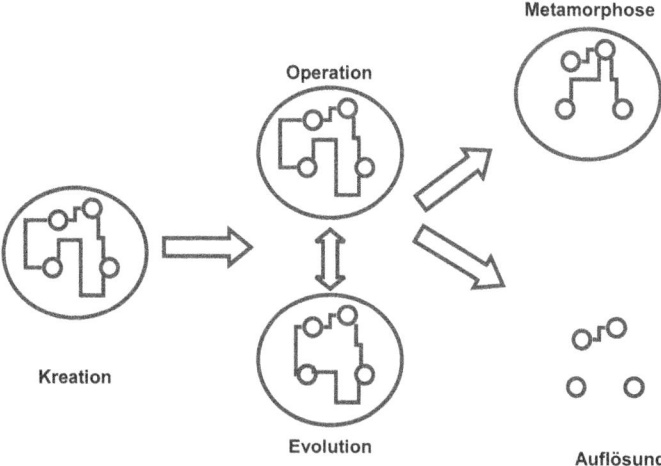

Abb. 5.6 Lebenszyklus eines virtuellen Enterprises als Teil des digitalen Businessökosystems

Provider durch digitale Signaturen sicherzustellen – ähnlich den heutigen Trustcentern im Internet. In einem System, welches aus miteinander verknüpften digitalen Businessökosystemen, Consumern und Providern besteht, ist es sehr wahrscheinlich, dass diverse Formen von Zertifikaten für Identitäten im Einsatz sind. daher muss in einer EOA mit diesen multiplen Standards und Implementierungen gerechnet werden. Dies ist die Aufgabe der Credential Provider. nachdem ein Consumer oder Provider ein digitales Businessökosystem betreten hat, muss er sich bei einem solchen registrieren. Dieser wiederum stellt eine Reihe von Sicherheitstoken in den diversen Standards zur Verfügung, sodass jeder Provider seine eigenen Identitätsmanagementsysteme nutzen kann. Im Falle eines Konflikts kann der Provider oder Consumer vom Credential Provider zusätzliche Informationen für einen etwaigen juristischen Streit anfordern. Jeder Consumer hat eine gewisse Menge an öffentlichen und privaten Schlüsselpaaren, welche in allen Zertifikaten genutzt werden.

Innerhalb eines digitalen Businessökosystems finden sich mehrere Organisationen zu einem virtuellen Enterprise (s. Abschn. 2.5) zusammen, um einen oder ei-

Tabelle 5.3 Digitale Businessökosysteme, Cluster und Wertschöpfungsnetzwerke

	Cluster	Wertschöpfungsnetzwerk	Digitales Businessökosystem
Geographie	Geographische Konzentration	Lokal bis global	Völlig irrelevant
Wettbewerbsformen	Konkurrenz	Kooperation	Simultane Rivalität und Kooperation
Industriesektoren	Alle Organisationen in einem Sektor	Organisationen aus verschiedenen Sektoren komplementieren sich	Der Begriff Sektor ist irrelevant
Wissen	Rivalität verhindert Wissenstransfer	Nur operative Informationen	Partizipation aller Beteiligter
Kontrolle	Alle unabhängig	Ein zentraler Koordinator	Dezentrale Entscheidung

ne Reihe von spezifischen Services liefern zu können. Aus dem Blickwinkel des Consumers bilden diese wiederum scheinbar eigenständige Organisationen. Dabei durchlaufen diese virtuellen Enterprises einen Lebenszyklus, welcher auch direkte Rückwirkungen auf die beteiligten Organisationen – welche selbstverständlich auch wiederum virtuelle Enterprises sein können – hat (s. Abb. 5.6). Der Lebenszyklus durchläuft vier Phasen:

1. Kreation,
2. Operation und Evolution,
3. Metamorphose,
4. Auflösung.

Am Ende des Lebenszyklus haben alle am virtuellen Enterprise beteiligten Organisationen gelernt. Entweder es hat sich gezeigt, dass das virtuelle Enterprise nicht langfristig lebensfähig ist (Auflösung) oder es hat sich in eine gefestigte Struktur mit eventuell veränderter Identität verwandelt (Metamorphose) und liefert Services für andere Consumer.

5.4 Habitate

Aus Sicht der beteiligten Organisationen besteht ein digitales Businessökosystem aus einer Reihe von Habitaten (s. Abb. 5.7), welche sich um jede einzelne Organisation herum bilden. Diese Habitate stellen den „Lebensraum" einer Organisation dar. Die lokale Ansammlung von Services in einem solchen Habitat ist genau auf die Bedürfnisse der jeweiligen Consumer in der Organisation abgestimmt und evolviert kontinuierlich weiter. Aus bestimmten Mengen von Services innerhalb eines solchen Habitats bildet sich dann eine Reihe von Optimierungen neuer Services heraus, welche von den Endbenutzern dann eingesetzt werden. Die Habitate stellen auch den Platz für die Servicemigration dar, da alle Habitate direkt oder indirekt

5.4 Habitate

miteinander verknüpft sind. Services tauchen zuerst in einem Heimathabitat auf, um von Consumern genutzt zu werden. Nach erfolgreicher Optimierung migrieren diese Services in weitere Habitate, werden dort erneut optimiert und wandern auch eventuell als „neue" Services in ihr Heimathabitat zurück.[30] Erfolgreiche Migrationen führen zu einem Migrationsfeedback für die Services, welche neben der Qualität der Services auch die Migrationsverknüpfungen zwischen den Habitaten stärken. Im umgekehrten Fall – dem Versagen einer Migration – werden diese Verknüpfungen zwischen den Habitaten geschwächt.

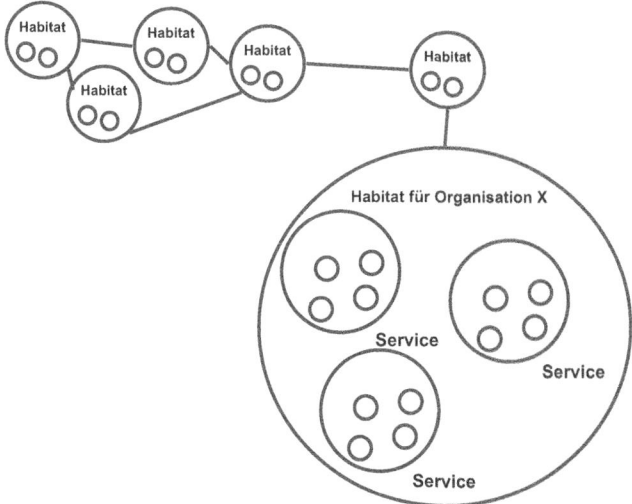

Abb. 5.7 Die Zusammenarbeit der Organisation aus dem Blickwinkel ihrer Habitate

Es werden sich Hunderte solcher Habitate herausbilden, da es pro Organisation mindestens eins gibt. Große Mischkonzerne können durchaus zu vielen Habitaten gehören oder eigene Habitatwelten ausbilden, da ein Habitat am besten in einer Domäne angesiedelt ist. Das Netz der Habitate besteht aus starken und schwachen Koppelungen (s. Abb. 5.8), was zu einer Cavemantopologie (s. S. 273) führt. Hierbei bilden die einzelnen stark gekoppelten „Höhlen" ideale Lebensräume und werden über schwache „Wanderer" mit anderen „Höhlen" verknüpft. Auf Dauer sollten sich zwischen den einzelnen Habitaten die Verbindungen so sehr verstärken, dass sich Cluster aus Habitaten bilden, welche wiederum wie Superhabitate wirken. Ein solches Clustering kann durch die fast immer vorhandene Servicemigration hervorgerufen werden, da der migrierte Service zu einer engen Verbindung zwischen originärem Provider und dem postmigrativen Provider des Service führt. Geschieht dies nur oft genug, dann entstehen Superhabitate.

---

[30] Der Hot Dog stammte ursprünglich entweder als Wiener oder Frankfurter Würstchen aus dem deutschen Sprachraum und kam über die USA als Hot Dog wieder in sein Heimathabitat in veränderter Form zurück.

Die Habitate ermöglichen eine Art der sehr ausgedehnten Dynamik, da die Habitate zum einem veränderlich und zum anderen nichtlokal sind; diese Kombination aus Dynamik und Nichtlokalität kann sie extrem erfolgreich machen. Auf Grund der ausgedehnten Dynamik kann sich das digitale Businessökosystem sehr rasch an bestimmte Marktgegebenheiten oder ökonomische Nischen anpassen und durch die Nichtlokalität Ressourcen und Wissen in einer geographisch großen Fläche zur Erreichung von Zielen nutzen. Ein anderer Vorteil der Habitatsbildung ist, dass durch sie parasitäre Organisationen verdrängt werden können. Ähnlich dem Aufbau von Zellmembranen führt eine engere Koppelung innerhalb des Habitats auf Dauer zum Ausschluss von Organisationen mit „negativem" Sozialverhalten.

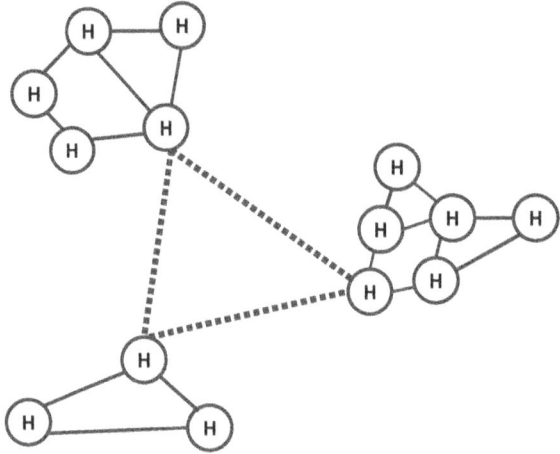

Abb. 5.8 Das Habitat-Netzwerk mit seiner „Caveman" Topologie

Die Abgrenzung eines digitalen Businessökosystems ist recht schwer, da die Interaktionen zwischen den teilnehmenden Organisationen nicht plötzlich irgendwo aufhören, sondern die Summe der Interaktionen eine Art interne Umgebung darstellt. Diese Umgebung hat einen massiven Einfluss auf die einzelne Organisation, indem die Umgebung die Organisation durch Informationen und neue Services permanent beeinflusst und dadurch auch verändert. Trotzdem ist es das Ziel der einzelnen Organisation, ökonomischen Erfolg zu erreichen und insofern wird es immer eine Mischung aus Konkurrenz und Kooperation geben (s. Tabelle 5.3). Schon heute gibt es die Situation, dass zwei Organisationen auf einigen Märkten kooperieren, auf anderen hingegen konkurrieren.

Innerhalb eines Habitats existiert für die „lokalen" Mitglieder stets ein Pool von Services, den sie ausgiebig nutzen können. Wenn dieser Servicepool in seiner Funktionalität nicht ausreichend ist, dehnt sich die Suche nach bestimmten Services auf andere Habitate aus. Das Auffinden eines entsprechenden „neuen" Service in einem anderen Habitat kann zu einer Replikation des Service in das Habitat des Consumers führen oder zum Aufbau eines neuen Habitats. Die zweite Variante ist eher unwahrscheinlich, da Replikation einfacher ist. Erfolgreiche Formen der Replikation finden wir schon heute in der Wirtschaft, dazu zählen: Lizenzproduktion, Franchising, Raubkopien...

Ein anderer Auslöser für eine Replikation ist die Nutzung und Nutzbarkeit eines Service für einen Consumer, da der Aufruf des Service zu einer Veröffentlichung innerhalb des Netzwerkes, beziehungsweise Habitat führt, was andere Consumer wiederum wahrnehmen und dann den „neuen" Service eher kennen. Gleichzeitig werden auch Services obsolet und verschwinden aus dem lokalen Habitat. Diese Kombination aus Replikation, Kreation und Verschwinden von Services führt zu einem sich permanent verändernden System aus Services.

Aus Sicht eines P2P-Netzwerks betrachtet bilden die Habitate Superpeers, das heißt für Außenstehende erscheint ein einzelnes Habitat wie ein großer virtueller Knoten und wird auch so im Sprachgebrauch identifiziert[31]. Die Menge aller Habitate wiederum bildet ein „eigenständiges" virtuelles Superpeer-2-Superpeer-Netzwerk, dabei wird die Rolle des eigentlichen Peers, im Sinne des P2P-Netzwerks, vom stabilsten Knoten innerhalb des Habitats wahrgenommen. Insofern lässt sich hier ein Netzwerk mit zwei Skalen beobachten: Superpeer- und Intrahabitatskala. Der stabilste Knoten hat die höchste Chance, dass sich Consumer in anderen Habitaten noch an ihn erinnern, denn die Veränderung propagiert am schnellsten innerhalb des Habitats, was dazu führt, dass schnell veränderliche Knoten nur noch innerhalb des Habitats wahrgenommen werden, die stabilen Knoten bleiben jedoch innerhalb und außerhalb des Habitats am besten in der Erinnerung.

5.5 Peeringtaktiken

In einem digitalen Businessökosystem können die einzelnen beteiligten Provider miteinander kooperieren, um einen möglichst hohen Marktanteil oder möglichst hohen Profit zu erreichen. Für jede Form der Kollaboration ist es notwendig, sich mit dem anderen Provider in Verbindung zu setzen, netzwerktechnisch betrachtet wird der Provider damit zu einem Peer und die Verbindung wird Peering genannt. Häufig ist es das Bestreben vor allem kleinerer Provider, möglichst schnell möglichst viele Peering-Partner zu bekommen. Auf diese Weise lassen sich auf jeden Fall die Kosten reduzieren, auch wenn die optimalen Partner nicht unbedingt sofort gefunden werden. Eine simple und gängige Methode ist es, spamartig Peering-Anfragen an alle möglichen Provider an bestimmten Knoten des Netzwerks zu schicken. So erhöht sich die Wahrscheinlichkeit mit anderen Peers zumindest in weitere Verhandlungen treten zu können. Um selbst als potentiell erreichbarer Provider ausgewählt zu werden, ist es ratsam, eine sogenannte „Open Peering Policy" öffentlich bekannt zu machen. Das bedeutet, dass man keine besonderen Voraussetzungen erwartet, die ein anfragender Consumer erfüllen muss, um mit ihm eine Beziehung einzugehen. Für andere Consumer heißt dies, dass es sehr wahrscheinlich ist, eine Verbindung

---
[31] *Microsoft, SAP, IBM,...*

aufbauen zu können. Um bei Anfragen auch bezüglich der Services schnell genug reagieren zu können, versuchen Provider, an möglichst vielen Punkten in einem digitalen Businessökosystem oder in mehreren solcher Businessökosysteme präsent zu sein.

5.6 Modelle

Die digitalen Businessökosysteme überdecken stets mehrere Domänen und unterschiedlichste Wertschöpfungsketten, von daher können sie nicht von einem einzigen funktionalen Referenzmodell beschrieben werden, da dieses stets domänenorientiert ist. Theoretisch wäre ein solches Referenzmodell durch Abstraktion zu erreichen, das so formulierte Modell befindet sich jedoch auf einer so hohen Metaebene, dass es wiederum nicht vernünftig einsetzbar ist. Auch der klassische Ansatz einer möglichen Kompromissarchitektur durch Gremien[32] scheitert; zum einen an der Qualität und zum anderen an der hohen Dynamik innerhalb des digitalen Businessökosystems. Eine Parallele hierfür ist das Internet, in dem keiner die alleinige Kontrolle über die Topologie hat, das Internet entsteht autonom aus komplexen Nutzungsmechanismen.

Obwohl die Unfähigkeit, ein singuläres Referenzmodell zu haben, zunächst erschreckend wirkt, so ist diese Beobachtung schon in großen ERP-Systemen Realität, selbst diese lassen sich nur unter sehr großen Mühen in einem einzelnen Modell aktuell halten, was sich indirekt an den sogenannten Implementierungsanpassungen der großen ERP-Hersteller ablesen lässt, welche als Folgen eines nichtvorhandenen universellen ERP-Referenzmodells gesehen werden können.

Da es kein zentrales, eindeutiges Referenzmodell geben kann, ist eines der Charakteristika eines digitalen Businessökosystems, eine Vielzahl von Referenzmodellen zu haben, von denen kein einzelnes ausgezeichnet ist. Diese unterschiedlichen Modelle tauschen sich im Rahmen der Evolution des Gesamtsystems aus und können – eventuell – zu einem einzelnen Großsystem konvergieren. Ein solches System benötigt als architektonische Grundlage eine Struktur, die aus Sicht der Modelle folgendes ermöglicht:

- Jedes Modell kann von jedem publiziert werden.
- Jedes Modell kann von jedem untersucht werden.
- Jedes Modell kann adoptiert und verändert werden, in einer völlig freien und unkontrollierten Art und Weise.

Folglich muss ein digitales Businessökosystem auch ein strukturiertes und hochgradig verknüpftes, föderal konzipiertes Repository besitzen. Als Sprache für ein

---

[32] *Einer der ärgsten Feinde des Menschen ist der auf Denkfaulheit und Ruhebedürfnis ausgerichtete Drang zum Kollektiv.*

Reinhard Sprenger
Managementtrainer

5.6 Modelle

solches Repository reicht zum Beispiel UDDI nicht aus, da dieses nicht zwischen technischer und funktionaler Spezifikation unterscheidet und außerdem noch die gesamte Bindinginformation für den Service enthält. Aufgrund seiner RPC-Wurzeln wurde UDDI entwickelt, um einen statischen Katalog von intranetbasierten Services zu liefern und ist daher im Grunde eine Sprache für einen Katalog mit programmatischen Ressourcen. Aber ein digitales Businessökosystem ist keine strukturierte und standardisierte Umgebung, folglich lässt sich UDDI nicht so einfach in diesem Kontext anwenden, denn ein digitales Businessökosystem muss in der Lage sein, auch die Geschäftsmodelle im Repository zu verwalten. Außerdem entsteht ein besonderes Bottleneck, die Registry, welche schnell durch eine große Zahl von UDDI-Clients funktionsunfähig gemacht werden kann.[33] Für ein solches Unterfangen bietet sich XMI[34] an, da XMI die hierfür notwendigen Eigenschaften besitzt:

- Versionierung,
- Modellabhängigkeit,
- Plattformunanhängigkeit,
- Vererbung von Modellen,
- Verknüpfung von Modellen,
- Unterstützung von Metadatenmodellierung.

Die Organisationen in einem digitalen Businessökosystem müssen in der Lage sein, diverse semantische Modelle zu nutzen, da hier die Services sehr viel komplexeren Spezifikationen unterliegen als in einer einfachen SOA. Außerdem müssen die spezifizierten Funktionalitäten eine große Menge an unstrukturierten und relationalen Informationen enthalten, mit der Folge, dass ein Consumer in der Lage sein muss, innerhalb von Modellen und nicht innerhalb von Taxonomien zu navigieren.

Trotzdem bezieht sich ein digitales Businessökosystem auch auf „herkömmliche" Services, schließlich muss irgendwann einmal eine konkrete Implementierung aufgerufen werden. In diesem Modell befindet sich der Katalog der Serviceinstanzen in einer Registry, welche Verknüpfungen zu den technischen und den geschäftlichen Modellen enthält. Ein Eintrag in dieser Registry sollte als Minimalinformationen folgende Angaben enthalten:

- Businessdaten,
- Businessmodell des Service,
- Technische Interfacespezifikation inkl. SLAs,
- Verweis auf die Serviceimplementierung.

Gleichgültig wie man eine solche Registry implementiert hat, sie muss stets hochgradig flexibel und sehr dynamisch sein. Verschwundene Services sind schon in einer SOA sehr problematisch und Organisationen unternehmen große Anstrengungen, um Verfügbarkeit von Registryeinträgen sicherzustellen. Der Grund hierfür liegt in der losen Koppelung der Services. In einem lose gekoppelten System wird erst zum Ausführungszeitpunkt die Nichtexistenz registriert, außer es existiert ein

---

[33] Dies entspricht einer *Denial-of-Service* Attacke durch Requestüberflutung.
[34] **X**ML **M**etadata **I**nterchange.

Metasystem, welches solche Angaben verwaltet. In einer viel dynamischeren Umgebung wie in einem digitalen Businessökosystem ändern sich die Einträge so rasch, dass nur eine direkte Koppelung vom Provider in die Registry hinein Sinn macht.

5.7 Infrastruktur

Seit dem das Internet im Jahr 1969 konzipiert wurde, nahm man stets an, dass alle Server und damit auch die jeweiligen Provider sich nicht bewegen. Das IP[35]-Netzwerk wurde als ein statisches Netzwerk entworfen mit der Fähigkeit des dynamischen Routings – Messages suchen sich den Weg selbst. Dieser Mechanismus war einer der Erfolgsfaktoren hinter dem Internet.

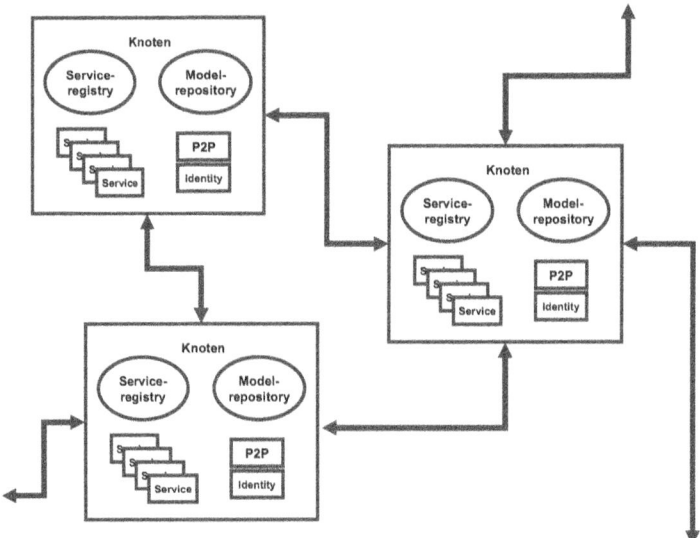

Abb. 5.9 Die verteilte Infrastruktur eines digitalen Businessökosystems

Wenn jedoch der Consumer sich bewegt – typisch in mobilen Netzwerken (s. Kap. 3) – dann kann sich auch der Server bewegen. Wenn der Provider seine IP-Adresse ändert, bleibt es dann derselbe Service? Ja! Auf der Serviceebene ändert sich dadurch nichts, wohl aber auf der Netzwerkebene. Insofern ermöglich das Serviceorientierungsparadigma auch mobile Services und mobile Servicenutzung, vorausgesetzt die Middleware und die Netzwerke erlauben es. Ein viel größeres Problem ist jedoch der Umgang mit verschwindenden Services. Um einen nutzbaren Service zur Verfügung stellen zu können, muss man in der Lage sein, den Service (den der Consumer als immobil wahrnimmt) mit dem Gerät oder Provider, der ihn liefert (welcher inhärent mobil sein kann), zu verknüpfen. Dann wird der Provider

---
[35] Internet Protocol.

5.7 Infrastruktur

als immobil innerhalb des Netzwerks wahrgenommen, obwohl er sich physisch bewegen kann.

Auch die Information, die genutzt wird, ist a priori betrachtet stets verteilt; Informationen in Organisationen sind nie zentral, sondern gestreut auf eine große Zahl von Applikationen, Dateien, Datenbanken, Akten, Gehirnen und so weiter. Als Folge dieser Verteilung ist Beschaffung und Qualität von Information ein permanent präsentes Problem. Ironischerweise sind die meisten heutigen Datenbanken auf der Idee einer zentralisierten Hierarchie aufgebaut. Zentrale Systeme funktionieren gut für kleine Organisationen oder kleine Domänen, mit zunehmender Größe jedoch wird eine Dezentralisierung schon aus Gründen der Performanz immer wichtiger. Die größten Bottlenecks von zentralen Systemen sind zum einen die Bandbreite in der Umgebung des Zentralknotens – da alles über das Zentrum geleitet werden muss, ist diese Topologie durch die Bandbreite des Zentralknotens limitiert – und zum anderen der zentrale Knoten selbst als Single Point of Failure. Auch innerhalb einer SOA-Implementierung existieren solche zentralisierten Teile, entweder der ESB oder aber die Registry, beziehungsweise das Repository (s. Abschn. 2.6).

Das Hauptziel hinter dem Einsatz verteilter Systeme ist es, eine große Anzahl von Knoten aufzubauen, um damit eine Uniformität zu erreichen und so die zentrale Koordination zu minimieren. Dafür gibt es vier Gründe:

- Die Performanz und Stabilität des Gesamtsystems wird erhöht.
- Die Bandbreite limitiert nicht so stark wie in zentralen Systemen.
- In einem solchen Netzwerk gibt es keinen Single Point of Failure mehr.
- Eine effizientere Nutzung von Ressourcen und verteilten Informationen wird möglich.

Der Einsatz des Serviceorientierungsparadigmas (s. Abschn. 2.1) ist ideal für eine solche Umgebung, da diese sich auf Grund ihrer Autonomie und losen Koppelung auch mobil und verteilt gestalten lassen. Die Infrastruktur eines digitalen Businessökosystems ist durch ein hohes Maß an Verteilung und Redundanz gekennzeichnet (s. Abb. 5.9). Die einzelnen Knoten dieses Netzwerks werden durch ein P2P-Overlay-Netzwerk miteinander verknüpft, wobei jeder Knoten die Kernfunktionalitäten einer EOA erfüllt und Services für andere anbietet.

Ein digitales Businessökosystem enthält zwei Mechanismen, zum einen die Evolution der Services und zum anderen die Fähigkeit zur Selbstorganisation. Beide finden auf unterschiedlichen Zeitskalen statt, Evolution auf einer längeren und Selbstorganisation – im Sinne von virtuellen Enterprises (s. Abschn. 2.2) – auf einer viel kürzeren Skala. Speziell für die Selbstorganisation sind Methoden der Wissensspeicherung, -verbreitung und -verarbeitung notwendig, welche automatisiert ablaufen. Eine solche Funktionalität muss schon in der Infrastruktur verankert sein, sonst kann sie nicht effektiv genutzt werden.

All dies setzt voraus, dass Geschäfts- und Serviceontologien (s. Abschn. 2.8.4), Servicebeschreibungen, Regularien sowie Geschäftsmodelle schnell und softwaretechnisch verwertbar zugänglich sind. Daher ist eine explizite Wissensbasis innerhalb eines digitalen Ökosystems unabdingbar. Dem Serviceorientierungsparadigma (s. Abschn. 2.1) folgend sollte diese Wissensbasis auch wiederum über Services zugänglich sein. Typische Services in diesem Bereich entsprechen den Funktionalitäten heutiger Content Management Systeme.

Ein spezielles Problem ergibt sich, wenn man sich vor Augen führt, dass die Grundlage eines großen digitalen Businessökosystems vermutlich eine P2P-Infrastruktur sein muss. Heutige P2P-Systeme sind semantikfrei auf den Austausch, beziehungsweise die Nutzung von einfachen binären Ressourcen ausgerichtet und nicht auf die Nutzung der für die digitalen Businessökosysteme wichtigen semantischen Modelle.

Den Begriff Infrastruktur sollte man allerdings nicht zu eng sehen, für ein erfolgreiches digitales Businessökosystem ist nicht nur eine rein technische Infrastruktur notwendig, sondern auch ein vorhandener globaler kultureller Überbau. Der Grund hierfür ist, dass, anders als in früheren Technologien, die IT kulturell basiert ist, denn die Software und Services basieren auf „Worten", auf Teilen von Ontologien und werden durch die westliche Kultur (speziell USA) dominiert (circa 80% des Weltmarkts an „Standardsoftware" wird durch amerikanische Firmen produziert), insofern ist eine vermeintliche Kulturneutralität der IT ein Mythos. Die meisten Computersprachen sind faktisch dem Angelsächsischen entlehnt, ganz zu schweigen von den Betriebssystemen. Dadurch, dass die Hardware immer mehr Softwarekonzepte übernimmt (Sedimentation, s. S. 55, im konzeptionellen Sinne), wird die gesamte IT durchdrungen, mit der Folge einer globalen kulturellen Konvergenz. Diese Konvergenz wiederum stellt eine ideale Voraussetzung zur Vermarktung der Services eines digitalen Businessökosystems dar.

5.8 Basisservices und semantische Services

Ein digitales Businessökosystem benötigt eine Reihe von Basisservices, im Sinne von Metaservices, um funktionsfähig zu sein. Zu diesen Basisservices zählen unter anderem auch:

- Bezahlung,
- Verträge,
- Verhandlungen,
- Informationsübermittlung,
- Rechnung,
- Trust,
- Reputation,
- Servicediscovery,
- Verlässliche Übertragung,
- Sicherheit,
- Langlaufende Transaktionen.

Diese Services müssen nicht zu Beginn in aller Vollständigkeit vorhanden sein, allerdings sollten sie da sein, wenn das digitale Businessökosystem eine gewisse Reife erlangt hat. Eines der hervorstechendsten Merkmale eines solchen Systems ist das

5.10 Digitale Spezies 197

Vorhandensein von Verhandlungsservices, welche sich stark an dem gängigen Verhandlungstyp in der Geschäftswelt orientieren.

Diese Basisservices sind zwar aus infrastruktureller Sicht wichtig, auf Dauer müssen die Basisservices aber in den Hintergrund rücken, da sich ein digitales Businessökosystem über semantisch sinnvolle Services definiert. Eine Situation, wie wir sie heute schon bei der Nutzung von physischen Netzwerken haben, diese Form der Infrastruktur wird kaum noch explizit wahrgenommen. Die semantischen Services müssen nicht nur syntaktisch oder in Bezug auf eine Ontologie beschrieben werden, sondern auch in Form einer natürlichen Sprache. Dies ist besonders wichtig, da letztlich Menschen über den Einsatz eines semantischen Service entscheiden, folglich müssen die Services in der Sprache der jeweiligen Domäne (Geschäftswelt) formuliert werden.

5.9 Broker

Ein wichtiger Punkt in der Nutzung von Services wird auf Dauer die heute noch vorherrschende direkte Koppelung zwischen Provider und Consumer eines Service sein. An dieser Stelle kann ein Broker eine zentrale Rolle spielen. Aber dieser Broker wird sich in Zukunft auch stärker von dem Provider, beziehungsweise den Providern, entkoppeln wollen. Einer der Treiber für diese Entwicklung sind die Provider selber, sie wollen in verschiedenen Märkten (Habitaten) aktiv sein und vereinfachen sich den Marktzugang durch die Nutzung von Brokern als deren „Front Desk", während die eigentliche Implementierung noch immer unter der Hoheit des Providers steht. In diesem Szenario ist der Broker verantwortlich für die Lieferung des Service in Übereinstimmung mit den Randbedingungen des Service.

Dem Broker fallen aber noch mehr Aufgaben zu, speziell das Problem der Serviceentdeckung überfordert meistens den Consumer, speziell wenn es sich um einen Menschen handelt. Heutige Methoden, wie die Suche nach Begriffen in WSDL-Dateien, funktionieren nur in eng gekoppelten und gut mit Services überdeckten Domänen, denn es wird angenommen, dass der Consumer schon exakte Vorstellungen hat, wonach er sucht! In einem großen Ökosystem jedoch existiert mehr Heterogenität, so dass diese Annahme nicht mehr getroffen werden kann. Je größer das Habitat, desto allgemeiner wird der Suchmodus sein müssen.[36] An dieser Stelle kann der Broker eingreifen und seiner jeweiligen Klientel „optimale" Services, beziehungsweise deren Beschreibungen anbieten.

5.10 Digitale Spezies

In der üblichen Sicht ist ein digitales Businessökosystem aus Organisationen aufgebaut, welche Services anbieten. In einer mehr biologisch orientierten Sicht ist ein

---

[36] So zum Beispiel im Falle von *Amazon Marketplace* oder *eBay*.

solches digitales Businessökosystem aus einer Reihe von digitalen Spezies aufgebaut, von denen es jeweils mehrere Exemplare geben kann, und in der Regel auch geben wird, diese biologische Analogie wird in Kap. 6 näher betrachtet. Die einzelnen Spezies arbeiten kooperativ zusammen, um komplexe Services und damit auch „neue" Services bieten zu können. Eine einzelne Spezies kann nur Services an andere anbieten und auch nur diese durchführen, dabei darf sie sich durchaus auch der Services anderer Spezies bedienen. Je nach Rolle innerhalb des digitalen Businessökosystems muss eine Spezies auch ein gewisses Maß an „Intelligenz" besitzen, welche je nach Einsatzgebiet größer oder kleiner sein kann. Gemeinsam nutzen die Spezies jedoch Ontologien, um miteinander kommunizieren zu können.

Die digitalen Businessökosysteme sind ähnlich ihrem Namenspatron, dem biologischen Ökosystem, wie in diesen existieren auch hier eine digitale Umgebung und verschiedene digitale Spezies, rangierend von Softwarekomponenten über Services und Applikationen bis hin zu kompletten Geschäftsmodellen und Vertragsframeworks. Diese digitalen Spezies agieren ähnlich den natürlichen Spezies, indem sie zum einen hohen Selektionsdruck aufbauen und sich zum anderen mehr oder minder symbiotisch zu neuen Spezies zusammensetzen. Die weniger erfolgreichen digitalen Spezies werden, bedingt durch den Marktdruck, einfach verschwinden. Neue stärker entwickelte und innovative Spezies mit neuen digitalen Services, Servicemodellen oder innovativen Geschäftsmodellen entstehen kontinuierlich und machen bestehende Spezies zum Teil obsolet. Wie auch in der biologischen Welt wird in der digitalen Welt nicht nur ein Businessökosystem entstehen, sondern es entstehen diverse Businessökosysteme, welche mehr oder minder stark miteinander interagieren.

Bei allen Kompositservices, die im Rahmen eines digitalen Businessökosystems entstehen, stellt sich die Frage nach der Bepreisung eines solchen Service. Bei den elementaren Services ist dies recht einfach, da hier in der Regel Angebot und Nachfrage genügend Mechanismen schaffen, um Preise zu regeln. Bei Kompositservices ist dies aber schwierig, da nicht sichergestellt werden kann, dass es ein a priori Wissen über die tatsächlich eingesetzten Subservices und deren konkrete Zusammenarbeit im Rahmen der vorhandenen Kompositserviceimplementierung gibt.

Zwischen den einzelnen digitalen Spezies in solchen Ökosystemen existieren drei Arten von Interaktionen:

- Wettbewerb – Beim Wettbewerb verhindern Existenz und Wachstum der Spezies $\mathscr{A}$ das Wachstum von Spezies $\mathscr{B}$.
- Ergänzung – In diesem Fall beschleunigt das Wachstum von Spezies $\mathscr{A}$ das Wachstum von Spezies $\mathscr{B}$ und umgekehrt.
- Übernahmen – Bei der Übernahme „frisst" die Spezies $\mathscr{A}$ die Spezies $\mathscr{B}$ und wächst dadurch.

Eine Umgebung, in der digitale Businessökosysteme existieren können, wird sich evolutionär entwickeln, da ohne Selektionsdruck und ohne Mutationen, beziehungsweise Symbiosen, von bestehenden Services in einem solchen Szenario keine neuen Services entstehen können. Es fehlt ganz einfach der Druck zur Schaffung neuer Services. Aber eine solche Evolution von Services muss auch von der Infrastruktur für die digitalen Businessökosysteme unterstützt werden, da sie sonst kaum stattfin-

5.10 Digitale Spezies

Tabelle 5.4 Parallelen zwischen digitalen Businessökosystemen und biologischen Ökosystemen

Biologisches Ökosystem	Beispiele	Digitales Businessökosystem	Beispiele
Biologische Basis	Zellen, Aminosäuren	Netzwerkinfrastruktur, einfache Protokolle	TCP/IP, XML, ebXML
Organe	Leber, Lunge, Herz, Darm	Softwarekomponenten, Geschäftsmodelle	Betriebssysteme, Datenbanksysteme, Open Source
Einfache Arten	Gräser, Würmer	Einfache Services	Buchhaltung, Zahlungsverkehr, Groupware
Symbiotische Arten	Flechten	Zusammengesetzte Services	CRM, ERP
Lokales Ökosystem	Savanne, Dschungel	Digitale Domänen und lokale digitale Businessökosysteme	Erdölindustrie, Metallindustrie, Finanzdienstleister
Globales Ökosystem	Erde	Netzwerk der digitalen Domänen	Internet

den kann. Die evolutionäre Umgebung der Services muss dynamische Gedächtnismechanismen besitzen, um Servicemigration, Clusterbildung, Auswahl und Einbindung von Services in Serviceketten unterstützen zu können. In einer SOA wird dies üblicherweise durch ein Repository erledigt, hier sind unterschiedliche Lösungen möglich, entweder eine Art verteiltes Repository oder eine Art globales Gedächtnis auf P2P-Ebene, ähnlich dem heutigen Internet, auf das dann via Suchmaschinen zugegriffen werden kann.

Eines der herausragenden Kennzeichen eines digitalen Businessökosystems ist dessen rapide Evolution in der Struktur und den einzelnen Services. Eine solche rapide Evolution kann aber nur dann stattfinden, wenn sie nicht durch den Menschen ausgebremst wird. Dies hat zur Folge, dass die meisten Mechanismen innerhalb eines digitalen Businessökosystems „automatisch" ablaufen müssen. Insbesondere auch Verhandlungen oder Vertrauensmechanismen müssen selbstständig ablaufen und sich dynamisch verändern können.

Die Konstruktion und auch die Evolution eines digitalen Businessökosystems ist schwierig, da die enthaltenen Services nicht nur effizient im Sinne von Software, sondern auch bedeutungsvoll im Sinne von fachlichen Funktionen sein müssen. Folglich muss die Fitnessfunktion[37] (s. Kap. 6) neben der Effizienz auch die Nutzbarkeit widerspiegeln. Die Betriebs- oder Beschaffungskosten alleine sind keine sinnvollen Fitnessfunktionen, da diese schnell zum Servicebloating führen können. Servicebloating setzt dann ein, wenn ein Provider einem Kompositservice viele zusätzliche Services hinzufügt, welche für ihn praktisch kostenfrei sind, um damit dem Consumer einen Mehrwert zu suggerieren. Dieser Mehrwert ist meist nicht existent, aber der Consumer bekommt scheinbar „mehr" für sein Geld, mit der Folge, dass diese „aufgeblähten" Services schnell den Markt überschwemmen.

---

[37] Ein Maß für die Überlebensfähigkeit einer Spezies.

Für die Services muss es daher innerhalb der Evolution stets eine Balance zwischen der Freiheit des Systems geben, sich selbst zu organisieren und der Bedingung, dass das System auch eine nutzbare Lösung produzieren muss. Je mehr das System durch die interne Struktur bestimmt wird, desto weniger reagiert es auf mögliche Fitnesskriterien durch die Consumer. Auf der anderen Seite gibt es das Risiko, dass der Consumer den Service vollständig dominiert, dies hat zur Folge, dass das System streng limitiert in der Nutzung von Lösungsräumen bleibt. In der Biologie hingegen ist es praktisch unmöglich eine Fitnessfunktion zu bestimmen.[38]

Mögliche Ausprägungen von Fitnessfunktion für Services sind Reputationsmechanismen, einfache Anzahl von Nutzung oder auch detailliertes Nutzerverhalten[39], das sogenannte User Profiling. Mathematisch gesehen ist die Fitnessfunktion eine einfache Abbildung der Form:

$$f(x) \to \mathbb{R} \quad \forall x \in \mathfrak{S}, \tag{5.1}$$

wobei $\mathfrak{S}$ den möglichen Lösungsraum darstellt.

Fitnesslandschaften hingegen sind einfache Ausdehnungen von Gl. 5.1 auf den $\mathbb{R}^n$ (s. Gl. 6.8). Innerhalb der „Ökosystemlandschaft" spielt die Qualität der Verbindungen eine wichtige Rolle, denn wenn die Dichte der Habitate innerhalb einer Umgebung unter einen kritischen Wert fällt, dann fragmentieren die Spezies zu isolierten Populationen.[40] Diese Fragmentation reduziert die Chance gute Werte für die Fitnessfunktion zu erreichen. Im Allgemeinen gilt:

Die Selektion favorisiert die global überlegene Spezies.

5.11 Evolution und Komplexität

Die Evolution eines Habitats und aller darin enthaltenen Services ist ein auf der Service- wie der Habitatsebene miteinander verwobener Prozess, dabei kann ein Service durchaus auch zwischen zwei Habitaten repliziert werden. Die Habitate und die Lokalität der digitalen Businessökosysteme spielen hierbei eine entscheidende Rolle, denn eine kontinuierliche Steigerung an Komplexität zusammen mit der Emergenz von zunehmend komplexeren und damit spezifischeren Services ist nur durch eine erhöhte Lokalität und der damit einhergehenden beschränkten räumlichen Ausdehnung möglich. Räumlich bedeutet hierbei nicht unbedingt die physische Ausdehnung, sondern bezieht sich auf den Parameterraum der Fitnesslandschaft. Oder anders formuliert: Ohne einen Gradienten in der Fitnesslandschaft existiert keine Notwendigkeit für die Services zu einer Weiterentwicklung, welche in aller Regel zu einer erhöhten Komplexität des Service führt, jedoch nicht

---

[38] Siehe Fußnote S. 175.
[39] Wie es bei *Amazon* eingesetzt wird.
[40] Dies macht den Zauber der Galapagosfauna aus.

5.11 Evolution und Komplexität

notwendigerweise zu einer Erhöhung der Komplexität der einzelnen Serviceimplementierung.

Innerhalb eines Habitats werden kleine Steigerungen der Komplexität durch folgende „Operationen" erreicht:

- Formation neuer Services,
- Veränderung bestehender Serviceimplementierungen,
- Erweiterung bestehender Services,
- Addition neuer Organisationen.

Wenn sich nach vielen solchen Operationen genügend Komplexität im Habitat angehäuft hat, wird diese auf die innere Struktur des Habitats transferiert und es kommt zu einer Veränderung der Habitatsstruktur, beziehungsweise der Interaktionsmuster innerhalb des Habitats. Für einen Beobachter sieht dies wie ein plötzlicher Sprung (Revolution statt Evolution) in den Eigenschaften sowie dem Erscheinungsbild des Habitats aus, obwohl die eigentliche Ursache viele kleine Evolutionsschritte einzelner Services waren.

Von dem Blickwinkel der Serviceevolution (s. Abschn. 2.8.1) aus betrachtet, entwickelt sich der Service innerhalb des Habitats weiter, denn ein Service muss seine Funktionalität stetig erweitern, damit er auf Dauer nicht obsolet wird (Lehman'sche Gesetze der Softwareevolution, s. S. 91). Dieses Servicewachstum geht einher mit einer strukturellen Verfeinerung der jeweiligen Serviceimplementierung: Neue Fähigkeiten, neue Methoden, Einbindung neuer Provider für andere Subservices. Dieser Weg führt zu immer komplexeren und immer ausgefeilteren Services. Gleichzeitig kommt es im Habitat zur Komplexitätssteigerung durch die Erzeugung neuer Spezies (Services) mit der Folge einer erhöhten Diversifikation (s. S. 243).

Diese neuen Services entstehen durch Spezialisierung oder Migration aus anderen Habitaten. Durch die Veränderung des Interfaces eines Service kann die Komplexität vom Service ins Habitat oder vom Habitat in die Services transferiert werden. Im ersten Fall, vom Service zum Habitat, wird die Komplexität durch Vererbung und Spezialisierung transferiert. Ein komplexer Service zerfällt und mehrere kleinere (spezialisiertere) Services entstehen – dies steht im Einklang mit den Evolutionsgesetzen (s. Abschn. 2.8.1), da jetzt ein Service „verschwindet". Das Habitat hat durch die größere Anzahl der im Habitat enthaltenen Spezies jetzt eine höhere Komplexität erreicht. Der wiederholte Transfer an Komplexität von den einzelnen Services in das Habitat führt zu phylogenetischen Bäumen mit dem Resultat von sehr hochspezialisierten Services, welche nur in einem ganz spezifischen Habitat existieren können.

Der umgekehrte Weg ist die Aggregation: Ein neuer Service entsteht durch die Kombination mehrerer vorhandener Services. Hierbei kann die Aggregation so gefestigt werden, dass die einzelnen Providerorganisationen miteinander verschmelzen und ihre einzelnen Services die Unabhängigkeit verlieren, entweder verfestigt sich das virtuelle Enterprise zu einer permanenten Organisation oder einer der Provider übernimmt die anderen Provider. Durch diesen Schritt wird Komplexität (Diversifikation) vom Habitat in den einzelnen Service transferiert. Beide Prozesse sind zueinander komplementär, aber beide Prozesse sind auch in einem „gesunden" Habitat notwendig.

Die Evolution der Services und der Habitate lässt sich recht leicht trennen:

Services entwickeln sich durch Vererbung und Spezialisierung weiter, ähnlich biologischen Genen. Die Habitate entwickeln sich durch Aggregation von Services und der Verfeinerung von Modellen, ähnlich den Lebewesen.

5.12 Verhandlungen

Heutige Organisationen existieren in einer sehr wettbewerbsorientierten Umgebung, wobei sich durch die immer stärkere und billigere Vernetzung via Internet die Zusammenarbeit zwischen den Organisationen sowie deren Verhalten auf Dauer ändern wird. Im Sinne eines SOEs (s. Abschn. 2.2), beziehungsweise VSM (s. Anhang B), werden immer stärker rekursive Strukturen genutzt, um bestimmte Aufgaben zu erfüllen. Hierfür werden aber technische Plattformen benötigt, die eine vertrauensvolle Zusammenarbeit überhaupt erst ermöglichen.

Heutige Plattformen für Verträge, meist im B2B-Sektor, wurden ursprünglich entwickelt, um virtuelle Organisationen zu bilden, sie werden zentral verwaltet und von großen Organisationen betrieben und weiterentwickelt. Insofern wird ihnen speziell von der Seite kleinerer Organisationen aus implizit misstraut. Außerdem sind die meisten Plattformen so konzipiert, dass sie praktisch nur bilaterale Verträge unterstützen. Im Rahmen eines digitalen Businessökosystems sind aber nicht nur multilaterale Verhandlungen, sondern auch Verträge notwendig, da sich hier viele Organisationen zu einem SOE zusammenschließen wollen und können.

In einer solchen Umgebung sind für Verhandlungen gewisse Mindestvoraussetzungen notwendig, zu diesen zählen:

- Sichere und verlässliche Identifikation der Beteiligten.
- Weitergabe der Vertrauensbeziehung an Andere in anderen Kontexten.
- Bewertung der Vertrauenswürdigkeit der Beteiligten auf Grund von Reputation oder auf Grund von eigenen Erfahrungen.

Reputation ist in einem anonymen Markt eine der wichtigen Größen für die Auswahl von Partnern, so auch bei digitalen Businessökosystemen. Hierbei werden die Erfahrungen anderer genutzt, um ein Reputationsmodell über die Zuverlässigkeit aufzustellen. Besonders kritisch für den Aufbau eines digitalen Businessökosystems ist das Vertrauen der Beteiligten untereinander und in die gemeinsam genutzte Plattform. Bezüglich der Plattform drückt sich dies in der Erwartung über deren Zuverlässigkeit und Verfügbarkeit aus.

Eine der Schlüsselvoraussetzungen für den Aufbau und Nutzung einer Geschäftsbeziehung ist Vertrauen[41]. Ohne ein Vertrauen in den Partner oder die Mechanismen eines Marktplatzes werden faktisch keine Geschäftsbeziehungen aufgebaut. Speziell

---
[41] Trust.

5.12 Verhandlungen

in einer mehr oder minder anonymen Umgebung wie einem digitalen Businessökosystem ist Vertrauen besonders wichtig. Allerdings sollte berücksichtigt werden, dass Vertrauen sich primär auf die Psychologie und Logik stützt und erst sekundär auf die IT.

Das Vertrauen ist das Produkt eines sehr komplexen Mechanismus, welcher sich nur schwer beeinflussen lässt. Allerdings lassen sich im Umfeld von elektronischen Märkten einige Elemente zur Vertrauensbildung identifizieren:

- Vertrauen in die Technologie – Sicherheit von Informationen ist eine weit verbreitete Forderung für vertrauenswürdige Transaktionen. Die wahrgenommene Qualität und Sicherheit eines Systems trägt stark zum Vertrauen bei. Die wichtigsten technischen Mechanismen für die Schaffung von Vertrauen im Umfeld elektronischer Märkte sind: Identity Management, Zugangskontrolle, Verschlüsselung.
- Informationsqualität – Die Informationsqualität und auch die Art der gelieferten Information haben eine große Auswirkung auf das Vertrauen von Benutzern (s. Tabelle 5.5). Informationsqualität wird als eine Manifestation von Vertrauenswürdigkeit, Kompetenz und gutem Willen gesehen.
- Zertifikate – Prozeduren und Geschäftsprozesse hängen oft von der lokalen Gesetzgebung oder von den domänenüblichen Mechanismen ab. Zertifikate des Providers (zum Beispiel ISO-9000 oder CMMI) versuchen dem Consumer einen Einblick über eigene Vertrauenswürdigkeit bezüglich der Abwicklung von Verträgen zu geben.
- Referenzen – Referenzen werden auch im traditionellen Geschäftsumfeld eingesetzt, um ein Maß an Vertrauen zu vermitteln.
- Reputation – Zur Reputation zählt zum einen das Rating durch Ratingagenturen[42,43], welche eine vergleichende Bewertung mehrerer Provider vornehmen. Neben solchen offiziellen Ratings existieren auch diverse Foren im Internet, in welchen sich mehr oder minder anonym über die Erfahrungen und Qualitäten diverser Provider[44] unterhalten wird, bis hin zu den Aufzeichnungen von Insidern[45]. Im Servicebereich existieren zum Teil sehr ausgeklügelte Ratingmodelle.
- Unterstützung der Vertragsabwicklung – Die Nachverfolgbarkeit der Vertragsabwicklung ist für den Consumer ein wichtiges Element der Transparenz und schafft ein Maß an Vertrauen.[46]
- online Konfliktlösung – Zusammen mit dem rapiden Wachstum von elektronischen Märkten steigt das Konfliktpotenzial an. Das Vorhandensein eines für alle

---

[42] Bei der Kreditwürdigkeit oder bei Aktienfonds schon lange im Einsatz. Aber auch für Produkte sind solche Agenturen ähnlich der *Stiftung Warentest* bekannt.

[43] Ratingagenturen für Aktien oder Fonds sind in den letzten Jahren stärker in die Kritik geraten, da diese ein Interesse an der Aufrechterhaltung ihres Geschäfts haben oder manchmal mit bestimmten Fonds eng verbunden sind und insofern nur bedingt „neutral" beraten.

[44] Im schulischen und akademischen Bereich gibt es Foren, in denen Erfahrungen bezüglich Lehrer und Professoren ausgetauscht werden.

[45] Häufig ehemalige Mitarbeiter des Providers, welche sich oft im Unfrieden von ihrem Arbeitgeber getrennt haben.

[46] Paketdienste bieten für ihre Lieferungen oft online-Trackingsysteme an, welche dem Empfänger oder Sender eines Pakets Vertrauen in die Kompetenz des Paketlieferdienstes geben.

Tabelle 5.5 Minimale Informationen für Vertrauen im e-Business, nach *Kuller, Trust Barriers Report*. Prozentuale Angaben als Anteil der Befragten an der Gesamtmenge

Informationstyp	%
Identität (Namen, Adresse...)	92,9
Produkte und Services	71,4
Preise, inkl. Zusatzkosten	42,9
Zahlungsmodalitäten	42,9
Juristische Vertragsdetails	39,3
Sprache	39,3
Transportkosten	35,7
Produktzertifizierung	35,7
Prozessschritte für Vertragsgestaltung	28,6
Versicherung der Produkte	14,3
Rückgabemodalitäten	14,3

Vertragspartner verbindlichen Konfliktlösungsmechanismus (analog den Schiedsstellen des KFZ-Handwerks) erhöht das Vertrauen der Beteiligten im Konfliktfall.
- Notarservices – Speziell bei dem Vorgang der Bezahlung ist die Benutzung eines notarähnlichen Services eine wichtige Maßnahme.[47]
- Standardisierung – Mit zunehmender Standardisierung der QoS (s. Abschn. 2.5.4) wird das Vertrauen in die Fähigkeiten der Services gestärkt.

Die meisten heutigen Modelle zum Aufbau von Vertrauen gehen von einem statischen Netzwerk an möglichen Providern, beziehungsweise Services, aus. In einem digitalen Businessökosystem kann jedoch ein neuer Provider aus anderen digitalen Businessökosystemen hinzukommen. Dabei sollten Teile der Reputation aus dem alten Businessökosystem übernommen werden können, was auf eine Koppelung der jeweiligen Infrastrukturen im Bereich des Vertrauens hinausläuft.

5.13 Transaktionen

Die klassischen Formen von Transaktionen zwischen zwei Partnern funktionieren in einem digitalen Businessökosystem nicht mehr. Hier sind verteilte langlaufende Transaktionen mit vielen Beteiligten gefragt, welche stärker das tatsächliche Geschäftsleben widerspiegeln. Die Services, die in den einzelnen Habitaten ablaufen, müssen oft die Charakteristika von Transaktionen zeigen. Am einfachsten lässt sich das Problem der Kompositservices mit Transaktionen durch den Einsatz logischer Koordinatoren lösen.

Dabei lässt sich jede Multiservicetransaktion durch einen Baum beschreiben, bei dem jeder Knoten entweder ein Koordinator oder ein elementarer Service (dies ist ein Service, der sich nicht weiter zerlegen lässt) ist. Die elementaren Services bilden

---

[47] *eBay*-Kunden können einen solchen Service schon heute nutzen.

die Blätter des Baums. Die einzelnen Äste repräsentieren die Subtransaktionen, welche nötig sind, um die Gesamttransaktion vollziehen zu können. Die Koordinatoren bestimmen die Ausführungsreihenfolge in ihren Teilästen, sowie die Abhängigkeiten von Bereichen, die unter ihrer Kontrolle sind. Solche Koordinatoren können in sechs Kategorien eingeteilt werden, de facto handelt es sich dabei um eine Form der Choreographie (s. Abschn. 2.7.4):

- sequenzieller Koordinator – Dieser dient zur Abwicklung einer deterministischen und linearen Aufruffolge von Services.
- paralleler Koordinator – Häufig taucht der Fall auf, dass zwei oder mehr Services über eine Nachbedingung, zum Beispiel beide Services sind abgeschlossen, gekoppelt sind.
- sequenzielle Alternative – Ausführungsäste können auch im sequenziellen Falle Alternativen nutzen. Speziell im Fall von Verletzungen der QoS (s. Abschn. 2.5.4) oder Ausnahmesituationen sind solche alternativen Ausführungen wichtig.
- parallele Alternative – Ausführungsäste können auch im parallelen Fall eine Alternative nutzen.
- datenorientierter Koordinator – Dieser steuert und bündelt den Datenhaushalt. Ein solcher ist notwendig, da Services oft keine Zustände oder Persistenz besitzen, dies jedoch für „echte" Transaktionen wichtig ist.
- delegierender Koordinator – Die Delegation ist ein Mittel, um eine konkrete Ausführung eines Service auf eine andere Plattform zur Ausführung zu transferieren, dieser wechselt die Ausführung auf einen anderen Service oder eine andere Implementierung.

Die ersten vier Koordinatoren sind mehr oder minder selbsterklärend, der datenorientierte und der delegierende Koordinator jedoch sind Ausnahmen. Der datenorientierte ist notwendig, da typischerweise hoher Datendurchsatz ein Performanzproblem darstellt und der letzte ist notwendig, um die Plattformunabhängigkeit und Überlebensfähigkeit im Fehlerfall (s. auch Abschn. 6.9) sicherzustellen.

5.14 Komplexität und Modelle

Bei einer Diskussion über die notwendigen Komplexitäten und Mechanismen innerhalb eines digitalen Businessökosystems sollte immer berücksichtigt werden, dass generische Prinzipien der Komplexitätstheorie auf die digitalen Businessökosysteme angewandt wurden, aber eine solche Abbildung von Modellen in den Bereich des menschlichen Wirkens sollte mit einiger Vorsicht angegangen werden. Die vorgestellten Modelle sind nur ein Startpunkt und die entstehenden sozialen Systeme müssen genauer und methodischer untersucht werden.

Einer der wichtigsten Unterschiede zwischen den komplexen natürlichen Systemen und menschlichen Organisationen ist, dass der beteiligte Mensch die Fähigkeit zur (Selbst-)Reflektion besitzt und freiwillig zwischen verschiedenen Möglichkeiten entscheiden kann, was wiederum die Alternativen in der Zukunft verändert.

Trotzdem sollte sich ein großer Teil der Prinzipien komplexer Systeme auf die digitalen Businessökosysteme übertragen lassen.

Zwar ist die Theorie komplexer Systeme noch nicht abgeschlossen, aber es lassen sich Prinzipien in phänomenologischer Form identifizieren, welche allen komplexen Systemen eigen sind:

- Verbindungen, gegenseitige Abhängigkeiten und Coevolution,
- dissipative Strukturen und Nichtgleichgewichtszustände,
- Historie und Erforschung des Wahrscheinlichkeitsraums,
- Feedback und Selbstorganisation,
- Emergenz und neue Ordnungen.

Komplexes Verhalten – wir nennen ein System „komplex", wenn es sich für uns komplex verhält – resultiert aus den Interaktionen und Abhängigkeiten der einzelnen Teile des betrachtenden Systems. In einem System mit Menschen bedeutet dies, dass die Entscheidungen oder Handlungen eines Elements (einzelner Mensch, Gruppe, Organisation, Institution...) Auswirkungen auf das System als Ganzes oder auf andere Elemente haben kann. Ein digitales Businessökosystem muss dies berücksichtigen und daher in der Lage sein, eventuelle Veränderungen zu adaptieren. Zusätzlich zur Adaption muss sich das digitale Businessökosystem simultan weiterentwickeln – im Sinne einer Evolution der in ihr enthaltenen Services aber auch der Struktur und Wechselwirkungen innerhalb des digitalen Businessökosystems. Durch diese Adaption und Evolution entsteht eine neue Ordnung und eine Kohärenz[48]. In dieser Kohärenz können die einzelnen Elemente durchaus „zufällig" agieren, ohne das Gesamtsystem zu schädigen. Oft erscheinen die Aktionen nur „zufällig", in Wirklichkeit jedoch basieren sie dabei auf einem beschränkten lokalen Wissen.

In menschlichen Systemen sind aber die meisten dieser Verbindungen weder konstant noch uniform, sondern variieren in Intensität und Dauer, insofern können die entsprechenden Modelle nur Abstraktionen darstellen, sondern variieren in Intensität und Dauer. Die spezielle Bedeutung von lokalem Wissen lässt sich ermessen, wenn wir uns vor Augen führen, dass Systeme in der Nähe eines Phasenübergangs zwei interessante Eigenschaften zeigen: Universalität (s. S. 254) und Verstärkung der lokalen Wechselwirkungen (s. S. 256), so stark, dass die Wechselwirkungen „universell" werden. Beides zusammen ermöglicht die erfolgreiche Selbstorganisation eines digitalen Businessökosystems.

Die Coevolution findet innerhalb der Ökosysteme statt und kann nicht in einer Isolation vonstattengehen. Im Gegensatz zur Adaption, welche die Ausrichtung an eine konkrete Umgebung darstellt, führt die Evolution dazu, dass es möglich wird, das System an viele verschiedene Umgebungen anzupassen. Jede Organisation ist ein vollständig beteiligtes Subsystem eines viel größeren Systems, welches auf die Umgebung wirkt und sich zusammen mit dieser auch verändert, insofern sind Strategien nicht einfach Reaktionen auf eine sich verändernde Umgebung, in der die Organisation existiert, sondern adaptive Bewegungen, welche die Organisation als

---

[48] Als Kohärenz, aus dem Lateinischen *cohaerere* (zusammenhängen), bezeichnet man den nach außen gerichteten Zusammenhalt eines Systems.

5.14 Komplexität und Modelle

auch ihre Umgebung verändern. Im Kontext von digitalen Businessökosystemen ist die Geschwindigkeit der Coevolution durch die Form der Lernkurve, beziehungsweise die Geschwindigkeit des Informationsaustausches der Beteiligten bestimmt. Je schneller das Wissen innerhalb des Ökosystems transferiert werden kann, desto schneller kann es sich als Ganzes weiterentwickeln. Insofern ist eine Infrastruktur, welche den Wissensaustausch möglich macht, für ein digitales Businessökosystem unabdingbar.

Wenn eine Organisation sich von seinem Gleichgewicht entfernt, das heißt die Organisation verlässt die eingefahrenen Wege, dann können neue Arbeitsformen und auch neue Organisationsformen entstehen.[49] Im Gegensatz zu natürlichen Ökosystemen kann der Mensch seine Tätigkeit und seine Zukunft reflektieren und daher auch die Organisationen, in denen er lebt und arbeitet – bis zu einem gewissen Grad – entwerfen. Typischerweise wird über das Changemanagement versucht eine neue Form der Organisation zu erreichen, ein solches Changemanagement behindert jedoch entstehende Selbstorganisation massiv und schränkt die Handlungsfreiheit der Beteiligten drastisch ein. Folglich ist es für ein zukünftiges digitales Businessökosystem besser sich auf das Design der Infrastruktur zu konzentrieren und es den Beteiligten selbst zu überlassen ihre Kollaboration zu organisieren; denn Organisationen, die aus dem Gleichgewicht gebracht werden, suchen neue Strukturen, indem sie neue Kohärenz produzieren, dabei spielt das Feedback eine zentrale Rolle. Das Feedback, in positiver (Verstärkung) wie negativer (Abschwächung) Form, ermöglicht die Entstehung neuer, beziehungsweise die Erhaltung bestehender Strukturen. Ein möglicher Grund für ein Nichtgleichgewicht kann daher auch das Versagen des bestehenden Feedbackprozesses sein. Dies tritt vor allen Dingen dann auf, wenn es sich um negative Feedbackprozesse handelt. Organisationen, die auf negativem Feedback beruhen, versuchen oft durch inkrementelle Veränderungen auf Umgebungseinflüsse zu reagieren und geraten in einen permanenten Zyklus des ineffektiven Restrukturierens. Einer der Gründe hierfür ist, dass die Erfahrungen aus der Vergangenheit unzulässigerweise auf die Zukunft extrapoliert werden. Disruptiven Phänomenen kann so überhaupt nicht begegnet werden.[50]

Die meisten ingenieurtechnischen Systeme werden in der Nähe des Gleichgewichtszustands entwickelt mit dem Ziel, ein hohes Maß an Stabilität in diesem Gleichgewicht oder seiner Nähe zu haben. Im Gegensatz dazu benötigen die digitalen Businessökosysteme geradezu Instabilität, um überhaupt zu entstehen. Neben diesen notwenigen Ungleichgewichtszuständen zeichnen sich Businessökosysteme auch durch ein Wissen über ihre eigene Historie aus, was sie von Maschinen in der heutigen Form unterscheidet.[51]

---

[49] Unter Nichtgleichgewichtsbedingungen kann Entropie neue Ordnung produzieren anstelle von Ordnung abmindern.
[50] Was sich sehr oft in Form von verzweifeltem Aktionismus niederschlägt.
[51] Bei Maschinen ist das Wissen über die Historie kein Teil der Maschine selbst, sondern ein Teil der Modelle – wenn überhaupt.

Kapitel 6
Digitale Ökosysteme

> *These late eclipses in the sun and moon portend no good to us: though the wisdom of nature can reason it thus and thus, yet nature finds itself scourged by the sequent effects: love cools, friendship falls off, brothers divide: in cities, mutinies; in countries, discord; in palaces, treason; and the bond cracked 'twixt son and father. This villain of mine comes under the prediction; there's son against father: the king falls from bias of nature; there's father against child. We have seen the best of our time: machinations, hollowness, treachery, and all ruinous disorders, follow us disquietly to our graves. Find out this villain, Edmund; it shall lose thee nothing; do it carefully. And the noble and true-hearted Kent banished! his offence, honesty! 'Tis strange.*
>
> King Lear
> William Shakespeare
> 1564–1616

Wenn man sich verändernde und adaptierende komplexe Systeme betrachtet, so muss man sich jenseits der Gesetze der Newton'schen Physik oder einfacher, starrer Netzwerke bewegen, hin zu einer Beschreibung einer Nichtgleichgewichtsdynamik. Die meisten großen Systeme vollführen eine Art „Berechnung" und definieren damit Informationsverarbeitung auf diversen Abstraktionsebenen. Wie Evolution oder technisches Design diese Mechanismen beeinflusst, kann als eine Form eines Optimierungsprozesses verstanden werden; durch Betrachtung der Lösung können die zu dieser Lösung führenden Trajektorien (Bahnen in Lösungsräumen) als Resultate eines vorangegangenen Selektionsprozesses verstanden werden. Die Darwin'sche Evolutionstheorie durch die natürliche Selektion gibt ein Erklärungsmuster für die Erzeugung von Ordnung in der Natur. Darwins Sicht lässt sich als eine Art „Lebensbaum" beschreiben, bei dem die einzelnen Spezies die Spitze der Äste sind. Diese Spezies sind durch gemeinsame Vorfahren miteinander verbunden. Die Beziehungen zwischen den Spezies werden durch strukturelle Ähnlichkeiten hergestellt, dies spiegelt sich in den biologischen Taxonomien wieder: Säugetiere, Reptilien, Hundeartige... Es existieren in der Biologie zwei fundamentale Metriken für die Ähnlichkeit:

- Analogie[1] – Die analogen Strukturen oder Verhaltensweisen erfüllen in den einzelnen Organismen den gleichen Zweck, sind also bezüglich ihrer Funktion äquivalent, lassen sich jedoch nicht auf gemeinsame Vorfahren zurückführen.
- Homologie[2] – Strukturen sind homolog, wenn sie sich auf eine gemeinsame Herkunft zurückführen lassen, dabei müssen sie in ihrer Funktionalität nicht unbedingt ähnlich sein.

Durch die Homologie können gemeinsame Vorfahren identifiziert werden, durch die Analogie kommt es zu einer Konvergenz der Spezies in der Natur. Dieselbe Klassifikation lässt sich auch auf Programmiersprachen anwenden, auch dort findet man Analogien und Homologien – so enthalten alle prozeduralen Sprachen Schleifenkonstrukte und Fallunterscheidungen, obwohl die Sprachen selbst oft getrennten Ursprungs sind.

Ein natürliches Ökosystem besteht aus einer Reihe von miteinander interagierenden Organismen unterschiedlicher Gattungen in ihrer physischen Umgebung. Mehrere fundamentale Eigenschaften beeinflussen die Struktur und Funktion eines biologischen Ökosystems, unter anderem die Wechselwirkung der unterschiedlichen Gattungen, die Populationsdynamik, die Evolution und eine komplexe, sich stets verändernde Umgebung. Etwas Analoges findet auch in komplexen großen Softwaresystemen statt. Die räumliche Verteilung eines biologischen Systems entspricht der Verteilung eines Softwaresystems, wobei hier Distanz nicht im Sinne von Metern wichtig ist, sondern im Sinne von graphentheoretischen Metriken. Diese Form der räumlichen Dynamik ist im Vergleich zu realen Ökosystemen recht einfach.

Mögliche Parallelen zwischen der Biologie und der Entwicklung von Software und damit auch der Services sind nicht nur bei der Entstehung einzelner Artefakte über genetische oder chemische Mechanismen gegeben, sondern auch bei der Weiterentwicklung bestehender Software bilden bekannte Phänomene aus der Biologie und der Physik die Grundlagen für tragfähige Analogien (s. Abb. 6.1). Dabei geht es nicht so sehr um die Veränderung einzelner biologischer oder digitaler Spezies (im Sinne von Software oder Services), sondern um die Fähigkeit eines gesamten biologischen oder digitalen Ökosystems, sich weiterzuentwickeln und auch als Gesamtsystem Mechanismen für diese Weiterentwicklung zu haben. Solche Mechanismen sind speziell im Falle von Autopoia (s. Anhang A.8) besonders wichtig, da ohne diese Mechanismen keine autopoietischen Strukturen möglich sind.

Viele unserer heutigen sozialen und ökonomischen Komplexitäten sind im Grunde in drei großen Netzwerken enthalten:

- Transport und Logistik,
- Energieversorgung,
- Kommunikation.

Obwohl alle diese Netzwerke künstlich sind, das heißt von Menschen entworfen und hergestellt wurden, zeigen sie jedoch erstaunliche Ähnlichkeiten zu biologischen Systemen (s. Tabelle 6.1).

---

[1] Andere Herkunft, aber gleiche Funktion.
[2] Gleiche Herkunft, aber andere Funktion.

6 Digitale Ökosysteme

Tabelle 6.1 Vergleich verschiedener komplexer Netzwerke und der gewählten Begriffe

Aspekt	Gennetz	Ökologie	Technologie
Veränderungen	Genduplikation und Wiederverwendung	Regionale Pools von Spezies	Wiedereinsatz von Modulen und Komponenten
Partitionierung der Applikationslogik	Horizontal	Horizontal & vertikal	Vertikal
Zentralknoten	Zelluläre Signalgene	Omnivoren und die meisten Spezies	Am meisten genutzte Komponenten
Optimierungsgegenstand	Kommunikationsgeschwindigkeit und -kosten	–	Entwicklungs- und Fertigungskosten
Versagen	Phänotypische Effekte von Zufallsmutationen	Verlust von spezifischen Funktionen	Funktionsverlust
Attacken	Krebs	Aussterben/Verlust von Ökosystemfunktionen	Featurebloating, Kostenexplosionen
Redundanz und Degeneration	Redundante Gene verschwinden schnell	Minimierte Redundanz in Spezies und Degeneration bei Nichtschlüsselspezies	Redundanz durch Sicherheitspolicies, fast nie Degeneration

Wenn einzelne Subsysteme innerhalb eines stabilen Systems ein chaotisches Verhalten zeigen, so tendieren sie dazu, sich untereinander zu synchronisieren[3] – und damit viel weniger chaotisches Verhalten zu zeigen –, wenn sie miteinander gekoppelt werden, wobei die meisten Systeme im Rahmen ihrer Synchronisation ein eigentümliches Verhalten zeigen: Die Wahrscheinlichkeit p, dass eine gegebene Systemkomponente für einen Zeitraum t synchronisiert ist, folgt einem Potenzgesetz:

$$p(t) \sim t^{-\beta}, \qquad (6.1)$$

wobei auch dieses Potenzgesetz ein skalenfreies Verhalten (s. Anhang A.10) der Form:

$$p(\alpha t) = g(\alpha) p(t)$$

zeigt. Ein solches Verhalten wird oft auch als „Long Range Order" bezeichnet und ist immanent wichtig für die Entstehung eines stabilen Systems. Umgekehrt betrachtet, kann man die Gültigkeit von Gl. 6.1 auch als ein Zeichen für zumindest partielle Stabilität ansehen.

Die Entwicklung und das Wachstum von Netzwerken zeigen einige Besonderheiten auf. Kein Netzwerk startet mit seinem Endzustand, quasi als Deus ex machina. Im Gegenteil, alle Netzwerke beginnen zunächst klein und entwickeln mit zunehmendem Wachstum ihre spezifischen Eigenschaften[4]. Wenn ein Netzwerk sehr klein, mit einigen Knoten und wenigen Kanten anfängt, so stellt sich rasch die Frage,

---

[3] Wenn diese Synchronisierung nicht einsetzt, dann zerstört sich das System auf Dauer selbst.
[4] Emergenz, s. Anhang A.1.

wie neue Knoten (neue Mitglieder) in das Netzwerk finden. Neue Knoten müssen Kanten zu bestehenden Knoten aufbauen, um Teil des Netzwerks zu werden. Wenn es hier einen Weg des „Preferential Attachments" gibt – Knoten mit größerer Kantenzahl haben eine höhere Wahrscheinlichkeit auf weitere hinzugefügte Knoten attraktiv zu wirken – so entstehen mehr oder minder automatisch skalenfreie Netzwerke.

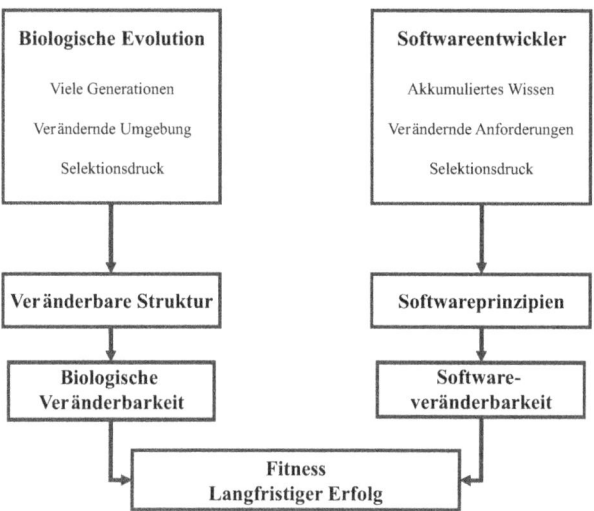

Abb. 6.1 Biologische und softwaretechnische Veränderbarkeit

Neben den mathematischen und topologischen Voraussetzungen, welche spezifisch an digitale Ökosysteme gestellt werden, existieren auch einige andere Anforderungen, welche notwendig sind, solche Systeme ganz allgemein „gebrauchstauglich" zu machen:

- Die Umgebung muss aktiv die Diversifikation der Spezies fördern, beziehungsweise eine große Zahl diverser Spezies unterstützen.
- Ein aktiver Selektionsprozess mit der entsprechenden Fitnessfunktion muss existieren. In biologischen Systemen ist eine solche Fitnessfunktion zwar theoretisch vorhanden, aber es ist unmöglich sie zu bestimmen, da die Umgebung sich oft ändert und viele mögliche Eigenschaften existieren, die vererbt werden können.
- Es sollte keinen zentralen kritischen Knoten geben, welcher das System kontrolliert oder dessen Ausfall zu einem Zusammenbruch des Ökosystems führen kann.[5]
- Die Teilnehmer, die Instanzen der Spezies, sollten stets ein hohes Maß an lokaler Autonomie haben. Autonomie in dem Sinne, dass sie bestimmen können, was sie der Umgebung über sich offenlegen.

---

[5] Single Point of Failure.

- Die Infrastruktur muss über Mechanismen zur Unterstützung verteilter und langlaufender Transaktionen zwischen den Teilnehmern verfügen.

Eine Fitnessfunktion ist ein Maß dafür, wie „gut" die Individuen einzelner Spezies sind, für ein komplettes Ökosystem ist jedoch noch eine zweite Eigenschaft essentiell: Die Fähigkeit zur Selbstorganisation. Selbstorganisation ist eine Eigenschaft der jeweiligen Population, nicht des einzelnen Individuums. Eine solche Fähigkeit zur Selbstorganisation ist für alle digitalen Ökosysteme und hierbei speziell für die digitalen Businessökosysteme enorm wichtig, da insbesondere ohne eine Selbstorganisation kaum stabile dynamische Systeme entstehen.

Besonders interessant ist es, dass Selbstorganisation sehr oft durch strukturelle Koppelung entsteht, besonders dann, wenn viele unterschiedliche Spezies beteiligt sind. Man spricht von einer strukturellen Koppelung, wenn eine Kollektion von individuellen Systemen mit einer ausreichend hohen Frequenz interagiert und dadurch gegenseitige Abhängigkeiten innerhalb der Kollektion erzeugt. Durch die Vielzahl an Interaktionen wird jedes einzelne System in eine spezielle Rolle „gepresst" und wir nehmen es nur noch als Subsystem eines größeren Systems wahr. Dies geht so weit, dass wir dann das Subsystem oft nur noch anhand seiner „Rolle" benennen. Gepaart mit einer zeitlichen Evolution werden so die einzelnen Subsysteme auf ihre Rollen reduziert.

Parallel dazu lässt sich das Phänomen der Metasystemtransition beobachten. Hierbei geschieht eine progressive Überlagerung eines Kontrollsystems über andere bisher bestehende Kontrollsysteme, so bauen wir zum Beispiel Computerprogramme, um andere Computerprogramme zu kontrollieren, ja wir bauen sogar Computer um andere Computer zu kontrollieren. Die Metasystemtransition verläuft im Gegensatz zur strukturellen Koppelung von oben nach unten. Ein besonders Beispiel für hochentwickelte Metasystemtransition ist die Entstehung von VSM-ähnlichen Strukturen (s. Anhang B).

Der Begriff des digitalen Businessökosystems (s. Kap. 5) lässt sich zu einem digitalen Ökosystem abstrahieren, welches wie folgt definiert werden kann:

Ein digitales Ökosystem[6] **ist ein dynamischer und synergetischer Komplex aus digitalen Gemeinschaften, bestehend aus miteinander verbundenen, wechselwirkenden und gegenseitig abhängigen digitalen Spezies. Diese existieren auf einer digitalen Infrastruktur und interagieren als Services, dabei sind sie über Aufrufe, Informations- und Transaktionsflüsse miteinander verbunden.**

Diese Definition impliziert, dass die digitalen Spezies eigene Ziele haben müssen, die sie innerhalb des digitalen Ökosystems zu erreichen versuchen, außerdem sind die einzelnen Spezies nicht isoliert, sondern arbeiten kollaborativ zusammen, um damit den Wert der einzelnen Spezies zu erhöhen.

---

[6] Siehe S. 186.

6.1 Netzwerke

Wir sind von vielen Netzwerken in diversen Formen umgeben, rangierend von biologischen Netzwerken, über Gasleitungen, Stromnetzwerke, Internet, Telefonnetzwerke bis hin zu Softwarenetzwerken und sozialen Netzwerken. Alle diese unterschiedlichen Erscheinungsformen von Netzwerken haben sieben Grundregeln gemeinsam:

- Wenige große Knoten halten das Netzwerk zusammen – Real existente Netzwerke sind nicht völlig zufällig, sondern folgen einem Potenzgesetz und bilden meist skalenfreie Netzwerke (s. Anhang A.10), was sich wie folgt veranschaulichen lässt: Wenn nur grobe Strukturen betrachtet werden, dann haben diese Cluster einige wenige Verknüpfungen, die stark ausgeprägt sind, wird jedoch nur ein Teil des Netzwerkes betrachtet, so zeigen sich dort ähnliche Verhältnisse, das heißt die Strukturen auf verschiedenen Abstraktionsebenen ähneln sich.
- Netzwerke sind nicht „demokratisch" – Nicht alle Knoten in einem Netzwerk sind gleichberechtigt, ein neuer Knoten im Netzwerk wird sich mit einer höheren Wahrscheinlichkeit an einen bekannten Knoten anschließen als an einen unbekannten Knoten. Diese Beobachtung erklärt, warum im Internet wenige zentrale Domänen besonders viele Benutzer haben.
- Knoten mit großer Attraktivität verwandeln sich in Zentralknoten – Das Wachstum eines Netzwerks geht damit einher, dass die attraktiven Knoten schneller neue „Nachbarn" bekommen als weniger attraktive und mit wachsender Anzahl von Nachbarn steigt die Attraktivität an, so bilden sich Zentralknoten[7] heraus.
- Reale Netzwerke zeigen ein „*Small-World*"-Verhalten – Obwohl reale Netzwerke wie das Internet oder die sozialen Gemeinschaften von Menschen sehr groß sein können, ist doch die Distanz zwischen zwei beliebigen Knoten innerhalb solcher Netze meist relativ klein. Innerhalb der USA sind Menschen über etwa 6 Mittler miteinander bekannt und im Internet ist der mittlere Abstand zwischen zwei Webpages etwa 19 Klicks.
- Netzwerke sind robust, haben aber stets eine Achillesferse – Die meisten Netzwerke sind robust gegen zufällige Ausfälle, dies ist bedingt durch die inhomogene Topologie. Wenn es für jeden Knoten die gleiche Ausfallwahrscheinlichkeit gibt, dann fallen einfach mehr Knoten mit wenigen Kanten weg als Zentralknoten ausfallen. Dies hat zur Folge, dass das gesamte Netzwerk handlungsfähig bleibt. Werden jedoch gezielt die Zentralknoten angegriffen, ist auch ein solches Netzwerk verletzbar, da es dann in diverse isolierte Subnetze zerfällt. Vermutlich reicht es aus, etwa 5–15% der Zentralknoten zu eliminieren, um reale Netzwerke zum Zusammenbruch zu bringen (s. S. 274).
- Cluster formen hierarchische Strukturen – In den meisten Netzwerken existieren lokale Cluster, welche nur wenig miteinander verknüpft sind, sodass sich Hierarchien bilden.
- Viren sind nur sehr schwer zu stoppen – Jede Form von Viren oder Modeerscheinungen lassen sich in skalenfreien Netzwerken nur schwer stoppen, was sich

---
[7] Hubs.

6.1 Netzwerke

anhand der jährlichen Grippeepidemien zeigt. Die kurze Historie des Internets hat uns schon mehrere Computervirusausbrüche geliefert. Das Problem sind die Zentralknoten; wird einer dieser Knoten infiziert, so ist das gesamte Netzwerk schnell durchdrungen.

Die Ausbreitung von Viren ist analog der Ausbreitung von Ideen oder Innovationen in solchen Netzwerken. Service Oriented Enterprises als auch virtuelle Enterprises (s. Abschn. 2.2) müssen sich innerhalb eines Netzwerks als temporäre Cluster ausbilden und unterliegen daher auch den Vorteilen und Restriktionen des gesamten Netzwerks. Doch unter welchen Bedingungen kann sich eine Innovation oder Information innerhalb eines digitalen Businessökosystems ausbreiten?

Hier ist nicht die Fähigkeit zur strukturellen Veränderung der Kanten entscheidend, sondern das Verhalten der einzelnen Knoten. Ein bekanntes Beispiel für globale Veränderungen sind Musikhits oder populäre Bücher.[8] Dieses Phänomen wird als globale Informations- oder Innovationskaskade bezeichnet, hierbei wird das Verhalten des einzelnen Knotens durch eine binäre Entscheidung geprägt: Dafür oder Dagegen (aktiv oder inert). Wenn eine Idee startet, so wechselt ein Knoten, genannt Innovator, vom inerten zum aktiven Zustand. Der Innovator ist nun in der Lage, seine Nachbarknoten vor die gleiche Entscheidung zu stellen: aktiv oder inert. Stabile Knoten bleiben inert, wohingegen verletzbare Knoten aktiv werden. Abhängig vom Widerstand der Knoten und der mittleren Anzahl von Nachbarn, entsteht eine globale Kaskade durch das gesamte Netzwerk oder sie bleibt lokal und damit auf Dauer eingedämmt. Hierbei gibt es, bei gegebenem Widerstand, allerdings eine Gratwanderung zwischen der Dichte des Netzwerks und der Zahl der Verknüpfungen. Bei einer geringen Zahl an Kanten kann sich die Innovation nicht gut ausbreiten, sie bleibt lokal begrenzt. Bei einer zu großen Anzahl von Kanten zwischen den Knoten gibt es für jeden Knoten eine große Zahl an stabilen Nachbarn, mit der Folge, dass der Knoten selbst auch stabil bleibt. Insofern kann sich eine globale Informationskaskade nur in bestimmten Netzwerken ausbreiten. Für digitale Businessökosysteme bedeutet dies, dass diese Ausbreitungs- und Widerstandsparameter aktiv gesteuert werden müssen, da sich Innovationen ja schnell ausbreiten sollen.

Eine klassische Methode zur Analyse eines Ökosystems ist die ökologische Netzwerkanalyse, dabei wird in biologischen Ökosystemen der Energiefluss[9] betrachtet. Innerhalb eines digitalen Ökosystems ist es besser, als Größe den Informationsfluss zu betrachten und darüber Provider-Consumer-Paare zu identifizieren. Ein Maß für die Ressourcenverteilung in einem digitalen Ökosystem ist die Transfereffizienzmatrix $\mathscr{G}(\Theta)$, mit:

$$\mathscr{G}_{ij}(\Theta) = \frac{f_{ij}(\Theta)}{T_j(\Theta)} \ . \tag{6.2}$$

Die Variable f_{ji} gibt die Größe des Flusses von i nach j an, 0 ist hierbei die Grenze des digitalen Ökosystems (Input: f_{j0}, Output: f_{0j}). Die Flussgröße $T_j(\Theta)$ berechnet

---

[8] Aber auch Alltagsgegenstände wie Flipflops, Tamagochis...
[9] Vereinfacht formuliert: Wer frisst wen?

sich zu:

$$T_j(\Theta) = \sum_{i=0,n, i \neq j} f_{ij}(\Theta) \, .$$

Der Flussparameter Θ kann dabei entweder die Energie, die Informationsmenge, das Material oder eine andere beobachtbare Größe darstellen.

Der integrierte Fluss über das gesamte digitale Ökosystem ist gegeben durch:

$$\mathcal{N} = \mathcal{G}^0 + \mathcal{G}^1 + \mathcal{G}^2 + \mathcal{G}^3 + \ldots \quad (6.3)$$
$$= (\mathbf{1} - \mathcal{G})^{-1} \, . \quad (6.4)$$

Das Phänomen der Verstärkung innerhalb des Ökosystems tritt ein, wenn für ein Nichtdiagonalelement aus Gl. 6.4 gilt:

$$\mathcal{N}_{ij} > 1 \, .$$

Von einer Homogenisierung spricht man, wenn für Variationskoeffizienten gilt:

$$c_V(\mathcal{G}) > c_V(\mathcal{N}) \, . \quad (6.5)$$

Der Variationskoeffizient ist definiert als

$$c_V = \frac{\sigma}{\mu} \, ,$$

mit der Varianz σ und dem Mittelwert μ. Ungleichung Gl. 6.5 impliziert, dass der indirekte Fluss

$$\mathcal{N}_{\text{indirekt}} = \mathcal{N} - \mathbf{1} - \mathcal{G}$$

die Varianz absenkt.

Mit einer solchen Netzwerkanalyse lässt sich auch das Phänomen Synergie[10] quantitativ formulieren. Aus der Nettoflussmatrix $\mathcal{D}$, mit:

$$\mathcal{D}_{ij}(\Theta) = \frac{f_{ij}(\Theta) - f_{ji}(\Theta)}{T_i(\Theta)} \, ,$$

ergibt sich die Utilitymatrix $\mathcal{U}$ zu:

$$\mathcal{U} = \mathcal{D}^0 + \mathcal{D}^1 + \mathcal{D}^2 + \mathcal{D}^3 + \ldots \quad (6.6)$$
$$= (\mathbf{1} - \mathcal{D})^{-1} \, . \quad (6.7)$$

Man spricht von Synergie, wenn die Summe der positiven Anteile in Gl. 6.7 die der negativen Anteile überwiegt. Oder anders formuliert: Das System produziert etwas.

---

[10] Leider wurde in den letzten Jahren der Begriff Synergie von vielen Marketingkampagnen missbraucht, so dass er heute etwas sinnentleert wirkt.

6.2 Softwareentwicklung

Große und komplexe Umgebungen haben nicht nur Risiken, sondern ermöglichen auch neue Chancen für die Softwareentwicklung. Neben dem grundsätzlichen Problem der Verteilung zeigen pervasive Umgebungen meist ein sehr hohes Maß an Redundanz, wobei diese Redundanz nicht nur in Bezug auf den Hardwaretypus der verwendeten Geräte – das gleiche Gerät kann zigtausendmal in einer Umgebung vorhanden sein – sondern auch in Bezug auf die Software, beziehungsweise auf den Code für die Software auftaucht.

Bisherige Strategien im Rahmen der Softwareentwicklung gehen stets davon aus, dass es sinnvoll ist möglichst wenige Redundanzen im Code zu haben, mit der Begründung, dass Redundanzen bei Änderungen anfällig für Fehler sind. Allerdings ist die Folge dieser Strategie, dass der Code sehr schnell brüchig wird, da im Fehlerfall – während der Laufzeit oder während der Programmierung – die Lösung nicht mehr funktioniert; im Extremfall wird der berüchtigte „Blue Screen" in Windowsumgebungen produziert. Dieses Phänomen wird auch als „Brittleness" des Codes bezeichnet, da kleinste Fehler ein Gesamtsystem zum Erliegen bringen können. Auch hier gibt es Versuche, die Eigenschaften natürlicher Systeme als Lösungsmöglichkeit heranzuziehen. Natürliche Systeme haben neben der Angewohnheit zu funktionieren die Eigenart, ein in der Regel sehr stabiles Gleichgewicht auszubilden, dabei formen sie aus zuvor autonomen Einheiten strukturelle Kooperationen und erreichen trotzdem ein „erträgliches" Maß an Redundanz.

Die heutige Art und Weise Software zu entwickeln muss in zwei fundamentalen Punkten überdacht werden:

- Heutige Methoden versuchen Komponenten, Services und Verhalten in abstrakten Sprachen zu modellieren.
- In heutigen Entwicklungsmethodiken sind Entscheidungen und Optionen gar nicht oder nur sehr implizit als Modellelemente vorhanden.

Wenn wir jedoch die Forderung nach zunehmender Adaptivität für Software betrachten, dann können solche statischen Modelle, wie sie heute angelegt werden, auf Dauer nicht mehr ausreichen. Wir müssen in der Lage sein, die Entscheidungsprozesse nachzuvollziehen, beziehungsweise Adaption in Form einer Rücknahme eines Entscheidungsprozesses im Modell der Software verankern zu können. Von daher müssen wir uns innerhalb der „klassischen" Softwareentwicklung stärker auf die Modellierung der Entscheidungen und Optionen konzentrieren, um überhaupt adaptiv zu sein, denn wenn die Koppelung zwischen Entscheidung und Umwelt modelltechnisch verankert wurde, dann kann sie auch verändert werden. Ein radikal anderer Weg ist jedoch das genetische wie auch das chemische Programmieren, welches sich von der Idee der Existenz eines Modells vollständig verabschiedet hat.

6.2.1 Genetische Programmierung

Eine Möglichkeit, die Mechanismen der Natur in das Regime der Softwareentwicklung abzubilden, ist das genetische Programmieren, hierbei wird versucht, der natürlichen Evolution von Genen in biologischen Spezies zu folgen, indem sich der Code selbstständig der Umgebung anpasst. Es existiert hierbei kein vorgegebener zu erreichender Zielcode, sondern eine Reihe von Startcodes, welche sich an eine Umgebung mit Hilfe einer Fitnessfunktion[11] anpassen. Die Basisoperationen in einer solchen Umgebung für die Veränderung von Software durch das genetische Programmieren sind:

- Crossover – Bestehende Codefragmente aus zwei verschiedenen Programmen werden ausgetauscht, dies entspricht der klassischen Cut & Paste-Technik der Programmierer. Die Rekombination erzeugt einen einzelnen „Kind"-Code aus zwei „Eltern"-Codes. Typischerweise wird von einem „Elternteil" nur ein sehr kleiner Codeanteil genommen, während der andere Elternteil dominiert.[12]
- Reproduktion – Der Code wird von der bestehenden Programmgeneration vollständig in die nächste Generation an Programmen übertragen. Insbesondere Computerviren können sich sehr gut ohne Veränderungen reproduzieren.
- Architecturealtering – Die Struktur des Programms ändert sich, dieses Vorgehen entspricht dem klassischen Programmdesign, beziehungsweise Programmredesign.
- Mutation – Der Code wird an zufälligen Stellen verändert, dieses Vorgehen entspricht dem klassischen Codefix innerhalb der Programmierung. Bei der Mutation gibt es zwei Untertypen:
    - Punktmutation – Bei dieser Mutationsform wird der Code nur an einigen wenigen Stellen abgeändert, indem die dort vorhandenen Werte leicht verändert werden.
    - Vektormutation – Hierbei wird eine größere Menge von Werten (ein sogenannter Changevektor) entlang des Codes verändert. In den meisten Fällen verhält sich die Vektormutation destruktiv, das heißt die meisten der so entstehenden Individuen sind oft nicht „lebensfähig".

Im Prinzip werden auch schon heute ähnliche Operationen in der „üblichen" Programmierung ausgeführt, wenn diese als soziotechnische Systeme verstanden werden. Bei der genetischen Programmierung geschieht dies jedoch sehr viel rascher und vor allen Dingen an sehr vielen parallelen Instanzen simultan, sodass diese Operation sehr häufig durchgeführt wird. Die heute übliche Programmierung versucht durch Planung und Antizipation auf zukünftige Veränderungen zu reagieren und dabei möglichst wenig Redundanz und nur eine geringe Menge an zukünftiger Veränderung an der Codebasis zu produzieren; Software, Services und Kon-

---

[11] Eine Fitnessfunktion ist eine Metrik, die bestimmt, wie angepasst eine Population an ihre Umgebung ist.
[12] Im Gegensatz zu der geschlechtlichen Vererbung über Gene, hier erhält jeder Nachkomme genau die Hälfte von jedem Elternteil. Ausnahmen sind Gendefekte wie Trisomie-21 (*Down*-Syndrom).

6.2 Softwareentwicklung

texte werden als quasistatisch angesehen. Die Übertragung von Codeteilen findet in der „klassischen" Programmierung durch Bugfixes oder durch Wiederverwendung statt. Die Fitnessfunktion einer heute üblichen Softwareentwicklung ist durch die Verwendung der Programme und das requirementsgetriebene Testen gegen eine Spezifikation implizit gegeben. In diesem Fall ist Fitness als das Minimum der Abweichung gegenüber Erwartungshaltung durch Endbenutzer oder Tester festgelegt. Im Gegensatz dazu setzt die genetische Programmierung auf das „Überleben des Besten"[13]. Dabei entstehen durch die Operationen des genetischen Programmierens zahlreiche nichtlebensfähige Programme, welche mit Hilfe der Fitnessfunktion eliminiert werden, sodass nur eine kleine Menge an Kandidaten für den nächsten Zyklus zurückbleibt. Diese wiederum verändern sich zufällig weiter und unterliegen einem konstanten Selektionsdruck, bis ein Optimum in Bezug auf die Fitnessfunktion erreicht worden ist. Ein solches Verfahren reagiert auch auf Veränderungen des Kontexts und der Anforderungen, da eine veränderte Fitnessfunktion sofort einen anderen Selektionsdruck herstellt und damit zu anderen Programmen führt.

Ein einfaches Modell für eine solche Fitnessfunktion entsteht, wenn die Requests und der Service jeweils als Bitketten mit fester Länge verstanden werden. In diesem Fall lässt sich zwischen dem Request R_i und dem Service S eine Distanz der Form $d(R_i, S)$ definieren. Einfachster Fall für eine solche Distanz ist ein bitweiser Vergleich mit der Distanzmetrik:

$$d(R_i, S) = \sum_{j=\text{Bits}} \delta(s_j, r_j^i)/N_{\text{Bits}} .$$

Für diesen einfachen Fall lässt sich eine Fitnesslandschaft der Form:

$$U(S) = \sum_i^N e^{-\frac{1-d(R_i,S)}{\sigma^2}} \tag{6.8}$$

definieren, hierbei ist σ der Formparameter der Fitnessfunktion, je kleiner der Formparameter σ, desto flacher ist die entstehende Verteilung.

Alle diese angestrebten Verfahren im Bereich der genetischen Programmierung folgen einem ähnlichen Ablauf:

- Darstellung der Lösungskandidaten – Die möglichen Lösungskandidaten zu einem gegebenen Problem werden als eine Population von Individuen modelliert.
- Fitnessevaluation – Jeder Lösungskandidat wird durch dieselbe Fitnessfunktion auf seinen Grad der Problemlösung hin untersucht.
- Selektion – Ein Selektionsmechanismus wählt einen Teil der Kandidaten mit hohen Werten in der Fitnessfunktion aus.
- Erzeugung neuer Lösungskandidaten –
  - Mutation – Veränderung des Codes innerhalb eines Lösungskandidaten.
  - Crossover – Übertragung von Code von einem selektierten Lösungskandidaten auf einen anderen neu entstehenden Lösungskandidaten.

---

[13] Der deutsche Ausdruck *Überleben des Stärksten* ist nicht ganz korrekt, das Darwin'sche Originalzitat *Survival of the Fittest* passt besser.

Beide Verfahren erzeugen neue Lösungskandidaten. Diese Lösungskandidaten werden als Individuen wieder in die vorhandene Population zurückgeführt.
- Iterative Suche und Optimierung – Die Generierung von Lösungen mit nachfolgender Selektion und Evaluation wird iterativ wiederholt, bis eine hinreichend gute Lösung gefunden wurde. Hinreichend gut bedeutet in diesem Fall, dass die Fitnessfunktion einen besonders hohen Wert erreicht.

Typischerweise nutzt man das genetische Programmieren zur Erstellung vieler „kleiner" Softwarelösungen (Komponenten, Algorithmen,...), dieses Verfahren lässt sich jedoch auch sehr gut auf Services übertragen:

- Darstellung der Servicekandidaten – Zum Startzeitpunkt ($t = t_0$) existiert eine Reihe von Servicekandidaten, welche sich als Graphen aufgebaut aus „kleineren" Graphen (Services) darstellen lassen. Diese Servicekandidaten können als multiple Kopien über das ganze digitale Ökosystem verstreut existieren. Allerdings existiert im Gegensatz zum „klassischen" genetischen Programmieren eine große Anzahl von simultanen Consumern. Initial ($t = t_0$) ist eine Menge von Servicekandidaten vorhanden, welche als die Knoten eines Graphen verstanden werden können. Jeder dieser Knoten k hat eine Konzentration ρ_k, welche die Menge innerhalb des Gesamtsystems angibt. Bei hinreichend hoher Konzentration kann die Produktionsrate:

$$\frac{\partial \rho_j}{\partial t} = \alpha_{lj}\rho_l - \beta\rho_j$$

berechnet werden. Hierbei ist α die Kante zwischen l und j, während β die „Sterberate" repräsentiert. Die Rate der Formation kann durch die Wahl der Parameter α, β kontrolliert werden. Eine hohe Konzentration eines Service bedeutet, dass von ihm viele Kopien im gesamten Netzwerk vorhanden sind.
- Verteilte Serviceevaluation – Durch die größere Anzahl von Consumern wird jeder Servicekandidat durchaus von mehreren Consumern genutzt, welche unterschiedliches Feedback geben, beziehungsweise die Services unterschiedlich bewerten. Die daraus entstehende Fitnessfunktion wird allerdings sehr komplex.
- Selektion – Der Selektionsmechanismus geschieht primär aufgrund der jeweiligen Nachfrage. Je mehr Consumer nach einem spezifischen Servicekandidaten fragen, desto größer ist die Wahrscheinlichkeit, dass dieser Kandidat „überlebt" und desto größer die Wahrscheinlichkeit, dass auch seine Subservices überleben.
- Serviceerzeugung – Durch Veränderung des Graphen eines Service lässt sich dessen Implementierung und damit auch ein Teil seiner nichtfunktionalen Eigenschaften abändern. Diese Veränderung kann entweder durch Mutation (einzelne Teilservices verändern ihre Eigenschaften) oder durch Crossover (die Provider innerhalb des Service werden ausgetauscht) erzeugt werden.
- Die Generierung von Services mit nachfolgender Selektion und Evaluation wird iterativ so lange wiederholt, bis ein für den Consumer oder die Consumergruppe hinreichend guter Service gefunden wurde.

Im Rahmen von Services in einem digitalen Ökosystem wird der letzte Schritt vermutlich nie zu einem Abbruch führen, da die Coevolution der Umgebung, bezie-

6.2 Softwareentwicklung

hungsweise der Domäne des Service, in aller Regel viel zu rasch vonstatten geht, sodass es unwahrscheinlich ist, dass eine optimale Lösung gefunden wird.

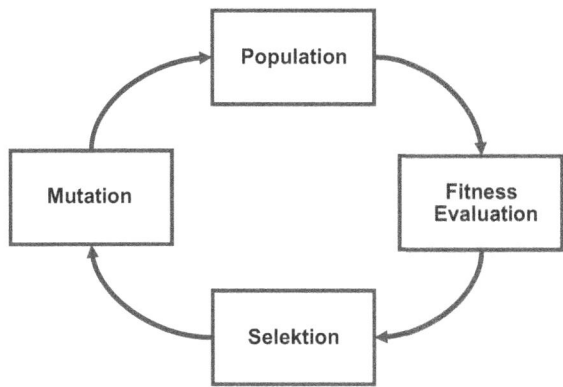

Abb. 6.2 Der Zyklus des evolutionären Designs

Allerdings zeigen die bisher gemachten Erfahrungen, dass der Erfolg des genetischen Programmierens sehr stark von der Wahl einer „guten" Fitnessfunktion abhängt. Wenn diese Fitnessfunktion unzureichend gewählt wird, dann können Spezies entstehen, welche die Fitnessfunktion sehr gut erfüllen, aber keinen echten Wert liefern.[14] Eine zweite Anforderung ist, dass sichergestellt sein muss, dass genügend Variabilität (s. Abschn. 6.10) im Genpool vorhanden bleibt, da ohne diese keine neuen Lösungen gefunden werden können.[15] Speziell im Fall von massiven Veränderungen in der Umgebung ist ein hohes Maß an Variabilität im Lösungspool wichtig, um entsprechende Lösungstrajektorien überhaupt nutzen zu können.

6.2.2 Chemische Programmierung

Ein anderer Ansatz ist es, die Software als einen emergenten Prozess aus „mikroskopischen" Regeln erstellen zu lassen. Die entsprechende Analogie in den Naturwissenschaften ist hier die chemische Reaktion: Aus den molekularen Eigenschaften, die zu einer chemischen Reaktion führen, ergeben sich makroskopische Eigenschaften wie Geruch, Struktur, Konsistenz oder Geschmack. Das chemische Programmieren ist, ähnlich dem genetischen Programmieren, der Versuch durch veränderbaren Code neue Programme zu erzeugen. Hierbei wird auf die Analogie der chemischen

---

[14] Innerhalb der menschlichen Gesellschaft würde man das als Betrügen und im Tierreich als Mimikry bezeichnen.
[15] Eine Situation, die wir heute in der industrialisierten Landwirtschaft beobachten können: durch Saatgut, Düngung und Pestizide verschwinden immer mehr Sorten alter Kulturpflanzen, mit dem Risiko, dass dieser Verlust nie ersetzt werden kann.

Reaktion gesetzt. Dabei werden die einzelnen reaktiven „Moleküle" in Softwareform Fraglets genannt. Der Ausdruck Fraglet ist eine Abkürzung für „Computing Fragments". Die Fraglets sind entweder Fragmente von IP-Datagrams oder Applets. Ein Fraglet impliziert keine Trennung von Code (Applet) oder Daten und erlaubt die Reaktion mehrerer Fraglets zu neuen Kombinationsformen, welche wiederum Fraglets sind, oder anders formuliert: Daten reagieren mit Daten, Code mit Code und Daten mit Code. Die analogen chemischen Reaktionen haben Eigenarten, die sich auch auf die Fraglets übertragen:

- Eine Reaktion hat keinen Anfang und kein Ende.
- Reaktionen sind immer Gleichgewichtsreaktionen in beide Richtungen.
- Jedes Fraglet kann mit jedem anderen Fraglet aufgrund seiner eigenen Struktur reagieren und nicht aufgrund eines externen Programms.
- Es existiert kein Unterschied zwischen Code und Daten.
- Im Fragletmodell wird in einem Netzknoten eine große Menge von Fraglets hinzugefügt, welche im Knoten reagieren und dann auch wieder als Fraglets entnommen werden können.
- Die Fraglets sind in der Lage, sich entweder selbst umzuformen oder mit anderen Fraglets zu reagieren:

$$\text{Fraglet} + \text{Fraglet} \mapsto \text{Fraglet}.$$

- Die für Fraglets genutzten Basisoperationen sind stets Stringoperationen – entweder Vergleich oder Ersetzung.

Die allgemeine Fragletsyntax ist sehr einfach:

$$\mathbf{A}\,[\text{Keyword1} : \text{Keyword2} \ldots]\,n\,,$$

dabei ist **A** der Name des Knotens, in dem sich das Fraglet befindet und n die Anzahl der identischen Fraglets eines spezifischen Typs, die ursprünglich definiert wurden. Jedes Schlüsselwort kann eine Instruktion (s. Tabelle 6.2) oder einfach nur eine Menge von Daten sein. Das einzelne Fraglet besteht aus einem Kopfteil (Head), welcher der aktive Teil ist und einem Restteil (Rest). Dabei können eine Reihe von Operationen auf die im Head enthaltenen Symbole (Strings) angewandt werden und so neue Fraglets erzeugt werden (s. Tabelle 6.2). Die Beschränkung der Fraglets auf Strings ist keine größere Limitierung, wenn man sich vor Augen führt, dass XML, das heute dominante Protokoll für den Datenaustausch, vollständig aus Strings aufgebaut ist und klassischer Programmcode besteht sowieso nur aus Strings. Insofern kann man sich Fraglets auch als eine Kombination von XML-Fragmenten zusammen mit dem Code von Webservices vorstellen. Heutige Contentmanagementsysteme, welche eine Webseite aus diversen Quellen in Form von XML-Datenströmen zusammensetzen, sind ein Weg in die Richtung der Fraglets. Man kann ein Kommunikationsnetzwerk vollständig aus sogenannten Fragletstores aufbauen, bei denen jeder Knoten einen solchen „chemischen Topf" darstellen würde. Dabei ist, im Gegensatz zu den heutigen Programmiertechniken, der Code nicht fest installiert, sondern wird permanent generiert, um die jeweils aktuellen oder antizipierten

Tabelle 6.2 Fragletoperationen

Operation	Eingang	Ausgang	
Delete	[nul: Rest]		Fraglet wird gelöscht
Duplicate	[dup:t:u:Rest]	[t:u:u:Rest]	Duplizieren des Fraglets
Exchange	[exch:t:u:v:Rest]	[t:v:u:Rest]	Austauschen der Symbole im Fraglet
New	[new:t:Rest]	[t:x:Rest]	Neues Fraglet entsteht
Split	[split:t:...:*:Rest]	[t:...], [Rest]	Zwei Fraglets entstehen
Send	[send:B:Rest]	[Rest]	Das Fraglet wird zum Knoten B gesandt
Match	[match:s:A][s:B]	[A:B]	Ein neues Fraglet wird aus zwei „alten" gebaut
MatchS	[matchS:s:t:A][s:t:B]	[A:B][s:t:B]	Ein neues Fraglet wird aus zwei „alten" gebaut
MatchP	[matchP:s:A][s:B]	[matchP:s:A][A:B]	Eine katalytische Reaktion

Bedürfnisse genau zu treffen. Fraglets sind zwar als formale Elemente sehr schön und einleuchtend, haben jedoch den großen Nachteil, dass sie sehr schwer zu schreiben sind und noch schwerer zu verstehen sind. Außerdem dürfte eine formale Analyse von Fraglets – außer in trivialen Beispielen – vermutlich nicht möglich sein. Im Fall von Fraglets ist es günstiger, den Code überhaupt nicht mehr zu betrachten, sondern das Fraglet wie eine Blackbox nur anhand seiner Funktionalität zu nutzen.

6.3 Digitale Biologie

Ein besonders einfaches Modell eines digitalen Ökosystems lässt sich über den Wettbewerb der Spezies und Individuen um vorgegebene Ressourcen darstellen. Der dabei oft gewählte Startpunkt zur Modellierung solcher Ökosysteme ist ein einfacher Satz von Differentialgleichungen erster Ordnung in der Zeit:

$$\frac{\partial n_i(t)}{\partial t} = \mathscr{F}(n_1, n_2, \ldots, n_N). \tag{6.9}$$

Hierbei hat das Ökosystem N Spezies mit der jeweiligen Population $n_i(t)$. Eine stabiles Ökosystem mit $n_j(t) = \widetilde{n}_j =$ const. wird trivialerweise durch die Bedingung:

$$\frac{\partial n_i(t)}{\partial t} = 0 = \mathscr{F}(\widetilde{n}_1, \widetilde{n}_2, \ldots, \widetilde{n}_N) \tag{6.10}$$

erreicht. Für Veränderungen wird meist eine Taylorreihe um den Gleichgewichtspunkt (Gl. 6.10) herum gewählt, mit der Form:

$$\frac{\partial n_i(t)}{\partial t} = F(\widetilde{n}) + \sum_j \left[\frac{\partial F}{\partial n_j}\right]_{\widetilde{n}} (n_j - \widetilde{n}_j) + \frac{1}{2} \sum_{k,j} \left[\frac{\partial^2 F}{\partial n_j \partial n_k}\right]_{\widetilde{n}} (n_j - \widetilde{n}_j)(n_k - \widetilde{n}_k) + \ldots,$$

was zu einer Lotka-Volterra-Gleichung in der Form:

$$\frac{\partial n_i(t)}{\partial t} = f_i n_i(t) + \sum_{\mu=1}^{P} Q_\mu(t) q_i^\mu n_i(t) \qquad (6.11)$$

führt. Der Parameter Q_μ in Gl. 6.11 repräsentiert eine bestimmte Ressource, während der Koeffizient q_i^μ zeigt, wie stark eine bestimmte Ressource zum Wohle der Spezies i beiträgt. Die Konstanten f_i hingegen sind die Zerfalls- ($f_i < 0$), beziehungsweise Wachstumsraten ($f_i > 0$) der jeweiligen Spezies i, wenn keine Ressourcen vorhanden sind. Typische Ressourcen im Umfeld eines digitalen Ökosystems sind Geld, Rechenkapazität, Bandbreite und so weiter.

Die Ressource Q kann recht einfach, als von den Spezies abhängig, modelliert werden, das heißt[16]:

$$Q_\mu(t) = Q_\mu^0 - \sum_{j=1}^{N} q_j^\mu n_j(t) \ .$$

Am einfachsten lässt sich die Lotka-Volterra-Gleichung (Gl. 6.11) über eine Lyapunov-Funktion der Form:

$$H(t) \equiv \frac{1}{2} \sum_\mu (Q^\mu(t))^2 - \sum_{i=1}^{N} f_i n_i(t) \qquad (6.12)$$

mit

$$\frac{\partial H}{\partial t} \leq 0$$

lösen.

Der stabile Zustand ergibt sich dann als Minimum von H, mit der Lösung:

$$H \approx \sum_\mu \left(\langle Q^\mu \rangle - \overline{\langle Q \rangle} \right)^2 \ .$$

Damit reduziert sich das Auffinden der Lösung für Gl. 6.11 auf die Konstruktion eines Minimums der Lyapunov-Funktion (Gl. 6.12).

6.4 Thermodynamik und statistische Mechanik

Von einem thermodynamischen Standpunkt aus gesehen, durchläuft ein Netzwerk verschiedene Phasen (für eine weitergehende Beschreibung, s. Anhang A). Am einfachsten lässt sich dies durch die Abbildung von Netzwerkknoten auf die Moleküle

---

[16] Dieser Ansatz entspricht der *Hartee-Fock*-Näherung in der Physik.

6.4 Thermodynamik und statistische Mechanik

eines Bose-Einstein-Gases zeigen. Wenn ein Netzwerk eine „Fitnessfunktion" $\eta(\mathfrak{G})$ besitzt, sodass die Wahrscheinlichkeit p für den Node Degree für einen Knoten i durch:

$$p_i = \frac{\eta_i k_i}{\sum_l \eta_l k_l}$$

gegeben ist, dann lässt sich diese Fitnessfunktion η als Energie jedes Knotens interpretieren, mit der Folge, dass für die einzelnen Energieniveaus ε_i gilt:

$$\varepsilon_i = -\frac{1}{\beta} \log \eta_i . \tag{6.13}$$

Der Parameter β spielt hierbei die Rolle einer inversen Temperatur:

$$\beta T = 1 .$$

Mit diesem Modell korrespondiert eine Kante zwischen den Knoten i und j zu zwei nichtwechselwirkenden Teilchen auf den Energieniveaus ε_i und ε_j. Ein neuer Knoten l im Netzwerk entspricht jetzt einem neuen Energieniveau ε_l und $2m$ neuen Teilchen; dabei werden m Teilchen auf dem Energieniveau ε_l angesiedelt und der Rest auf den jeweiligen Niveaus, zu denen die Kanten korrespondieren.

Jedes Energieniveau (jeder Knoten), das zum System zu einem Zeitpunkt t_l mit der Energie ε_l hinzugefügt wird, hat eine Besetzungszahl

$$k_l = k_l(\varepsilon_l, t, t_l) .$$

Die Wachstumsrate ist dann durch eine einfache Differentialgleichung gegeben:

$$\frac{\partial k_i(\varepsilon_i, t, t_i)}{\partial t} = \frac{m}{\sum_{j=1}^{t} e^{-\beta \varepsilon_j} k_j(\varepsilon_j, t, t_j)} e^{-\beta \varepsilon_i} k_i(\varepsilon_i, t, t_i) . \tag{6.14}$$

Der Nenner von Gl. 6.14 wird oft auch als Partitionsfunktion Z_t bezeichnet. Wenn man die Wachstumsrate durch ein Potenzgesetz beschreibt, zum Beispiel:

$$k_i(\varepsilon_i, t, t_i) = m \left(\frac{t}{t_i} \right)^{f(\varepsilon_i)} ,$$

dann kann Z_t durch Mittelwertbildung bestimmt werden.

Angenommen, es existiert eine Verteilungsfunktion $\rho = \rho(\varepsilon)$, dann existiert auch eine Verteilung der Form

$$g(\varepsilon) = \beta \rho (e^{-\beta \varepsilon}) e^{-\beta \varepsilon}$$

und der Mittelwert der Partitionsfunktion wird:

$$\langle Z_t \rangle = \int \int_1^t e^{-\beta \varepsilon_i} k(\varepsilon,t,\tau)\,d\tau g(\varepsilon)\,d\varepsilon \qquad (6.15)$$

$$= \frac{m}{z} t \left(1 + \mathscr{O}(t^{-\alpha})\right) . \qquad (6.16)$$

$$\frac{1}{z} = \int \frac{e^{-\beta \varepsilon}}{1 - f(\varepsilon)} g(\varepsilon)\,d\varepsilon . \qquad (6.17)$$

Für den Grenzfall großer Zeiten ergibt sich mit dem chemischen Potential:

$$\mu = T \ln z ,$$

die Randbedingung:

$$\lim_{t \to \infty} \frac{\langle Z_t \rangle}{mt} = e^{-\beta\mu} . \qquad (6.18)$$

Dadurch löst sich Gl. 6.14 nur dann konsistent, wenn gilt:

$$f(\varepsilon) = e^{-\beta(\varepsilon-\mu)} . \qquad (6.19)$$

Aus Gl. 6.19 ergibt sich das chemische Potential µ als Lösung folgender Gleichung:

$$I(\beta,\varepsilon) = \int \frac{g(\varepsilon)}{e^{\beta(\varepsilon-\mu)} - 1}\,d\varepsilon = 1 . \qquad (6.20)$$

Das Volumen des Bose-Einstein-Gases unterliegt zusätzlich der Normierungsbedingung:

$$1 = \int n(\varepsilon) g(\varepsilon)\,d\varepsilon . \qquad (6.21)$$

Aus den Gleichungen 6.20 und 6.21 erhält man eine typische Bosestatistik in der Form:

$$n(\varepsilon) = \frac{1}{e^{\beta(\varepsilon-\mu)} - 1} . \qquad (6.22)$$

Mit Hilfe dieser thermodynamischen Betrachtung lassen sich jetzt drei Phasen in der Entwicklung von Netzwerken unterscheiden:

- skalenfreie Phase – In dieser Phase haben alle Knoten dieselbe Fitness, das heißt:

$$\rho(\eta) = \delta(\eta - 1)$$

und

$$g(\varepsilon) = \delta(\varepsilon) ,$$

6.4 Thermodynamik und statistische Mechanik

mit der Folge, dass gilt:

$$f(\varepsilon) = \frac{1}{2}.$$

Hieraus folgt für die Verteilung $p(k)$ ein Potenzgesetz der Form:

$$p(k) \sim k^{-3}.$$

- Fit-gets-Rich Phase – In dieser Phase haben verschieden Knoten unterschiedliche Fitness und das chemische Potential (Gl. 6.20) hat eine Lösung. In diesem Fall bildet sich eine Verteilung der Form:

$$p(k) \sim k^{-\gamma}$$

heraus. Es entstehen wenige „zentrale" Knoten und viele Knoten mit geringer Kantenzahl.
- Bose-Einstein Kondensat – Für ein Bose-Einstein Kondensat hat das chemische Potential (Gl. 6.20) keine Lösung und eine neue Phase entsteht, bei der es eine große Zahl von Knoten mit vielen Kanten gibt. Ein solches Netzwerk ist sehr stark verbunden und nicht skalenfrei, es könnte als eine Beschreibung der Habitate (s. Kap. 5) dienen.

Neben einer thermodynamischen Betrachtung wie durch das Modell eines Bose-Einstein-Gases lässt sich ein solches Netzwerk auch mit Hilfe der statistischen Mechanik analysieren, da diese in der Regel Systeme mit einer sehr großen Zahl von mikroskopischen Elementen, wie zum Beispiel Gase mit ihren Molekülen, beschreibt. Die Situation in einem digitalen Ökosystem ist insofern ähnlich, da auch hier sehr viele „kleine" Elemente in Form von Services vorhanden sein können. Das Ziel der statistischen Mechanik ist es, das makroskopische Verhalten eines Systems mit einer großen Zahl von mikroskopischen Freiheitsgraden vorherzusagen. Dazu wird die Wahrscheinlichkeit p_i betrachtet, dass das System im mikroskopischen Zustand i ist. Der sich aus der Verteilung der Wahrscheinlichkeiten $p = \{p_i\}$ ergebende Erwartungswert für eine makroskopische Größe ist dann:

$$\langle X \rangle = \sum_i p_i X_i.$$

Das zentrale Problem der statistischen Mechanik ist die Konstruktion der Verteilung $p = \{p_i\}$. In der Physik wird diese Verteilung meist durch die Maximierung der Entropie (s. Gl. C.4) erreicht. Bei mehreren Systemen ist an Stelle der Entropie Gl. C.4 die relative Entropie zweier Verteilungen $p = \{p_i\}$ und $q = \{q_i\}$ zu betrachten. Die relative Entropie $S(p|q)$ der Verteilungen p und q wird definiert durch:

$$S(p|q) = -\sum_i p_i \ln \frac{p_i}{q_i} \tag{6.23}$$

$$= S(p) + \sum_i p_i \ln q_i. \tag{6.24}$$

In einer solchen Beschreibung können die Populationszahlen der Spezies (mit der Anzahl N) $\mathbf{n} = \{n_1, \ldots, n_N\}$ durch die Verteilung $p(\mathbf{n}) = p(n_1, \ldots, n_N)$ beschrieben werden. Die relative Entropie Gl. 6.23 maximiert sich, wenn p in N unabhängige, nicht identische Verteilungen, zerfällt:

$$p(\mathbf{n}) = \prod_{j=1}^{N} p_j(\mathbf{n}_j) \,. \tag{6.25}$$

Die mittlere Anzahl der Spezies im digitalen Ökosystem ergibt sich dann zu:

$$\langle \mathbf{n} \rangle = \sum_{j=1}^{N} p_j(\mathbf{n}) \tag{6.26}$$

und die mittlere Häufigkeit der enthaltenen Spezies j zu:

$$\langle n_j \rangle = \sum_{n=0}^{\infty} n p_j(n) \,. \tag{6.27}$$

Bei einer vorgegebenen maximalen Entropie $S_{\max} = $ const. ist es die Herausforderung, mögliche Lösungen für die Verteilung zu finden und damit das System zu beschreiben.

6.5 Coevolution

Die Entwicklung einer Organisation oder eines Systems ist nicht linear oder streng deterministisch, sondern in aller Regel chaotisch und meist unvorhersehbar.[17,18] Speziell die Umwelt hat einen sehr großen Einfluss auf die Evolution einer Organisation, denn die Umwelt ist nie konstant, sondern sie entwickelt sich permanent weiter. Es kommt somit zu dem Phänomen der Coevolution zwischen der Umwelt und der Organisation oder des Systems. Ein analoges Bild taucht auch auf, wenn zwei oder mehr Organisationen sehr eng miteinander verknüpft sind, denn dann entwickeln und beeinflussen beide sich gegenseitig, was oft auch als paarweise Coevolution bezeichnet wird. Diese gegenseitige Beeinflussung kann aber auch zu einem Red Queen Effekt (s. S. 230) führen. Effekt Besonders Organisationen, die Mitglieder in einem oder mehreren digitalen Ökosystemen sind, werden einem starken evolutionären Druck durch die jeweiligen Umgebungen ausgesetzt und wirken simultan aber auch auf ihre Umgebungen zurück (s. Abb. 6.3).

---

[17] Der Mensch neigt jedoch oft zu einem sogenannten „hind sight bias", indem er nachträglich annimmt, die Entwicklung schon ab initio gekannt zu haben, sodass in der Retrospektive die Entwicklung logisch und in sich zwingend erscheint.

[18] Auch die in Abschn. 2.2 dargestellte Organisationsentwicklung geschieht nicht reibungslos und deterministisch, zumindest nicht auf kurzen Zeitskalen.

6.5 Coevolution

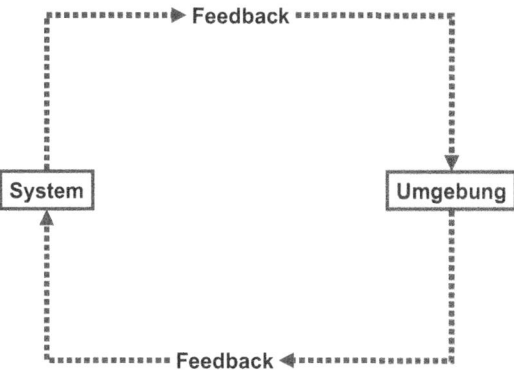

Abb. 6.3 Das Feedback zwischen Umgebung und System

Aus dem Blickwinkel einer einzelnen Organisation gibt es zwei Auslöser für Veränderungen:

- interne – Die meisten internen Auslöser verändern die betroffenen Systeme nur minimal, da sich Systeme, speziell Organisationen, fast immer in einem recht stabilen Gleichgewicht befinden, welches primär durch externe Veränderungen gestört werden kann. Interne Auslöser können, wenn überhaupt, die Veränderungen der Motive und inneren Logik eines Systems sein.
Ein anderer interner Auslöser ist das zunehmende Wachstum eines Systems, welches nun nach neuen Strukturen verlangt (s. Abschn. 2.2).
- externe – Die meisten „revolutionären" Veränderungen werden durch äußere Kräfte produziert.

Diese Veränderungen in einer Organisation wirken auf die Umgebung zurück, beeinflussen somit andere Organisationen, welche sich in der Folge auch wieder verändern. Die Summe dieser einzelnen Veränderungen wiederum verändert die Umgebung, sodass es zu einer evolutionären Feedbackschleife kommt. Aus Sicht der Organisationen findet hier eine Coevolution statt. Eine wichtige Voraussetzung für Coevolution ist die aktive Verknüpfung der Organisationen untereinander, nicht nur im Sinne von Kapital und Materialaustausch, sondern vor allen Dingen im Bereich der gemeinsamen Nutzung oder Erzeugung von Know-how. Ein Beispiel für Coevolution ist die Entwicklung von Windowsbetriebssystemen und der PC-Hardware. Jede neue Generation von PC-Hardware bietet mehr Leistung (Moore'sches Gesetz, s. Abb. 4.6 und Gl. 4.2), welche von den Betriebssystemen sofort genutzt wird. Umgekehrt verlangt jede neue Windowsversion eine Steigerung der Leistungsfähigkeit der Hardware im Bereich von Prozessoren, Festplatten und Hauptspeicher.

Die gesamte Population eines digitalen Ökosystems entwickelt sich durch die Coevolution weiter, da die evolutionären Impulse durch das gesamte Ökosystem laufen – schließlich ist die starke Verknüpfung der einzelnen Organisationen ein Charakteristikum für das Ökosystem. In dieser Gesamtheit kann die Evolution auch durchaus emergente Phänomene produzieren, sodass einzelne Ökosysteme neue und unbekannte Fertigkeiten und Services entwickeln.

Aus Sicht des digitalen Ökosystems stellt sich die Evolution – speziell die Evolution von Services und Organisationen – als eine Kombination von Variation und Selektion dar. Dies betrifft nicht nur die Struktur der Organisationen und der Services, sondern auch die Art und Weise, wie diese Services gemeinschaftlich erbracht werden und wie die Zusammenarbeit der Organisationen innerhalb des Ökosystems abläuft. Die Veränderungen der Services führen zu Variationen in den Services, sei es in ihrem Leistungsspektrum, ihren Qualitäten oder auch ihrer Implementierung. In einem digitalen Ökosystem existieren meist mehrere ähnliche, aber nicht identische Services. Die Nutzung der einzelnen Services übt nun einen Selektionsdruck aus. Die besser angepassten Services und ihre Provider (sprich Organisationen) werden sich auf Dauer durchsetzen, schlechter angepasste hingegen sollten auf Dauer gesehen verschwinden.

Im Kontext von Organisationen findet die Coevolution zwischen interagierenden Organisationen statt und hat damit eine Auswirkung auf alle Beteiligten. Ein pathologischer Fall der Coevolution ist jedoch der sogenannte „Red Queen Effect"[19], hierbei entwickeln sich zwei direkte Konkurrenten permanent weiter, ohne dass sie am Ende mehr Gewinn oder Marktanteile hätten, denn die direkte Konkurrenz führt zu einem Evolutionszyklus, in dem jeder dem anderen hinterher rennt. Die Entscheidungen einer Organisation können andere zwingen ihrerseits Entscheidungen zu treffen oder umzusetzen. Die rasanten Entwicklungen von Technologien veranlassen sehr oft ganze Kaskaden an Coevolution in ursprünglich nicht direkt beteiligten Organisationen. Aber diese Coevolutionen haben in aller Regel einige Vorbedingungen, damit sie überhaupt erfolgreich sein können:

- Knappheit an Consumern, was einen Selektionsdruck produziert.[20]
- Bewusste Entscheidung des Managements der jeweiligen Organisationen.
- Starke Beziehungen zwischen den Organisationen.
- Feedbackprozess, der durch die getroffenen Entscheidungen als auch die Wechselwirkungen ausgelöst wird.

Die angesprochene Coevolution kann nur dann stattfinden, wenn die Umgebung einen gewissen Druck auf das System ausübt und das System simultan einen Gegendruck aufbaut. Der Umgebungsdruck ist notwendig, um das System aus seinem Gleichgewichtszustand zu entfernen, da es sonst keinen neuen „idealen" Zustand finden kann.

---

[19] *It takes all the running you can do, to keep in the same place.*
Red Queen
Through the looking glass
Lewis Carroll (Charles Lutwidge Dodgson)
1832–1898.

[20] Bei nicht gesättigten Märkten muss sich ein Provider kaum entwickeln.

6.6 Zeitliche Evolution

Im Rahmen der Evolution von Softwaresystemen lassen sich zwei unterschiedliche Größenskalen wahrnehmen und unterscheiden: Eine mikroskopische und eine makroskopische Skala. Auf der mikroskopischen Skala verändert sich das einzelne Programm, der einzelne Service oder das spezifische Protokoll. Auf der makroskopischen Skala hingegen koexistieren und „bekämpfen" sich die einzelnen Services, beziehungsweise deren Instanzen. Beide Größenskalen haben eine unterschiedliche Dynamik und benötigen unterschiedliche Beschreibungs- und Analysewerkzeuge:

- Die mikroskopische Skala beschäftigt sich mit dem Bau des einzelnen Service und wird daher durch die Methoden des SOCs (s. Abschn. 2.7) bestimmt. Auf der mikroskopischen Skala existieren Mechanismen und Objekte wie Programmtransformationen, Code, Generierung und ähnliches.
- Auf der makroskopischen Skala hingegen lässt sich beobachten, wie erfolgreich sich Services reproduzieren, durch das Netzwerk wandern, andere Services verdrängen, mit anderen in Wettbewerb treten oder auch kooperativ zusammenarbeiten.

Beide Sichtweisen zusammen sind zur Schaffung eines stabilen Systems, welches sich selbstständig weiterentwickeln kann, notwendig. In einem großen komplexen System ist die Kenntnis des Verhaltens auf mikroskopischer Ebene nicht ausreichend[21], um das Verhalten des Systems auf makroskopischer Ebene vorherzusagen.[22] Auf der anderen Seite reicht es nicht aus, die makroskopische Skala zu betrachten, um die notwendigen Veränderungen auf der mikroskopischen Skala zu beschreiben.[23] Daher müssen beide Sichten für eine sinnvolle Entwicklung des Systems vorhanden sein und explizit genutzt werden.

Mögliche Grundlage der makroskopischen Evolution ist die Spieltheorie. Betrachtet man in der Spieltheorie eine große Population einer Spezies, dann wird jedes einzelne Individuum darin Aktionen vornehmen, so zum Beispiel Energie verbrauchen oder Nachrichten versenden. Wenn man ein einzelnes Individuum betrachtet, dann können die Nachbarn mit diesem interagieren. Man bezeichnet die Strategie q' einer Population als eine gemischte Strategie, wenn ein Anteil q' der Population eine Strategie wählt und der Rest $\bar{q}'$ eine andere Strategie benutzt. Der erwartete Gewinn $J(p,q')$ ist der Gewinn, welchen das Individuum erhält, wenn es die Strategie p fährt, während der Rest die Strategie q' benutzt. Eine Population für die gilt:

$$J(q',q') > J(p,q') \qquad \forall p \neq q',$$

---

[21] Die vollständige Kenntnis einer Hautzelle von William Shakespeare ermöglicht uns nicht aus ihr seine gesammelten Werke abzuleiten.
[22] Dies ist geradezu eine Definition des Phänomens der Emergenz.
[23] Die vollständige Kenntnis über den Intellekt eines Menschen hilft diesem nicht oder nur bedingt bei der Immunabwehr gegen Viren.

nennt man immun gegen Mutationen – Individuen mit der Strategie p werden als Mutanten bezeichnet. Wenn es mehr als eine „Sorte" von Mutanten p_i gibt, dann reicht es aus, wenn gilt:

$$J(q',q') > J(p_i,q') \quad \forall p_i \neq q'\ .$$

Eine solche Population bleibt stabil, solange die Originalpopulation nur schnell genug wachsen kann. Ein solcher Zustand wird oft auch als evolutionär stabil bezeichnet. Dies gilt besonders für die Entwicklung innerhalb einer Spezies.

Die Lotka-Volterra Gleichung (Gl. 6.11) beschreibt die zeitliche Entwicklung eines Ökosystems mit mehr als einer Spezies. Am einfachsten lässt sich dies bei genau zwei digitalen Spezies darstellen:

$$\frac{\partial}{\partial t}\begin{pmatrix} n_1(t) \\ n_2(t) \end{pmatrix} = \begin{pmatrix} f_1 n_1(t) \\ f_2 n_2(t) \end{pmatrix} + \sum_{\mu=1}^{P} Q_\mu(t) \begin{pmatrix} q_{11}^\mu & q_{12}^\mu \\ \mu_{21} & q_{22}^\mu \end{pmatrix} \begin{pmatrix} n_1(t) \\ n_2(t) \end{pmatrix}\ . \tag{6.28}$$

Für große Zeiten ($t \mapsto \infty$) können sich drei mögliche Lösungen ergeben:

- Dominanz – Eine der beiden Spezies dominiert und die andere strebt asymptotisch gegen Null ($\lim_{t \mapsto \infty} n_2 = 0$ und $\lim_{t \mapsto \infty} n_1 = \max$).
- Koexistenz – Ein global stabiler Zustand mit nichtverschwindenden $\lim_{t \mapsto \infty} n_{1,2} \neq 0$ entsteht.
- Bistabilität – Eine Bifurkation im Zustandsraum entsteht mit der Konsequenz, dass je nach Anfangswert die Spezies n_1 oder die Spezies n_2 dominiert.

Für eine größere Anzahl von unterschiedlichen Spezies (n_k, $k > 2$) lässt sich dies nicht mehr so geschlossen formulieren, da hier Zyklen entstehen können. Diese Zyklen bilden Oszillationen zwischen den verschiedenen Häufigkeiten aus:

$$\lim_{t \mapsto \infty} n_k(t) \sim e^{i \omega_k t}\ .$$

Wenn sich ein digitales Ökosystem einem Grenzwert nähert, so kann es sein, dass einige Spezies verschwinden werden. Das digitale Ökosystem wird instabil, diese Instabilität ist nicht zu verwechseln mit der mathematischen Stabilität, welche eine lokale Eigenschaft eines Fixpunkts ist.

Bei der Betrachtung der zeitlichen Evolution eines digitalen Ökosystems sollte stets berücksichtigt werden, dass es eine Zeitskala für langfristige Veränderungen gibt und eine viel kürzere Zeitskala für Oszillationen innerhalb des digitalen Ökosystems. Diese Oszillationen finden zwischen den stabilen Zuständen des digitalen Ökosystems statt. Ein solches Phänomen scheint universell zu sein und kann sogar als Stabilitätskriterium genutzt werden, so im Rahmen des „Pulsing Paradigmas"[24]:

Ein digitales Ökosystem ist dann stabil, wenn es in der Lage ist, Oszillationen zu adaptieren.

---

[24] Für Außenstehende sehen die Oszillationen wie eine Art Pulsieren des Systems aus.

6.7 Durchsatz

Einer der kritischen Punkte in einem großen digitalen Ökosystem ist der Durchsatz von Informationen, da eine der Hauptaufgaben der Infrastruktur der Austausch von Informationen ist. Für ein internetbasiertes digitales Ökosystem mag dies nicht so problematisch sein, da hier eine entsprechende Backboneinfrastruktur vorhanden ist. Diese Backbones haben einen so hohen Durchsatz, dass die Verbindung zweier Knoten in einer solchen Umgebung hauptsächlich durch die Bandbreite, die beide Knoten in ihren Verbindungen zum Backbone haben, limitiert ist und daher in den meisten Fällen[25] unproblematisch bleibt. Innerhalb pervasiver Systeme wandelt sich jedoch das Bild, hier ist das Skalierungsverhalten sehr problematisch. In solchen Netzwerken skaliert der Durchsatz pro Knoten, definiert durch:

$$\phi = \frac{\text{Informationsmenge}}{N_{\text{Knoten}}},$$

mit der Wurzel:

$$\phi \sim \mathcal{O}\left(\sqrt{N_{\text{Knoten}}}\right) \quad (6.29)$$

und dem Grenzwert $\phi \mapsto \infty$ für den Fall, dass $n_{\text{Knoten}} \mapsto \infty$, das heißt große Netzwerke benötigen eine unendlich große Bandbreite. Die Ursache für dieses Skalierungsverhalten liegt darin begründet, dass die Nachrichten, die zur Erhaltung der Verbindung des Gesamtnetzwerks ausgetauscht werden, in ihrer Zahl stark ansteigen. Wird dies nicht getan und wird jeder Knoten auf eine 2-Hop-Strategie beschränkt – das heißt, eine Nachricht wandert im Netzwerk über maximal 2 Kanten – dann skaliert ein solches Netzwerk wie

$$\phi \sim \mathcal{O}(1), \quad (6.30)$$

mit der Folge, dass einfache P2P-Netze, welche sich auf einen DHT-Algorithmus beschränken, gut skalieren (s. Abschn. 2.6). Insofern bilden P2P-Netze aus dem Blickwinkel des Durchsatzes eine gute Voraussetzung zur Schaffung eines digitalen Ökosystems, da sie faktisch konstant skalieren und somit beliebig groß werden können, ohne auf eine Bandbreitenbarriere zu treffen.

6.8 Selbstadaption

Die Adaption ist eine sich verändernde Metabeziehung zwischen einem System und seiner Umgebung, bei der eine Veränderung innerhalb des Systems ausgelöst wird, um das Überleben des Systems in einer sich verändernden Umgebung sicherzustellen.[26] Für eine erfolgreiche Adaption ist jedoch eine ganze Reihe von Fragen zu klären. Zu diesen Fragen gehören unter anderem folgende:

---

[25] Ein schwacher Trost für Knoten (Menschen), die in einer DSL-1000-Zone von T-COM leben.
[26] Nicht immer ist die Adaption auch erfolgreich...

- Was ist das Ziel der Adaption?
  Ist es nur das blanke Überleben des Systems oder gibt es noch andere Ziele, wie etwa eine Funktion auszuführen, Profit zu erwirtschaften oder ähnliches?
- Was sind die Ursachen für die Notwendigkeit zu adaptieren?
  Haben sich die Ziele verändert oder reagiert das System nur auf Störungen der Umgebung?
- Welche Eigenschaften des Systems werden sich verändern und welche bleiben dabei invariant?
- Welche Grenzen der Adaption gibt es?
  In jedem System ist die Menge an Adaptionen limitiert, wird darüber hinausgegangen, so wird das System zerstört oder ineffektiv oder es verliert seine Identität.[27] Systeme sind nicht per se adaptierbar, sie können sich nur auf eine endliche Menge an Zuständen ihrer Umgebung anpassen. Selbst hochadaptive Systeme, wie zum Beispiel der Mensch, können nicht unter beliebigen physischen Bedingungen existieren.[28]
- Bis zu welchem Grad kann das System nichtantizipierte Umgebungsveränderungen adaptieren?
  Die meisten Systeme werden üblicherweise entworfen, um sich auf vorhergesehene Veränderungen einzustellen.
- Kann das System seine Umgebung verändern?
  Eine mögliche Adaption kann auch durch Veränderung der Umgebung stattfinden.[29] Bei psychischen Störungen kann auch der Mensch – das System – glauben, dass sich seine Umgebung adaptiert.
- Ist die Kontrolle der Adaption in- oder extrinsisch?
  Bei der intrinsischen Kontrolle spricht man von der Selbstadaption.

Eine Adaption im Sinne von digitalen Ökosystemen kann nicht nur durch antizipierte Mechanismen vollzogen werden, sondern auch durch „genetische" Programmierung. Hierzu stehen drei Prinzipien zur Verfügung:

- Phylogenetische Adaption[30,31] – Die evolutionäre Adaption ist ein selektiver Mechanismus, bei dem sich Instanzen eines Systems reproduzieren und dabei Variationen aufweisen. Die Varianten, welche besser an eine Umgebung angepasst sind, überleben und können sich reproduzieren. Diese Form der Adaption ist eine Adaption der Spezies und nicht der des Individuums. In Softwaresystemen existieren Analogien zur evolutionären Adaption, während des Designs als auch der Laufzeit. Zur Designzeit können unterschiedliche Versionen eines Softwareprodukts als Varianten der Spezies betrachtet werden. Im Gegensatz zu biologischen Systemen sind diese einzelnen Variationen (Mutationen) nicht rein zufällig[32], da die unterschiedlichen Versionen auf Modellen der Designer beruhen und sich

---
[27] Vergleiche auch System S5 im VSM, Anhang B.
[28] Menschen brauchen einen Temperaturbereich etwa zwischen 0 °C und 40 °C.
[29] Der Bau von Häusern und Klimaanlagen ist die Adaption der Umgebung an das System Mensch.
[30] Reproduktion.
[31] Phylogenese ist die Evolution der entsprechenden Spezies.
[32] Die Zucht von Tieren und Pflanzen ist auch nicht rein zufällig.

6.8 Selbstadaption

durch äußere Requirements und Planungen zielgerichtet verändern. Genetische Programmierung hingegen (s. Abschn. 6.2.1) ist Phylogenese zur Laufzeit und benutzt nur „blinde" Variationen.

- Ontogenetische Adaption[33],[34] – Durch die Veränderung der Struktur ist ein einzelnes System in der Lage, sich an die Veränderungen der Umgebung anzupassen. Diese Form der Veränderung kann auf zwei Arten durchgeführt werden:
  - Veränderung oder Austausch von Elementen des Systems. In biologischen Systemen entspricht dies dem Tod und dem Ersatz von einzelnen Zellen, in Softwaresystemen dem Ersatz von Komponenten oder Services unter Beibehaltung eines stabilen Interfaces.
  - Veränderung der Relationen der Elemente des Systems. In der Biologie wird dies durch Verformbarkeit des Körpers erreicht, beziehungsweise im Nervensystem durch die Fähigkeit zu lernen oder die Verbindung der Neuronen neu zu strukturieren. In Softwaresystemen entspricht dies jedoch einer Änderung der Reihenfolge innerhalb von Prozessen oder einer veränderten Form der Choreographie.

Die Autopoiese (s. Abschn. A.8) von Systemen ist eine spezielle Form der ontogenetischen Adaption.

- Umgebungmanipulation[35] – Der dritte Typ der Adaption verändert die Zwangsbedingungen, welche eine Umgebung auf das System ausübt. Dazu zählen die Formung von Habitaten, aber auch biologische Analogien wie Symbiose, Ackerbau und Viehzucht. Innerhalb der Softwareentwicklung ist das Phänomen der Coevolution (s. Abschn. 6.5) schon lange bekannt, da Softwaresysteme stets soziotechnische Systeme bilden. Bei soziotechnischen Systemen kann die Grenze zwischen System (Software) und Umgebung (Organisation) oft nicht klar gezogen werden beziehungsweise beide Seiten beeinflussen sich so stark gegenseitig, dass eine Trennung der beiden willkürlich ist (s. Anhang A).

Damit ein System überhaupt autonom sein kann, muss es nicht nur adaptiv sein, es muss sogar selbstadaptiv sein. Selbstadaptive Systeme verändern ihre Eigenschaften, um auf Veränderungen ihrer Umgebung reagieren zu können, rein adaptive Systeme hingegen haben meist einen äußeren Kontroller, der eine spezifische Auswahl an Reaktionen trifft. Eine Selbstadaption wird entweder durch eine Veränderung der Umgebung oder durch eine interne Zustandsänderung ausgelöst. Daher müssen selbstadaptive Systeme eine Adaptionslogik besitzen, welche reflexiv ist. Jedes autonome System, welches selbstadaptiv sein soll, braucht eine explizite Unterstützung der Adaption zur Laufzeit. Digitale Ökosysteme können nicht einfach angehalten und neu „gebootet" werden, sie müssen permanent zur Verfügung stehen, mit der Folge, dass eine Laufzeitadaption notwendig wird. Diese Adaption sollte nicht die Integrität des laufenden Systems in Frage stellen, daher ist es der sinnvollste Weg, diese Selbstadaption über Policies zu steuern. Der Begriff der In-

---

[33] Selbstproduktion.
[34] Ontogenese ist die Restrukturierung eines Systems.
[35] Produktion.

tegrität bedeutet hierbei, dass das System immer noch in der Lage sein muss, seine Services zu liefern (s. Abschn. 6.10). Die Effektivität solcher Policies ist dann der entscheidende Punkt für den Erfolg der Adaption. Ein Modell für eine Selbstadaption sollte mindestens folgende Punkte berücksichtigen:

- Die kritischen Systemzustände, die beobachtet werden müssen.
- Die möglichen Aktionen im Rahmen der Adaption.
- Mechanismen, die sicherstellen, dass die Adaptionen die Integrität des Systems nicht beschädigen.
- Ein Controller, der die Policies anwendet und überwacht.
- Ein Mechanismus, der die Policies überprüft.
- Ein dezentraler Mechanismus, der die kollektive Adaption von Subsystemen ermöglicht.

Ohne diese Mindestanforderungen kann keine Selbstadaption des Systems stattfinden, besonders VSM-Systeme (s. Anhang B) berücksichtigen diese Punkte.

6.9 Ultra Large Scale Systems

Mächtige und komplexe Systeme wie das Internet oder große Organisationsnetze[36] entwickeln eine Eigendynamik, welche sich sehr stark von kleineren Systemen unterscheidet. Digitale Ökosysteme sind geradezu ein Paradebeispiel für große Systeme. Diese Systeme werden als **Ultra L**arge **S**cale Systeme (ULS-Systeme) bezeichnet. Allein die Größe eines solchen ULS-Systems verändert alles:

- dezentralisiert als implementiertes System,
- dezentral im Einsatz und in der Entwicklung,
- entwickelt und genutzt durch eine große Zahl unterschiedlichster Stakeholder mit durchaus widersprüchlichen Interessen,
- permanente Evolution des Systems,
- dezentrales unkoordiniertes Deployment,
- sehr heterogen aufgebaut,
- soziotechnisches System,
- eine große Anzahl von diversen Consumern mit sehr unterschiedlichen Anforderungen,
- in der Regel eine große Menge an Hard- und Softwareausfällen,
- permanente Integration neuer Services und Desintegration bestehender Services.

Ein Analogon zum Verständnis von ULS-Systemen im Vergleich zu normalen Systemen ist es, über Gebäude, städtische Infrastruktur und Großstädte nachzudenken: Der Entwurf und Bau neuer Hochhäuser oder einer Wasserversorgung entspricht in etwa der heutigen Art, Softwaresysteme zu bauen, Städte hingegen entstehen anders. Auf den ersten Blick scheint es so, als ob eine Stadt nur die Ansammlung von vielen Gebäuden sei, dem ist aber nicht so. Eine Stadt entsteht dadurch, dass viele

---
[36] Zum Beispiel Forschungsnetze oder Großkonzerne.

6.9 Ultra Large Scale Systems

Individuen zu unterschiedlichen Zeiten lokal arbeiten und als Ergebnis eine Stadt produzieren. Die Form einer Stadt ist nicht im Vorhinein durch eine Spezifikation geregelt, eine Stadt entsteht und wandelt sich permanent unter dem Einfluss diverser treibender Kräfte. Noch etwas anderes zeigt die Analogie, für den Entwurf und das Wachstum einer Stadt ist das Wissen über das Design eines Gebäudes relativ unwichtig. Ähnlich ist es in ULS-Systemen, die Fähigkeit, Software zu entwickeln, spielt in einem ULS-System nur eine untergeordnete Rolle. Der Grund für die Größe der ULS-Systeme ist umgekehrt betrachtet die Tatsache, dass diese ein hohes Maß an Funktionalität bieten und Systeme mit großer Menge an Funktionalität haben, aufgrund dieser stets eine gewisse Komplexität und Größe (in beliebiger Dimension), speziell im Fall eines digitalen Businessökosystems ist die sehr große Menge an Funktionalität wichtig, da sonst für die Consumer nur schwer ein Mehrwert entsteht.

Damit ein ULS-System überhaupt langfristig in der Lage ist zu existieren, sind eine Reihe von Fähigkeiten notwendig, beziehungsweise Probleme zu lösen:

- Kontinuierliches Design und Redesign,
- Dynamische Architekturen,
- Selbstständige Software,
- Kontinuierliche Installation,
- Selbstinstallation,
- Selbstveränderliche Software,
- Automatische Fehlerkorrektur,
- Feedback,
- Autopoia[37] und Allopoia[38].

Kontinuierliche Entwicklung wird immer mehr zum Standard werden, da neben der Notwendigkeit auch die Einsicht vorhanden ist, dass nur die permanente Beschäftigung mit der Domäne und ihren Veränderungen wirklich gute[39] Software produzieren kann. ULS-Systeme können sich nicht auf statische oder universelle Architekturen zurückziehen. Die permanente Veränderung der Anforderungen wird neben Veränderungen im funktionalen Gehalt der Software auch Veränderungen in der Architektur einer vorliegenden Serviceimplementierung oder Komponente implizieren, speziell dann, wenn die Anforderung eine Veränderung der QoS oder des Verhaltens des Service impliziert. Aus diesem Grund werden dynamische Architekturen gebraucht. Der tiefere Grund für dieses Phänomen liegt darin, dass wir zwar recht gut statische Komponenten spezifizieren können, aber nicht die angemessenen Mittel haben, um komplexe Interaktionen zu beschreiben. Hier sind Formen der Evolution, wie zum Beispiel Bricolage (s. S. 94), mit großen Vorteilen verbunden. Damit sich ein ULS-System oder ein beliebiges digitales Ökosystem gut aufbauen kann, müssen sich die Bestandteile selbst untereinander vernetzen und so ein hochverknüpftes, selbststeuerndes System bilden. Ein Umweg ist hier die Nutzung des Menschen als Träger dieses Umbaus. Schließlich handelt es sich bei realen Sys-

---

[37] Siehe Abschn. A.8.
[38] Siehe Tabelle 6.3.
[39] Im Sinne von angemessen.

Tabelle 6.3 Vergleich zwischen autopoietischen und allopoietischen Softwaresystemen

Autopoietische Systeme	Allopoietische Systeme
Transparenz und Sichtbarkeit	Information Hiding
Dynamische und flexible Interfaces	Statische Interfaces
Selbsterzeugend und dezentral	Kontrolle von zentraler Stelle
Divers	Uniform
Reaktiv	Produziert
Redundanz	Effizienz
Emergenz	Übertragung von Eigenschaften
Lose gekoppelte Interaktion	Eng gekoppelte Interaktion
Lokale Regeln	Globaler Regelversuch

temen meist um soziotechnische Systeme, bei denen das System den Mensch als Komponente nutzen kann, um sich selbst zu verändern.

Allein auf Grund der Größe ist ein klassisches Requirementengineering nicht möglich, da die Ausdehnung und Simultaneität der Entstehung und Implementierung von Anforderungen eine koordinierte Entwicklung praktisch unmöglich machen. Diese Verwerfungen und Unzulänglichkeiten sind aber existent und dürfen die grundsätzliche Lebensfähigkeit eines ULS-Systems nicht behindern, daher muss ein ULS-System, wenn es überlebensfähig sein will, fehlertolerant sein, nicht nur im Sinne der Hard- und Software, sondern auch im Sinne von grundsätzlichen Design- und Spezifikationsfehlern. Es sind genau diese Eigenschaften, die ein ULS-System jenseits der Fähigkeiten bringen, die ein Mensch überhaupt verstehen kann. Versuche, ein ULS-System zu verstehen, müssen Mechanismen aus den Naturwissenschaften bei der Beschreibung großer Systeme einsetzen, so auch der Beschreibungsansatz in Form eines digitalen Ökosystems.

Das heutige Internet ist eines der Beispiele für ein existierendes ULS-System, mit einer deutlich höheren Größe als alle anderen Softwaresysteme, wobei seine Entwicklung und Regelung dezentral geschieht. Selbst der Betrieb ist massiv dezentralisiert. Die am Internet beteiligten Stakeholder sind so divers, dass sie stark widersprüchliche Interessen an der Nutzung als auch Weiterentwicklung des Internets haben, trotzdem wächst das Internet in Größe und Nutzung exponentiell an.

Ein ULS-System lässt sich nur verstehen, wenn das Konzept der reinen Größe verlassen wird, das Skalierungsverhalten und die Anforderungen an Prozesse und Technologien sind viel wichtiger als die reine Größe. Die Anzahl der Internethosts (s. Abb. 6.4) ist so groß und wächst so schnell, dass jeder zentrale Mechanismus gesprengt wird.

Was jedoch unterscheidet jenseits der reinen Größe ein ULS-System von einem mehr traditionellen IT-System? Folgende Merkmale sind typisch für ein ULS-System:

- Operationelle Unabhängigkeit der Elemente – Die Elemente des Systems können auch völlig isoliert eingesetzt werden, was auf die SOS-Systeme aufgrund der Autonomie der einzelnen Services zutrifft, unter der Annahme, dass die entsprechende Infrastruktur vorhanden ist.

6.9 Ultra Large Scale Systems

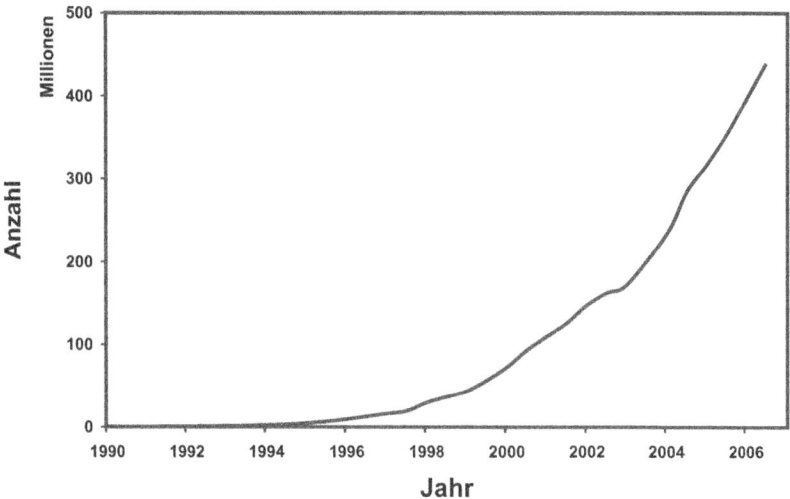

Abb. 6.4 Anzahl der Internethosts

- Die einzelnen Elemente werden unabhängig voneinander verwaltet – Die Elemente des Systems (die Services) werden unabhängig voneinander beschafft oder entwickelt und auch unabhängig administriert.
- Evolutionäre Entwicklung des Gesamtsystems – Ein ULS-System entsteht nicht spontan, sondern evolutionär und oft auch ungewollt (s. auch Abschn. A.8).
- Emergentes Verhalten – Das Verhalten des Gesamtsystems ist nicht in einem Einzelteil lokalisiert, es zeigt massive Emergenz.
- Geographische Verteilung – ULS-Systeme sind immer auf größere Gebiete verteilt und ihre Interaktionen dienen primär dem Informationsaustausch.
- Dezentralisierung – Faktisch alle Teile und Funktionen eines ULS-Systems sind dezentral. Die meisten heutigen Modelle für Kontrolle gehen von einer zentralen Konfliktlösung aus. In einem ULS-System ist dies jedoch aufgrund der Größe und Ausdehnung nicht mehr möglich.
- Widersprüchliche und unbekannte Anforderungen – Das Gesamtsystem entsteht an verschiedenen Stellen mit zum Teil nur lokal bekannten Anforderungen, welche durchaus widersprüchlich sein können. Widersprüchliche Anforderungen sind nicht nur zum Designzeitpunkt vorhanden, sondern entstehen oft auch während des Betriebs, mit der Folge, dass auch (hypothetisch) widerspruchsfreie Systeme auf Dauer widersprüchlich werden.
- Kontinuierliche Evolution – Neue Teile des Systems werden während der Laufzeit integriert, das Gesamtsystem entwickelt sich nicht phasenweise, sondern permanent und kontinuierlich weiter. Es ist nicht mehr möglich, Releases geordnet durchzuführen. Das ULS-System ist permanent im Einsatz und verändert sich auch permanent. Auch in kleineren Systemen mit einer großen Anzahl von Services ist dies zu beobachten.

- Heterogene, inkonsistente und sich verändernde Elemente – Das ULS-System besteht nicht aus ähnlichen Teilen, sondern aus diversen unterschiedlichen Elementen. Konflikte und Fehler tauchen speziell bei der Evolution und entlang von Entwicklungsorganisationen auf.
- Verschwinden der Mensch-Maschinen-Grenze – Menschen werden zu einem integrierten Bestandteil des ULS-Systems.[40] Sie werden zu Elementen, welche die Emergenz des ULS-Systems beeinflussen. So impliziert das Benutzerverhalten bestimmte Cachingmechanismen und soziale Interaktionen bestimmen Kommunikationspfade, welche dann besonders effektiv unterstützt werden müssen und so weiter. Der HIC (s. Abschn. 2.5.7) ist offensichtlich eine Auflösung der Mensch-Maschinen-Grenze. Der HIC ist eine Unterordnung des Menschen unter die Maschine.
- Das Versagen einzelner Elemente in einem ULS-System ist die Regel und nicht die Ausnahme. Heutige Software wird oft unter dem Motto: „Fehler können und müssen ausgebaut werden" konzipiert. In einem ULS-System ist dies praktisch nicht mehr möglich, da es zu starken Abhängigkeiten zu anderen Systemelementen kommt. Folglich muss Fehlertoleranz eines der Prinzipien für Teile des ULS-Systems sein.

Wie kann sich ein ULS-System überhaupt gesteuert entwickeln? Eine mögliche Antwort auf diese Frage ist die Veränderung der Einstellung zu hochkomplexen Systemen – solche Systeme sind einfach unbeherrschbar (s. Abschn. A.9). Auf der anderen Seite zeigt der Umgang mit dem Reengineering von Legacysystemen, dass es durchaus Möglichkeiten gibt, soziotechnische Systeme zu verändern. Gefragt ist jedoch ein Design auf allen Ebenen, welches auch stets die Consumer mit einschließt. Dies hat zur Folge, dass die traditionelle Einstellung, dass man Software programmiert, um den Computer etwas ausführen zu lassen, nicht mehr gültig ist. Diese Einstellung muss ersetzt werden durch ein neues Paradigma, welches alle Formen der Informationsverarbeitung im Gesamtsystem berücksichtigt und explizit nutzt. Besonders wenig ist über die Mechanismen der wettbewerbsfreien sozialen Kollaboration und ihre Auswirkungen auf die Struktur eines Systems bekannt. Große Systeme können durch einen geldähnlichen Mechanismus gesteuert werden, aber offensichtlich sind echte soziale Systeme in der Lage, sich auch ohne Geld zu steuern.

Dadurch, dass das Gesamtsystem nicht mehr angehalten werden kann, sind Mechanismen zur kontinuierlichen Evolution während der Laufzeit notwendig. Aber nicht nur das – die Evolution muss über andere Mechanismen als heute gesteuert werden. Auch in einem ULS-System existieren unterschiedliche Anforderungen, so haben infrastrukturelle Services eine andere Stellung als rein applikative, folglich müssen auch unterschiedliche Mechanismen für Entwicklung und Deployment greifen. Speziell die Komposition ist sehr viel komplexer als in der bisher betrachteten SOA (s. Abschn. 2.5), in einem ULS-System kann nicht mehr von Fehlerfreiheit oder Stabilität genutzter Services ausgegangen werden. Aufgrund der permanenten Evolution verändern sich diese laufend, ohne Rücksicht auf die „alten" und indirekten Consumer zu nehmen. Die einzig mögliche Steuerung für „Wohlverhalten

---

[40] Vergleichbar mit dem Charlie Chaplin Film *Modern Times*.

6.10 Überlebensfähigkeit

Tabelle 6.4 Eigenschaften eines traditionellen IT-Systems und eines ULS-Systems

Eigenschaft	Traditionelles System	ULS
Governance	Singulär dominanter Einfluss	Multiple, widersprüchliche Einflüsse
Lebensdauer	Festgelegt zum Designzeitpunkt	∞
Informationsfluss	Gut verstandener interner Fluss, Quellen und Senken bekannt	Wechselnder Informationsfluss, Neue Quellen, neue Senken
Größe	Lokal	Oft global
Grenzen	Wohlbestimmt	Unbekannt, veränderbar, fluktuierend
Komplexität	Optimiert	Hochkomplex, nicht optimiert
Elemente	Services, Komponenten	Systeme, Services
Erbauer	Eigene Organisation oder COTS	COTS oder fremde Organisationen

von Services" kann nur noch über allgemein gültige Policies oder Incentives für die Services funktionieren.

Eine weitere Frage im ULS-Umfeld ist: Wie kann ein ULS-System gesteuert und beurteilt werden? Welches sind die sinnvollen und messbaren Größen, um eine Aussage über den „Gesundheitszustand" des ULS-Systems zu treffen? Die Steuermechanismen sind Regeln und Policies, aber jede Steuerung versagt, wenn nicht klar ist, was eigentlich zu steuern und zu messen ist (s. Anhang C). Solche Größen können nur noch von statistischer Natur sein, so zum Beispiel die Anzahl der Hosts (s. Abb. 6.4).

Auch auf Seiten der Architektur müssen Konsequenzen aus der Unbeherrschbarkeit eines ULS-Systems gezogen werden. Eine Möglichkeit den Komplexitätstod zu vermeiden ist es, jedes einzelne Element (Service) des Systems als einen Viable System Service (s. Anhang B.1) zu implementieren. Ein Viable System Model (VSM) ist rekursiv aufgebaut und wiederholt damit seine eigene Struktur auf jeder Abstraktionsebene des Gesamt oder Subsystems, damit sind die Voraussetzungen für ein autopoietisches System gegeben. Jede einzelne Instanz eines VSM ist allein überlebensfähig und kann sich selbstständig auf eine veränderte Umgebung und damit auch auf Fehler anderer Services oder der Benutzer einstellen. Nur so lässt sich ein ULS-System lebensfähig erhalten. Hinsichtlich der Beherrschbarkeit von IT-Systemen müssen wir uns von aktuellen Ansätzen lösen, wenn es um das Management wirklich großer Systeme geht. Hier müssen Mechanismen aus der Soziologie genutzt werden, da wir ja offensichtlich in der Lage sind, große soziale Systeme langfristig gesehen am Leben zu erhalten.

6.10 Überlebensfähigkeit

Eine der großen Fragen in jedem verteilten System, speziell auch in den digitalen Ökosystemen, ist die Frage nach der Überlebensfähigkeit[41] des Systems, denn solche großen Systeme setzen sich sehr schnell dem Risiko aus, nichtfunktionierende

---
[41] Survivability.

Subsysteme zu haben (s. Abschn. 6.9). Der Begriff Überlebensfähigkeit wird definiert durch:

Ein System ist dann überlebensfähig, wenn es in der Lage ist, seine Services weiterhin zur Verfügung zu stellen, obwohl Teile der Infrastruktur oder der Providerplattform durch diverse Ereignisse in ihren Funktionen massiv beeinträchtigt sind.

Aus dieser Definition für die Überlebensfähigkeit leiten sich sofort einige zentrale Punkte ab:

- Überlebensfähigkeit ist eine Systemeigenschaft und setzt die Menge an möglichen Services und deren jeweilige Qualitäten in Bezug zum Schaden im System oder der Betriebsplattform (Infrastruktur).
- Ein überlebensfähiges System muss in der Lage sein, seine Services mit verschiedenen Qualitäten zur Verfügung zu stellen. Diese unterschiedlichen Qualitäten können durchaus unterschiedliche Kritikalität haben.
- Die Ereignisse, welche zu größeren Störungen führen, können diverser Natur sein. Wichtiger als die Ursache der Störung ist es, die Auswirkungen der Störung auf das Gesamtsystem zu begrenzen.

Damit man in der Lage ist, digitale Ökosysteme auch unter widrigen Umständen zu betreiben, sollte man mehrere Anforderungen berücksichtigen:

- Es sollten alle wichtigen Ereignisse und Risiken beschrieben werden, welche zu einem Verlust oder einer Unterbrechung der Services führen können.
- Eine Spezifikation sollte definieren, welche Services dem System dann noch zur Verfügung stehen und wie diese zu priorisieren sind.

Eine Möglichkeit die Überlebensfähigkeit von digitalen Ökosystemen sicherzustellen ist es, Redundanz einzuführen und zwar Redundanz auf allen Ebenen, angefangen von der Hardware über die Betriebssysteme bis hin zur Software und den eingesetzten Services. Ein solch hohes Maß an Redundanz würde jedoch immense Investitionen verschlingen, von daher ist es günstiger, mit einer minimalen Redundanz zu leben und die Qualitäten der gelieferten Services zu reduzieren. Für die Qualitätsreduktion ist jedoch wichtig zu wissen, was an Services vom System noch in welcher Qualität zur Verfügung steht und was nicht. Die „überlebenden" Services werden neu komponiert und den Consumern zur Verfügung gestellt. Diese Form der ad-hoc Komposition bedingt, dass Servicekomposition (s. Abschn. 2.7.3) sich neben den fachlichen Interfaces und den „bestmöglichen" Qualitäten auch an Notfallpolicies orientieren kann. Dies setzt wiederum ein Kontrollorgan zur Erkennung von Problemfällen voraus (s. Anhang B).

Eine andere Form die Überlebensfähigkeit eines digitalen Ökosystems sicherzustellen ist es, eine möglichst hohe Anzahl von verschiedenen Spezies im Ökosystem zu besitzen (Variabilität, s. S. 221), da nur so der „vererbbare" Pool groß genug ist, um auf mögliche zukünftige Veränderungen reagieren zu können. Analog zur Biologie lassen sich hier Metriken für den Grad an Diversifikation definieren. Wenn die

6.10 Überlebensfähigkeit

relative Häufigkeit einer Spezies i definiert ist durch:

$$\bar{x}_i = \frac{x_i}{\sum_{i=1}^{N} x_i}, \tag{6.31}$$

dann lassen sich drei Metriken für die Diversifikation innerhalb eines Ökosystems definieren:

$$D^{\text{Simpson}} = \sum_{i=1} \frac{1}{\bar{x}_i^2}, \tag{6.32}$$

$$D^{\text{Shannon-Weaver}} = -\sum_{i=1} \bar{x}_i \ln \bar{x}_i, \tag{6.33}$$

$$D^{\text{SDI}} = 1 - \frac{1}{2N-2} \sum_{i,j} |\bar{x}_i - \bar{x}_j|. \tag{6.34}$$

Alle drei Metriken stellen den Versuch dar, die Menge an „Unterschiedlichkeit" in einem digitalen Ökosystem zu bewerten. Besonders interessant ist die Tatsache, dass der Shannon-Weaver-Index Gl. 6.33 identisch mit der Definition der Entropie (s. Gl. C.4) ist.

Eine Diversifikationsmetrik sollte mit Vorsicht eingesetzt werden, da man normalerweise davon ausgehen würde, dass eine maximale Diversifikation (Gln. 6.32–6.34) am besten ist. In diesem Fall sind jedoch alle $\bar{x}_i$ (Gl. 6.31) identisch: $\bar{x}_i = 1/N$, mit der Folge:

$$D^{\text{Simpson}} = N^3,$$
$$D^{\text{Shannon-Weaver}} = \ln N,$$
$$D^{\text{SDI}} = 1.$$

Aber eine uniforme Verteilung hat keine seltenen Spezies und keine Struktur und ist daher nicht optimal. Hintergrund ist, dass sich Gln. 6.32–6.34 nur auf schwach wechselwirkende Systeme wie Gase exakt anwenden lassen.

Kapitel 7
Epilog

> Not where he eats, but where he is eaten...
> Your worm is your only emperor for diet:
> we fat all creatures else to fat us,
> and we fat ourselves for maggots:
> your fat king and your lean beggar
> is but variable service,
> two dishes, but to one table:
> that's the end.
>
> Hamlet
> William Shakespeare
> 1564–1616

Können wir Systeme bilden, welche sich automatisch koordinieren und zu größeren zusammenfügen; dabei ihre Funktionalitäten kombinieren und neue emergente Eigenschaften zeigen? Ja, wir können es! Dies ist nicht nur auf der Ebene des pervasiven Computings mit Hilfe vieler kleiner Geräte möglich, sondern auch auf der Ebene der Organisationen in Form von digitalen Businessökosystemen. Solche Systeme formen sich selbstständig und erreichen durch ihre Vernetzung und ihre physische Größe ein erstaunliches Maß an emergenten Fähigkeiten, bis hin zu einem Ultra Large Scale System. Der von außen oder innen wirkende permanente Evolutionsdruck führt zu einer andauernden Adaption des Systems als Ganzes und einer steten Verfeinerung der im System enthaltenen Services.

Die Technologie, dies zu erreichen, existiert schon heute und ist uns zugänglich. Was wir jedoch nicht beherrschen, sind die dazugehörigen Designmethodiken und Governancemechanismen, um das Phänomen von autonom kommunizierenden Systemen in einer sich permanent verändernden Techniksphäre für uns optimal nutzbar zu machen. Aber die Zukunft wird trotzdem solchen Systemen gehören, denn solche Systeme werden mit oder ohne unser Zutun entstehen.

Damit die Systeme gleichgültig, ob es sich um pervasive oder digitale Businessökosysteme handelt, erfolgreich sind, sollten folgende notwendige Voraussetzungen gegeben sein:

- plattformübergreifende Kompatibilität,
- adaptive und offene Infrastruktur,
- Kooperation der Subsysteme,
- offene Technologie.

Die in der Zukunft anstehende Entwicklung für digitale Ökosysteme ist genau das Gegenteil von der Entwicklung für den heutigen PC, der zurzeit als Universalgerät in der IT eingesetzt wird. Wir können nicht noch mehr Funktionalitäten zu unseren

PCs hinzufügen, diese dienen heute für alles mögliche: Textverarbeitung, Fernsehen, Spielekonsole, Radio, Musikbox, Internetgateway, Tabellenkalkulation, Terminkalender, Kollaborationswerkzeug... Aber eine „Multi Purpose Device", wie der PC, kann im Grunde nichts davon wirklich gut, die Zukunft wird viel stärker dem integrativen Verbund vieler spezialisierter Systeme gehören. Diese Analogie lässt sich auch auf die Geschäftswelt übertragen, auch hier wird die Zukunft nicht den großen Mischkonzernen[1], sondern den digitalen Businessökosystemen, bestehend aus vielen spezialisierten Organisationen, welche in der Regel mehreren Habitaten angehören, bestimmt werden.

Für viele Menschen erscheinen die in diesem Buch vorgestellten Szenarien zu sehr wie Science Fiction, aber man sollte stets bedenken, dass die IT ein sehr junges Gebiet ist, auf dem selbst Aussagen, die nur etwa 50 Jahre alt sind, den meisten heutigen Menschen als sehr „dumm" erscheinen.[2] Wenn wir als Vergleich die Automobile und Flugzeuge der 1930er Jahre heranziehen, so erscheinen diese uns heute recht unbequem und „primitiv", aber in den 1930er Jahren war die Automobil- und Flugzeugtechnologie auch circa 40–50 Jahre alt. Unsere Welt wird sich in den nächsten Jahrzehnten durch den Einsatz der IT noch drastisch verändern und neue technische Systeme wie auch Modelle der Zusammenarbeit entwickeln.

---

[1] Daimler-Chrysler, Siemens oder General Electrics...
[2] Siehe auch die Eingangszitate S. 11 und S. 173.

Anhang

Anhang A
Systemtheorie

Jedes reale System ist stets ein reales Geflecht von wechselseitig abhängigen dynamischen Elementen (Entitäten) und von untereinander in Wechselwirkung stehenden dynamischen Teilen (Relationen) sowie einer Abgrenzung (Boundary) zwischen Innen und Außen (Umgebung). Wann ein System statisch ist oder wann es sich dynamisch verhält, ist relativ zu sehen und hängt oft von der betrachteten Zeitskala ab. Eine Organisationsstruktur wird von den meisten Mitarbeitern als recht statisch empfunden, über einen längeren Zeitraum hinweg kann sich diese jedoch rapide verändern (s. Abschn. 2.2).

Was ein System genau ist, bleibt der Wahl des Beobachters und des Betrachtungsgegenstandes überlassen: Der jeweilige Beobachter definiert das System und seine Grenzen, insofern ist die Systembildung auch immer eine Modellbildung, mit der Motivation einer Komplexitätsreduktion für den Betrachter. Die Wahl des Systems wird durch das Ziel, welches durch das System zu erreichen ist, immer beeinflusst. Die übergreifende Anwendbarkeit von Erkenntnissen über Abläufe und Koppelungen in Systemen, die isomorph strukturiert sind, ist einer der Grundsätze der Systemtheorie. Damit wir aber in der Lage sind, die Dynamik eines Systems als Ganzes zu erkennen und nicht auf der Ebene des einzelnen Elements „stecken bleiben", ist es notwendig, sich von isolierten Betrachtungen der Art $\mathfrak{A}$ beeinflusst $\mathfrak{B}$ zu lösen.

Alle realen Systeme bestehen aus einer Vielzahl von vernetzten Regelkreisen mit diversen Elementen. Einen Grundsatz haben alle Systeme: Das systemholistische Prinzip. Es besagt, dass das System als Ganzes arbeitet und sich nicht aus der Summe der Kenntnisse über jedes einzelne Teil ableiten lässt. Die meisten Subsysteme sind durch eine Form der Differenzierung gekennzeichnet: Jedes Teil hat eine spezifische Funktionalität und das Gesamtsystem zeigt neue Formen an.

Eine weitere Eigenschaft von Systemen zeigt sich, wenn unterschiedliche Beobachter versuchen, dasselbe System zu beschreiben: Das Komplementärgesetz. Verschiedene Perspektiven auf dasselbe System sind weder völlig unabhängig voneinander noch völlig identisch, zusammengenommen jedoch zeigen sie mehr Eigenschaften des Systems auf als jede Perspektive allein. Jeder Beobachter nimmt unterschiedliche Aspekte wahr. Diese unterschiedliche Wahrnehmung der verschiedenen Beobachter ist einer der Gründe dafür, dass wir „reale" Systeme als kompliziert und chaotisch empfinden.

Die Systemtheorie ist in ihren Grundzügen eine disziplinübergreifende Wissenschaft, welche versucht, die abstrakte Anordnung von Phänomenen unabhängig von ihrer Substanz, Typ, räumlicher oder zeitlicher Ausdehnung der Existenz des jeweiligen Phänomens zu beschreiben und versucht, die gemeinsamen Prinzipien aller komplexen Systeme zu entdecken und diese mathematisch zu formulieren. Einer direkt beobachtbaren Welt kann man sich entweder analytisch oder systemisch nähern. Beide Ansätze sind nicht unbedingt gegensätzlich zueinander, sondern eher komplementär. Der analytische Ansatz versucht, das gegebene System in seine einzelnen Bestandteile zu zerlegen, diese zu isolieren und zu verstehen. Neben den einzelnen, quasi atomaren, Bestandteilen werden bei der analytischen Vorgehensweise auch die direkten Beziehungen der einzelnen Bestandteile untersucht. Durch die Veränderung jeweils eines Parameters zu einem Zeitpunkt wird eine Prognose des Gesamtsystems angestrebt.

Ein System in dieser Betrachtungsweise besteht aus zwei grundlegenden Teilen, aus denen es aufgebaut ist: Elementen und Relationen. Einige dieser Elemente können ihrerseits wiederum eigenständige Systeme sein. Ein Subsystem ist ein identifizierbares und abgrenzbares Element eines Systems, welches seinerseits durch wechselwirkende Elemente aufgebaut ist und somit auch ein System bildet. Die Relation zwischen Subsystemen wird als Interface bezeichnet. Die Terminologie von Systemen überträgt sich nahtlos auf die Subsysteme. Die Analogie zu den Services ist offensichtlich, auch diese bilden Systeme, in denen Subsysteme aus anderen Services (Komposition) enthalten sind. Aus diesem Grund wurde auch die systemtheoretische Definition für Services gewählt (s. S. 15). Die unterschiedlichen Beziehungen zwischen den Services entsprechen den verschiedenen Relationen in der Systemtheorie. Die Bildung von Subsystemen ist der Versuch, innerhalb eines Systems auf sehr hoher Ebene analytisch vorzugehen, damit auf dieser abstrakten Ebene ein systemisches Denken überhaupt möglich ist. Faktisch sind alle unsere heutigen Geräte, vom Auto bis zum PC, aus Subsystemen aufgebaut.

Das Problem, ein sinnvolles Subsystem durch die im System vorhandenen Untermengen an Elementen zu definieren, wird durch die Subjektivität[1] des Beobachters verschärft. Neben der Tatsache, dass systemische Eigenschaften keinen Absolutheitsanspruch haben, zeigen sich bei der Zerlegung in Subsysteme die unterschiedlichen Sichten der Beteiligten besonders stark.

---

[1] Komplementärgesetz.

A.1 Komplexe Systeme

Da komplexe[2,3] Systeme auf den ersten Blick häufig ein Verhalten aufweisen, das der Intuition ihres Beobachters zuwider läuft, lassen sie sich nicht einfach auf fiktive triviale Systeme reduzieren. Doch sie verhalten sich, bei aufmerksamer Betrachtung durchaus nachvollziehbar, nur nicht unbedingt deterministisch.

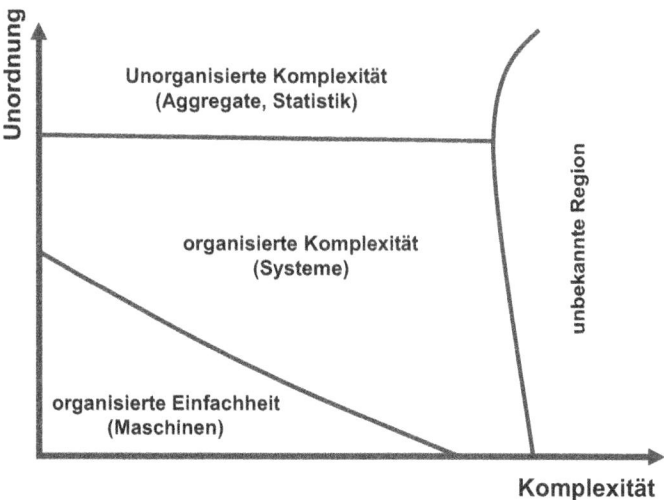

Abb. A.1 Unterschiedliche Systemtypen

Softwaresysteme und zum größten Teil auch Organisationen besitzen aus systemischer Sicht folgende Charakteristika:

- Sie sind gekennzeichnet durch eine sehr hohe Entropie.
- Kein einzelnes Individuum kann das System komplett verstehen.
- Sie lassen sich nur sehr schwer verändern. Nicht nur Organisationen lassen sich schwer verändern, besonders große Softwaresysteme sind hierdurch gekennzeichnet. Betrachtet man das Softwaresystem zusammen mit der Organisation als soziotechnologisches Phänomen, dann wird der hohe Widerstand gegen Veränderungen offensichtlich.
- Das System besitzt unbekannte und undokumentierte Teile.

---

[2] Ursprünglich aus dem Griechischen $\pi\lambda\varepsilon'\kappa\omega$ (Zwirn), wird das Wort ins Lateinische als complexus übernommen.

[3] Nicht zu verwechseln mit künstlicher Komplexität, diese ist das Resultat einer falschen Modellierung. Ein Beispiel für falsche Modellierung ist der Zensus von England nach der Eroberung durch die Normannen 1066, bedingt durch die Nutzung römischer Zahlen war man nicht in der Lage, den Zensus summarisch – oder auch nur partiell – darzustellen. Addition mit römischen Zahlen ist deutlich schwieriger als im Dezimalsystem.

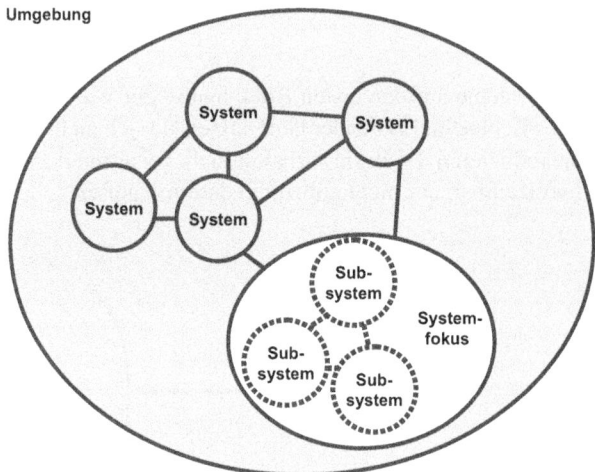

Abb. A.2 Ein System und seine Umgebung

Die gesamte Idee der Kapselung und des Aufbaus von Interfaces und der Entkoppelung von Interface und Implementierung will die Komplexität auf wenige Größen reduzieren. Historisch gesehen stammt dieser Ansatz aus der Newton'schen Mechanik, wo sich durch diesen Ansatz eine einfache mechanische Maschine beschreiben lässt. Aber alle diese mechanistischen Systeme haben gemeinsam:

- geringe Detailkomplexität – Mit nur wenigen einfachen Teilen.
- wenige Wechselwirkungen zwischen den Teilen – Mit geringer dynamischer Komplexität.
- vorhersagbares Verhalten – Dies kann zwar sehr kompliziert sein, ist aber prinzipiell stets eindeutig vorbestimmt.

Solche Systeme verhalten sich immer streng kausal und lassen sich recht einfach vorhersagen, da aus dem Wissen über die einzelnen Teile auf das Verhalten des Gesamtsystems geschlossen werden kann.[4] Reale Systeme verhalten sich jedoch völlig anders; sie sind irreversibel und entziehen sich einer einfachen Kausalitätsbeziehung, da hier die dynamische Komplexität, das heißt die Wechselwirkung zwischen den einzelnen Teilen, überwiegt. In manchen Fällen führt die gleiche Tätigkeit zu einem etwas anderen Zeitpunkt zu drastisch anderen Ergebnissen. Charakteristisch für die komplexen Systeme sind:

- Offenheit – Alle Systeme sind offen. Jedes System steht in Wechselwirkung mit seiner Umgebung. Von daher lässt sich ein System nur in seinem jeweiligen Kontext verstehen. Der soziotechnische Kontext muss daher auch Bestandteil der Definition eines jeden Softwaresystems sein.

---

[4] Schon bei Betriebssystemen ist dies nicht mehr der Fall. Es lässt sich bei einem Multiusersystem nicht exakt vorhersagen, ab welcher Anzahl von Benutzern der Computer nicht mehr in vertretbarer Zeit reagiert (Thrashing).

A.1 Komplexe Systeme

- Flexibilität – Jedes System besitzt eine Reihe von Freiheitsgraden. Unter der Freiheit des Systems versteht man die Möglichkeit, dass das System sich zwischen verschiedenen Alternativen entscheiden kann. Die Flexibilität eines Systems ist umso höher, je mehr Entscheidungsmöglichkeiten es hat.
- Dimensionalität – Alle komplexen Systeme sind mehrdimensional. Die Vorstellung, dass nur ein einziger Parameter ausreicht, um ein System zu steuern, ist ein Relikt der Modellbildung der Naturwissenschaften.
- Emergenz – Emergenz ist das Auftreten von Eigenschaften eines Systems, welche sich nicht aus den Teilen des Systems ableiten lassen:

Die Eigenschaft eines Systems wird emergent genannt, wenn sie sich nicht aus den Eigenschaften der Subsysteme oder Elemente ableiten lässt, sondern nur aus deren Interaktion resultiert.

Alle komplexen Systeme zeigen Emergenz. Da die klassischen analytischen Denkschemata das Phänomen der Emergenz nicht erklären können, sind sie auch ungeeignet, das Auftreten von Emergenz vorherzusagen. Es gibt drei Prinzipien, die Voraussetzungen für das Auftreten von Emergenz sind:

I Wechselwirkung – Die Emergenz entsteht immer durch die Wechselwirkung der Teile.
II Komplexität – Ohne ein gewisses Mindestmaß an dynamischer Komplexität entsteht keine Emergenz. Umgekehrt formuliert: Starre Systeme zeigen keine Emergenz!
III Reproduktion – Durch den ständigen Reproduktionsprozess der Systemteile bildet und reproduziert sich Emergenz. Dies ist auch unter dem Begriff Feedback bekannt; Feedback kann dämpfend oder verstärkend wirken.

Das Verhältnis zwischen den Teilen und der Gesamtheit ist iterativ und co-evolutionär, denn Emergenz ist der Prozess, durch den neue Ordnungen aus der Selbstorganisation der Teile entstehen. So sind heutige P2P-Systeme nicht mehr ohne Selbstorganisation denkbar. Eng mit der Emergenz ist die Hierarchie verknüpft. Nach dem Prinzip der Hierarchie können die Elemente des Systems wiederum als „abgeschlossene" Subsysteme betrachtet werden, welche ihrerseits aus kleineren Elementen aufgebaut sind. Innerhalb einer solchen Zerlegungsstrategie[5] bezeichnet das Auftreten von Emergenz eine Zerlegungsstufe.

- Nichtintuitivität – Alle komplexen Systeme sind per se nichtintuitiv. Durch den hohen Grad an Wechselwirkungen lässt sich die Auswirkung einer Veränderung nicht eindeutig vorhersagen. Ursachen und Wirkungen sind oft nicht mehr unterscheidbar, was zu Kausalitätszyklen führt. Allein die Beobachtung eines Systems durch eine Messung führt schon zu einer Veränderung des Systems.[6] Jede Entscheidung verändert das System, mit der Folge, dass dieselbe Entscheidung zu

---

[5] Moderne Softwareentwicklungsumgebungen erlauben es, die Anforderungen zu spezifizieren und daraus tayloristisch das System aufzubauen, allerdings negieren diese Werkzeuge jede Form der Emergenz und Kreativität.

[6] Ein der Quantenmechanik verwandtes Phänomen, auch hier verändert die Messung in der Regel den Zustand des Quantenobjekts.

Tabelle A.1 Vergleich zwischen analytischem (reduktionalem) und systemischem (holistischem) Vorgehen

Analytischer Ansatz	Systemischer Ansatz
Fokus auf Teile	Fokus auf das Ganze
Lineare Kausalität	Zirkuläre Kausalität
$A \mapsto B$	$A \mapsto B \mapsto A$
Kontext irrelevant	Kontext sehr relevant
Eine Wahrheit, ein Optimum	Multiple Wahrheiten und Optima
Von der Umgebung isoliert	Umgebung wichtiger Teil
Probleme werden gelöst	Probleme werden akzeptiert und integriert

einem späteren Zeitpunkt „falsch" sein kann, da jeder Eingriff ein neues System produziert. Neben der Kausalität zeigen komplexe Systeme einen Hang zur Zeitverzögerung. Oft lassen sich Kausalitäten allein auf Grund der zeitlichen Distanz nicht mehr zuordnen, was die Steuerung immens erschwert.

Ein Weg, die Emergenz in komplexen Systemen zu verstehen, ist es, eine Analogie zu der Idee der Universalität in der Physik zu ziehen. Universalität tritt in der Physik dann ein, wenn das systemweite Verhalten das Verhalten einzelner Teile des Systems unwichtig macht. Genauer gesagt beschreibt die Universalität das Verhalten des kritischen Exponenten in einem kontinuierlichen Phasenübergang.[7] Die beobachtbare Größe ρ, hierbei handelt es sich um die für den Übergang relevante physikalische Observable[8], zeigt ein Potenzgesetz[9] in der Temperatur auf:

$$\rho \sim |T - T_0|^\alpha. \tag{A.1}$$

Der Exponent α wird als der kritische Exponent bezeichnet. Interessanterweise ist der kritische Exponent α fast unabhängig von der konkreten Substanz, die betrachtet wird. Wichtiger sind die Art des Übergangs und die Struktur der Substanzen vor und nach dem Phasenübergang. Physikalische Systeme zeigen Universalität, wenn die Wechselwirkungen ihrer Elemente die gleiche räumliche Verteilung[10] und dieselbe Wechselwirkungssymmetrie[11] haben. Wendet man die Idee der Universalität auf Services an, so bedeutet dies:

Wenn die Wechselwirkung der Services die Information limitiert, welche Benutzern zur Verfügung steht, beziehungsweise ihre Fähigkeit auf Ereignisse geplant zu reagieren, so wird jede Zusatzinformation eines einzelnen Service über dieses Umgebungsverhalten hinaus keinen Unterschied im Systemverhalten produzieren, mehr noch, diese „Störung" kann die Effizienz des Gesamtsystems limitieren.

---

[7] So das Tauen von Eis, das Frieren von Wasser, das Verschwinden von Magnetismus in Eisen bei der Curietemperatur ...
[8] Je nach System: magnetische Suszeptibilität, spezifische Wärme, Kompressionsmodul...
[9] Skalenfreie Netze (s. Abschn. A.10) zeigen analoge Eigenschaften.
[10] Gittertyp, Gas oder Flüssigkeit.
[11] Üblicherweise durch eine Hamiltonfunktion des Gesamtsystems beschrieben.

A.1 Komplexe Systeme 255

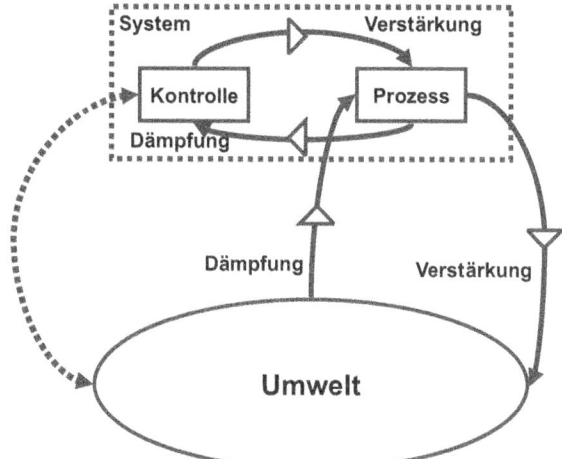

Abb. A.3 Ein System und seine Umgebung aus Sicht der Vielfältigkeit

Was ein System ist und was seine Grenzen bildet, ist oft nur sehr schwer entscheidbar, aber es gibt eine Größe, die es einfacher macht, ein System und seine Grenzen zu trennen: Die Entropie. Mit Hilfe der Entropie lässt sich ein System wie folgt definieren:

Ein System ist eine Kollektion von miteinander verknüpften Elementen, sodass sowohl die Elemente als auch ihre jeweiligen Relationen die lokale Entropie reduzieren.

Aus dieser Definition lässt sich auch der Umgebungsbegriff (s. Abb. A.2) näher fassen:

Eine Umgebung ist das, was die Wechselwirkung zwischen Systemen vermittelt. Die Gesamtumgebung ist die Summe aller solcher vermittelnden Wechselwirkungen.

Diese Umgebungsdefinition führt sofort zur Festlegung von Gleichgewicht für Systeme:

Ein System befindet sich im Gleichgewicht (Equilibrium), wenn seine Umgebung stabil[12] ist.

Die Beziehung eines Systems zur Umgebung kann auch zur Definition des Sinns einer Organisation – wenn es als System verstanden wird – genutzt werden. Aus systemischer Sicht definiert das Ziel einer Organisation einen ganzen Block der Umgebungskomplexität, welches die Organisation beeinflusst, bearbeitet und mit der sie umgehen können muss, um daraus einen Sinn und eine Identität für sich zu produzieren. Dieser Prozess der Identitätsproduktion wird begleitet von einer eigenen kollektiven Sprachbildung bezüglich der gemeinsamen Interessen und einer

---
[12] Diese Stabilität kann dynamischer oder auch statischer Natur sein.

Definition der Produkte und Services, welche sie anderen offerieren will. Insofern ist eine Organisation auch eine dynamische Reflexion der Umgebungsvielfältigkeit, die durch die Organisation produziert oder verarbeitet wird.

In der Physik werden Phasenübergänge in der Thermodynamik meist durch die Betrachtung der Gibbs'schen freien Energie beschrieben, für die Änderung der freien Energie gilt:
$$dG = dU + p\,dV - T\,dS\,. \tag{A.2}$$
Hierbei ist U die innere Energie.

Neben der Universalität von Phasenübergängen gibt es noch ein zweites Phänomen, welches sich aus der Physik auf die digitalen Ökosysteme übertragen lässt:

In der Nähe des Phasenübergangs werden lokale Wechselwirkungen so sehr verstärkt, dass sie das gesamte System durchdringen und damit globale Strukturen verändern.

A.2 Enge Koppelung

In komplexen Systemen kommt es zu einem erhöhten Risiko von Fehlern und Ausfällen. Wenn Fehler das gesamte System zum Erliegen bringen, werden sie Systemfehler genannt, aber solche Fehler tauchen in der Regel nicht als Folge der Komplexität auf, sondern sind meist das Resultat des Versuchs, die Komplexität des Systems zu kontrollieren (s. Abschn. A.9). Das hohe Risiko von Systemfehlern ist auf

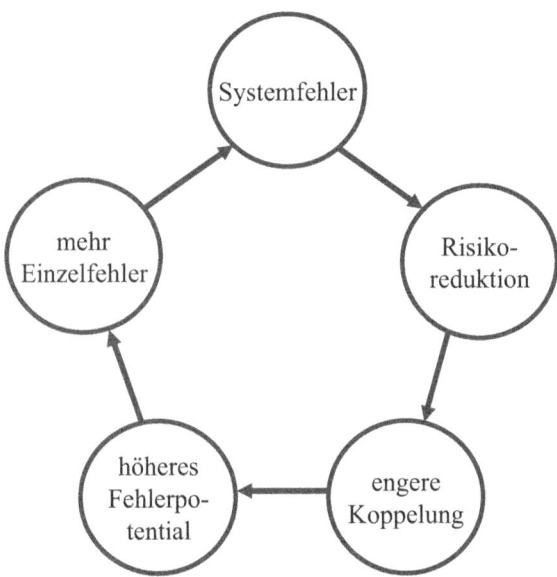

Abb. A.4 Die Spirale der engen Koppelung

die unerwartete Wechselwirkung zwischen multiplen Einzelfehlern zurückzuführen. Die übliche Gegenmaßnahme ist, die einzelnen Elemente enger aneinander zu koppeln (s. Abb. A.4), mit sehr negativen Resultaten, denn die typischen Strategien zur Fehlerminimierung stammen aus Entwicklungsmethoden heraus, welche Emergenz nicht kennen. Die Folge der einsetzenden engeren Koppelung ist eine Erhöhung des Risikos, dass aus einem Fehler multiple Fehler werden, mit dem Ergebnis der Zunahme an Systemfehlern, welche wiederum durch engere Koppelung unter Kontrolle gebracht werden sollen. Insofern ist die lose Koppelung der Services eine ideale Voraussetzung für Emergenz als auch Überlebensfähigkeit eines Gesamtsystems. Das Ziel muss es sein, unnötige enge Koppelung zu vermeiden, folgende Strategien führen in diese Richtung:

- Vermeidung falscher Annahmen – Annahmen führen zu Zwangsbedingungen im System.
- Vermeidung unnötiger Requirements – Je generalisierter und einfacher ein Service, desto stabiler ist das Gesamtsystem und desto loser die Koppelung.
- Reduktion hierarchischer Strukturen – Hierarchien, im Gegensatz zu Rekursionen, haben eine sehr starke Koppelung.
- Traditionelle Optimierungsstrategien wirken auf das Gesamtsystem wie Zwangsbedingungen.
- Vermeidung von Pseudopräzision – Je höher die Präzision, desto enger die Koppelung und desto schneller entstehen Fehler. Oft ist eine vorgegebene Präzision nicht wirklich notwendig.
- Verzögerung der Information bezüglich Präzision auf den Zeitpunkt der Ausführung.
- Nutzung asynchroner Mechanismen – Asynchronität führt zu einer loseren Koppelung.
- Kooperation ohne Koordination – Zentrale oder auch föderale Koordinationsmechanismen führen zu engen Koppelungen.

Nur wenn diese Punkte beachtet werden, entsteht aus einem lose gekoppelten System ein emergentes System, daher haben serviceorientierte Systeme ideale Voraussetzungen, Emergenz in großem Maße zu zeigen, wenn sie a priori als lose gekoppelt entwickelt werden. Folglich sollten digitale Ökosysteme nur lose gekoppelt sein.

A.3 Ashby-Conant-Theorem

Ein wichtiger Grundsatz aus der Systemtheorie, der Auswirkungen auf die Systeme hat, ist das Ashby-Conant-Theorem:

Jedes gute[13] Kontrollsystem eines Systems muss ein Modell[14] des Systems sein.

Oder anders formuliert:

---
[13] Gut bedeutet hierbei zugleich maximal einfach und erfolgreich.
[14] ... muss isomorph zum ...

Damit ein Kontrollsystem angemessen auf Störungen des Systems reagieren kann, muss es wissen, welche Aktion es von den verfügbaren auswählen muss.

Das Kontrollsystem eines Systems muss in der Lage sein, die gleiche Menge an Vielfältigkeit (s. Gl. C.3) zu produzieren, wie sie das kontrollierte System hat. In der Ursprungsform wurde es als: *Only variety can destroy variety* formuliert. Das Ashby'sche Gesetz ist auch bekannt als das „*Law of Requisite Variety*". Neben dem Prinzip der Homöostasis war es Ashby, der sich mit der Frage nach dem Zusammenhang zwischen innerer und äußerer Struktur, zwischen Komplexität der Umwelt und der Komplexität des Systems beschäftigt hat, es muss gelten:

$$V\,(\text{Umgebung}) \leq V\,(\text{Störung}) - V\,(\text{Controller}) - V\,(\text{Filter, Puffer})\,. \qquad (A.3)$$

Eine zentrale Forderung ist die der Stabilität (Homöostasis). Ein Homöostat[15] ist ein sich selbst regulierendes System, das mittels Rückkoppelung innerhalb bestimmter Grenzen in einem stabilen Zustand trotz äußerer Störungen bleiben kann. Jeder lebende Organismus hat mehrere solcher Homöostate. Das System wird dabei sowohl durch sogenannte innere Variable definiert, die stabil bleiben sollen, als auch durch die Beziehungen zwischen diesen inneren Variablen beschrieben. Das Ashby-Conant-Theorem lässt sich auch auf gekoppelte Systeme anwenden. Ein gekoppeltes System aus zwei Subsystemen ist dann und nur dann im Gleichgewicht, wenn sich jedes einzelne Subsystem in einem Gleichgewicht befindet, dessen Rahmenbedingungen durch das jeweils andere Subsystem definiert sind. Mit dieser Festlegung von Gleichgewicht kann man auch Homöostasis anders definieren: Kein einzelner Zustand befindet sich im Gleichgewicht, wenn er nicht für alle Beteiligten akzeptabel ist. Ein für alle Beteiligten akzeptabler Zustand ist die Homöostasis. Die entscheidende Leistung der Homöostasis besteht darin, die Werte der steuernden und wahrnehmbaren Variablen innerhalb von sogenannten „physiologischen Grenzen" zu halten, das heißt entsprechend der Natur des Systems korrigierend einzugreifen, obwohl die Ursache der Störung noch unbekannt ist. Das ist allerdings nur in Bezug auf die Sollgröße eine statische Betrachtung, das Gleichgewicht kann durchaus dynamisch im Sinne eines Fliessgleichgewichtes sein. Ein weiteres Prinzip der Systemtheorie besagt, dass das Lenkungsproblem nur insoweit gelöst werden kann, als die Vielfältigkeitsbilanz der beteiligten Systeme ausgeglichen ist. Damit ist also die Absorption und Bewältigung von Komplexität abhängig von der Vielfältigkeit der Instanzen und Mechanismen, die diese Absorption steuern. In Verbindung mit dem Ashby-Conant-Theorem, dass der Regulator ein Modell des Systems darstellen muss, welches er steuern soll, ergibt sich, dass das Modell, das zur Steuerung eines Systems vom System gemacht wird, so viel Komplexität aufweisen muss wie das

---

[15] Homöostat aus dem griechischen ομοιοστασ η (Gleich-Stand). Der Begriff bezeichnet das ständige Bestreben des Organismus, verschiedene physiologische Funktionen (wie Körpertemperatur, Pulsschlag, Blutzuckerspiegel und vieles andere mehr) einander anzugleichen und diesen Zustand möglichst konstant zu halten. Der Begriff Homöostasis kommt aus der Biologie und bezeichnet das biologische Prinzip, nach dem alle Organismen gegenüber den sich verändernden Lebensbedingungen die Tendenz zeigen, das von ihnen erreichte Fliessgleichgewicht zu erhalten oder wiederherzustellen. Dadurch wird die Anpassung an die Umwelt optimiert, der Kräfteaufwand zur Lebenserhaltung minimiert.

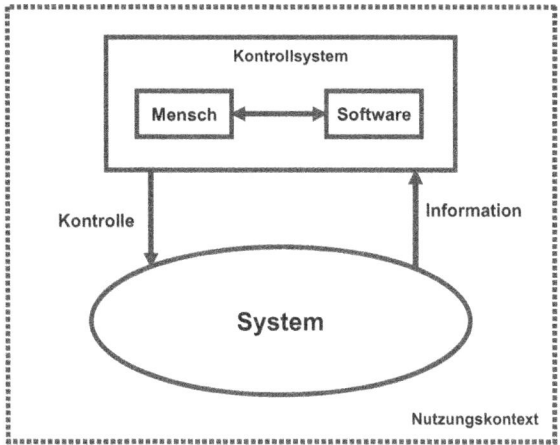

Abb. A.5 Ein Kontrollsystem

System selbst. Folglich muss ein Kontrollsystem als Verstärker in das kontrollierte System wirken, damit überhaupt eine solche Vielfältigkeit produziert werden kann und als Dämpfung, damit die Information aus dem System an andere mit niedriger Vielfältigkeit weitergegeben werden kann. Wenn das Kontrollsystem eine niedrigere Vielfältigkeit hat als das zu kontrollierende System, so wird dieses System nicht mehr kontrollierbar, da nun Zustände existieren, auf die nicht mehr angemessen reagiert werden kann.[16] Wenn ein einzelnes Kontrollsystem jedoch nicht in der Lage ist, alle Signale zu eliminieren, dann muss dieses Kontrollsystem hierarchisch in andere Kontrollsysteme verschachtelt werden. Von daher ist es sinnvoll, weitere Kontrollsysteme so lange rekursiv hinzuzufügen, bis ein gewisses Maß an endlicher Vielfältigkeit erreicht ist. Je niedriger die Fähigkeit zur Dämpfung in einem Kontrollsystem, desto mehr hierarchische Stufen werden benötigt, um eine Informationsüberflutung zu verhindern. Dies wird auch als „Ashby'sches Hierarchiegesetz"[17] bezeichnet.

A.4 Strukturen

Die Systemtheorie sieht als eine der wesentlichen Aufgaben einer Organisation die Lebensfähigkeit der Organisation als System durch die Erhaltung der Komplexitätsdifferenz zwischen System und Umgebungen. Eine Auflösung der Grenze zwischen Organisation und Umgebung kommt einer Auflösung der Organisation gleich.[18] Durch den Provider werden die Services praktisch von der Organisation

---

[16] Aus systemtheoretischer Sicht ist Kreativität eine Form der Vielfältigkeit, welche die Regeln des Kontrollsystems sprengt.
[17] Bekannt als das „*Law of Requisite Hierarchy*".
[18] Deswegen formen und lösen sich virtuelle Enterprises permanent (s. Abschn. 2.5).

abgeschottet, mit der Folge, dass sich die Organisationsgrenzen verschieben. Durch diese Verschiebung kommt es auch zu einer Veränderung der nun vorherrschenden Umgebungskomplexität. Es sind zwei Fälle möglich:

- Komplexitätsreduktion – Eine Komplexitätsreduktion ist dann gegeben, wenn es vorher eine starke Koppelung an die Umgebung der Organisation gab und der neu entstehende Service zu einer Entkoppelung mit reduzierter Komplexität führt. Durch die in dem Interface zum Service stattfindende Komplexitätsreduktion können auf der einen Seite interne Ressourcen für die Dämpfung von Komplexität eingespart werden, auf der anderen Seite können wichtige Signale der Umgebung „übersehen" werden.
- Komplexitätssteigerung – Eine solche Erhöhung der Komplexität findet dann statt, wenn ein bisher interner Prozess, der faktisch nur sehr geringfügig mit der Umgebung wechselwirkte, von einem Provider durchgeführt wird, dessen Interface eine hohe Komplexität in die Organisation einbringt. Solche Situationen entstehen, wenn einzig der Preis und nicht die eigentlichen fachlichen Elemente des Service ausschlaggebend sind, oder wenn der Service nicht sauber implementiert, beziehungsweise das Interface zu generisch oder zu speziell ist.

Jede Form der Organisation eines Systems gibt diesem auch eine Struktur. Aus Sicht des Systems lässt sich der Begriff der Struktur wie folgt definieren:

Die Struktur ist eine Eigenschaft des Systems, durch das dieses die Freiheitsgrade der Elemente und Subsysteme einschränkt.

A.5 Rekursionen

Die Relationen zwischen Elementen eines Systems sind zum einen die Relationen, welche zwischen den Elementen einer Stufe existieren, und zum anderen die Relationen, die zwischen Systemen unterschiedlicher Ordnung auftreten. Der Hierarchieaspekt zeigt auf, dass jedes betrachtete System Bestandteil eines umfassenderen Systems ist.[19] Der Hierarchieaspekt zielt auf den Aufbau von komplexen Systemen aus stabilen Subsystemen ab, die wiederum aus stabilen Subsystemen bestehen. Diese Subsysteme sollen, wenn möglich, mehrfach verwendbar sein. Zerfällt ein System, so können die stabilen Subsysteme sich wieder zu neuen Systemen formieren, insofern sind Subsysteme autonom.

Rekursion wird im Unterschied zur Hierarchie als Begriff verwendet, wenn nicht der hierarchische Aspekt als Unterordnung im Zentrum steht, sondern der Aspekt der sich wiederholenden Strukturen auf unterschiedlichen Ordnungsebenen hervorgehoben wird. Bei Hierarchien unterscheiden sich die Strukturen (Elemente und ihre Relationen) auf der Ebene $n+1$ von denen auf der Ebene n. Bei der Rekursion hingegen wiederholen sich die Strukturen auf der Ebene $n+1$, sodass sich strukturell das System n auf der Ebene $n+1$ wiederfindet.

---

[19] Genauso wie die Einteilung in Subsysteme zu einem gewissen Grad willkürlich ist, so ist auch die Hierarchisierung willkürlich und ein Hilfsmittel zur Kontrolle der Komplexität.

A.6 Autonomie

Der Begriff der Autonomie weckt Assoziationen von Unabhängigkeit, Isolation und Selbstorganisation. Die Schwierigkeit ist, dass eine solche Autonomie nie existiert. Wäre ein System wirklich isoliert, so könnte es nicht erkennen und seine Existenz überhaupt nicht wahrnehmen. So etwas wie ein vollständig abgeschlossenes autonomes System existiert nicht. Jedes System, wird es als autonom bezeichnet oder nicht, lebt in einem Kontext. Folglich ist jedes System stets Teil eines anderen Systems.[20]

Auch autonome Systeme existieren, aber nicht in vollständiger Isolation, sondern sie existieren in einer Art Referenzdomäne. Wenn man von einem autonomen System spricht, so redet man von einem System, welches eine Identität besitzt und in der Lage ist, diese Identität aufrecht zu erhalten. Auf der anderen Seite muss man sich jedoch auch fragen: Gegenüber was ist das System denn autonom? Dafür muss die Beziehung zwischen dem autonomen System und seiner Umgebung betrachtet werden. Autonome Systeme sind dadurch gekennzeichnet, dass genau diese Beziehung es ist, welche die Autonomie ausmacht.

Alle autonomen Systeme sind auch geschlossen, wobei hier Geschlossenheit nicht vollständige Isolation bedeutet, sondern sich darauf bezieht, dass es eine ganze Klasse von Wechselwirkungen gibt, welche das System invariant lassen. Typischerweise sind dies Veränderungen, die durch die eigene Substruktur produziert werden, welche aber die „Identität" des Systems erhalten.

A.7 Selbstorganisation

Eine Selbstorganisation liegt immer dann vor, wenn ein System operational geschlossen agiert und deshalb nur die eigene Organisation zur Verfügung hat, um seine Strukturen aufzubauen. Diese Strukturen können vom System wiederverwendet, verändert oder vergessen werden. Auf der Mikroebene sind die Subsysteme (Elemente), auf der Makroebene ist das System (das Ganze) angesiedelt. Die Elemente bewirken durch ihr kohärentes Verhalten, dass sich Emergenz zeigt, und umgekehrt dominiert diese Emergenz das weitere Verhalten der Elemente. Beide Wirkungen – die von unten nach oben (Emergenz) wie die von oben nach unten (Dominanz) – sind nicht a priori determinierend. Typisch für selbstorganisierende Systeme sind:

- Der Zustand des Systems besitzt Auswirkungen auf die Elemente.
- Die Elemente des Systems entscheiden selbst wie sie auf diese Einwirkungen reagieren.

Die Kommunikation zwischen den Elementen eines Systems ist eine Voraussetzung zur Entstehung von Selbstorganisation. Diese ermöglicht erst die Verstärkung der Eigenschaften der Systemteile und die Kombination dieser zum Verhalten des Ge-

---

[20] Das Universum ist hier per Definition eine Ausnahme.

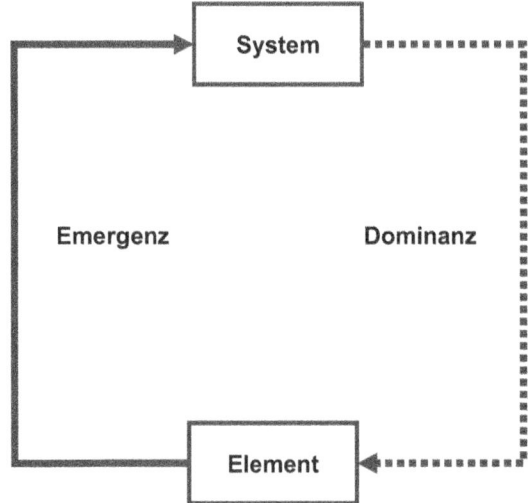

Abb. A.6 Selbstorganisation

samtsystems. In selbstorganisierenden Systemen ist es deshalb nicht unbedingt notwendig die Eigenschaften der Einzelteile zu verändern, um das Verhalten des Gesamtsystems zu ändern. Selbstorganisation kann wie folgt definiert werden:

Selbstorganisation ist ein Prozess, bei dem Eigenschaften auf der Systemebene einzig aus den Interaktionen der Subsysteme und Elemente entstehen, unter der Maßgabe, dass diese lokalen Interaktionen ausschließlich lokales Wissen nutzen.

Die Idee der selbstorganisierenden Systeme kann auf Software ausgeweitet werden, dies bedeutet, dass Software in der Lage ist, sich auf stark verändernde Umgebungen durch die Veränderung der eigenen Struktur anzupassen. Diese Struktur auf der Makroebene resultiert aus unzähligen Wechselwirkungen auf der Serviceebene. Die dort gültigen Regeln sind nur lokal bekannt. In diesem Sinne ist „Struktur" die Eigenschaft eines Systems, die Freiheitsgrade der Elemente einzuschränken.

Selbstorganisierende Systeme zeigen die interessante Eigenschaft, dass je größer die Störung des Systems ist, desto schneller organisiert es sich neu. Kleine Störungen führen nicht zu einer Reorganisation. Diese Beobachtung lässt sich dadurch erklären, dass selbstorganisierende Systeme sich durch die starke Wechselwirkung zwischen den Subsystemen auszeichnen. Diese starke Wechselwirkung kann zu lokalen Clustern oder aber auch zu globalen Strukturen (welche wir als emergent empfinden) führen. Für die Schaffung der globalen Struktur ist aber das Aufbrechen der lokalen Strukturen notwendig, da diese Cluster auf Dauer die globale Struktur behindern. In solchen Systemen bilden sich Keimzellen für eine Ordnung heraus, die so attraktiv sind, dass sie ihre Umgebung (innerhalb des Systems) dominieren und ihr damit Struktur geben, somit setzt das Wachstum von Ordnung (Organisation) ein. In solchen Systemen kann das einzelne Subsystem nicht abweichen, der Druck der Nachbarn und die eigene Zielrichtung sind so dominant, dass das Subsystem sich der Ordnung nicht entziehen kann. Die selbstorganisierenden Systeme benötigen für ihre Entstehung und Existenz daher völlig andere Mechanismen wie die der heute vorherrschenden zentralistischen, hierarchisch orientierten Governance. Auf der anderen Seite haben die selbstorganisierenden Systeme den Vorteil, dass sie sehr robust sind, diese Robustheit äußert sich in der weiterbestehenden Funktionsbereitschaft des Systems unter widrigen Bedingungen. Es ist gerade das Nichtvorhandensein der zentralen Kontrolle, die diese Robustheit erst ermöglicht.

Zunächst sieht es so aus, als ob die Selbstorganisation das zweite Gesetz der Thermodynamik (Gesetz der stetig wachsenden Entropie):

$$\frac{dS}{dt} \geq 0$$

verletzen würde, da die Entropie üblicherweise als ein Maß für die Unordnung in einem System interpretiert wird. Jedoch ist das selbstorganisierende System nie isoliert, sondern meist dissipativ und wechselwirkt mit der Umgebung, daher wird die Entropiesteigerung in der Umgebung

$$\frac{dS_{gesamt}}{dt} = \frac{dS_{System}}{dt} + \frac{dS_{Umgebung}}{dt} \geq 0$$

und nicht im System produziert:

$$\frac{dS_{System}}{dt} < 0, \quad \text{und} \quad \frac{dS_{Umgebung}}{dt} > 0, \tag{A.4}$$

oder anders formuliert: Das System ist nicht mehr im Gleichgewicht mit seiner Umgebung.

A.8 Autopoiesis

Ein besonderer Fall von selbstorganisierenden Systemen ist die Autopoiesis[21,22], bei der sich ein System selbst erzeugen kann. Lebewesen lassen sich dadurch charakterisieren, dass sie sich beständig produzieren und reproduzieren, sowohl ihre einzelnen Elemente, als auch die Organisation der Beziehungen zwischen diesen Elementen und zwar in einem rekursiven Prozess. Sie reproduzieren sich aus ihren eigenen Elementen. Ein anderes Beispiel für Autopoiesis sind menschliche Gesellschaften, diese reproduzieren sich zwar nicht, haben aber alle notwendigen Subsysteme, um sich selbst zu erzeugen und beinhalten gleichzeitig auch alle notwendigen internen Steuerungsmechanismen.

---

[21] Autopoiesis kommt aus dem Griechischen von αυτοσ (selbst) und Ποιην (erzeugen), bedeutet soviel wie „Selbsterzeugung".
[22] Systeme, die nur als In- und Outputdevices darstellen, werden als allopoietisch bezeichnet.

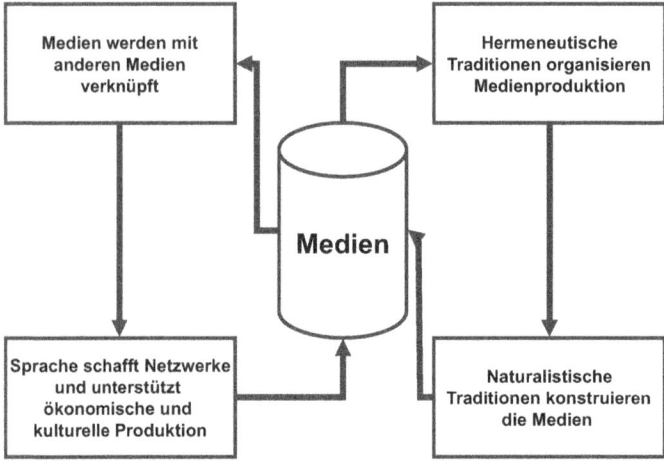

Abb. A.7 Die Autopoietische Struktur der Medienproduktion

Die Theorie autopoietischer Systeme baut im Wesentlichen auf den drei Konzepten der operationalen Geschlossenheit, der strukturellen Koppelung und der daraus hervorgehenden strukturellen Determiniertheit lebender Systeme auf. Nach dem Konzept der Autopoiesis besteht ein System aus selbstproduzierten Elementen und aus nichts anderem:

- Operationale Geschlossenheit – Alle Elemente eines autopoietischen Systems werden im System durch das Netzwerk der Elemente produziert, daher können autopoietische Systeme geschlossen operieren. Aus der Umwelt wird keine Operation beigesteuert, welche die Reproduktion des Systems unterstützt. Alle Operationen des Systems sind ausschließlich interne Operationen. Alle Informationen die verarbeitet werden, wurden intern produziert. Dies gilt selbstverständlich nicht für die „klassischen" Input-Output-Operationen. Autopoietische Systeme wie zum Beispiel Zellen nehmen durchaus Energie und Nährstoffe aus ihrer Umgebung auf und geben Stoffe auch wieder ab. Der Grundsatz bezieht sich auf die reproduzierenden und steuernden Operationen.
- Strukturelle Koppelung – Bei der Koppelung zwischen System und Umwelt kann die Struktur der Umwelt in den autopoietischen Einheiten Strukturveränderungen nur auslösen. Die Struktur der Umwelt determiniert diese Veränderungen nicht. Die Interaktionen zwischen System und Umwelt, solange sie rekursiv sind, bilden füreinander reziproke Störungen. Das Ergebnis ist bei einer bestehenden Koppelung von System und Umwelt eine Abfolge wechselseitiger Strukturveränderungen und wird strukturelle Koppelung genannt.
- Strukturelle Determiniertheit – Die autopoietische Organisation des Systems ist invariant, solange das System existiert. Die jeweils aktuelle Struktur determiniert, in welchen Grenzen sich ein System verändern kann, ohne seine autopoietische Organisation zu verlieren und damit zu sterben. Bei den Interaktionen zwischen dem System und der Umwelt bestimmt nicht die Störung der Umwelt was mit

dem System geschieht, sondern die Struktur des Systems bestimmt, wie es sich, ausgelöst von einer Störung, verändert. Anhand seiner Struktur selektiert das System seine Reaktion auf die Umweltereignisse. Insofern handelt es sich bei den autopoietischen Systemen auch nicht um Homöostate (s. S. 258), da diese nur enge Bereiche von Variablen betrachten und versuchen, diese Variablen auf einem vorgegebenen Wert zu halten, sondern Autopoiesis lässt keine Abstufungen zu. In einem autopoietischen System kann Homöostasis nur dann auftauchen, wenn zur Realisierung der Autopoiesis die Systemvariablen einen gewissen Sollbereich benötigen, der dann über einen Homöostaten kontrolliert wird. Oder anders formuliert: Ein autopoietisches System benötigt mehrere Homöostate, um sich dauerhaft am Leben zu erhalten. Aus diesem Blickwinkel betrachtet kann die Reaktion eines Homöostaten auf Veränderungen der Umwelt auch als Erhaltung der Autopoiesis gesehen werden. Die Summe der potentiellen Veränderungsmöglichkeiten der Struktur eines Systems wird als strukturelle Plastizität bezeichnet. Die strukturelle Plastizität eines Systems ist die wesentliche Voraussetzung für dessen Lernfähigkeit. Die Plastizität bezieht sich im Wesentlichen auf die Qualität der Relationen zwischen den Elementen des Systems, die sich durch die Perturbation ausgelöst ergeben.

Große Systeme, welche aus diversen Services und einer standardisierten Infrastruktur aufgebaut sind, haben die Charakteristika autopoietischer Systeme. Oft wird das Auftreten von Autopoiese erst durch das Zusammenwirken verschiedener Disziplinen sichtbar, so im Fall von Medien (s. Abb. A.7). Hier erzeugen sich über das soziokulturelle und soziotechnische Umfeld Medien „quasi" selbstständig.

A.9 Unbeherrschbarkeit

Reale Systeme werden sehr schnell so komplex, sie produzieren eine solche Vielfältigkeit, dass sie auf Dauer nicht mehr berechenbar sind. Die Vielfältigkeit (s. Gl. C.3) zählt die Zahl der möglichen Zustände in einem System. Eine 20 × 20-Matrix aus binären Elementen hat schon eine Vielfältigkeit von $V = 2^{400} \approx 10^{120}$. Der Standardmechanismus, dem Problem der großen Vielfältigkeit zu begegnen, ist es, die kontrollierbaren Zustände einzuschränken. Eine solche Einschränkung, sei sie bewusst oder durch Hierarchisierung, ist nicht immer möglich. Sehr große Systeme haben eine so große Vielfältigkeit, dass es keinen Controller nach dem Ashby-Conant-Theorem (s. S. 258) geben kann, der in der Lage ist, das System zu steuern. Solche nicht steuerbaren Systeme werden als unbeherrschbar bezeichnet:

Besitzt ein System eine solche Vielfältigkeit und Komplexität, dass es unvorstellbar ist, dass das Ashby-Conant-Theorem erfüllt werden kann, so ist das System nicht kontrollierbar und wird unbeherrschbar genannt.

Für den Umgang mit einem unbeherrschbaren System gibt es drei mögliche Strategien:

- Reduktion der Komplexität,
- Veränderung der Systemstruktur[23],
- Veränderung unserer Einstellung zum System.

Aus systemtheoretischer Sicht ist Kontrolle weder Aktion noch Reaktion, sie ist Interaktion zwischen dem Kontrollsystem und dem System. Unbeherrschbarkeit ist somit das Resultat des Versuchs, ein System zu kontrollieren, welches nach dem Ashby-Conant-Theorem nicht kontrollierbar ist, daher existiert die Unbeherrschbarkeit zwischen dem Kontrollsystem und dem eigentlichen System. Unbeherrschbarkeit liegt in der Interaktion, nicht im System! Diese Unbeherrschbarkeit ist eine der treibenden Kräfte hinter der Entstehung von ULS-Systemen (s. Abschn. 6.9), denn wenn ein System einmal unbeherrschbar ist, so wird es dies auch bleiben.

A.10 Skalenfreie Netzwerke

Lange Zeit war man der Ansicht, dass reale Systeme auf regulären Graphen aufbauen. Aber neuere Forschungen, speziell im Bereich der Soziologie, haben gezeigt, dass die meisten beobachtbaren komplexen Systeme andere Eigenschaften haben. Ob ein gegebener Graph, und damit das gesamte System, nur zufällig ist oder eine inhärente Struktur besitzt, kann anhand von zwei verwandten Größen bestimmt werden, dem mittleren Abstand zweier Knoten und dem Clusterkoeffizient, beziehungsweise der Wahrscheinlichkeitsverteilung der Kanten.

Ein rein zufälliger Graph, bei dem mit der Wahrscheinlichkeit p eine Kante entsteht, folgt in seiner Wahrscheinlichkeitsverteilung einer Poissonverteilung:

$$p(k) = e^{-pN} \frac{(pN)^k}{k!}, \qquad (A.5)$$

hierbei ist N die Gesamtzahl der Knoten und $P(k)$ gibt die Wahrscheinlichkeit an, einen Knoten mit genau k Kanten zu finden. Der mittlere Abstand zwischen zwei Knoten wird definiert durch:

$$\bar{l} = \frac{1}{N^2} \sum_{i,j} \min d(i,j),$$

wobei hier der minimale Abstand zwischen zwei Endknoten i und j gemessen und dann über alle Endknoten i, j im Graphen gemittelt wird. Der mittlere Abstand in einem rein zufälligen Graphen ergibt sich zu:

$$\bar{l} \approx \frac{\ln N}{\ln pN}$$

---

[23] In aller Regel verliert dadurch das System seine Identität. Eine solche Morphogenese ist nicht unproblematisch (s. Anhang B).

A.10 Skalenfreie Netzwerke

und der Clusterkoeffizient zu:

$$\bar{c} = p.$$

Alle bisher untersuchten großen Systeme (s. Tabelle A.2) besitzen aber keine Poissonverteilung (Gl. A.5), sondern eine Verteilung der Form:

$$p(k) = A k^{-\gamma} e^{\frac{k}{k_c}}. \tag{A.6}$$

Die Wahrscheinlichkeit, dass ein gegebener Knoten eine Anzahl von Verknüpfungen k besitzt, ist gegeben durch:

$$p_{\text{Kanten}}(k) \sim \frac{1}{k^\tau}. \tag{A.7}$$

Eine solche Verteilung wird als skalenfreies Netzwerk bezeichnet. Der Ausdruck skalenfrei bezieht sich auf die Tatsache, dass solche Netzwerke der Bedingung:

$$f(\alpha x) = g(\alpha) f(x) \tag{A.8}$$

genügen. Wenn x auf einer Skala gemessen wird, so kann diese Skala verändert werden, ohne dass sich die Struktur der Funktion ändert. Solche Netzwerke tauchen in unserer Umwelt an diversen Stellen auf. Bei den Services kann die Skala als ein Maß für Granularität betrachtet werden. Genauer gesagt wird ein Netzwerk als skalenfrei bezeichnet, wenn seine Wahrscheinlichkeitsverteilung $P(k)$ für asymptotisch große k einem einfachen Potenzgesetz entspricht:

$$\lim_{k \to \infty} p_{\text{Kanten}}(k) \sim k^{-\tau}. \tag{A.9}$$

Skalenfreie Netzwerke benötigen das Potenzgesetz nur für große k. Die meisten praktischen Netzwerke haben einen kritischen Wert k_c, unterhalb dessen stets ein Knoten mit nichtverschwindender Kantenzahl gefunden werden kann. Diesen Bereich nennt man auch den Kontinuumsbereich. Eine andere interessante Eigenschaft skalenfreier Netzwerke ist, dass die kumulierten Wahrscheinlichkeiten auch einem Potenzgesetz genügen:

$$p_{\text{kumuliert}}(x) = \int_x^\infty p(k)\,dk \tag{A.10}$$

$$= C \int_x^\infty k^{-\tau}\,dk \tag{A.11}$$

$$= \frac{C}{\tau - 1} x^{\tau - 1}. \tag{A.12}$$

Wenn man die unterschiedlichen Momente der Verteilung Gl. A.6 betrachtet, so ergibt sich:

$$M_\mu = \int_1^\infty k^\mu p(k)\, \mathrm{d}k\,, \qquad (A.13)$$

$$\sim k^{\mu-\tau+1}\,, \qquad (A.14)$$

mit der Folge, dass gilt:

$$M_\mu \mapsto \infty \quad \text{für} \quad \forall \mu \geq 2\,.$$

Die Zahl der Systeme, die eine solche Verteilung haben, rangiert über diverse Domänen (s. Tabelle A.2). Auch für die Beschreibung eines Systems aus Services eignen sich skalenfreie Netzwerke: Stellt man sich Services auf einer bestimmten Granularitätsebene als ein Netzwerk von Services vor, so wiederholt sich dieses Netzwerk auf einer feineren Granularitätsebene wieder. Daher liegt es nahe, zur Modellierung von Servicenetzen skalenfreie Netzwerke einzusetzen.

Tabelle A.2 Exponentialkoeffizient τ in skalenfreien Netzwerken

Netzwerktyp	τ
Erdbeben und Richterskala	2
Hollywoodschauspieler und Filme	2.3
Internet	2.1
Literaturreferenzen	3
Stromnetz	4
E-Mail	1.8
JDK	2.4–2.55
GTK	2.5
Yahoopops	2.7
Linux Kernel	2.85
Mozilla	2.72
XFree86	2.79
Gimp	2.55
Fahrzeugentwicklung	2.82–2.97
Softwareentwicklung	2.08–2.25
Arzneifabrikentwurf	1.92–1.96
Krankenhausbau	1.8–1.95

Die skalenfreien Netzwerke sind deswegen interessant, weil sie zwei Bedingungen genügen:

- Neue Knoten werden zufällig hinzugefügt. In großen Systemen lässt sich der Zeitpunkt der Freisetzung eines Service faktisch nicht vorhersagen.
- Neue Knoten verbinden sich mit vorhandenen Knoten unter spezieller Bevorzugung von Knoten mit bereits hohen Verbindungszahlen. Aus Sicht der Services bedeutet dies, es gibt einige Services, die sehr oft von anderen genutzt werden.

A.10 Skalenfreie Netzwerke

Bei allen realen Netzwerken gilt die Skalierungseigenschaft, die eigentliche Definition des skalenfreien Netzwerks:

$$f(\alpha x) = g(\alpha)f(x)$$

nur für nicht zu große Werte der Variablen. Bei großen Werten kommt es zu einem Cutoff, hier verhalten sich die Netzwerke in ihrer Verteilung wie:

$$p(k) \sim k^{-\gamma} f\left(\frac{k}{k^*}\right), \tag{A.15}$$

wobei k^* den Cutoff angibt. Dieser Cutoff taucht auf, da ab einer gewissen Anzahl von Kanten ein Knoten „blockiert" wird, beziehungsweise die Kosten für die Addition der Kanten zu groß werden. Ein Phänomen, welches sich auf Servicenetzwerke übertragen lässt: Ab einer gewissen Anzahl von Services in einer Komposition wachsen die Kosten für die Hinzufügung eines neuen Service deutlich an, da die zugrundeliegende Komplexität des Kompositservice exponentiell steigt (s. Abschn. 2.8.1).

Skalenfreie Netzwerke lassen sich auch über einen Kontinuumsansatz approximieren. Für einen solchen Kontinuumsansatz wird das Wachstum des Node Degrees k durch eine Differentialgleichung beschrieben:

$$\frac{\partial k}{\partial t} = \alpha \frac{k}{t},$$

beziehungsweise:

$$k = \frac{dN_{\text{Kanten}}}{dN_{\text{Knoten}}} = m\left(p + q\frac{N_{\text{Kanten}}}{N_{\text{Knoten}}}\right). \tag{A.16}$$

Hierbei stellt m die Zahl der mit einem neuen Knoten zu verknüpfenden vorhandenen Knoten dar, p die Wahrscheinlichkeit der Verknüpfung und q die Wahrscheinlichkeit der Verknüpfung mit einem Vorläuferknoten. Wenn die Zahl der Knoten als Funktion der Zeit bekannt ist $N_{\text{Knoten}} = \Theta(t)$, dann lässt sich Gl. A.16 reformulieren:

$$k = m\left(p + q\frac{N_{\text{Kanten}}}{\Theta}\right)\left(\frac{d\Theta}{dt}\right)^{-1}. \tag{A.17}$$

Gleichung A.18 hat als allgemeine Lösung, mit einer Konstanten Γ:

$$N_{\text{Kanten}}(t) = e^{mq \int \left(\Theta\left(\frac{d\Theta}{dt}\right)^{-1} dt\right)} \left(mp \int e^{-mq \int \left(\Theta\left(\frac{d\Theta}{dt}\right)^{-1} dt\right)} \left(\frac{d\Theta}{dt}\right)^{-1} dt + \Gamma\right). \tag{A.18}$$

Im Falle eines linearen Wachstumsmodells $\Theta(t) = N_0 + at$ vereinfacht sich die Lösung A.18 zu:

$$N_{\text{Kanten}}(t) = (N_0 + at)\left(mp \ln\left(\frac{N_0 + at}{N_0}\right) + \frac{N_{\text{Kanten}}(t=0)}{N_0}\right).$$

Der kumulative Average Node Degree $K(t)$ ergibt sich in diesem Fall zu:

$$K(t) = \int_0^t k(\tau)\,\mathrm{d}\tau,$$

$$= \frac{mp}{a}(N_0 + at)\left(\ln\left(\frac{N_0 + at}{N_0}\right) - 1\right) + kt + \frac{mpN_0}{a}.$$

Interessanter ist es aber, das Wachstum aus Sicht der Knoten und Kanten (Services und ihre Aufrufe) zu betrachten, hier gilt im Kontinuum:

$$\frac{\mathrm{d}N_{\text{Aufruf}}}{\mathrm{d}N_{\text{Service}}} = mp + mq\,\frac{N_{\text{Aufruf}}}{N_{\text{Service}}},$$

dabei verknüpft sich ein neuer Service mit m anderen mit der Wahrscheinlichkeit p und mit der Wahrscheinlichkeit q wird sich mit den Vorgängern des aktuellen Service verknüpft. Dieses Modell kann das Wachstum in Softwaresystemen recht gut modellieren und führt auf Dauer zu einer Bedingung von $mq \approx 1$. In diesem Fall wächst die Zahl der Verknüpfungen mit der Zahl der Services an:

$$N_{\text{Aufruf}}(N_{\text{Service}}) \approx mpN_{\text{Service}}\ln N_{\text{Service}}.$$

Die Zahl der Verknüpfungen innerhalb des Servicenetzwerks steigt mit $n \ln n$ an und trägt damit zum Komplexitätswachstum bei. Wendet man diese Überlegungen auf ein virtuelles Enterprise als Kollektion von Services an, so entwickelt sich der „Wert" des virtuellen Enterprises wie die Zahl seiner möglichen Verbindungen und steigt damit an:

$$\text{Wert} \sim N_{\text{Partner}}\ln N_{\text{Partner}}.$$

Diese Gesetzmäßigkeit ist auch als Metcalfe'sches Gesetz bekannt.[24] Das Metcalfe'sche Gesetz ist dann anwendbar, wenn der Wert mit der Zahl der Verbindungen steigt. Wächst der Wert eines Netzwerks jedoch mit der Zahl der möglichen Teilnehmer, so gilt das Reed'sche Gesetz:

$$\text{Wert} \sim 2^{N_{\text{Partner}}},$$

da dies die Zahl der möglichen Subgraphen in einem Graphen mit N_{Partner} Partnern darstellt.

Die entstehenden skalenfreien Netzwerke haben die Eigenschaft, dass ihre Clusterkoeffizienten deutlich größer sind als in einem zufälligen Graphen: $\bar{c}_{\text{SF}} \gg \bar{c}_{\text{Poisson}}$.

---

[24] In der Originalversion lautet das Metcalfe'sche Gesetz:

$$\text{Wert} \sim N_{\text{Partner}}^2.$$

Allerdings wird in der Originalversion nicht die Bevorzugung bestimmter Knoten, beziehungsweise besondere Kantenbildung, berücksichtigt.

A.10 Skalenfreie Netzwerke

Aber die Clusterkoeffizienten sind auch eine Funktion der Netzwerkgröße, für große Systeme sinkt der Clusterkoeffizient recht schnell ab, mit der Folge, dass es sich in große Gruppen zerlegt, die in sich ein höheres Clustering haben. Das so entstehende Bild ähnelt in gewisser Weise der Situation, die in Legacysystemen vorherrscht, auch dort gibt es innerhalb bestimmter Silos hohes Clustering, welches außerhalb wieder sehr klein wird. Für skalenfreie Netzwerke im Bereich $2 < \tau < 3$ (s. Tabelle A.2) kann gezeigt werden, dass diese recht kleine Durchmesser haben. Der Durchmesser eines skalenfreien Netzwerks ergibt sich zu:

$$D \sim \ln\left(\ln N_{\text{Knoten}}\right).$$

Eine Abwandlung der skalenfreien Netzwerke sind die skaleninvarianten Netzwerke. Für sie gilt zwar stets Gl. A.8, aber nicht unbedingt Gl. A.9. Solche Netzwerke lassen sich über die Skalenmetrik $\mathfrak{s}(\mathbb{G})$ bestimmen, wobei $\deg(x)$ den Grad des Knotens x angibt:

$$\mathfrak{s}(\mathbb{G}) = \sum_{(x,y)} \deg(x)\deg(y). \tag{A.19}$$

Diese Metrik hat die Eigenschaft, dass je größer $\mathfrak{s}(\mathbb{G})$ ist, desto skalenfreier der betrachtete Graph ist. Reale Netzwerke sind nie vollständig skalenfrei, das heißt, es existieren Skalen, die vom Potenzgesetz abweichen. Hier ist es empfehlenswert, die Metrikdefinition Gl. A.19 als ein Maß für den Grad an Skalenfreiheit zu nutzen.

Eine Möglichkeit, skalenfreie Netzwerke zu simulieren, ist es, einen Graphen zu erzeugen und diesem zu beliebigen Zeiten einen Knoten hinzuzufügen, der sich mit anderen Knoten verbindet. Diese Verbindungen sind umso wahrscheinlicher, je mehr Verbindungen der andere Knoten schon hat. Diese Art der Erzeugung ist durchaus vergleichbar mit dem evolutionären Wachstum eines Systems von Services, auch dort ist die Wahrscheinlichkeit hoch, dass ein bestehender Service, welcher schon sehr viele andere Services nutzt, weitere Services braucht. Insofern können skalenfreie Netzwerke Servicenetze simulieren. Skalenfreie Netzwerke zeigen noch eine andere Eigenschaft, die sich gut auf Servicenetze übertragen lässt: Skalenfreie Netze sind anfälliger als zufällige Netze für Störungen und Ausfälle, wenn Knoten mit großer Zahl von Kanten betroffen sind und stabiler bei Knoten mit kleiner Zahl von Kanten.

Für Netzwerke bestehend aus Organisationen oder Computern stellt sich die Frage, wie schnell solche Netzwerke Informationen austauschen oder sich synchronisieren können. Am einfachsten lässt sich dies durch die Zustandsänderungen der Knoten beschreiben:

$$|j(t+\delta t)\rangle = f(|j(t)\rangle) + \kappa \left[\frac{1}{N_j} \sum_{i \in \{\text{Kante mit } j\}} [f(|i(t)\rangle) - f(|j(t)\rangle)] \right], \tag{A.20}$$

wobei nur Knoten, die eine direkte Kante zu j haben, den Knoten j beeinflussen können. Die Größe κ gibt die Koppelungsstärke im Netzwerk an. Ein skalenfreies Netzwerk heißt synchronisierbar, wenn gilt:

$$\lim_{t \mapsto \infty} ||i(t)\rangle - |j(t)\rangle| = 0. \tag{A.21}$$

Die speziellen Potenzgesetze skalenfreier Netzwerke lassen sich am einfachsten durch ihre Entstehung erklären. Ein recht einfaches Modell hierzu ist das Modell der bevorzugten Verknüpfung. Beginnend mit einem linearen Modell, bei dem jeder Knoten (außer dem ersten) mindestens eine Kante besitzt, wird ein neuer Knoten zum Zeitpunkt $t+1$ hinzugefügt, wobei die Wahrscheinlichkeit der Verknüpfung mit der Zahl der vorhandenen Kanten pro Knoten ansteigt. Der Average Node Degree $\bar{k}_i$ für den Knoten i ist:

$$\bar{k}_i(t) = \sum_k k p(k,i,t) \qquad (A.22)$$

und die Wahrscheinlichkeitsverteilung der Knoten ergibt sich zu:

$$p(k,i,t+1) = \frac{k-1}{2t} p(k-1,i,t) + \left(1 - \frac{k}{2t}\right) p(k,i,t) . \qquad (A.23)$$

In Form des Average Node Degrees ausgedrückt verwandelt sich Gl. A.23 zu:

$$\bar{k}(i,t+1) = \bar{k}(i,t) + \frac{\bar{k}(i,t)}{2t} . \qquad (A.24)$$

Diese Gleichung wandelt sich in der Kontinuumsnäherung in

$$\frac{\partial \bar{k}(i)}{\partial t} = \frac{1}{2t} \bar{k}(i) . \qquad (A.25)$$

Eine Integration von Gl. A.25 nach t,i führt zu:

$$\bar{k}(i,t) \sim \left(\frac{s}{t}\right)^{-\frac{1}{2}} . \qquad (A.26)$$

In dieser Näherung gilt: Wenn der Knoten i den Grad $\bar{k}$ hat, dann haben alle Knoten vor i mindestens den Grad $\bar{k}$. Daher stellt i die Knoten mit Mindestgrad $\bar{k}$ dar. Folglich ist die Zahl der Knoten $N_{\bar{k}}$ mit dem Grad $\bar{k}$: $N_{\bar{k}} = \frac{t}{\bar{k}^2}$. Die Zahl der Knoten im Intervall $[0,t]$ ist t, mit der Konsequenz, dass der Anteil an Knoten mit einem Grad $k > \bar{k}$ einfach $N_{k>\bar{k}} = \frac{t}{\bar{k}^2}$ ist. Diese Funktion ist der Rest einer kumulativen Verteilung, sodass sich die eigentliche Verteilung durch Ableitung und Multiplikation mit -1 ergibt. Die so gewonnene Verteilung folgt einem Potenzgesetz:

$$p(k) \sim k^{-3} . \qquad (A.27)$$

Obiges Modell kann auf zwei Knotentypen erweitert werden: Endknoten und Serviceknoten. Endknoten haben dann nur eine Verbindung und Serviceknoten mehrere. Völlig analog zu Gl. A.23–Gl. A.27 ergibt sich bei einem Anteil von ρ Endknoten eine Verteilung der Form:

$$p(k) \sim k^{-\left(2 + \frac{1}{1+\rho}\right)} . \qquad (A.28)$$

A.10 Skalenfreie Netzwerke

Im Grenzfall $\rho \mapsto 0$ geht Gl. A.28 in Gl. A.27 über. Der andere Grenzfall $\rho \mapsto \infty$ führt zu $p \sim \frac{1}{k^2}$. Die Werte der Tabelle A.2 lassen sich für einfache Werte von ρ annähern.

Eine interessante Fragestellung in skalenfreien Netzen ist die Frage des Clustering, da die skalenfreie Netze keine Netze mit einer uniformen Verteilung sind bilden sich stets Cluster aus, welche wiederum eine skalenfreie Struktur von Clustern bilden. Innerhalb der Cluster entstehen wiederum skalenfreie Subcluster und so weiter, bis die Zerlegung auf dem „atomaren" Element, dem einzelnen Knoten stoppt. Insofern können skalenfreie Netze gut zur Beschreibung implizit hierarchischer Abstraktionen genutzt werden. Aus dem Blickwinkel einer Metrik gesehen, lassen sich Cluster über die relative Knotendichte δ_r:

$$\delta_r(\mathscr{G}) = \frac{n_{\text{Kanten}}(\text{innerhalb } \mathscr{G})}{n_{\text{Kanten}}(\mathscr{G})}$$

einfach finden.

Eine spezielle Form – im Grunde keine „echtes" skalenfreies Netzwerk – ist die Cavemantopologie (s. Abb. 5.8). Innerhalb dieser speziellen Netzwerkform sind große Cluster mit einer niedrigen Kantenzahl auf hoher Ebene miteinander verknüpft und die Cluster sind intern nicht a priori skalenfrei, sondern können auch völlig gleichverteilt sein. Selbst wenn diese Cluster intern nicht gleichverteilt sind, so gibt es bei der Cavemantopologie keinen globalen Exponent τ (s. Tabelle A.2), welcher das System auf allen Ebenen beschreibt. Hier ist das τ eine lokale Funktion der Granularität und somit nicht skalenfrei.

Skalenfreie Netzwerke zeigen einen hohen Widerstand gegen Angriffe, nicht nur gegen zufällige, sondern auch gegen geplante Angriffe. Eine geplante Attacke versucht mit möglichst wenig Einsatz ein Optimum an Schaden zu produzieren. Innerhalb eines skalenfreien Netzwerks entspricht einem geplanten Angriff das Entfernen (durch Zerstörung oder auch durch „Denial of Service" Angriffe) eines Knoten mit großer Kantenzahl. Werden alle Knoten mit einer Kantenzahl größer $\overline{K}$ entfernt, so ergeben sich neue Verteilungen:

$$\langle k^\mu \rangle_{\overline{K}} = \int_1^{\overline{K}} k^\mu p(k) \, dk \, . \tag{A.29}$$

Die kritische Schwelle p_c ergibt sich dann aus Gl. A.29 zu:

$$p_c = 1 - \langle k \rangle_{\overline{K}} \, ,$$
$$= \int_{\overline{K}}^{\infty} k p(k) \, dk \, ,$$
$$= 1 - \frac{1}{\kappa - 1} \, .$$

Die letzte Gleichung kann auch alternativ als:

$$\langle k^2 \rangle_{\overline{K}} - \langle k \rangle_{\overline{K}} = \langle k \rangle$$

formuliert werden. Die experimentellen Werte für p_c liegen bei dedizierten Attacken zwischen 0.05 und 0.7, je nach Netzwerk. Gegenüber rein zufälligen Angriffen ist der kritische Parameter in der Regel größer als 0.9. Folglich können bis zu 90% aller zufälligen Knoten gestört werden, ohne dass das Netzwerk zusammenbricht.

A.11 Thermodynamik

Netzwerke lassen sich auch aus thermodynamischer Sicht betrachten. Hierzu ist es notwendig, das großkanonische Ensemble eines solchen Graphen zu betrachten, wobei es für einen Graphen mit N_{Knoten} Knoten eine Anzahl von $2^{N_{\text{Knoten}}(N_{\text{Knoten}}-1)/2}$ Graphen gibt. Die Anzahl der Kanten $N_{\text{Kanten}} = \sum \alpha_{ij}$ ergibt sich in der thermodynamischen Betrachtungsweise aus dem chemischen Potential µ. Die Wahrscheinlichkeit, dass bei fester Knotenzahl ein Graph mit L Kanten entsteht, ist:

$$p_L = \frac{1}{Z} e^{\frac{\mu L - E(L)}{T}}, \qquad (A.30)$$

mit der Energie E, welche eine beliebig komplexe Funktion der Graphen sein kann und der Temperatur T. Hierbei ist Z die Partitionsfunktion mit:

$$Z = \sum_L e^{\frac{\mu L - E(L)}{T}}. \qquad (A.31)$$

Für einfache Energiefunktionale der Form

$$E = \sum_{ij} \alpha_{ij} \varepsilon_{ij}$$

ergibt sich die Partitionsfunktion zu:

$$Z = \sum_L \prod_{ij} e^{\frac{(\mu - \varepsilon_{ij})\alpha_{ij}}{T}}$$
$$= \prod_{ij} \left(1 + e^{\frac{\mu - \varepsilon_{ij}}{T}}\right), \qquad (A.32)$$

die Wahrscheinlichkeit Gl. A.30 ergibt sich zu:

$$p_L = \prod_{ij} p_{ij}^{\alpha_{ij}} (1 - p_{ij})^{\alpha_{ij}}, \qquad (A.33)$$

A.11 Thermodynamik

mit

$$p_{ij}(T) = \frac{1}{e^{\frac{\varepsilon_{ij}-\mu}{T}} + 1} \, . \quad (A.34)$$

Diese Wahrscheinlichkeitsverteilung hat die übliche Form einer Fermistatistik und die Additivität des Energiefunktionals E impliziert, dass die Kanten unabhängig voneinander sind.

Im Grenzfall $T \mapsto \infty$ wird p aus Gl. A.34 immer zu $p(\infty) = \frac{1}{2}$, was einen vollständig zufälligen Graphen darstellt. Der andere Grenzfall $T \mapsto 0$ ergibt

$$p(0) = \Theta(\mu - \varepsilon_{ij}) \, .$$

In diesem Fall sind nur Kanten mit einer Energie $\varepsilon_{ij} < \mu$ existent. Im Spezialfall, dass alle Kanten die gleiche Energie besitzen $\varepsilon_{ij} = \varepsilon$, wird die Wahrscheinlichkeitsverteilung Gl. A.34 zu einer reinen Temperaturverteilung der Form:

$$p(T) = \frac{1}{e^{\frac{\varepsilon-\mu}{T}} + 1} \, . \quad (A.35)$$

Typischerweise ergibt sich eine Percolationstemperatur – das ist der Punkt, bei dem eine einzige riesige Komponente entsteht – dadurch, dass an diesem Punkt die Wahrscheinlichkeit etwa

$$p_c \approx \frac{1}{N_{\text{Knoten}}}$$

sein muss, mit der Folge, dass sich die dazugehörige Temperatur nach Gl. A.35 zu

$$T_c = \frac{\varepsilon - \mu}{\ln N_{\text{Knoten}}} \quad (A.36)$$

ergibt. Für große Netze tendiert diese kritische Percolationstemperatur nach 0. Die $T = 0$ Topologie setzt folglich unterhalb der Percolationsgrenze ein, was ein Indiz dafür sein könnte, warum sehr große Netze wie das Internet sich wie eine gigantische Komponente verhalten.

Anhang B
Viable System Model

Das Viable Systems Model (VSM) befasst sich explizit mit der Lebensfähigkeit von Systemen. Nach dem VSM ist ein System dann und nur dann lebensfähig, wenn es über fünf miteinander verschachtelte Steuerungssysteme[1] verfügt (s. Abb. B.2). Für das VSM bedeutet Lebensfähigkeit den Erhalt der Identität des Systems, ein solches System ist im ontogenetischen wie auch im phylogenetischen Sinn überlebensfähig. Lebende Organismen sind inhärent dynamisch, im Gegensatz dazu ist Technologie passiv makrodynamisch, da die Artefakte der Technologie einer Evolution durch iterative Verbesserungen unterliegen. Anders formuliert, das Leben als komplexes adaptives System basiert auf dynamischen Aspekten, im Gegensatz dazu ist heutige Technologie bestenfalls in der Lage, mit Dynamik umzugehen.

Jedes System benötigt unterschiedliche Teile, welche die Überlebensfähigkeit sicherstellen, neben den rein operativen Teilen sind auch Kontrollteile notwendig. Diese Kontrollteile zerfallen in zwei Typen, zum einen die Subsysteme zur kontinuierlichen Kontrolle der Operationen und zum anderen die Subsysteme zur Entdeckung und Durchführung einer Veränderung des Systems oder seiner Umwelt. Beide sind für das Überleben wichtig, haben aber unterschiedliche Auslöser und Zeiträume, in denen sie agieren. Die kontinuierlichen Systeme sind meist auf eine permanente Kontrolle einer Variablen ausgelegt und versuchen diese in sehr engen Bandbreiten zu halten. Der zweite Typ von Kontrollsystemen ist häufig auf Events ausgelegt (messagebasiert) und reagiert nur sporadisch. Das VSM benötigt insgesamt fünf ineinander geschachtelte Systeme:

- System S1 (Operationale Elemente) – Das System S1 stellt die Lenkungskapazität, der sich weitgehend autonom[2] anpassenden operativen Basiseinheiten, dar. Zielsetzung dieses Systems ist die Optimierung der einzelnen Subsysteme. Die zentralen Aktivitäten sind solche, die für die Leistungserbringung der Services sorgen. Diese implizieren die Identität des Systems und müssen durch die ope-

---

[1] Das Spezialgebiet der Steuerung komplexer Systeme bezeichnet man als Kybernetik nach κυβερνητικητεχνη (die Kunst des Steuerns).

[2] Das menschliche Nervensystem ist nach unserer heutigen Kenntnis das fortgeschrittenste Beispiel von autonomem Verhalten in der Natur.

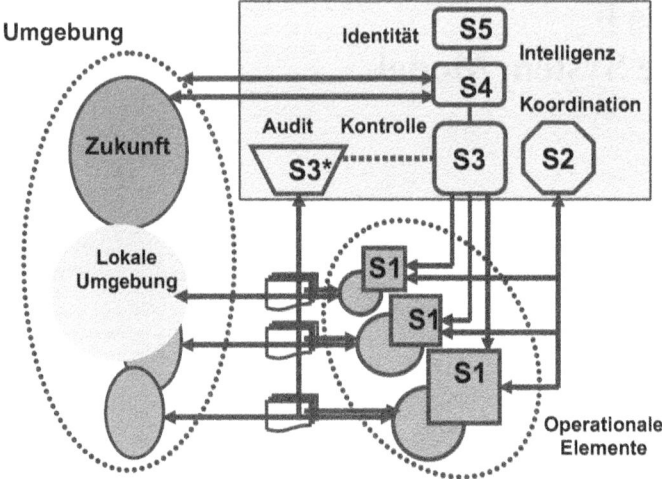

Abb. B.1 Das VSM nach *Beer*

rationalen Elemente ausgeführt werden. Das System S1 befindet sich in aller Regel im Kern des Gesamtsystems. Bedingt durch die Rekursion ist System S1 wiederum aus selbstständigen Systemen aufgebaut und zugleich Bestandteil eines größeren Systems. Wenn alle Systeme von Typ S1 innerhalb eines Systems überlappen und in Konflikte geraten, so hilft System S2 bei der Koordination. Die Funktion des Systems S1 ist es, die primären Aktivitäten, welche die operativen Ergebnisse (Services) hervorbringen, direkt zu steuern. Damit bilden sie den Kern des rekursiven Charakters des Modells ab, denn im System S1 spiegeln sich die wichtigsten Grundprinzipien des VSM unmittelbar wider:

– Prinzip der Lebensfähigkeit: Das System S1 muss so gegliedert werden, dass es selbst wiederum lebensfähig ist, im Prinzip ein eigenständiges System bildet und in seiner Umwelt selbstständig existieren könnte.
– Prinzip der Rekursivität: Da jeder Bereich eines lebensfähigen Systems wiederum lebensfähig gestaltet werden muss und jedes lebensfähige System die gleiche Struktur und Organisation besitzt, müssen die abgegrenzten Teilsysteme die gleiche Struktur und Organisation besitzen. Jedes lebensfähige System ist damit eine strukturelle Kopie des lebensfähigen Systems, dessen Teil es ist.

- System S2 (Koordination) – Dieser Regelkreis dient der Verstärkung der selbstregulatorischen Kapazität, Dämpfung sowie Verstärkung zur Verminderung von Oszillationen und zur Koordination von Aktivitäten durch Information und Kommunikation. Die Koordination auf dieser Ebene ist die Steuerung der S1-Elemente untereinander. Die Autonomie jedes Systems S1 ist prinzipiell uneingeschränkt. Um im Sinne des Gesamtsystems zu agieren, benötigt jedes System S1 allerdings einen Verhaltensabgleich mit den anderen, parallel operierenden Systemen S1 und mit dem übergeordneten System. Je stärker die Verbindungen zwischen den S1-Systemen sind, desto weniger muss ein top-down gerichteter

Kontrollmechanismus die Harmonisierung koordinieren. Die Koordinationsprobleme, die dabei auftreten, hängen von folgenden Faktoren ab:

- Der Qualität des Systems S1.
- Der Intensität der gegenseitigen Abhängigkeiten der Subsysteme.
- Der Komplexität der relevanten Umwelten, von der Art und Häufigkeit der unvorhersehbaren Entwicklungen.

• System S3 (Kontrolle) – S3 dient der internen Steuerung. Sie versucht, ein Gesamtoptimum zwischen den mehr oder minder unabhängigen Basiseinheiten zu erreichen. Hierzu versucht die Kontrolle der eigentlichen operativen Leitung in Form der Steuerung von Ressourcenallokation auch, Emergenz und Synergie durch Kooperation der Basiseinheiten zu erreichen. Obwohl die wirkungsvolle Nutzung der Kommunikationskanäle die Notwendigkeit für Überwachungsaktivitäten deutlich reduzieren kann, gibt es keine Garantie, dass das Ergebnis im Sinne des Gesamtsystems ist und das Gesamtergebnis wirklich mehr als die Summe der Einzelergebnisse darstellt (Emergenz). Hierzu muss ein operativer Gesamtplan existieren, der unter Einbezug von Informationen der Systeme S4 und S5 und den Informationen der Systeme S1 und S2 erarbeitet wird. System S3 bietet einen Mechanismus zur Optimierung der Ressourcennutzung an. Dies entspricht einer internen Steuerung zur Gewährleistung eines Gesamtoptimums zwischen den Basiseinheiten, der Wahrnehmung von Synergien und der Ressourcenallokation. Dafür benötigt das System S3 drei Kommunikationskanäle:

- Die zentrale vertikale Befehlsachse, die zu jedem System S1 läuft.
- Einen Kanal, der mit System S2 verbunden ist und über den das System S3 Informationen über die Koordinationsbemühungen und den Koordinationserfolg von System S2 erhält.
- Einen Kanal (Monitoring), der direkt mit den operativen Bereichen verbunden ist und Informationen aufnehmen kann, die nicht in den Plänen stehen und dementsprechend nicht in den Reportmechanismen untergebracht sind (S3*).

Die Systeme S1 und S2 sind ausschließlich nach innen gerichtet. Auch wenn die operativen Bereiche in einer für sie relevanten Umwelt agieren, handelt es sich in Bezug auf das Gesamtsystem nur um Funktionen, welche die innere Stabilität gewährleisten. Mit Ausnahme der Verbindung zu System S4 ist auch die Funktion des Systems S3 auf die Erhaltung des internen Gleichgewichtes ausgerichtet.

• System S3* (Audit) – Die Aufgabe des Systems S3* ist die Validierung der Informationen und Sicherstellung der Normen und Regelwerke. Das System S3 generiert Informationen, welche es dem System S3 erlauben, den tatsächlichen Zustand des Systems beurteilen zu können. In Bezug auf die Vielfältigkeit muss das System S3* die hohe Vielfältigkeit im System S1 verdichten, um dem System S3 eine niedrige Vielfältigkeit zu liefern.

$$V(S3) = V(S3^* \mapsto S3) \ll V(S1).$$

Der Monitoringkanal zu S3* sollte nur angrenzende Ebenen der Rekursion verbinden. Werden andere Ebenen durch diesen Kanal überprüft, führt dies zur Brechung der Integrität des Systems, weil die Komplexität, die durch die Rekursionsebenen gefiltert werden soll, damit wieder kurzgeschlossen wird und somit das Vertrauen in diese Überbrückung und das daraus resultierende Ergebnis nicht vorhanden ist.

- System S4 (Intelligenz) – Dieses System hat als Aufgabe, die Zukunftsorientierung des Gesamtsystems sicherzustellen. Hierzu müssen das Gesamtsystem und seine Umwelt analysiert und modelliert werden. Die so definierte Intelligenz (S4) funktioniert als eine Art Zweiwegeverbindung zwischen dem System und seiner Umgebung. Die Auskunftsfähigkeit ist eine der primären Anforderungen für Adaptivität. Die Funktion dieser Steuerungseinheit ist sehr stark auf die Zukunft ausgerichtet (s. Abb. B.1); es geht darum, den zukünftigen Weg bezüglich der Veränderungen der Umgebung zu planen und die Fähigkeiten des Systems so vorzubereiten, dass es sich auf seine Zukunft einstellen kann. Damit sichergestellt wird, dass diese Zukunft auch erreicht werden kann, muss die Intelligenz auch über den aktuellen Zustand des Systems hinreichend genaue Informationen besitzen. Das System S4 kann sich in dem Fall, dass die momentane Umgebung zu problemgeladen ist, eine zukünftige neue Umgebung suchen.[3] Aufklärung ist fundamental für die Anpassungsfähigkeit des Gesamtsystems, weil es die operativen Einheiten des Gesamtsystems durch das System S3 permanent mit Informationen über die relevante Umwelt versorgt und Veränderungen der externen Umwelt herausfindet, die für das System in der Zukunft relevant sein könnten. Darüber hinaus projiziert System S4 die Identität des Systems und seine Botschaft in seine Umwelt und gestaltet somit die Umwelt mit. Diese Schleifen müssen koordiniert ablaufen, um das System nicht mit Daten zu überladen, für die es keine Interpretationskapazität und kein Aktivitätspotenzial gibt. Zudem muss die nach außen getragene Identität durch geeignete Sensoren auch wieder nach innen getragen werden, damit sich ein konsistentes externes und internes Bild ergibt. Sind die geeigneten Sensoren nicht vorhanden, sind die Botschaften, die nach außen getragen werden, sinnlos. Um das interne und das externe Gleichgewicht auszubalancieren, spielt das Zusammenwirken von System S3 und System S4 unter Einfluss und Überwachung von System S5 eine entscheidende Rolle.
- System S5 (Identität) – S5 stellt die Identität des Systems sicher. Typische Tätigkeiten des Systems S5 sind:
  - Ausgleich zwischen Veränderung und Stabilität,
  - Innen- und Außensicht verknüpfen,
  - S3 und S4 moderieren,
  - Identität des Gesamtsystems bestimmen und verändern,
  - Normen schaffen und vermitteln.

---

[3] Ein Softwaresystem, welches nicht zur Umgebung passt und für das ein neues Einsatzgebiet (Umgebung) gesucht wird, bezeichnen Softwareentwickler mit: *Eine Lösung auf der Suche nach dem Problem.*

Oft wird dieser Steuerungskreis als der Policy-Steuerungskreis bezeichnet. Eine der Hauptaufgaben von System S5 ist es, zwischen den Systemen S3, S3* und S4 zu vermitteln. Aus Sicht der Vielfältigkeit ist das System S5 ein gewaltiger Speicher für Vielfältigkeit. Das System S5 bildet die Instanz im System, die in Bezug auf die Werte und Normen, die den Handlungsrahmen des Systems ausmachen, die oberste Stufe darstellt. Diese Funktion ist per Definition von geringer Vielfältigkeit (im Vergleich zum Rest des Systems oder gar im Vergleich zur Umwelt). Dies bedeutet, dass dieses System Informationen sehr selektiv aufnehmen und verarbeiten muss. Die Selektion wird im Wesentlichen durch die Aktivitäten des Systems S4 und Systems S3 erreicht. Das System S5 liefert die Klarheit über die generelle Richtung der Entwicklung, die Werte und den Zweck des Systems. Es bestimmt damit im Wesentlichen die Identität des Systems und ihre Funktion im Gesamtzusammenhang der Umwelt. Damit muss es einen Ausgleich zwischen Gegenwart und Zukunft und zwischen interner und externer Perspektive liefern. Eine der zentralen Bedingungen organisationaler Effektivität ist das Zusammenwirken des Systems S3 und S4.

Die fünf Systeme des VSMs lassen alleine aber noch nicht die Eigenschaften des Gesamtsystems entstehen. Erst die Aufbauprinzipien des VSMs bringen zusammen mit den fünf Systemen die Eigenschaften des Gesamtsystems hervor. Diese Aufbauprinzipien sind:

- Invarianz der Struktur (Isomorphie) – Dieses grundlegende kybernetische Theorem besagt, dass alle komplexen Systeme zueinander isomorph sind. Diese Isomorphie bezieht sich allerdings nur auf die Lenkungsstrukturen, die in lebensfähigen Systemen als invariant angenommen werden.
- Verteilung der Funktionen – Jede Funktion wird von verschiedenen Elementen im System ausgeführt und die Benennung der Funktion sagt nur etwas über ihre Bedeutung, nicht aber etwas über die ausführende Instanz aus. Das VSM ist nicht die explizite Form, in die das System gebracht werden muss, damit es den Anforderungen genügt, sondern es zeigt die notwendigen impliziten Mechanismen, welche die Lebensfähigkeit garantieren.
- Rekursivität – Die rekursive Strukturierung mit Hilfe des VSM ist ein Mittel zur Erfüllung des Ashby-Conant-Theorems. Die Rekursion ist die Nutzung identischer Strukturen, um Funktionen der Ordnung n auf Funktionen der Ordnung $n+1$ zurückzuführen.
- Autonomie – Das Autonomieprinzip ist eigentlich paradox, denn zum einen wird für die jeweilige Rekursionsstufe Verhaltensfreiheit gefordert, zum anderen wird die Verhaltensfreiheit mit Blick auf das Gesamtsystem durch Interventionen beschnitten. Lebensfähige Systeme sind in Bezug auf den Grad der Autonomie variabel. Abhängig vom Umweltdruck erfolgen mehr oder weniger Eingriffe der übergeordneten Systeme in die Autonomie der Aktivitätsbereiche. Der Umweltdruck kommt in der Notwendigkeit zum Ausdruck, das Gesamtsystem auf bestimmte Zielsetzungen hin auszurichten. Nur wenn grundsätzliche Kurskorrekturen erforderlich sind, greifen die übergeordneten Systeme ein, ansonsten entwickeln sich die Aktivitätsbereiche autonom. Alle Interventionen durch das

höher liegende System erfolgen durch explizite Selektion einer Komponente des Subsystems und durch das Unterbinden oder Ermöglichen bestimmter Verhaltensweisen des jeweiligen Subsystems. Die Vielfältigkeit der vertikalen Dimension ist proportional zur Macht und Fähigkeit des Gesamtsystems, die Verhaltensweisen der Services beeinflussen zu können, die Vielfältigkeit der horizontalen Services ist proportional zu ihrem Verhaltensreichtum.

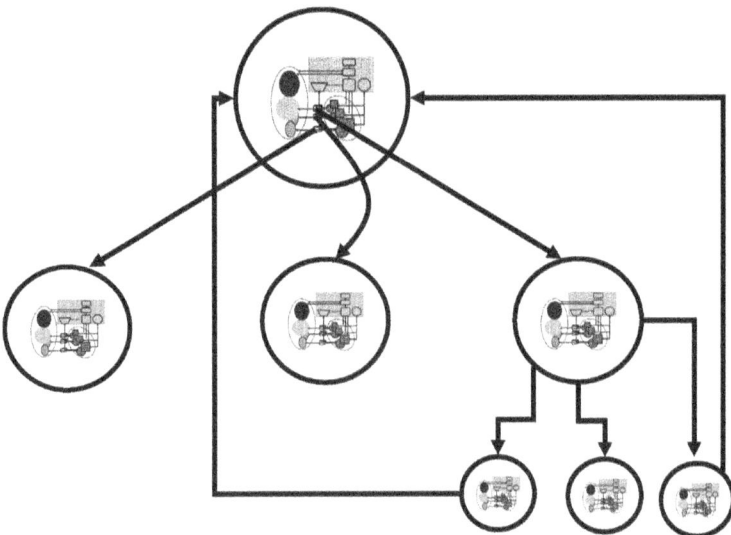

Abb. B.2 Rekursion der Systemmodelle im VSM. Die einzelnen Teilsysteme sind wiederum VSM (s. Abb. B.1).

Das VSM und seine Homöostasisbeziehungen gelten auch für die Gestaltung und Implementierung eines Softwaresystems oder Services selbst. Homöostasisbeziehungen sind hier die wesentliche Anforderungsgrundlage für lebensfähigkeitsorientierte Softwaresysteme. Die Servicestrukturen eines Softwaresystems sind so zu gestalten, dass die Informationsflüsse zu Homöostasisbeziehungen rekursions- und system-, beziehungsweise serviceübergreifend unterstützt werden. Jeder Mitarbeiter und jeder Service steuert bei einem VSM-basierten Konzept eine oder mehrere definierte Homöostasisbeziehungen. Das Softwaresystem unterstützt die Integration dieser Aufgaben der Homöostasissicherung durch die Integration von Homöostasisbeziehungen in und zwischen Rekursionsebenen. Interventionen bezüglich der Homöostasisbeziehungen auf vertikaler Ebene können in drei Formen auftreten:

– Policies – Allgemeine, deklarative Verhaltensregelungen, die für alle horizontalen Elemente als Ganzes gelten.
– Zuteilung von Ressourcen – Diese wirken sich mittelbar auf das Verhalten aus. Beschränkungen wirken als Engpässe, Zuteilung von Ressourcen als Unterstützung.

- Eingriffe in Detailoperationen – Diese Art der Intervention ist eigentlich nur notwendig, wenn ein Element nicht dem Prinzip der Lebensfähigkeit entspricht.

Betrachtet man die Autonomie, so kann sie als Maximierung der Vielfältigkeiten der Subsysteme aufgefasst werden, unter der Einschränkung, dass die Kohäsion des Gesamtsystems erhalten bleibt. Die Systemkohäsion ist unmittelbar mit der Identität des Gesamtsystems verbunden, die unter Einwirkung von Störungen und äußeren Einflüssen aufrechterhalten werden muss.

- Viabilität – Das Prinzip der Lebensfähigkeit ist das Superprinzip der lebensfähigen Systeme. Es beinhaltet nicht nur die Lebensfähigkeit im Sinne eines lokalen Überlebens, sondern die Fähigkeit, eine separate Identität als Glied in einer Kette von lebensfähigen Systemen aufrecht zu erhalten. Dies bedeutet, dass im systemischen Kontext das Kriterium Lebensfähigkeit ein metasystemisches Konzept zur Beurteilung der strukturellen Effektivität eines Systems darstellt. Es stellt sich daher nicht die Frage nach der tatsächlichen Zustandskonfiguration, sondern die Frage, wie die tatsächliche Zustandskonfiguration auf unbestimmte Zeit aufrechterhalten werden kann. Die strukturelle oder systemische Effektivität muss durch das Kriterium der Lebensfähigkeit beurteilt werden. Damit folgt auch, dass es nicht nur eine einzige lebensfähige Zustandskonfiguration gibt, sondern dass es eine lebensfähige Struktur gibt, die durch ihre Fähigkeiten die Aufrechterhaltung und Entwicklung einer Zustandskonfiguration erst ermöglicht. Lebensfähigkeit ist eine Folge der systemischen Struktur und nicht ein Resultat der tatsächlichen Konfiguration.

Komplementär zu den Aufbauprinzipien eines VSMs existieren die Organisationsprinzipien für das Zusammenwirken der verschiedenen Elemente und Aufbauprinzipien. Im VSM existieren vier Organisationsprinzipien:

- Ausgleich der Vielfältigkeit zwischen System und Umgebung – Die Vielfältigkeitspotenziale zwischen System und Umwelt müssen zum Ausgleich gebracht werden. Deshalb muss das System Komplexität durch bewusstes Gestalten der Informationskanäle im Sinne eines Ausgleichs der Vielfältigkeitspotenziale bewältigen, sodass das System sich flexibel an eine sich verändernde Umwelt anpassen kann.
- Prinzip der ausreichenden Kanalkapazität – Die zwischen den Elementen ablaufende Informationsverarbeitung muss neben dem Gleichgewicht der Interpretationsschemata, die das Potenzial der Informationsverarbeitung in den Teilsystemen umschreiben, auch die reine Informationsübermittlung berücksichtigen. Die Übertragung zwischen den Elementen (der ESB im Fall von Services) muss eine höhere Informationsvermittlungskapazität besitzen, als es die zu übermittelnde Information alleine voraussetzt. Das Übermitteln von Informationen erfordert eine Informationskapazität, ein fachliches Verständnis, welches den Gehalt der zu übermittelnden Informationen übersteigt.
- Transformationskapazität – In jedem System werden die Informationen als Messages verstanden, die zwischen den Elementen fließen, welche in die jeweilige

Systemsprache des Empfängers transformiert werden müssen, diese Transformationsleistung erfordert mindestens eine dem Kanal entsprechende Vielfältigkeit.
- Erhalt der Kontrolle – Das vierte Prinzip, das sich als Metaprinzip über die anderen drei legt, ist die Forderung, dass die Anwendung der ersten drei Prinzipien ohne Verzögerungen und Unterbrechungen gewährleistet sein muss. Lange Reaktionszeiten, die das System in seinen Operationen aus dem Gleichgewicht bringen, lassen auf ein nicht effektiv strukturiertes System schließen.

Eine wichtige Aufgabe in der Steuerung der Hierarchien der Homöostaten ist die Kohäsion innerhalb der Rekursion. Da die Rekursion autonome Elemente auf den verschiedenen Rekursionsstufen produziert, kann das Gesamtsystem nur dann überlebensfähig sein, wenn diese kohärent zusammenarbeiten. Ein Fehlen der Kohärenz bedeutet, dass entweder der Sinn (Policy) des Systems verloren gegangen ist oder dass die Struktur des Systems nicht angemessen zu der Policy ist.

Der Einfluss der Umwelt sollte bei der Entwicklung der Homöostaten nicht vernachlässigt werden, da die Homöostaten eine gewisse Zeit, die sogenannte Relaxationszeit, brauchen, um sich im Gleichgewicht zu befinden. Die Relaxationszeit ist die Zeit, welche notwendig ist, um von einem Nichtgleichgewichtszustand in den Gleichgewichtszustand zurückzukehren. Wenn ein System von außen[4] gestört wird, so gerät es zunächst in einen Nichtgleichgewichtszustand. Da für das System das Gleichgewicht aber am günstigsten ist, wird es versuchen, diesen Zustand wieder zu erreichen; die hierfür benötigte Zeit ist die Relaxationszeit. Wird das System jedoch schneller gestört als es die Relaxationszeit erlaubt, so gerät es nie ins Gleichgewicht und es entsteht das Risiko eines negativen Feedbackloops mit anschließender Zerstörung des Systems. Die einzige Möglichkeit, dies zu verhindern, ist eine Reduktion der Vielfältigkeit. Bei niedriger Vielfältigkeit treten weniger Störsignale auf und das System kann immer wieder in seinen Gleichgewichtszustand gelangen. Auf der anderen Seite besitzen Systeme auch eine gewisse Trägheit, das heißt, es dauert eine gewisse Zeit, bis die Maßnahmen des Kontrollsystems im System wirken. Auch dies stellt eine Relaxationszeit dar. Werden nun die Maßnahmen schneller im System ausgelöst als dieses relaxieren kann, so wird nie ein Gleichgewicht angenommen.[5]

Im Gegensatz zu hierarchischen Strukturen sind die rekursiven Strukturen eines VSM sehr viel besser in der Lage, Informationen zu verarbeiten und entsprechend zu handeln, da die Komplexität der Umgebung zunächst lokal absorbiert wird. In hierarchischen Systemen gelangt die Komplexität quasi ungefiltert in die Hierarchie. Trotz der dezentralen Handlungsweise bleibt das Gesamtsystem in seinen Aktivitäten kohärent, da die Systeme S3–S5 auf jeder Rekursionsstufe die Kohärenz sicherstellen. Die so dargestellte Rekursionshierarchie ist nicht eindimensional oder starr zu verstehen, da sich die Subsysteme auch völlig anders anordnen können. Insofern wird ein lebensfähiges und flexibles Gesamtsystem geschaffen.

---

[4] Störungen von innen verhalten sich ähnlich, bedürfen aber eher einer „Reparatur".
[5] Innerhalb der Organisation wird ein solches Phänomen durch die Mitarbeiter als Aktionismus interpretiert.

An Hand des VSMs und seiner Vielfältigkeitsflüsse können die vier Prinzipien auch anders formuliert werden:

I *Die unterschiedlichen Vielfältigkeiten: Steuerung, Operation und Umgebung balancieren sich auf Dauer gegenseitig aus.*

II *Die informationsführenden Kanäle innerhalb eines Systems müssen jeweils eine höhere Vielfältigkeit pro Zeiteinheit übertragen können, als das Ursprungssystem in dieser Zeit erzeugen kann.*[6,7]

III *Wenn die Information in einem Kanal eine Grenze überschreitet, muss sie übersetzt werden. Die Vielfältigkeit des Übersetzers muss mindestens so groß sein wie die Vielfältigkeit des Informationskanals.*

IV *Die ersten drei Prinzipien müssen kontinuierlich in der Zeit angewandt werden.*

Neben den Organisationsprinzipien lassen sich auch die drei Steuerungsaxiome aus Sicht der Vielfältigkeit formulieren:

I *Die Summe der horizontalen Vielfältigkeit, welche von den operationalen Teilen abgebaut wird, muss gleich der Summe der vertikalen Vielfältigkeit sein.*[8,9]

II *Die Vielfältigkeit, die von System S3 im Rahmen des ersten Axioms absorbiert wird, ist gleich der Vielfältigkeit, die vom System S4 absorbiert wird.*[10]

III *Die Vielfältigkeit, die vom System S5 absorbiert wird, ist gleich der residualen Vielfältigkeit, die durch das zweite Axiom erzeugt wird.*[11]

Im Rahmen einer Rekursion eines Systems lässt sich das erste Steuerungsaxiom auch anders formulieren[12]:

Tabelle B.1 Das VSM und die Koppelungen zwischen den Systemen S1–S5 und der Umgebung U

	S1	S2	S3	S3*	S4	S5	U
S1	✓	✓	✓	✓			✓
S2	✓	✓	✓				
S3	✓	✓	✓	✓	✓	✓	
S3*	✓		✓	✓			
S4			✓		✓	✓	✓
S5					✓	✓	
U	✓		✓		✓		✓

---

[6] Wenn dies nicht der Fall ist, so bleibt kein Raum, um Fehler oder Störungen zu korrigieren. Daher handelt es sich bei lebensfähigen Systemen um dynamisch stabile Systeme.

[7] Die Kommunikation in den Kanälen muss schnell genug sein, um der Rate, mit der Vielfältigkeit erzeugt wird, folgen zu können.

[8] Die überzählige Vielfältigkeit, welche aus der Umwelt über die Operation im Management landet, muss durch die Vielfältigkeit aufgehoben werden, welche aus den Systemen S3 und S3* stammt.

[9] Dieses Axiom ähnelt der Bernoullischen Gleichung der Druckerhaltung in der Gas- und Hydrodynamik.

[10] Die Systeme S3 und S4 müssen in einer Balance sein.

[11] Das System S5 muss die überflüssige Vielfältigkeit aus System S4 quasi „aufsaugen". Wenn der Homöostat S3–S4 gut arbeitet, ist dies einfach, da System S5 kaum aktiv eingreifen muss.

[12] Auch als *The Law of Cohesion* bezeichnet.

I* *Die Vielfältigkeit des Systems S1, welches dem System S3 auf der Rekursionsstufe n zugänglich ist, muss gleich der absorbierten Vielfältigkeit sein, welche durch die Summe der Metasysteme entsteht.*

$$V\left(S1^{(n)} \mapsto S3^{(n)}\right) = \sum_{j<n} V\left(S_j^{(k)}\right).$$

B.1 Viable System Service

Wird das Viable System Model auf Software und dabei speziell auf Services übertragen, dann entstehen die **V**iable **S**ystem **S**ervices (VSS). Unsere heutige Vorstellung von Services ist die der algorithmisch determinierten Umwandlung eines gegebenen Inputs in einen vorbestimmten Output. Ein solcher Service verträgt keinerlei Störungen, ohne mit einer Art „Hardware-Error" zu reagieren. Aber in einer komplexen Umgebung[13] ist ein völlig anderes Verhalten notwendig, hier kann die wohldefinierte Umgebung nur bedingt zur Verfügung gestellt werden, trotzdem muss es das Ziel sein, ein solches Gebilde überlebensfähig zu halten.[14] Üblicherweise denken wir bei Services in algorithmischen Kategorien (s. Abschn. 2.7.6): Der Output wird nur aufgrund des Inputs erzeugt. Dieses allopoietische Modell erlaubt es nicht auf externe Störungen zu reagieren: wenn eine Nichtinputvariable sich spontan ändert, wird mit einem Fehler abgebrochen. Aber in einer komplexen Umgebung, in der jede Menge an Störungen existieren, reicht dies nicht mehr aus, hier gibt es externe Kräfte und Ereignisse, die nicht direkt sichtbar oder steuerbar sind, daher sind andere Mechanismen für die Services notwendig, damit diese auch unter ungünstigen Bedingungen autonom agieren können.

Die Basisidee für überlebensfähige Services ist es, weg von Algorithmik oder Objektorientierung hin zu einem **C**ontrol **L**oop **P**aradigma (CLP) zu kommen. In diesem CLP wird das eigentliche Problem, der Service, in zwei Bestandteile zerlegt:

- Plant – Der algorithmische Teil, welcher die Rolle einer Fabrik übernimmt.
- Control – Der Kontrollprozess, der auf Störungen reagiert und entsprechend kompensiert.

In allen Systemen, welche äußeren Störungen unterliegen oder komplex sind, ist die Anwendung des CLP empfehlenswert. Ein VSS muss in der Lage sein, die eigene Stabilität zu erhalten. Dies wird über die Fähigkeit zur Adaption erreicht. Für ein VSM ist Adaption ein Feedbackprozess, in dem externe Veränderungen in einer Umgebung durch interne Kompensationen gespiegelt werden, um die homöostatischen Variablen im Gleichgewicht zu halten. Da aber komplexe Systeme in einer komplexen Umgebung existieren, ist Stabilität ein mehrdimensionales Problem,

---

[13] Speziell ULS-Systeme (s. Abschn. 6.9) sind hochgradig komplexe Systeme.
[14] Die Militärs und Sicherheitsorganisationen sind sehr stark an solchen Fragestellungen interessiert, da Internet und Cyber War eine Möglichkeit ist, ganze Volkswirtschaften lahmzulegen. Überlebensfähige Systeme stellen eine Option dar, auf diverse Softwareattacken zu reagieren.

B.1 Viable System Service

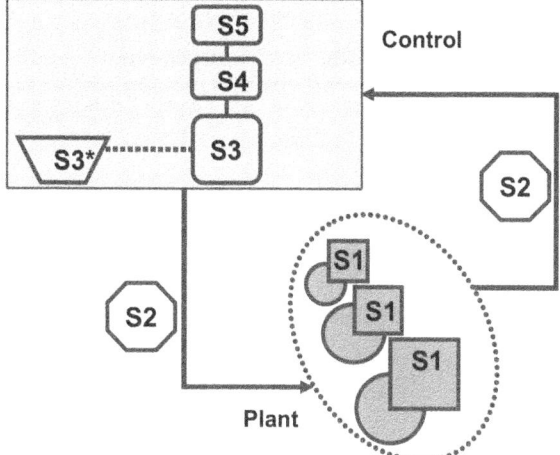

Abb. B.3 Ein vereinfachtes VSM

welches eine gewisse Anzahl von Strategien benötigt, um auf diverse Veränderungen oder Störungen reagieren zu können. Aus Sicht des VSM kann ein Service nur dann Stabilität erreichen, wenn er einer Reihe von Prinzipien folgt:

- Autonomie und Adaption – Für Services ist die Autonomie die Freiheit, lokale Entscheidungen treffen zu können. Innerhalb eines serviceorientierten Systems kann diese Autonomie durch Policies gesteuert werden. Die Adaption ist eine der Schlüsseleigenschaften für stabile Services und lässt sich in drei Kategorien unterteilen:
  - homöostatische Adaption – Darunter wird der Erhalt von kritischen Variablen im Rahmen bestimmter Grenzen durch die sich gegenseitig steuernden Subsysteme verstanden. Dies ist ein „übliches" Kontrollsystemverhalten und wird typischerweise von den Homöostaten S3, S4–S3, S5–S4–S3 durchgeführt.
  - morphostatische Adaption – Eine Form der strukturellen Adaption, bei der die eigentliche Form erhalten bleibt, zum Beispiel durch die Wahl eines neuen internen Kontrollalgorithmus. Die entsprechende VSM-Koppelung ist S4–S3.
  - morphogenetische Adaption – Bei der morphogenetischen Adaption verändert sich die Struktur, aber die Identität bleibt erhalten. Dies geschieht durch die Evolution der Struktur oder der Teile des Service. Für einen Service ist die morphogenetische Adaption der Erhalt des Interfaces nach außen aber eine Veränderung in der Implementierung. Dies entspricht im VSM der vollen S5–S4–S3-Funktion.
- Rekursion und Hierarchie – Das Basismodell des VSM ist rekursiv angelegt, jedes System aus Subsystemen beinhaltet alle darunterliegenden Subsysteme. Funktionalität muss in den tieferen Schichten vorverarbeitet werden, da sonst die oberste Schicht durch Vielfältigkeit überflutet wird (Kontrollverlust). Als Folge

Tabelle B.2 Vergleich der VSM-Muster in verschiedenen Systemen

Muster	Organisation	Mensch	Software	Service
Kontroll-separation	Management versus Mitarbeiter	Zentralnervensystem versus Organe	Kontrolleinheit versus Prozess	Orchestrator, WSDL
Operationskontrolle	Vorarbeiter	Pons und Medulla	Betriebssystem versus Ressourcen und Applikationen	ESB, SOP
S3	Produktionspläne	Sympathikus	Memory Management, Batchsteuerung	ESB, SOP
S3*	Buchhaltung, Auditor, Betriebsprüfer	Parasympathikus	Monitorsysteme, Systemadministrator	ESB, SOP
S4	Planung, Forschung	Zwischenhirn	Systemadministrator, Benutzer	Consumer, Softwareentwickler
S5	Vorstand und Aufsichtsrat	Großhirnrinde	Systemadministrator, Management	Consumer
Rekursion	Hierarchien	Zellen, Organe, Organismen	Schichtenarchitektur, Serviceframeworks, Softwareentwickler	Services
Homöostasis	Verträge	Blutdruck, Körpertemperatur	Interfacespezifikation, Softwareentwickler	SLAs, QoS

muss jede Schicht eine ganz spezielle Menge an Funktionen ausführen; die Komposition von Services ist ein typisches Beispiel für Rekursion und Hierarchie.
- Selbstreferenz und Invarianten – Das VSM besitzt eine Reihe von strukturellen und verhaltenstechnischen Invarianten, so zum Beispiel das fundamentale Prinzip der Trennung von Kontrolle und dem zu kontrollierenden Subsystem oder die interne Struktur der Kontroller (S1 ... S5), die Autonomie auf jeder Ebene und die Rekursion.

Ein besonders wichtiger Teil jedes überlebensfähigen Systems und damit auch der Services ist ein Antioszillationskreislauf bestehend aus dem Regulator (S2) und dem Audit (S3*) (s. Abb. B.1). Ziel dieses Kreislaufs ist es, Übersteuerungen zu dämpfen und so das System stabil zu halten.[15] S2 und S3* ermöglichen damit den eigentlichen Feedbackloop, sodass die aktive Kontrolle der Operationen des Gesamtsystems sichergestellt werden kann. Wenn jeder Service als ein in sich geschlossenes VSS – entsprechend der rekursiven Struktur eines VSM – angesehen wird, so resultieren für diesen Service neun verschiedene Interfaces:

1 Kontext und Aufgabe – Die direkte Koppelung zwischen „Plant" und Umgebung. Das fachliche Interface und der Kontext wechselwirken mit dem Service.
2 Planung – Die Sicht der Planung auf die zukünftige Umgebung. Die Planungseinheit versucht die Veränderung des Kontextes des Service vorherzusagen. Die-

---

[15] Damit entsteht ein Mechanismus, der das *Pulsing Paradigma* (s. S. 232) aktiv berücksichtigt.

se Planungseinheit nutzt historische Daten, Datenprojektionen oder auch Simulationen, um den Kontext zu prognostizieren.[16]

3 Koordination und Scheduling – Dieses Interface überträgt die Steuerung aus der Kontrolleinheit in die eigentliche Ausführung, außerdem wird hier dieselbe Ebene der Rekursion koordiniert.

4 Operationskontrolle – Befehle und zugeordnete Ressourcen werden von der Kontrolleinheit an die operative Einheit geleitet und umgekehrt werden Bedarf und aktueller Zustand von der Operation an die Kontrolle vermittelt. Ein solches Interface ist heute in den meisten Fällen in Form eines Containers (s. Abschn. 2.6.5) implementiert.

5 Selbstmodellierung – Dieses Interface ermöglicht dem einzelnen Service die Introspektion und damit die Fähigkeit sein Modell an andere weiterzuleiten, damit er möglichst effektiv genutzt werden kann.[17]

6 Policy, Regeln und Kommandos – Dieses Interface gibt nicht das Modell nach außen, sondern erteilt Auskunft über die aktuellen und möglichen Steuerungsmechanismen.

7 Panik – Ein direktes Interface der Kontrolleinheit nach außen, nutzbar für extreme Situationen oder zur Weitergabe von Exceptions. Im Rahmen des VSM bedeutet eine Exception, dass das System außer Kontrolle geraten ist und sich als nicht mehr steuerbar erweist.

8 Inspektion und Audit – Dieses Interface ermöglicht die sporadische Abfrage, ob alle Operationen noch ablaufen. Notwendig sind solche Interfaces, um den Gesamtbetrieb sicherzustellen.

9 Plant-2-Plant – Die „Plants" können auch direkt miteinander verknüpft werden, um ganze Ablaufketten zu erhalten. In diesem Fall existieren dann beide im gleichen Kontext.

So aufwendig es klingt, diese neun Interfaces zu beschreiben und zu implementieren, Ziel eines VSS ist es, stabil in diversen Umgebungen und Zuständen agieren zu können und sich damit als überlebensfähig zu erweisen. In einem System, welches aus VSS aufgebaut ist, ist das Ziel ein dynamisches Gleichgewicht, eine Homöostasis für jede gegebene Kombination aus Services zu erreichen.

B.2 VSM-Design

Wenn die Erkenntnisse über lebensfähige Systeme auf Services übertragen werden, dann stellt sich die Frage, wie ein Design zur Lebensfähigkeit (VSM-Design) bewerkstelligt werden kann. Organismen als lebensfähige Systeme entstehen autopoietisch aus sich selbst und erlangen ihre heutige Form durch Evolution und Selektionsdruck. Ein ULS-System (s. Abschn. 6.9) entsteht durch spontane Ordnung,

---

[16] Eine solche Steuerung findet sich auch in klassischen Servern, je nach Last werden neue Instanzen von Services gestartet.

[17] Hier wird dem Softwaredarwinismus Rechnung getragen.

aber für ein normales System oder einen einzelnen Service muss ein explizites Design existieren. In welchen Schritten kann ein auf VSM basierendes Gesamtsystem überhaupt entworfen werden? Jenseits der reinen fachlichen Funktionalität in den notwendigen Interfaces müssen Kriterien existieren, die sich mit Problemstellungen der Rekursion und der Vielfältigkeit sowie der Steuerung und Stabilität des Gesamtsystems auseinandersetzen.

Zunächst muss bestimmt werden, auf welcher Ebene der Rekursion gestartet wird. Sind alle Subsysteme schon vorhanden[18], so ähnelt die Aufgabe sehr stark der Komposition, allerdings muss ein eigenes Kontrollsystem etabliert werden. Im anderen Fall, es existieren noch keine Subsysteme, wird anders vorgegangen:

- Systemidentifikation – Normalerweise ist das Metasystem, in dem das zu betrachtende System liegt, bekannt.[19] Jedes System ist aber in diverse Metasysteme eingebettet, sodass der Begriff Metasystem eine aus der Problem- und Lösungsdomäne stammende Sichtweise auf die Einteilung der „Welt" darstellt. Das so entstehende System Ω hat eine „Plant" $\mathfrak{P}$ und einen Kontroller $1^{\mathfrak{P}}$ für $\mathfrak{P}$. Wenn Ω in einer dynamischen Umgebung existieren muss, in der eine Menge an Störungen Ω betreffen können, dann hilft die Trennung der Kontrolllogik. Problematisch ist die Behandlung der Komplexität in einer sich verändernden Umgebung; der Zustand eines komplexen Systems hängt von der permanenten Interaktion mit der Umgebung ab und diese Umgebung stellt wiederum ein völlig eigenständiges komplexes System dar. Damit ein System in einer solchen Umgebung überleben kann, muss eine Reihe von internen Variablen innerhalb bestimmter Schranken bleiben. Eine getrennte Kontrollinstanz für diese internen Variablen ist eine gewollte Redundanz, um das System stabil zu halten.[20] Ω muss stets eine größere innere Kohäsion haben als die Wechselwirkung zwischen Ω und der Umwelt ermöglicht. Andernfalls wird permanent zuviel Vielfältigkeit in Ω importiert (je höher die Kohäsion, desto mehr Vielfältigkeit wird ausgetauscht), mit der Folge, dass Ω auf Dauer kollabieren muss. Insofern kann eine Analyse von Kohäsionsclustern zur Identifikation des Systems und seiner Umgebung führen.
- Detailanalyse – Nach der Identifikation von Ω muss eine Detailanalyse durchgeführt werden. Ziel ist es hierbei, die Anforderungen an Ω in Bezug auf das Metasystem (meist der Consumer) und seine Umgebung festzulegen. Diese Analyse resultiert in einer detaillierten Beschreibung dreier Teile: Operationseinheit $\mathfrak{P}$, Kontroller $1^{\mathfrak{P}}$ und Umgebung. Die Anforderungen an Ω werden durch die Informationsflüsse und ihre Eigenschaften zwischen diesen drei Teilen festgelegt. Dies beinhaltet auch die Spezifikation von Sensoren für die Wahrnehmung der Umgebung sowie einen Mechanismus zur Aktualisierung. Das Ergebnis dieses Schrittes sollte ein Modell und eine Simulation des Systems sein.

---
[18] Eine ideale Voraussetzung für Bricolage (s. Abschn. 2.8.3).
[19] Dieses Metasystem wird aus der Domäne und den fachlich-technischen Randbedingungen gebildet.
[20] Die ersten Computer besaßen kein Betriebssystem, die Applikation wurde direkt geladen, erst mit dem Problem mehrerer Applikationen in demselben Computer zur gleichen Zeit wurde eine getrennte Kontrollinstanz (das Betriebssystem) notwendig.

B.2 VSM-Design

- Kontrollerdesign – Mit dem Verständnis für Ω, seine funktionalen Anforderungen und der Simulation, ist ein detailliertes Design der Kontrolleinheit möglich. Dieses Design ist notwendigerweise eingeschränkt durch die Operationseinheit und das Metasystem, in dem der Service agieren muss, folglich sind das Kontrollerdesign und der Entwurf des Metasysteminterfaces eng miteinander verknüpft.
- Interfacedesign – Das Interfacedesign zwischen Ω und dem einbettenden Metasystem besteht aus den neun Einzelinterfaces, welche sich in drei Gruppen einteilen lassen:
  - Ω zur Umgebung (Interfaces 1–2).
  - Ω zum Metasystem (Interfaces 3–8).
  - Ω zu einem anderen Ω' auf derselben Rekursionsebene (Interfaces zu S2' und S5' eines anderen Systems).
- Kontrollerimplementierung – Der Kontroller besteht aus den Systemen S2–S5. Für den Fall, dass es auf der nächsthöheren Ebene schon Services gibt, haben diese einen starken Einfluss auf den Kontroller, speziell auf fundamentale Größen wie Policies, Planungen, Steuerungsmechanismen und so weiter. In diesem Fall ist es meist einfacher, mit dem Design von S5 zu starten.
- Regulator – Bei weiteren Systemen auf der gleichen Stufe der Abstraktion, welche direkte In- und Outputinterfaces nutzen, ist der Regulator S2 zumindest partiell schon festgelegt.
- Für den Fall, dass solche äußeren Zwänge noch nicht vorhanden sind, ist es am günstigsten, mit der Kombination S1–S2–S3 anzufangen, da diese am engsten mit der Operationseinheit verknüpft ist. Dies entspricht dem „Standardkontroller", wie er heute in Softwaresystemen implementiert wird.[21] Ziel ist es, den Prozess auszuführen und simultan eine kurzfristige Stabilität aufrechtzuerhalten. Der Prozess benötigt kontinuierliche kurze Steuerungsimpulse, um effektiv arbeiten zu können.
- Feedbackkontrolle – Die Operationsfunktionen üben eine direkte Kontrolle auf $\mathfrak{P}$ aus. Die Aufgabe des Regulators S3 ist es, einen Plan zu implementieren. Ein Plan stellt eine Abfolge von Aktivitäten dar. Der Regulator koordiniert seinen Plan mit Services auf derselben Ebene und dem jeweiligen Metasystem[22]. S3 versucht, Oszillationen durch Übersteuerung[23] zu verhindern. Solche Oszillationen treten in Feedbacksystemen ohne Dämpfung schnell ein.
- Auditor – S3* führt sporadische Inspektionen durch, um sicherzustellen, dass die Operationen auch sauber ablaufen.[24] Der Auditor beschafft sich Informationen unabhängig von dem Regulator (S3), da von Zeit zu Zeit detailliertere Informationen außerhalb der Routine gebraucht werden. Das zugrundeliegende Problem ist die Frage, ob die Operationen und die Regulationen wirklich funktionieren.[25]

---

[21] MVC ist ein Beispiel für dieses Pattern.
[22] Service auf der nächst höheren Ebene.
[23] Übersteuerung ist eine der Ursachen für Unbeherrschbarkeit (s. Abschn. A.9).
[24] Keep-Alive-Signale zeigen in komplexen Systemen die Verfügbarkeit an.
[25] Innerhalb von Betriebssystemen wird dies typischerweise von Administratoren (s. Tabelle B.2) erledigt.

- Planung – S4 hat zwei Aufgaben. Zum einen das Tuning der Operationen, zum anderen die Übermittlung der Kommandos von S5 an ℘. Das System S4 versucht, zukünftige Bedingungen der Umgebung zu antizipieren und durch eine Modifikation der Kontrollalgorithmen darauf zu reagieren.[26] Für diese Fähigkeit ist es nötig, dass S4 ein Modell des zu planenden Service besitzt. Ein Modell muss nicht a priori abstrakt vorhanden sein, es kann durchaus auch aus einer Reihe historischer Produktionsdaten unter Zuhilfenahme von statistischen Verfahren als Heuristik existieren. Adaptives Verhalten wird durch zwei mögliche Mechanismen implementiert. Entweder durch die Veränderung der Kontrollregeln[27] in S2 oder durch die Veränderung der Struktur[28] selbst, insofern stellt S4 einen adaptiven Tuner für S2 dar. Der tiefere Sinn ist, in der Lage zu sein, auf grundlegende Veränderungen der Umgebung reagieren zu können, grundlegend insofern, als dass die „Standardregeln" von S2 für die geänderte Situation nicht mehr ausreichend sind. In den meisten Softwaresystemen erfüllen Menschen diese Funktion, indem sie neue Policies aufstellen und implementieren.
- Zuletzt wird der „Manager" (S5) entworfen, dieser dient zur Supervision der Planungs- und Operationsfunktionen, indem er Schranken für mögliche Reaktionen angibt und externe Policies in interne Regeln umwandelt. Das System S5 setzt S2 und S4 klare Schranken über die Adaptivität des Systems, hierdurch wird ein Verlust der Identität durch Adaption verhindert.

Eines der Prinzipien des lebensfähigen Systemdesigns ist das Prinzip des negativen Feedbacks zur Bildung von Homöostaten. Heute verfügbare Softwaresysteme sind nicht explizit als Homöostate angelegt, da die steuernden Funktionen im Sinne einer Gesamtsystemstabilität in keinem größeren, heute existenten Softwaresystem bisher implementiert wurden. Dies gilt für alle Formen von Software, unabhängig von der Architektur. Die Lage bei Services ist noch prekärer, hier sind die für die Überlebensfähigkeit notwendigen Kontrollmechanismen und Homöostaten weder vorhanden noch wurden sie im Rahmen der Serviceorientierung angedacht. Die integrierte Abbildung notwendiger Homöostaten und Homöostasisbeziehungen für das Gesamtsystem und dessen Services ist eine primäre Forderung an die Architektur eines lebensfähigen Systems aus Services; wobei die Lebensfähigkeit auf der Rekursion aufbaut, der einzelne Service muss ein VSM bilden, aber auch die Summe der Services auf einer Abstraktionsebene (in der Regel durch die Granularität oder den Layer gegeben) muss ein VSM bilden.

Geht man noch einen Schritt weiter und fordert Autopoia als Mittel der Komplexitätsbewältigung, müssen organisationsweite Softwaresysteme wie auch die enthaltenen Services auf selbstorganisierende Strukturen hin ausgerichtet sein. Die möglichen Vielfältigkeitsausgleiche finden in jedem Fall statt, mit oder ohne Software, mit oder ohne Services. Softwaresysteme müssen deren gezielten und reibungslosen Ablauf unterstützen, vor allem durch entsprechende Gestaltung von Vielfältigkeitsverstärkern und -dämpfern.

---

[26] Morphostatische Adaption.
[27] Morphostatisch.
[28] Morphogenetisch.

Tabelle B.3 Schlüsseleigenschaften überlebensfähiger Software

Eigenschaft	Strategien
Widerstand gegenüber Attacken	Authentisierung, Zugangskontrolle, Verschlüsselung, Messagefilterung, Diversifikation, Autonomie
Feststellung von Attacken und Ausnahmen	Integritätsregeln, Policies, Monitoring
Wiederherstellung	Redundanz, Replikation, Planung
Adaption und Evolution	Patterns für Problemerkennung, adaptiver Kontroller, Policies

B.3 Kontrollerdesign

Eines der wichtigsten Elemente eines VSS ist der adaptive Kontroller (s. Abb. B.5), welcher wiederum auf der Idee des geschlossenen Feedbackloops (s. Abb. B.4) aufbaut. Der adaptive Kontroller nutzt das Modell, welches ein Modell des Prozesses darstellt, um aus den aktuellen Daten, die vom Prozess beobachtet werden, Informationen für den Kontroller ableiten zu können und diesem für seine Steuerungsaufgaben direkt zu übermitteln. Der Kontrollerdesigner wählt die aktuelle Kontrollerstrategie oder Implementierung aus, welche am besten zum Modell passt. Wird der Kontroller um einen zweiten Feedbackloop mit Hilfe einer QoS-Einheit ergänzt und kann sich auch zwischen mehreren Services sowie unterschiedlichen Konfigurationen entscheiden, so entsteht ein intelligenter adaptiver Kontroller (s. Abb. B.6). Dieses Design ermöglicht eine sich selbst kontrollierende und verändernde Software. Zurzeit wird der Teil des Konfigurations- und Selektionsloops zusammen mit dem QoS-Teil durch Menschen ausgeführt, dies ist aber a priori nicht notwendig. Innerhalb gewisser Rahmenbedingungen kann sich eine Software auch selbstständig konfigurieren, wobei es auch in der Hoheit des Systems liegt, den Prozess anders zu gestalten! Gegenüber dem adaptiven Kontroller (Abb. B.5) enthält der intelligente Kontroller (Abb. B.6) zusätzliche Services:

- Rekonfigurator – Der Rekonfigurator nutzt die Bewertung des Evaluators, um den Zustand des aktuellen Prozesses zu bewerten und möglicherweise neue Konfigurationen oder neue Services hinzuzufügen.
- Servicedatenbank – Die Servicedatenbank enthält die Referenzen auf die für das System zugänglichen Services wie Prozess, Evaluator, Kontroller, QoS, Kontrolldesigner.
- Spezifikationsdatenbank – Diese enthält die Interfacedefinitionen aller zugänglichen Services.
- QoS-Komponente.

Erst der intelligente Kontroller ermöglicht es, aus „normalen" Services echte VSS zu machen. Architektonisch lässt sich die Idee des VSM nicht nur als Service betrachten, sondern auch in die Steuerung anderer Systeme, wie die des ESBs, übertragen. In diesem Fall interessieren sich die eigentlichen Services für die ausgetauschten Messages, die Kontrollsysteme des VSMs jedoch für die Zustandsänderungen

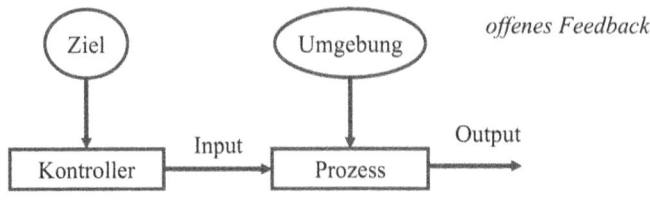

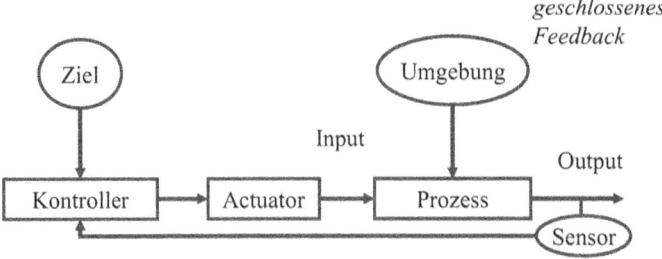

Abb. B.4 Open-Loop und Closed-Loop Feedback

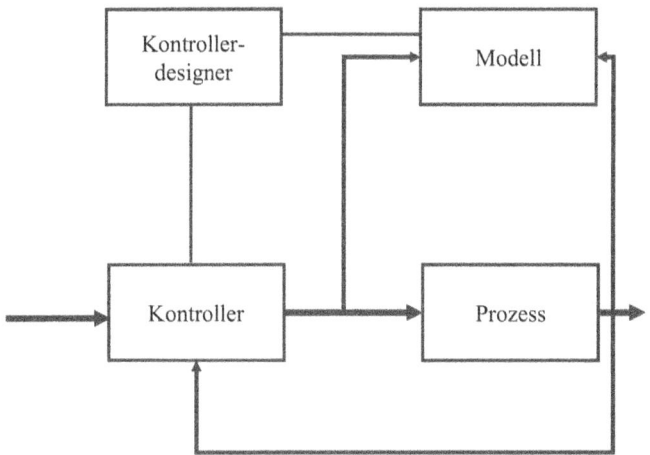

Abb. B.5 Der indirekte adaptive Kontroller

im ESB, die dieser folglich auch zur Verfügung stellen muss. Dies hat zur Folge, dass man die Services, die ein ESB der VSM-Kontrolle anbietet, in zwei Kategorien einteilen kann:

- intern beobachtende Services – Diese intern beobachtenden Services können zum einen aus den Monitoringinformationen des ESBs selbst abgeleitet werden, zum anderen aber auf fachliche Schwellenwerte ausgerichtet sein und damit zur Domäne der rein fachlichen Services gehören.
- umweltbeobachtende Services – Die nach außen gerichteten Services beobachten aktiv die Umgebung und sind typischerweise eher manueller Natur, allerdings

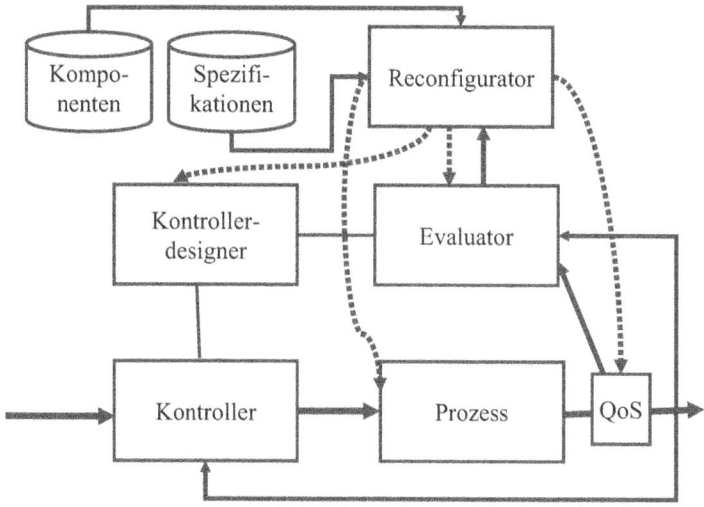

Abb. B.6 Der intelligente adaptive Kontroller

existieren auch hier schon die ersten Formen von softwaregestützten Services, so zum Beispiel Aktienkurse oder Reuters.

B.4 Adaption

Die VSS sind sehr adaptive Systeme, sie können sich durch Veränderung auf unterschiedlichste Gegebenheiten ihrer Umwelt einstellen. Diese Adaptivität äußert sich dem Beobachter gegenüber als Stabilität, da sich das System (auf einer Metaebene) nicht verändert. Aber diese Stabilität zeigt sich nicht nur bei kleinen Schwankungen, welche durch einen üblichen Feedbackmechanismus abgefangen werden. VSS sind auch ultrastabil in dem Sinne, dass sie sich bei instabilen Veränderungen ihrer Umgebung neue stabile Parameterräume suchen. Zuständig für diese Änderung ist der Metafeedbackloop, der die Konfiguration und die Policies überprüft. Dadurch ist ein VSS in der Lage, sich selbstständig einen Parameterbereich zu suchen, in dem er dann wieder stabil agieren kann.

Solche spontanen Veränderungen sind nicht ungewöhnlich; biologische Systeme sind meist dadurch charakterisiert, dass sie häufig sehr kleine Diskontinuitäten in ihren Variablen haben und gelegentlich große Veränderungen in ihren Parametern. Dies kann auf Softwaresysteme übertragen werden, die Veränderungen der Variablen finden im Rahmen des üblichen Betriebs über dauernde Fluktuationen (Datenqualität, Last und so weiter) statt. Grundlegende Veränderungen der Umgebungseigenschaften (neue Policies, Andocken externer Consumer und so weiter) verändern die Eigenschaften des Systems an sich. Ziel dieser Veränderung ist es, eine neue stabile Region zu finden. Systeme, die zu diesem Vorgehen in der Lage sind, werden auch als ultrastabile Systeme bezeichnet.

Große Organisationen mit entsprechend großen Softwaresystemen laufen ständig Gefahr, zu einem ULS-System (s. Abschn. 6.9) zu degradieren. Damit die Organisation als ULS-System trotzdem noch handlungsfähig ist, müssen sich die einzelnen Subsysteme ultrastabil verhalten. Diese Forderung erstreckt sich bis auf den einzelnen Service mit der Folge, dass dieser sich wie ein VSS verhalten muss, um das Gesamtsystem ultrastabil zu erhalten. Aus Sicht der Gesamtorganisation erscheint das Auffinden des neuen Gleichgewichtszustands gegenüber großen Änderungen als Adaption durch Reorganisation der Subsysteme, oder anders formuliert: Das Gesamtsystem hat gelernt.

Adaptive Kontroller sind in der Praxis nicht besonders populär, da sie auch negatives Verhalten zeigen können und außerdem schwer zu kontrollieren sind. Diese Schwierigkeiten werden meist durch den Verlust von Anregung im System erzeugt, denn Adaption kann nur dann entstehen, wenn es ein Modell der Umgebung gibt und die Informationen durch messbare Signale geliefert werden. VSS basiert auf der Idee der Modelladaption. Probleme entstehen, wenn das Adaptionsmodell über einen Feedbackloop mit der implementierten Kontrolle verknüpft ist. In diesem Fall führt die Entdeckung eines Signals zur Veränderung und damit indirekt zum Vergessen des vorherigen Modells, mit der Konsequenz, dass diese frühere Störung sofort wieder auftauchen kann, dann erfolgt im Kontroller keine Verfeinerung des Modells, sondern er oszilliert zwischen Adaptionen hin und her.

B.5 CODA

Eine Verwendung für die VSM-Systematik ist die Complex Organic Distributed Architecture (CODA). Diese Architektur wurde entwickelt um im Rahmen von Business Intelligence große Datenmengen verarbeiten zu können, aber auch der Einsatz in rekonfigurierbaren mobilen Netzwerken ist möglich. CODA teilt sich in fünf notwendige und hinreichende Subsysteme (im Sinne von VSM) auf:

- Operations – Der unterste Layer, er beschäftigt sich meist mit einfachen Daten, wie Transaktionen oder Zeilen aus Datenbanktabellen.
- Monitor Operations – In diesem Layer werden die Daten, typischerweise nach Kategorien oder der Zeit aggregiert und organisiert. Der Monitorlayer dient der Beobachtung der Geschäftsprozesse anhand der Daten.
- Monitor the Monitor – Aufgabe dieses Teils von CODA ist die Überwachung des Geschäftsprozessmonitors. Dafür wird die Nutzung mehrdimensionaler Daten (es entspricht dem Hypercube in Datawarehouses) und die Fähigkeit, Trends in den Daten zu erkennen, benötigt. Hier werden Geschäftsprozesse mit externen Trends verglichen.
- Control – Der Control-Layer „lernt" über Trends und einfaches emergentes Verhalten der Prozesse und ist in der Lage, Vorhersagen und Simulationen durchzuführen.

B.5 CODA

- Command – Der oberste Layer ist in der Lage, mit Situationen umzugehen, die keiner der anderen Layer behandeln kann. Er kann mit neuen Bedrohungen und disruptiven Ereignissen umgehen.

Im Falle von mobilen Systemen kommen dieselben Layer zum Einsatz, nur auf der untersten Ebene sind die aktuellen Netzwerkdaten gefragt.

Anhang C
Metriken

Im wissenschaftlichen Umgang mit Systemen und Strukturen ist es notwendig, quantifizierbare Größen bestimmen zu können. Quantifizierbare Größen bieten die Möglichkeit, Steuerungsgrößen direkt oder indirekt zu berechnen.

Erst die Messbarkeit von Eigenschaften macht ein System vergleich- und bewertbar. Mit Hilfe einer Messung wird versucht, die in der realen Welt beobachtbaren Phänomene durch Daten zu beschreiben (s. Abb. C.1). Die gemessenen Daten repräsentieren das Phänomen, aber nur indirekt über die Information, da die Realität erst im Rahmen eines mentalen Konzepts wahrgenommen werden kann. Diese Interpretation ist nicht frei vom Kontext und der Erfahrung des Beobachters.

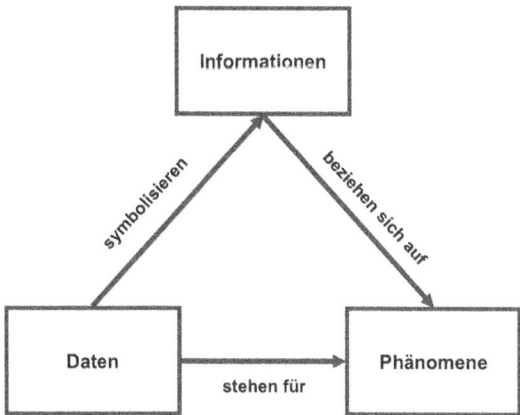

Abb. C.1 Messung, Daten und Phänomene.

C.1 Messbarkeit

Eine Metrik (s. Abb. C.2) braucht immer folgende fünf Größen:

1. Messvorschrift – Gibt vor, was und wie gemessen werden soll.
2. Modell – Ein Modell, das Parameter kennt, um aus dem Modell, den Parametern und der Messung eine Vorhersage zu erzeugen. Mathematische Modelle sind die wissenschaftliche Form von Analogien. Wie jede Analogie haben sie auch ihre Limitierungen, das heißt Aspekte, die das Modell nicht beschreibt, welche aber der Phänomenologie zugänglich (beobachtbar) sind.
3. Parameter – Einen Satz von Parametern, damit das generische Modell konkretisiert werden kann.
4. Spezifikation – Eine Spezifikation der Bedeutung und Interpretation der Metrik.
5. Referenzwert – Der Vergleich der Vorhersage des Modells mit der realen Welt. Ohne eine solche, prinzipiell existente, Vergleichsmöglichkeit bleibt die Metrik mehr oder minder metaphysisch.

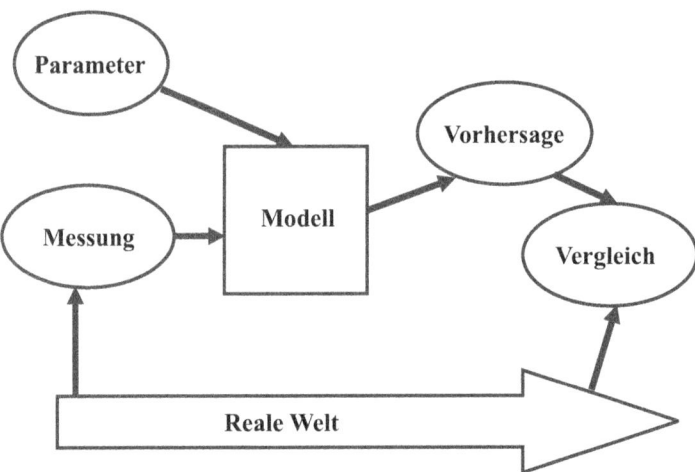

Abb. C.2 Metriken brauchen Modelle und Messvorschriften

Jede Messung besteht aus einer Messvorschrift und einer zu messenden Einheit und stellt den Versuch dar, eine Abbildung aus der realen, physischen Welt in eine mathematische Modellwelt vorzunehmen. Die durchgeführte Messung liefert stets eine Momentaufnahme des Messgegenstandes. Die Messergebnisse können genutzt werden, um Aussagen über die Systeme zu gewinnen.

C.2 Rating

Der Begriff Ratingverfahren umfasst allgemein eine Reihe von Bewertungsverfahren, deren Ergebnis in Form einer singulären Zensur, dem sogenannten Rating, formuliert wird. Anhand vorher festgelegter Merkmale werden die untersuchten Eigenschaften dabei auf einer Skala eingeordnet. Aufgrund von Vergleichsdaten werden die betrachteten Objekte möglichst sachlich beurteilt. Zum Vergleich werden dabei in der Regel andere Unternehmen derselben Branche herangezogen. Dementsprechend kann ein Ratingverfahren als eine Funktion angesehen werden, welche das zu beurteilende Objekt gemäß seiner Charakteristika auf eine diskrete Anzahl von Kategorien abbildet. Bei den heute im Einsatz befindlichen Ratingsystemen kommt dabei meist die Scoringmethode zum Einsatz, die auf einer vorab definierten Menge von Kriterien basiert, welche separat evaluiert werden. Die einzelnen Benotungen der Kriterien werden gewichtet und zu einem Gesamtscore zusammengefasst, welcher dann wiederum in eine Kategorie übersetzt wird. Ein Scoring ist ein Bewertungsverfahren, welches als Ergebnis eine Schätzung in Form einer positiven reellen Zahl enthält. Insofern ist das Scoring eine Abbildung der Form: $\mathscr{F}_{\text{Score}} \text{Re}^{(n)} \mapsto \text{Re}_0^+$. Üblicherweise ist das Scoring eine Summe über gewichtete Klassifikationen der einzelnen Dimensionen des $\text{Re}^{(n)}$ in der Form:

$$\mathscr{F}_{\text{Score}}(x) = \sum_{i=1}^{n} \Omega_i \Theta_i(x_i) \,. \tag{C.1}$$

Die Gewichte Ω_i geben an, wie stark das einzelne Attribut zum Score $\mathscr{F}_{\text{Score}}(x)$ beiträgt. Die Funktionen Θ_i bilden pro Attribut eine Reihe von disjunkten Kategorien, wobei jeder Kategorie ein reeller, meist positiver Wert zugeordnet wird. Ratingagenturen liefern der Industrie oft solche Werte, wobei das einzelne Modell dann meist in den Gewichten Ω_i modifiziert wird.

C.3 Komplexitätsmaße

Eine der großen Schwierigkeiten beim Umgang mit komplexen Systemen ist die Tatsache, dass es kein allgemeingültiges Maß für die Komplexität gibt. Am gängigsten ist die Verwendung der Intuition, das heißt, wenn das System sich nichtintuitiv verhält, ist es komplex (s. Abb. A.1). Im Sinne einer Metrik ist dies äußerst unbefriedigend. Bessere Metriken sind hier die Entropie und die Vielfältigkeit, aber es existiert nicht das Komplexitätsmaß an sich! Intuitiv einleuchtend ist jedoch,dass für die Komplexität gilt:

$$\mathscr{K} \sim \begin{cases} N_{\text{Elemente}} \\ N_{\text{Interaktionen}} \\ \sum_{i=1}^{N_{\text{Elemente}}} \mathscr{K}(i_{\text{Element}}) \\ \sum_{j=1}^{N_{\text{Interaktionen}}} \mathscr{K}(j_{\text{Interaktion}}) \end{cases} . \quad \text{(C.2)}$$

Oder anders formuliert:

Die Komplexität eines Systems skaliert mit der Anzahl der Elemente, der Anzahl von Interaktionen, der Komplexität der Elemente und der Komplexität der Interaktionen zwischen diesen Elementen.

C.3.1 Vielfältigkeit

Unter dem Begriff Vielfältigkeit[1] wird ein Maß für die möglichen Zustände eines Systems verstanden. Eine Möglichkeit die Vielfältigkeit zu definieren, ist über die Summe der möglichen Zustände[2]:

$$N = \sum_{\psi \in S} 1 .$$

In den meisten Fällen wird jedoch der Logarithmus zur Bestimmung genutzt:

$$V = \ln \left(\sum_{\psi \in S} 1 \right) . \quad \text{(C.3)}$$

Der Logarithmus hat den großen Vorteil, dass bei disjunkten Systemen die Vielfältigkeit additiv ist:

$$V(S_1 \times S_2) = \ln \left(\sum_{\psi \in S_1 \cup S_2} 1 \right) = \ln \left(\sum_{\psi_1 \in S_1 \times \psi_2 \in S_2} 1 \right)$$
$$= \ln(N_1 \times N_2) = \ln N_1 + \ln N_2$$
$$= V(S_1) + V(S_2) .$$

Die meisten Systeme aus der realen Welt besitzen eine Vielfältigkeit, die effektiv unendlich groß[3] ist, daher haben Organisationen wie auch der Mensch eine Reihe

---

[1] Variety.
[2] In diesem Fall hätte ein Lichtschalter die Vielfältigkeit 2 und eine Ziffer die Vielfältigkeit 10, eine zehnstellige Zahl schon $10^{10} = 10\,000\,000\,000$.
[3] Dadurch wird ein solches System leicht unbeherrschbar (s. Abschn. A.9).

von Filtern entwickelt, um die Vielfältigkeit der Beobachtungen auf ein erträgliches Maß[4] zu reduzieren. Das Gegenteil davon ist ein Vielfältigkeitsverstärker. Einfache Lebensformen nutzen ihre hohen Reproduktionsraten, um die Vielfältigkeit zu verstärken, höhere Lebensformen setzen hierfür Nervensysteme und Wahrnehmungsorgane ein.[5]

C.3.2 Entropie

Die Entropie[6] stellt ein Maß für die Unordnung in einem System dar. Ursprünglich im Rahmen der klassischen Thermodynamik definiert, wurde der Begriff auf die statistische Mechanik ausgedehnt. Die Entropiedefinition der statistischen Mechanik kann auf die Informationstheorie übertragen werden. Die Entropie eines Systems ist definiert als:

$$S = -\sum_{j=1}^{N} p_j \ln p_j ,\qquad (C.4)$$

wobei p_j die Wahrscheinlichkeit ist, dass der Zustand j angenommen wird. Wenn es nur einen Zustand gibt, so gilt $p_j = 1$ und damit folgt: $S = 0$, wenn $p = 1$. Sind in einem System alle Zustände unterschiedlich und alle gleichwahrscheinlich ($p_j = \frac{1}{N}$), resultiert die Entropie zu:

$$S = -\sum_{j=1}^{N} \frac{1}{N} \ln \frac{1}{N} = \ln N .$$

Daher gilt für jedes System: $0 \leq S \leq \ln N$. Da diese obere Schranke auch die Vielfältigkeit (s. Gl. C.3) ist, folgt:

$$S \leq V \qquad (C.5)$$

und im Grenzfall, dass alle Zustände des Systems gleichwahrscheinlich sind: $S = V$.

Die Vielfältigkeit (s. Gl. C.3) und die Entropie (s. Gl. C.4) haben einen engen Zusammenhang. Wird nämlich jeder mögliche Zustand, der in der Messung der Vielfältigkeit auftaucht (bei der Vielfältigkeit mit dem Faktor 1), mit der Wahrscheinlichkeit multipliziert, mit der er in dem System angenommen werden kann, so ergibt sich, bis auf triviale Vorfaktoren und Konstanten, die Entropie.

Wie verändert sich die Entropie, wenn einem System ein neuer Zustand hinzugefügt wird? Zwar lässt sich diese Frage im Einzelfall nur durch eine exakte Berechnung mit Hilfe der Wahrscheinlichkeiten beantworten, für sehr große Systeme

---

[4] Wir sehen nur das, was wir sehen wollen.
[5] Der Mensch nutzt seine Intelligenz zur Verstärkung der Vielfältigkeit.
[6] Der Physiker Helmholtz entlehnte den Begriff Entropie aus dem griechischen Wort εντρεπιν mit der Bedeutung von „umkehren" oder „umwenden".

mit $N \gg 1$ gilt aber näherungsweise

$$\begin{aligned}\Delta S &= S - S_0 \\ &\approx \ln(N+1) - \ln(N), \\ &\approx \left(1 - \frac{1}{N}\right).\end{aligned}$$

Wenn zwei Systeme A und B zusammengefügt werden, so ergibt sich die gemeinsame Entropie näherungsweise zu:

$$S(A \cup B) \approx S(A) + S(B) + \frac{1}{N} \ln N \,. \tag{C.6}$$

Bei sehr großen Systemen ist die Zahl N so groß, dass sich durch das Hinzufügen eines einzelnen Zustandes die Entropie faktisch um eine Konstante erhöht: $\Delta S \approx 1$. Die so gewählte Definition über das System berücksichtigt jedoch nicht die innere Entropie der Elemente (Subsysteme). Wenn die innere Entropie der Elemente mit ins Kalkül gezogen wird, ergibt sich die Entropie zu:

$$S = S(\text{System}) + \sum_{\text{Zustand}} S(\text{Elemente}) \,. \tag{C.7}$$

Für den Fall, dass mehrere Systeme miteinander verglichen werden müssen, ist es besser, die Entropie zu normalisieren:

$$S^\dagger = \frac{1}{S_{\max}}, \tag{C.8}$$

$$= -\frac{1}{\ln N} \sum_{i=1}^{N} p_i \ln p_i\,, \tag{C.9}$$

mit der Folge, dass für die normalisierte Entropie gilt: $0 \leq S^\dagger \leq 1$. Es empfiehlt sich, die normalisierte Entropie $S^\dagger$ bei der Betrachtung von Entropieänderungen zu nutzen.

Es existiert auch ein Zusammenhang zwischen der Entropie (Gl. C.4) und der Temperatur. Wenn Information zerstört wird, ändert sich Gl. C.4 um ΔS, mit der Folge, dass die physische Entropie des Systems sich auch ändert, wobei die Boltzmannkonstante k_B den Wert $1{,}38065 \cdot 10^{-23} \frac{\text{J}}{\text{K}}$ besitzt:

$$\Delta S_{\text{phys}} = -k_B \Delta S \,. \tag{C.10}$$

Dies wiederum führt zu einer Änderung der Energie im System:

$$\Delta Q = T \Delta S_{\text{phys}} = -k_B T \Delta S \,. \tag{C.11}$$

Gleichung C.11 wird auch als *Landauer Prinzip* bezeichnet: Das Löschen von einem Bit an Information produziert mindestens $k_B T$ Wärmeenergie. Hierbei sollte beachtet werden, dass es einen Unterschied zwischen der Entropie der Information und der „regulären" thermodynamischen Entropie gibt. Die Informationsentropie bezieht sich auf Systeme, welche eine informationsbasierte Wechselwirkung haben und keine energetische, das heißt beide Systeme sind energetisch entkoppelt und keine strukturellen Veränderungen werden durch den Informationsaustausch vorgenommen. Außerdem ist die informationstechnische Entropie durch $S = -\sum_j p_j \ln p_j$ definiert, während die physikalische Entropie durch $S_{\text{phys}} = -k_B \sum_i p_i \ln p_i$, festgelegt ist. Die physikalische Entropie erhöht sich nach dem Landauer Prinzip, wenn die Menge an Information abnimmt. Daher lässt sich die Informationsmenge auch alternativ über die physikalische Entropie messen:

$$M_{\text{Information}}(\mathscr{L}) = \max_{\forall \mathscr{L}}(S_{\text{phys}}) - S_{\text{phys}}(\mathscr{L}). \qquad (C.12)$$

Speziell bei der Betrachtung von Adaption ist die Nutzung von Entropie mit Vorsicht zu genießen, da es viele Phasenübergänge zwischen Systemen gibt, welche in der Entropie kaum merklich sind. Die Größe der Entropie gibt an, ob ein System strukturiert ist oder nicht, aber nicht wie es strukturiert ist. Daher ist es möglich, identische Entropie bei völlig unterschiedlicher interner Struktur zu haben.

Die gemessene Entropie eines Systems (Organisation) als Komplexitätsmaß kann auch genutzt werden, um eine Performanzmetrik zu definieren:

$$\eta_{\text{Performanz}} = \frac{\mathscr{K}}{\mathscr{K}_{\max}}, \qquad (C.13)$$

wobei das Maß $\mathscr{K}$ ein beliebiges Komplexitätsmaß (Entropie oder Vielfältigkeit) sein kann.

C.4 Koppelungsmaße

Zwar sind in der Theorie alle Services zustandslos, in der Praxis wird diese Forderung jedoch oft durchbrochen. Einer der Gründe für die Verletzung dieser Forderung ist die Unterstützung lang anhaltender oder transaktionaler Services oder Prozesse. Daher ist es sinnvoll, im Serviceportfolio Maße für die tatsächliche Koppelung zu besitzen. Für die Messung des Grads an „Zustandsbehaftetheit" eines Service wird der **D**egree of **S**tate **D**ependency (DSD) genutzt, welcher durch:

$$\eta_{\text{DSD}} = \frac{1}{N_{\text{Services}}} \sum_k c_k \qquad (C.14)$$

definiert ist, wobei c_k die Werte 0 (zustandslos) oder 1 (zustandsbehaftet) annehmen kann. Im Idealfall sollte $\eta_{\text{DSD}} \mapsto 0$ gelten. Für den Grenzfall $\eta_{\text{DSD}} \mapsto 1$ degradiert das Serviceportfolio zu einer Kollektion von Komponenten. Neben der direkten Abhängigkeit von Zuständen der Services untereinander η_{DSD}, können Services auch indirekt über persistente Daten zustandsbehaftet sein, indem die Services sich der Daten aus einer gemeinsamen Datenbank bedienen. Für diesen Fall lässt sich der Grad der persistenten „Zustandsbehaftetheit" η_{DPD} definieren[7]:

$$\eta_{\text{DPD}} = \frac{1}{N_{\text{Services}}(N_{\text{Services}} - 1)} \sum_{i,j} p_{ij}, \quad \text{(C.15)}$$

mit p_{ij} als Maß dafür, ob der Service i zusammen mit dem Service j ein gemeinsames persistentes Element besitzt. Der Grenzfall $\eta_{\text{DPD}} \mapsto 0$ ist der Fall der losen Koppelung und im Fall $\eta_{\text{DPD}} \mapsto 1$ ist die indirekte Koppelung so stark, dass kein serviceorientiertes System vorliegt. Neben den Zustandsmetriken η_{DPD} und η_{DSD} lassen sich auch zwei Maße für die Abhängigkeit im Sinne einer Nutzung, η_{ARSD} und η_{ASID} festlegen. Der mittlere Grad an Servicenutzung[8] in komponierten Services ergibt sich zu:

$$\eta_{\text{ARSD}} = \frac{1}{N_{\text{Services}}} \sum_k r_k, \quad \text{(C.16)}$$

wobei r_k die Anzahl der Services angibt, die der Service k zu seinen Operationen benötigt. Hier wird auch rekursiv gezählt, sodass der gesamte Servicebaum aufgelöst werden muss, um die Zahl r_k zu ermitteln. Niedrige Werte von η_{ARSD} sind ein Indiz für lose Koppelung. Hohe Werte von η_{ARSD} hingegen (im Grenzfall gilt: $\eta_{\text{ARSD}} \approx N_{\text{Services}}$) zeugen von einem so hohen Grad an Verwobenheit der Services untereinander, dass jede Änderung eines Service Auswirkungen auf die Gesamtheit hat, aber $\eta_{\text{ARSD}} \approx N_{\text{Services}}$ führt das Ziel der Autonomie von Services ad absurdum. Im Fall der asynchronen Koppelung zur Laufzeit lässt sich η_{ARSD} nicht gut verwenden, sondern sollte auf η_{ASIC}, die mittlere Aufrufkoppelung[9], erweitert werden:

$$\eta_{\text{ASIC}} = \frac{1}{N_{\text{Services}}} \sum_k \left(w_s n_k^{\text{synchron}} + w_a n_k^{\text{asynchron}} \right). \quad \text{(C.17)}$$

Für die Gewichte w gilt: $w_s + w_a = 1$ und n_k^{synchron} misst die Zahl der synchronen und $n_k^{\text{asynchron}}$ die der asynchronen Aufrufe.

---

[7] **D**egree of **P**ersistent **D**ependency (DPD).
[8] **A**verage **R**equired **S**ervice **D**ependency (ARSD).
[9] **A**verage **S**ervice **I**nvocation **C**oupling (ASIC).

Anhang D
π-Kalkül

Bei dem π-Kalkül handelt es sich um eine Prozessalgebra. Eine Prozessalgebra ist eine Menge von Prozessen, die bezüglich gewisser Operationen abgeschlossen ist. Dabei kann man rein syntaktische Terme der Prozessausdrücke als Prozesse betrachten und als Operationen zunächst nur Regeln auffassen, nach denen Prozessausdrücke gebildet werden. Auf einer höheren Ebene werden Kongruenzen hinzugefügt, die Terme vereinheitlichen, welche sich gleich verhalten. Diese Kongruenzen kann man zunächst einfach als Operationen dem Kalkül hinzufügen. Andererseits ist es nun möglich, mit ihrer Hilfe von den Termen zu abstrahieren und als Prozesse die jeweiligen Kongruenzklassen zu betrachten. Auf diesen Klassen oder auch auf den Termen selbst lassen sich Übergangsrelationen definieren, die das Verhalten der Prozesse festlegen und selbst wieder als die Operationen einer Algebra aufgefasst werden können.

D.1 Definition

Die Essenz des π-Kalküls ist die Kommunikation. Daher werden mit π die sogenannten Aktionspräfixe bezeichnet. Ein Aktionspräfix stellt das Senden oder Empfangen einer Botschaft (genauer: eines Namens) oder einen stillen Übergang dar. Die Syntax ist:

$$\pi ::= \begin{cases} x(y) & \text{sende } x \text{ entlang } y, \\ \bar{x}(y) & \text{empfange } x \text{ entlang } y, \\ \tau & \text{nicht sichtbar.} \end{cases} \qquad (D.1)$$

Die Menge $\mathfrak{P}^\pi$ der π-Kalkül-Prozessausdrücke ist wie folgt definiert (i läuft über die Indexmenge $\mathfrak{I}$):

$$\mathfrak{P} = \begin{cases} \sum_{i\in\mathfrak{I}} \pi_i.\mathfrak{P}_i & \text{Summation,} \\ \mathfrak{P}_1|\mathfrak{P}_2 & \text{parallele Komposition,} \\ \text{new } a\mathfrak{P} & \text{Restriktion,} \\ !\mathfrak{P} & \text{Replikation.} \end{cases} \qquad (D.2)$$

Die Summation $x(a).\mathfrak{P} + y(b).\mathfrak{Q}$ beschreibt einen Prozess, der den Parameter a entlang des Kanals x empfängt und dann in $\mathfrak{P}$ übergeht oder b entlang Kanal y erhält und in den Prozess $\mathfrak{Q}$ übergeht. $\mathfrak{P}_1|\mathfrak{P}_2$ zeigt, dass die beiden Prozesse parallel ausführbar sind. Die Restriktion new $a\mathfrak{P}$ bindet a an $\mathfrak{P}$, so dass a nur in $\mathfrak{P}$ sichtbar ist. Die Replikation $!\mathfrak{P}$ ist das Symbol für beliebig viele Instanzen von $\mathfrak{P}$, welche alle parallel ablaufen.

D.2 Kongruenz

Prozesse können nicht ohne einen Kontext existieren, daher wird im Rahmen des π-Kalküls auch ein Kontext $\mathscr{C}$ definiert:

$$\mathscr{C} ::= [\,]\,|\,\pi.\mathscr{C} + \mathfrak{M}\,|\,\text{new } x\mathscr{C}\,|\,\mathscr{C}\,|\,\mathfrak{P}\,|\,\mathfrak{P}\,|\,\mathscr{C}\,|\,!\mathscr{C}\,. \qquad (D.3)$$

Somit ist ein Kontext ein Ausdruck, welcher eine Lücke [ ] aufweist, die Lücke [ ] ist wiederum genau der Prozess, der im Kontext eingebettet ist. $\mathfrak{M}$ stellt eine Summe und $\mathfrak{P}$ einen Prozess dar. $\mathscr{C}[\mathfrak{Q}]$ bezeichnet das Resultat der Ersetzung der Lücke [ ] im Kontext $\mathfrak{C}$ durch den Prozessausdruck $\mathfrak{Q}$. Die elementaren Kontexte sind $\pi.[\,] + M$, new $a[\,]$, $[\,]|\mathfrak{P}$, $\mathfrak{P}|[\,]$ und $![\,]$. Die Prozesskongruenz wird im π-Kalkül mit Hilfe einer Äquivalenzrelation abgebildet. Eine Äquivalenzrelation $\cong$ ist genau dann eine Prozesskongruenz, wenn gilt:

$$\forall \mathfrak{P}, \mathfrak{Q} \in \mathfrak{P}^\pi \forall \mathscr{C} : \mathfrak{P} \cong \mathfrak{Q} \Rightarrow \mathscr{C}[\mathfrak{P}] \cong \mathscr{C}[\mathfrak{Q}] \,. \qquad (D.4)$$

Wenn zwei Ausdrücke kongruent sind, dann kann man sie in beliebige Kontexte einsetzen und erhält stets äquivalente Ausdrücke. Die strukturelle Kongruenz $\equiv$ ist eine Prozesskongruenz (Gl. D.4), welche folgende Eigenschaften besitzt:

- Die Namen der gebundenen Variablen können beliebig verändert werden. Unter Bindung versteht man die Zuordnung einer Variablen zu einem Kanal. Bei $x(a).\mathfrak{P}$ wird die Variable an den Kanal x gebunden.
- Beliebige Permutation der Indexmenge:

$$\sum_{i \in \mathfrak{I}} \pi_i.\mathfrak{P}_i \equiv \sum_{j \in \mathfrak{J}} \pi_j.\mathfrak{P}_j \,,$$

solange $\mathfrak{I}$ und $\mathfrak{J}$ die gleichen Mengen darstellen.
- Die Reihenfolge der parallelen Komposition darf keine Rolle spielen:

$$\mathfrak{P}|\mathfrak{Q} \equiv \mathfrak{Q}|\mathfrak{P} \,, \qquad (D.5)$$

$$(\mathfrak{P}|\mathfrak{Q})|\mathfrak{R} \equiv \mathfrak{P}|(\mathfrak{Q}|\mathfrak{R}) \,. \qquad (D.6)$$

- Beim Zusammenführen von Prozessen kann es zu Namenskollisionen kommen, daher muss für die Äquivalenzrelation gelten:

$$\text{new } x(\mathfrak{P}|\mathfrak{Q}) \equiv \mathfrak{P}|\text{new } x\mathfrak{Q} \quad \text{falls } x \notin \mathfrak{P} \,.$$

- Leere Prozesse können entsorgt werden:

$$\mathfrak{P}|\emptyset \equiv \mathfrak{P},$$
$$\text{new } x\emptyset \equiv \emptyset,$$
$$\text{new } xy\mathfrak{P} \equiv \text{new } yx\mathfrak{P}.$$

D.3 Abstraktion

Eine *n*-stellige Abstraktion ist ein parametrischer Prozess in *n* Variablen, zum Beispiel $(x_1 \ldots x_n).\mathfrak{P}$. Eine Abstraktion $(x_1 \ldots x_n).\mathfrak{P}$ repräsentiert alle möglichen Pfade, die $\mathfrak{P}$ nehmen kann, abhängig von der Botschaft z, die für $\widehat{x}$ in $\mathfrak{P}$ substituiert wird. Die möglichen Abstraktionen $F, G, \ldots$ werden als Agenten bezeichnet. Eine Konkretisierung ist in gewisser Weise der Gegensatz zu einer Abstraktion, hier werden Namen für die Variablen der Abstraktion bereitgestellt. Eine solche Konkretisierung ist etwa new $\widehat{x}\langle \widehat{y}\rangle.\mathfrak{Q}$, wobei die Namen aus $\widehat{x}$ eine Teilmenge der Namen in $\langle y \rangle$ sind ($\widehat{x} \subseteq \widehat{y}$). Die Konkretisierungen haben im Gegensatz zu Abstraktionen eine Besonderheit: Der Bindungsbereich der Namen kann auf die Botschaft $\widehat{y}$ und den Fortsetzungsprozess $\mathfrak{Q}$ beschränkt werden.

- **Abstraktion:** *Eine n-stellige Abstraktion hat die Form* $(x_1 \ldots x_n).\mathfrak{P}$, *wobei* $|(\widehat{x})|$ = *n. Zwei Abstraktionen sind strukturell kongruent (Gl. D.4), wenn ihre gebundenen Namen* $(x_1 \ldots x_n)$ *bis auf Umbenennungen übereinstimmen und ihre Prozessteile* $\mathfrak{P}$ *strukturell kongruent sind.*
- **Konkretisierung:** *Eine n-stellige Konkretisierung ist* new $\widehat{x}\langle \widehat{y}\rangle.\mathfrak{P}$, *wobei* $|\widehat{y}| = n$ *und* $\widehat{x} \subseteq \widehat{y}$. *Zwei Konkretisierungen sind strukturell kongruent, wenn ihre Präfixe* new $\widehat{x}\langle \widehat{y}\rangle$ *bis auf Umbenennungen und Umordnung der Namen übereinstimmen und ihre Prozessteile* $\mathfrak{P}$ *strukturell kongruent sind.*
- **Agent:** *Ein Agent ist entweder Abstraktion oder eine Konkretisierung.* $\mathbb{A}^\pi$ *bezeichnet die Menge der Agenten. Prozesse sind Agenten. Ein Prozess ist sowohl eine Abstraktion wie eine Konkretisierung der Stelligkeit 0.*
- **Applikation:** *Die Applikation* $\mathfrak{F}@\mathscr{C}$ *einer gleichstelligen Abstraktion und Konkretisierung ist definiert, vorausgesetzt* $\widehat{z}$ *ist nicht frei, in* $(\widehat{x}).\mathfrak{P}$ *als:*

$$(\widehat{x}).\mathfrak{P}@\text{new } \widehat{z}\langle \widehat{y}\rangle.\mathfrak{Q} \mapsto \text{new } \widehat{z}(\{\widehat{y}/\widehat{x}\}\,\mathfrak{P}|\mathfrak{Q}). \tag{D.7}$$

D.4 Reaktion

Eine Reaktion im π-Kalkül ist ein Prozessübergang, welcher ohne Beeinflussung von außen erfolgt. Eine Beeinflussung von außen ist die Einwirkung eines anderen Prozesses durch das Senden oder Empfangen von Messages. Eine Reaktionsrelation ist durch folgende Definitionen festgelegt:

$$\text{REACT} \quad (x(y).\mathfrak{P}+M)|(\bar{x}\langle m\rangle.\mathfrak{Q}+N) \mapsto \{m/y\}\mathfrak{P}|\mathfrak{Q}, \quad (D.8)$$

$$\text{STRUCT} \quad \frac{\mathfrak{Q} \equiv \mathfrak{P}\mathfrak{P} \mapsto \mathfrak{P}'\mathfrak{P}' \equiv \mathfrak{Q}'}{\mathfrak{Q} \mapsto \mathfrak{Q}'}, \quad (D.9)$$

$$\text{TAU} \quad \tau.\mathfrak{P}+M \mapsto \mathfrak{P}, \quad (D.10)$$

$$\text{PAR} \quad \frac{\mathfrak{P} \mapsto \mathfrak{P}'}{\mathfrak{P}|\mathfrak{Q} \mapsto \mathfrak{P}'|\mathfrak{Q}}, \quad (D.11)$$

$$\text{RES} \quad \frac{\widehat{P} \mapsto \widehat{P}'}{\text{new } x\mathfrak{P} \mapsto \text{new } x\mathfrak{P}'}. \quad (D.12)$$

REACT ist die zentrale Regel, welche die Informationsübertragung modelliert. Nur dann, wenn zwei Summanden parallel komponierter Summen über einen gemeinsamen Kanal verfügen, kann Kommunikation stattfinden. REACT verwirft alle weiteren Alternativen und ersetzt im Prozess $\mathfrak{P}$ den abstrakten Namen y durch die Message m. Ein Aufruf bewirkt also nicht nur, dass sich die Prozesse synchronisieren, sondern auch, dass sich der Zustand des Empfängerprozesses verändert. Häufig müssen die Prozessausdrücke zuerst umgeformt werden, bevor eine REACT ausgenutzt kann, daher die Erweiterung um die Regel STRUCT, welche die strukturelle Kongruenz $\equiv$ mit der Reaktionsrelation $\mapsto$ verbindet. Die Regel TAU erlaubt es Prozessen, ohne Einwirkung von außen zu agieren. Die Regeln PAR und RES wiederum ermöglichen, innerhalb der Konstrukte Reaktionen durchzuführen.

D.5 Replikation

Rekursive Definitionen werden oft zur Modellierung von Systemen eingesetzt. Da im π-Kalkül Namen übertragen werden, ist es möglich, den Formalismus der Replikation durch folgende Ergänzung zu nutzen:

$$\mathfrak{P} ::= \ldots | !\mathfrak{P}, \quad (D.13)$$

$$!\mathfrak{P} \equiv \mathfrak{P}|!\mathfrak{P}, \quad (D.14)$$

$$\mathscr{C} ::= \ldots | !\mathscr{C}. \quad (D.15)$$

Die Replikation ist ein Prozessausdruck, vor den ein Ausrufungszeichen gesetzt wird. Die Semantik wird über die strukturelle Kongruenz definiert. $!\mathfrak{P}$ kann den Prozessausdruck $\mathfrak{P}$ beliebig oft replizieren, wobei die einzelnen Instanzen parallel komponiert werden.

D.6 Transaktionen

Eine Erweiterung des π-Kalküls ist das πt-Kalkül. Ein Prozess im πt-Kalkül besteht aus der folgenden Syntax:

$$\mathfrak{P} ::= \begin{cases} \text{done}, \\ \text{abort}, \\ \bar{x}\tilde{u} & \text{Output,} \\ x(\tilde{u}).\mathfrak{P} & \text{Input,} \\ \mathfrak{P}|\mathfrak{P} & \text{Parallelität,} \\ \mathfrak{P};\mathfrak{P} & \text{Sequenzialität,} \\ (x)\mathfrak{P} & \text{neuer Prozess,} \\ K(\tilde{u}) & \text{Aufruf,} \\ t(\mathfrak{P},\mathfrak{P},\mathfrak{P},\mathfrak{P}) & \text{Transaktion.} \end{cases} \quad (D.16)$$

Der Prozess $t(\mathfrak{P},\mathfrak{F},\mathfrak{B},\mathfrak{V})$ spiegelt die Transaktion wider, er besteht aus den Teilen:

- $\mathfrak{P}$ – Dies ist der eigentliche Prozess, welcher im Rahmen einer Transaktion durchgeführt werden soll.
- $\mathfrak{F}$ – Der Fehlermanager, welcher auf Ausnahmen reagiert.
- $\mathfrak{B}$ – Die Fehlersammlung, welche die notwendigen Kompensationen sammelt, um sie durch $\mathfrak{F}$ im Fehlerfall abarbeiten zu lassen.
- $\mathfrak{C}$ – Die Kompensation, welche im Fehlerfall ausgeführt wird.

Analog zu den Prozessen $\mathscr{P}$ werden im πt-Kalkül auch die Kontexte $\mathscr{C}$ definiert:

$$\mathscr{C}[\,] ::= \begin{cases} [\,], \\ \mathscr{C}[\,]|\mathfrak{P}, \\ \mathscr{C}[\,];\mathfrak{P}, \\ (x)\mathscr{C}[\,], \\ t(\mathscr{C}[\,],\mathfrak{P},\mathfrak{P},\mathfrak{P}). \end{cases} \quad (D.17)$$

Zusätzlich zur Kongruenz $\equiv$ (s. Gl. D.4) des π-Kalküls erweitert sich im πt-Kalkül die Kongruenz zu:

$$\text{done}|\mathfrak{P} \equiv \mathfrak{P}, \quad (D.18)$$

$$\text{done};\mathfrak{P} \equiv \mathfrak{P}, \quad (D.19)$$

$$\text{abort}|\text{abort} \equiv \text{abort}, \quad (D.20)$$

$$\text{abort};P = \text{abort}, \quad (D.21)$$

$$t((x)\mathfrak{P},\mathfrak{F},\mathfrak{B},\mathfrak{C}) \equiv (x)t(\mathfrak{P},\mathfrak{F},\mathfrak{B},\mathfrak{C}), \quad (D.22)$$

$$t(\bar{x}\tilde{u}|\mathfrak{P},\mathfrak{F},\mathfrak{B},\mathfrak{C}) \equiv \bar{x}\tilde{u}|t(\mathfrak{P},\mathfrak{F},\mathfrak{B},\mathfrak{C}), \quad (D.23)$$

$$(t(\text{done},\mathfrak{F},\mathfrak{B},\mathfrak{C})|\mathfrak{P});\mathfrak{P}' \equiv t(\text{done},\mathfrak{F},\mathfrak{B},\mathfrak{C})|(\mathfrak{P};\mathfrak{P}'). \quad (D.24)$$

Die beiden ersten Gleichungen (D.18, D.19) implizieren, dass *done* das Einselement der Parallelität und Sequenzialität ist. Die Gleichung D.20 besagt, dass ein Prozess dann als abgebrochen gilt, wenn alle Teile abgebrochen werden und Gl. D.21, dass ein abgebrochener Prozess gleichgültig jeglicher Fortsetzung abgebrochen ist. Gleichung D.23 erlaubt es, Output aus einer Transaktion herauszuholen, beziehungsweise in eine Transaktion aufzunehmen. Die letzte Gleichung (D.24) ermöglicht es, abgeschlossene Transaktionen frei zu verschieben. Da diese auch Teil einer größeren Transaktion sein können, gelten sie nicht als *done*. Für das πt-Kalkül ergibt sich, analog den Reaktionsregeln (D.8–D.12) die Erweiterung:

$$t(t(\text{done},\mathfrak{F},\mathfrak{B},\mathfrak{C})|\mathfrak{P},\mathfrak{F}',\mathfrak{B}',\mathfrak{C}') \mapsto t(\mathfrak{P},\mathfrak{F}',\mathfrak{B}'|\mathfrak{C},\mathfrak{C}') \quad \text{T-DONE,}$$
$$t(\text{abort},\mathfrak{F},\mathfrak{B},\mathfrak{C}) \mapsto \mathfrak{B};\mathfrak{F} \quad \text{T-ABORT}. \quad (D.25)$$

Die Regel T-DONE gibt an, dass auch nach erfolgreicher Beendigung die Kompensation für eine darüberliegende Transaktion aufgehoben werden muss. Die letzte Regel T-ABORT zwingt dazu, den Fehlermanager im Anschluss an eine Kompensation auszuführen.

D.7 Stochastisches π-Kalkül

Eine Erweiterung des π-Kalküls stellt das stochastische π-Kalkül dar. Hierbei gibt es nicht einen, sondern eine ganze Reihe von unterschiedlichen Spezies, welche jede auf ihre eigene Weise reagieren. Wenn N Spezies durch M Reaktionskanäle miteinander reagieren können, so wird dies dadurch simuliert, dass für eine Zeitscheibe τ eine bestimmte Reaktion $\mu \in M$ durchgeführt wird. Durch diese Reaktion wird die Zusammensetzung N abgeändert. Anschließend wird dieser Prozess so lange wiederholt, bis ein Schwellwert erreicht ist und das Kalkül beendet wird.

Wenn jeder Reaktionskanal die Aktivitätsrate r besitzt, dann ist die Wahrscheinlichkeit bei der Reaktion:

$$\mathfrak{P} \cdot \left(\sum \mathfrak{P}_i \right),$$

dass ein Übergang zwischen $\mathfrak{P}$ und $\mathfrak{P}_i$ stattfindet:

$$p_i = \frac{r_i}{\sum_{j=1}^{M} r_j}.$$

Das stochastische π-Kalkül ist geeignet für Systeme mit großer Anzahl von Elementen, aber nur schwacher Heterogenität (Schwärme, einfache chemische Reaktionen).

Literaturverzeichnis

Albert I (2005) Qualitätsmerkmale von Kontextinformationen. Ludwigs Maximilian Universität, München, Dissertation
Alonso G (2003) Web Services. Springer
Ambroszkiewicz S, Nowak T (2001) Agentspace as a Middleware for Service Integration. In: Omicini A (ed) ESAW 2001, LNAI 2203. Springer, pp 134–159
Apperly H (2003) Service-And Component-Based Development. Addison-Wesley
Arsanjani A (2004) Service-oriented modeling and architecture. www.ibm.com
Basalla G et al. (1988) The Evolution of Technology. Cambridge University Press
Beer S (1959) Cybernetics and Management. English Universities Press
Beer S (1994) Beyond Dispute. Wiley
Berners-Lee T et al. (2001) The Semantic Web. Scientific American, May 2001
Bianconi G, Barabási AL (2001) Bose-Einstein Condensation in Complex Networks. Phys Rev Lett 86(24):5632–5635
Bieberstein N (2005) Impact of service-oriented architecture on enterprise systems, organizational structures, and individuals. IBM Systems Journal 44:691–708
Birman K (2006) The untrustworthy web services revolution. IEEE Computer, February 2006, Vol. 39
Birman KP (2005) Reliable Distributed System. Springer
Bogg J, Geyer R (2007) Complexity, Science and Society. Radcliffe Publishing
Braha D, Bar-Yam Y (2004) Topology of large-scale engineering problem-solving networks. Phys Rev E 69:1–6
Brunner RJ (2002) Java Web Services Unleashed. Sams Publishing
Bucchiarone A, Gnesi S (2006) A Survey of Service Composition Languages and Models. In: International Workshop on Web Services Modeling and Testing 2006
Bush V (1945) As we may think. The Atlantic Monthly, July 1945
Camarinha-Matos LM (2005) Virtual Organizations – Systems and Practices. Springer
Castells M (1996) The Rise of Network Society. Blackwell
Chappell D, Jewell T (2003) Java Web Services. O'Reilly
Chappell D (2004) Enterprise Service Bus. O'Reilly
Chatterjee S, Webber J, Bunnell D (2003) Developing Enterprise Web Services. Prentice Hall PTR
Cherbakov L (2005) Impact of service orientation at the business level. IBM Systems Journal 44:653–668
Clements P (2003) Documenting Software Architectures: Views and Beyond. Addison-Wesley
Corallo A (2007) The digital business ecosystem. Edward Elgar Publishing
CORBA (2006) Common Object Request Broker Architecture. www.omg.com
Creative Commons (2005) The Digital Ecosystems Research Vision: 2010 and Beyond

Damm D (2003) Eine IS-Plattform zur Unterstützung kooperativer interorganisatorischer Netzwerke. Dissertation, Zürich
Diestel R (2000) Graph Theory. Springer Verlag
Dobson S (2006) A Survey of Autonomic Communications. ACM Transactions on Autonomous and Adaptive Systems 1(2):223–259
Dodds PS, Watts DJ, Sabel CF (2003) Information exchange and the robustness of organizational networks. Proceedings of the NatAcaSci 100:12516–12521
Donohoe P (1999) Software Architecture. Springer
Dustdar S, Gall H, Hauswirth M (2003) Software-Architekturen für verteilte Systeme. Springer
Eberhart A (2004) Ontology-based Infrastructure for Intelligent Applications. Universität Saarbrücken, Dissertation
ebXML (2003) electronic business XML. www.ebxml.eu.org
Eichhorn F (2002) Evaluation von Webservice-Techniken für den Einsatz zur Business-to-Business Integration (B2BI). Universität Erlangen, Diplomarbeit
EJB (2005) Enterprise JavaBeans Technology. java.sun.com
Erl T (2005) Service-Oriented Architecture. Concepts, Technology, and Design. Prentice-Hall
Ferronato P (2004) Technical Architecture of the Digital Business Ecosystem Project. MDA Technical Forum, Tokyo 2004
Fischer O, Wenzel B (2004) Prozessorientierte Dienstleistungsunterstützung, Diplomarbeit. Universität Hamburg
Fisher DA (2006) An Emergent Perspective on Interoperation in Systems of Systems. SEI, Carnegie Mellon
Flenner R (2002) Java P2P Unleashed. Sams Publishing
Flood RL, Jackson MC (1994) Creative Problem Solving – Total Systems Intervention. Wiley
Fromm J (2004) The emergence of complexity. Kassel Univ. Press
Gersdorf J (2001) ebXML – Seminar WWW und Datenbanken. Universität Frankfurt
Gershenson C (2005) A general methodology for designing self-organizing systems. Tech. Rep. 2005-05, ECCO
Gershenson C (2006) Towards self-organizing bureaucracies. Tech. Rep. 2006-03, ECCO
Gioldasis N (2853) 2003, Service Oriented Architecture for Managing Operational Strategies, ICWS-Europe 2003, LNCS. Springer
Goranson TH (1999) The Agile Virtual Enterprise. Cases, Metrics, Tools, Quorum
Grimm R (2000) System support for pervasive applications. University of Washington, USA, Ph.D. thesis
Grimm R, Bershad BN (2001) Separating access control policy, enforcement and functionality in extensible systems. ACM Trans Comp Sci 19:1–14
Grimm R (2004) One.world: Experiences with a Pervasive Computing Architecture. PERVASIVE-computing, July–September 2004, S. 22–30
Grossmann M, Koschek H (2005) Unternehmensportale. Springer
Harter A (1999) The Anatomy of a Context-Aware Application, Proc. 5th Ann. ACM/IEEE Int'l Conf. Mobile Computing and Networking (MobiCom 99). ACM Press
He H (2003) What is service-oriented architecture? www.xml.com
Hedley RA (2000) Convergence in natural, social and technical systems: A critique. Current Science 79(5):592–601
Hegering H-G, Abeck S, Neumair B (1999) Integrated Management of Networked Systems. Morgan Kaufman
Hein M, Zeller H (2005) Java Web Services, Entwicklung plattformübergreifender Dienste mit XML und SOAP. Addison-Wesley
Herring C, Kaplan S (2000) The Viable System Model for Software. In: 4th World Multiconference on Systemics, Cybernetics and Informatics, Orlando, Florida
IETF (2006) Internet Engineering Task Force. www.ietf.org
INCOSE (2007) About Intelligent Enterprises: A Collection of Knowledge Claims. Internationale Council on Systems Engineering (INCOSE)
Jablonski S (2004) Guide To Web Application And Platform Architectures. Springer

Jeckle M (2002) Webservicearchitekturen
Käkölä T (1996) Dual Information Systems in Hyperknowledge Organizations. University of Turku, Finnland, PhD-Thesis
Kaye D (2003) Loosely Coupled: The Missing Pieces of Web Services. RDS Press
Klein M (2006) Automatisierung dienstorientierten Rechnens durch semantische Dienstbeschreibungen. Universitätsverlag Karlsruhe
Kneer G, Nassehi A (1994) Niklas Luhmanns Theorie sozialer Systeme. Fink
Krähenbühl A (2006) Soability, A Model for the Strategic Evaluation of an IT Environment's Ability to Support Service-Oriented Architecture. Universität Zürich, Diplomarbeit
Krause M (2006) Kontextbereitstellung in offenen ubiquitären Systemen. Ludwigs-Maximilians-Universität, München, Dissertation
Kreger H, Williamson L, Harold WK (2002) Java and JMX: Building Manageable Systems. Addison-Wesley
Kuller E (2005) Trust barriers for the B2B e-marketplaces. Report. eMarketservices, June 2005
Lankhorst M (2005) Enterprise Architecture at Work. Springer
Lee C, Helal S (2002) Protocols for Service Discovery in Dynamic and Mobile Networks. Int J o Computer Research 11:1–12
Lehner W (2005) Data Management in a Connected World. Springer
Liu K (2000) Semiotics in Information Systems Engineering. Cambridge University Press
Liu K (2001) Information, Organisation and Technology: Studies in Organisational Semiotics. Kluwer Academic
Luckham D (2002) The Power of Events. Addison-Wesley
Manes AT (2003) Web Services. Addison-Wesley
Masak D (2005) Moderne Enterprise Architekturen. Springer
Masak D (2005) Legacysoftware. Springer
Masak D (2006) IT-Alignment. Springer
Masak D (2006) SOA? Springer
McGovern J (2003) A Practical Guide to Enterprise Architecture. Prentice Hall PTR
Melnik S (2004) Generic Model Management. Springer
Mettler D (2004) Government Application Integration. Universität Zürich, Diplomarbeit
Microsoft (2006) Microsoft Biztalk Server. www.microsoft.com
Mitschang B (2005) Data Management in a Connected World. Springer
Northrop L (2006) Ultra-Large-Scale Systems, The Software Challenge of the Future. SEI, Carnegie Mellon
Oaks P (2005) Enabling ad hoc interaction with electronic services. Queensland University of Technology, Australien, PhD-Thesis
The Open Web Application Security Project (2005) A Guide to Building Secure Web Applications and Web Services
Papazoglou MP (2003) Leveraging Web-Services and Peer-to-Peer Networks. Springer
Peterson L, Davie B (2003) Computer Networks: A System Approach, 3rd edn. Morgan Kaufmann
Peuser S, Zimmermann O, Tomlinson MR (2003) Perspective on Web Services. Springer
Polgar J, Bram RM, Polgar A (2006) Building And Managing Enterprise-Wide Portals. Idea Group Inc (IGI)
Puhlmann F (2006) Why do we actually need the Pi-Calculus for Business Process Management? In: Abramowicz W, Mayr H (Hrsg.) 9th International Conference on Business Information Systems
Qureshi S et al. (2002) What does it mean for an Organisation to be Intelligent? Measuring Intellectual Bandwidth for Value Creation. Proc. 35th Hawaii Int. Conf. on System Sciences
Rud D et al. (2006) Product Metrics for Service-Oriented Infrastructures. IWSM/MetriKon
Sahai A, Graupner S (2005) Web Services in the Enterprise. Springer
Sambamurthy V (2003) Shaping Agility through Digital Options. MIS-Quarterly 27:237–263
Sauter M (2004) Grundkurs mobile Kommunikationssysteme. Vieweg
Scheer A-W (2003) Business Process Change Management. Springer

Schäffer S, Schilder W (2002) Enterprise Java mit IBM WebSphere. Pearson Education Deutschland

Schopp B (2002) Logische Architektur integrierbarer Wissensmedien am Beispiel einer virtuellen Akademie. Dissertation, St. Gallen

Schwinn A (2005) Entwicklung einer Methode zur Gestaltung von Integrationsarchitekturen für Informationssysteme. Dissertation, St. Gallen

Simon H (1971) Designing Organizations for an Information-rich World. The John Hopkins Press

Singh MP, Huhns MN (2005) Service-Oriented Computing. Wiley

Shirky C (2001) P2P Networking Overview, The Emergent P2P Platform of Presence, Identity and Edge Resources. O'Reilly

SOA (2006) Reference model for service oriented architecture. www.oasis-open.org

Sprott D, Wilkes L (2003) Understanding SOA. CBDI-Journal

Stojanovic Z, Dahanayake A (2005) Service Oriented Software System Engineering. Idea Group Inc (IGI)

Strang T (2003) Service-Interoperabilität in Ubiquitous Computing Umgebungen. Ludwigs Maximilian Universität, München, Dissertation

Tan Y-S (2004) Service Domains. IBM Systems Journal 34:734–755

Tandler P (2004) Synchronous Collaboration in Ubiquitous Computing Environments. TU-Darmstadt, Dissertation

TAUCIS (2006) Technologiefolgeabschätzung: Ubiquitäres Computing und Informationelle Selbstbestimmung. Landeszentrum für Datenschutz Schleswig-Holstein

Tidwell D, Snell J, Kulchenko P (2001) Programing Web Services with SOAP. O'Reilly

van Zyl J (2002) A perspective on service based architecture. Proceedings of SAICSIT

Vetere G, Lenzerini M (2005) Models for semantic interoperability in service-oriented architectures. IBM Systems Journal 44:887–903

W3C (2003) Web Services Architecture, W3C working draft. www.w3.org

Weiser M (1991) The Computer for the Twenty-First Century. Scientific American 265(3):94–104

Welte S (2005) Entwurf serviceorientierter Architekturen. Universität Karlsruhe, Diplomarbeit

Wikipedia (2008) www.wikipedia.org

Woods D (2003) Enterprise Services Architecture. O'Reilly

WSI (2006) Web Service Interoperability Organisation. www.ws-i.org

XML (2006) Extensible markup language. www.w3.org

Zaplata S (2005) Prozessintegration in Middleware für mobile Systeme. Universität Hamburg, Diplomarbeit

Zimmermann O (2003) Perspectives on Web Services. Springer

Sachverzeichnis

A

Abstraktion 7, 8, 11, 36, 37, 39, 56, 78, 87, 167, 192, 291, 309
Abstraktionsgrad 37, 77
Access Point 122, 143
Achillesferse 214
Ackerbau 235
Ad-hoc-Netzwerke 23, 111
Adaption 33, 64, 84, 91, 119, 120, 157, 158, 164, 166–168, 171, 173, 176, 206, 217, 233–236, 286, 287, 292, 293, 295, 296, 305
Adoption 177
Adressraum 130
Advertising 180
Agent 52, 115, 130, 141, 142, 309
Aggregation 180
Aktionismus 29, 284
Aktivierung 55
Akzeptanz 6, 9, 55
Algorithmus 132, 134, 286
Alignment 30
Allokation 62
Allopoia 237, 238
Angst 168
Antizipation 104, 218
Antwortzeit 131
Applikation 35, 37, 39, 44, 55, 76, 92, 102, 114, 120, 150, 165, 169, 170, 290, 309
Arbeitswelt 2, 146, 147, 156
Architektur 8, 9, 25, 29, 34–36, 38, 40, 47, 49, 72, 78, 84, 87, 103, 104, 129, 135, 163, 165, 181, 185, 218, 237, 241, 292, 296
ARSD 306
Arten 79, 122, 198, 199, 235

Ashby 93, 257, 258, 265, 266
ASIC 306
Assembler 2
Asymmetrie 181
ATM 121
Atomzeitalter 4
Attacke 273
Auditor 288, 291
Aufrufbarkeit 96
Auftragnehmer 141
Auktionator 140
Auktionsprotokoll 140
Authentifikation 108, 110
Authentifizierung 106, 110, 119, 151
Automobil 246
Autonomieprinzip 281
Autopoia 176, 180, 210, 235, 237, 238, 265
Autorisierung 106, 107, 152
Awareness 137, 138

B

Babyphone 157
Backbone 233
Bahn 17
Bain 177
Bakterien 184
Bandbreite 17, 31, 67, 69, 117, 121, 124, 126, 131, 144, 157, 159, 162, 195, 224, 233
Bank 14
Banknoten 151
Barbizon 5
Basisinnovation 2
Bauindustrie 173
Beer, Stafford 175, 278
Bell, Gesetz 162

Benutzergemeinschaft 185
Benutzerzufriedenheit 26
Bepreisung 60, 120, 198
Berners-Lee, Tim 177
Betriebsplattform 242
Betriebssystem 1
Beziehungsgeflecht 180
Bier 150
Bieter 140
Bifurkation 232
Biologie 175, 184, 200, 210, 223, 235, 242, 258
Biomasse 179
Biomechanik 98
Blackberry 3, 148, 154, 159
Blackbox 223
Blauzahn, Harald 122
Bluetooth 122–124, 131
Blutdruck 151, 288
BOINC 69
Boltzmannkonstante 304
Bose-Einstein 227
BPEL 47, 48
BPML 47, 48
Brainstorming 31
Bricolage 94–96, 170, 237, 290
Bridging 122
Brittleness 217
Broker 26, 27, 36, 37, 43, 60–63, 72, 96, 197
Browser 121, 125, 130, 144
BSS 120, 122
Burst 126
Bus 60, 63, 67
Bush, Vanaver 145
Businessmodell 193
Buzzword 174
Bytecode 114

C

C-Netz 157, 161
Caching 56
Carroll, Lewis 230
Caveman 190
Cavemantopologie 189, 273
Changemanagement 29, 30, 207
Chaos 150
Charakteristikum 24, 26, 30, 116, 159, 229
China 174
Chip 9, 161, 163, 179
Chiplayer 163
Choreographie 18, 47, 48, 176, 205, 235
Chunks 1
Client 43, 45

Client-Server 167
CLP 286
Cluster 186, 188, 189, 214, 215, 262, 273
Clustering 189, 199, 271, 273
Clusterkoeffizient 266, 267, 271
CMMI 203
CODA 296
Codebasis 218
Codefix 218
Codezeilen 1
Coevolution 206, 207, 220, 228–230, 235
Commodity 2
Compiler 97, 114
Computer 2–4, 12, 114, 117, 119, 122, 135, 145, 146, 149, 153, 154, 161, 162, 164, 172, 213, 240, 252, 290
Computerdichte 146
Computerspiele 136
Consumer 8, 10, 12–17, 27, 28, 32, 36, 42–45, 49, 51, 53, 57, 59, 60, 62, 63, 65–69, 73, 77–80, 82, 83, 92, 98, 104, 107–109, 114, 116–119, 121, 125, 128–133, 136–140, 142, 150, 152–158, 164, 169–171, 178, 179, 181, 186–188, 191, 193, 194, 197, 199, 200, 203, 220, 237, 240, 288, 290, 295
Consumerkontextmodell 157
Contracting 44, 142
CORBA 35, 36, 39, 54, 67, 73, 181
COTS 169, 241
Credentials 104
CRM 178, 199
Crossover 218–220
Curietemperatur 254
Cutoff 269

D

D-Netz 157
DAML-S 99
Dampfmaschine 2
DARPA 99
Darwin 209, 219
Datamining 52
Datawarehouse 178
Datenbank 66, 306
Datenelemente 75
Datenmodell 165
Datenschutz 118
DCOM 35, 36, 67
Delegation 205
Deployment 42, 58, 65, 68, 70, 236, 240
Designtimeevolution 85
Dezentralisierung 195, 239

DHT 68, 233
Differenzierung 249
Digitalkamera 123
Dilemma 62
Display 136, 154
Diversifikation 136, 149, 170, 212, 242, 243, 293
Divisionsstruktur 20
DLP 122
DMS 27
DNS 166
Dodds 21, 22
Dominanz 232, 261
DOS 1, 2
Dot-Com 174
Download 144
DPD 306
DSD 305, 306

E

E-Mail 4, 31, 116, 117, 126, 268
e-Procurement 178
EAI 46, 63, 81, 181
eBay 4, 178, 180, 197, 204
Echtzeitsysteme 117
eDonkey 68
Einzelplatzsystem 102, 169
Elementarteilchen 98
Emergenz 18, 96, 155, 167, 206, 211, 238–240, 253, 254, 257, 261, 279
Energieaufnahme 126
Energiefluss 215
Energieversorgung 161, 210
Engelbart, Douglas C. 135
English, William 135
Enterprisesysteme 38
Entkoppelung 24, 28, 43, 58, 66, 69, 71, 72, 165, 252, 260
Entropie 89, 90, 93, 207, 227, 228, 243, 251, 255, 263, 301, 303–305
Entwickler 87, 170
Entwicklungsmodell 86
EOA 182, 186, 187, 195
Equilibrium 90, 255
Erdbeben 268
Ereignisorientierung 40
Ergonomie 177
ERP 178, 199
Ersetzbarkeit 81–83
Erstellungszeitpunkt 110
ESB 54, 57, 59, 60, 63–66, 69, 168, 195, 283, 288, 294
Eskalationsverfahren 28

ESS 122
Essenz 147, 149, 307
Estland 174
Ethernet 122
EU Framework VI Projects 175
Europa 5
EVA 85
Evaluation 220
Evaluator 293
Evolution 1, 8, 18, 19, 25, 38, 86, 88–90, 170–172, 176–178, 184, 185, 188, 192, 195, 198–200, 206, 209, 210, 213, 218, 228–232, 234, 236, 237, 239, 240, 277, 287, 289
Exception 48, 54, 289

F

Fahrkarte 151
Fahrzeug 115, 150, 158
Farbenwelt 150
Fax 129, 141, 177
Feedback 154, 206, 207, 220, 229, 237, 253, 291, 292, 294
Fehlerfall 109, 117, 137, 143, 145, 164, 205, 217, 311
Fehlerfreiheit 240
Fehlerminimierung 257
Fehlerrate 138
Fehlerreduktion 165
Fehlinterpretation 6
Festnetz 120
Festplattenbedarf 154
FHSS 123
Filmindustrie 24
Fitness 226, 227
Fitnessfunktion 199, 200, 212, 213, 218, 219, 221, 225
Fitnesslandschaft 219
Fliessgleichgewicht 258
FLOPS 7, 68
Flugzeugtechnologie 246
Fluktuation 96
Folgeinnovation 2
Folksonomie 182
Formalisierung 98
Fraglet 172, 222, 223
Fragmentation 200
Franchising 191
Freisetzung 268
Frequenzband 123
Funkkommunikation 163
Funktechnologie 123
Funktionssemantik 75

G

Gaming 126
Gas 254
Gastronomie 154
Gatekeeper 107
Genpool 221
Gestein 118
Gestik 134, 136, 154, 169
Gewicht 119, 161
GHz 123, 125
Gibbs 256
Gleichgewicht 223, 284
Globalisierung 24, 149, 174
Gnutella 68, 126, 180
Google 30, 174, 178, 180
Governanceinstanz 181
GPRS 121, 152
GPS 137
Graph 17, 22, 266, 271, 274
Grounding-Ontologie 100
Groupwareanwendungen 115
GSM 114, 120, 121, 152
GUID 131–133

H

Habitat 188–191, 197, 200, 227
Hamlet 113, 245
Handelsverkehr 141
Handlungsfreiheit 207
Handover 125
Handy 123, 125, 143, 156, 159, 163
Hardware 8, 9, 37, 55, 97, 119, 124, 127, 144, 147, 161, 165, 166, 180, 196, 229, 242
Hartree-Fock 224
Hashfunktion 68
Helligkeit 158
Helmholtz, Hermann von 303
Hersteller 6, 10, 102, 131
Herzschrittmacher 136
Heuristik 292
HGB 141
HIC 57, 240
Hierarchie 19, 26, 99, 195, 253, 260, 284, 287, 288
High-Level-Debugger 60
HIPERMAN 124
Homogenisierung 216
Homologie 210
Hop 131, 133, 164
HTML 39
HTTP 54, 55, 144, 177
HTTPS 104, 105
Humboldt, Alexander von 1
Hydrodynamik 285
Hypercube 296

I

ICQ 68, 126
Identifier 132
Identifizierung 87
IDL 54, 73
IEEE 122, 124, 125
Immunabwehr 231
Implementierungsform 53
Indien 174
Individuum 137, 231, 251
Informationsentropie 305
Informationskaskade 215
Infrarot 123
Infrastrukturhistorie 59
Infrastrukturschicht 58
Innovation 31, 179, 180, 215
Inspektion 289
Institutionalisierung 23
Integrationsplattform 63
Intel-CPU 160
Intelligenzbandbreite 31
Interaktionsentropie 93
Interaktionsmuster 169
Internet 4, 10, 21, 24, 53, 113–116, 120, 121, 125, 164, 167, 169, 174, 178, 187, 192, 194, 199, 202, 203, 214, 236, 238, 268, 275, 286
Internetgateway 246
Internetprotokoll 162
Internetskala 103
Internetwelle 3
Internetzeitalter 2
Intranet 122
Introspektion 289
Intuition 251, 301
Invarianz 281
Inventur 141
Investitionen 24, 179, 242
Invokation 129
IP-Datagram-Routing 166
iPhone 116, 154, 159
IPv6 113
IrDA 123, 124
Isolation 77, 167, 206, 261
Isomorphie 281
Iterationsprozess 95

Sachverzeichnis

J

Java 114, 128, 165
Jini 128, 129, 131
Justiz 102, 136
JXTA 69

K

Kaida, Al 136
Kalkül, λ 84, 85
Kalkül, π 84, 307, 312
Kanal 62, 104, 121, 122, 279, 280, 284, 285, 308, 310
Kante 20, 21, 162–164, 179, 211, 212, 214, 215, 220, 225, 227, 233, 266, 267, 269–275
Kapselung 47, 252
Kernel 268
Keyboard 135
Keyboard-Mouse-Input 135
Kinohits 24
Knoten 20, 21, 122, 162, 163, 176, 183, 191, 195, 204, 211, 212, 214, 215, 220, 222, 223, 225–227, 233, 266–275
Koexistenz 232
Kollektion 213, 255, 270, 305
Kommunikationskultur 187
Kommunikationsmedien 134
Kommunikationsmittel 134, 154
Kommunikationsmuster 78
Kommunikationspartner 118
Kommunikationsservice 165, 166
Kompensationsrate 50
Komponentenbauweise 35
Komponentensoftware 76
Komponierbarkeit 80
Kompositionsform 46
Kompositionsprozess 46
Kompressionsmodul 254
Kompromissarchitektur 192
Kondensat 227
Kondratieff 2
Konfigurationsaufwand 38
Konfliktpotential 203
Kongruenz 308, 310, 311
Konstante 304
Kontext 4, 9, 13, 16, 18, 37, 39, 43, 50, 51, 69, 72, 74, 75, 77–79, 81, 82, 84, 93, 94, 96, 101–103, 110, 111, 114, 119, 120, 137–140, 148–150, 154–159, 165–167, 171, 172, 193, 202, 207, 218, 219, 230, 252, 254, 261, 283, 288, 289, 299, 308, 311

Kontingenz 32
Kontinuumsansatz 269
Kontrolleinheit 288, 289, 291
Kontroller 84, 235, 279, 286, 288, 290, 291, 293–296
Konvention 64
Konvergenz 2, 3, 6, 96, 149, 161, 162, 196, 210
Konzernbilanzierung 98
Kooperationspartner 23, 48
Kooperationsverband 24
Koordinationserfolg 279
Koordinationsstadium 20
Koordinationssystem 182
Kopfmonopol 183, 184
Koppelung 6, 26, 27, 39, 40, 42, 43, 45, 47, 56, 58, 64, 66, 67, 84, 85, 87, 97, 124, 146, 163, 167, 169, 180, 194, 195, 197, 204, 213, 217, 256, 257, 260, 264, 288, 305, 306
Kriterium 55, 67, 80, 180, 283
Kulturraum 157
Kundenbasis 174
Kundenbeteiligung 8
Kundenideen 32
Kundenorientierung 27
Kundensicht 86
Kundenzufriedenheit 27
Kybernetik 86, 277

L

Landauer 304, 305
Landwirtschaft 221
Lastverteilung 55, 69
Latenz 144
Laufzeit 37, 64, 71, 172
Layer 8, 34–38, 40, 41, 47, 67, 143, 163, 164, 292, 296, 297
LDAP 51
Lear 209
Lebensraum 4, 155, 188
Lebenszyklusmodell 86–88
Lebewesen 4, 263
Legacysysteme 29, 79
Legoprinzip 87
Lehman 89, 90
Leistungsaufnahme 161
Leistungsspektrum 230
Lernkurve 207
Lizenzproduktion 191
Logging 71
Logistiksteuerung 151
Lotka-Volterra 232

Lyapunov 224

M

MAC 125
Macht 19, 111, 282
Magnetismus 254
Mainframecomputer 4
Mainstream 122
Maintenance 88, 168
Makler 60
Makroebene 261, 262
MANET 23, 115
Manipulation 98
Mantra 174
Marketing 98
Markt 8, 13, 20, 24, 26, 156, 174, 178, 180, 191, 199, 202, 230
Marktnischen 179
Mashup 170
Massenproduktion 15
Maulesel 184
Maultier 184
MDA 7
Mechatronik 163
Medienproduktion 264
Medizin 136
Medulla 288
Mehrwert 8, 20, 26, 91, 162, 199, 237
Metaontologie 99
Metcalfe, Gesetz 162, 270
MHz 123
Middleware 55, 104, 150, 194
Migrationsfeedback 189
Mikroadaption 120
Mikroben 175
Mikrocomputer 148, 149
Mimik 135, 136, 154, 169
Mimikry 221
Miniaturisierung 14, 116, 160, 161
MMS 121
Mobilcode 114
Mobilecodesystem 114
Mobilfunkmarkt 174
Mobilfunknetze 115
Mobilfunkprovider 125
Mobiltelephon 3, 114
Modell 21, 22, 29, 36, 42, 43, 68, 69, 71, 86, 100, 101, 104, 109, 157, 192, 193, 217, 219, 223, 225, 236, 257, 258, 270, 272, 286, 289, 290, 292, 293, 296, 300, 301
Modelladaption 296
Modellbildung 249, 253
MOM 65–67

Moore, Gesetz 160, 229
Morphogenese 266
Multitierarchitektur 163
Musik 2, 150, 180
Mutation 218–220
Mythos 196

N

Nanotechnologie 161
Napster 68
Nationalstaat 111
Navigationssystem 154
Nettoflussmatrix 216
Network 120, 138, 143, 164
Netzwerkbetreiber 152
Netzwerkhardware 55
Netzwerkplattform 152
Netzwerktopologie 119
NFC 123, 124
Nischenentwickler 170
Nomadentum 116
Normannen 251
NSA 136
NSS 120

O

Objekt 36, 87, 176, 301
Objektorientierung 72, 78, 286
Obligation 17
Observable 254
Offshoring 149
On-demand-Delivery 15
ONC 129
ORB 54
Orchestrator 46, 47
Order 211
Ordnungsinstrument 147
Organisation 6, 8, 17–20, 22, 23, 25–31, 33, 36, 38, 40, 46, 57, 59, 60, 63–65, 81, 89, 93, 102–104, 116, 117, 142, 173, 175, 180–182, 186–190, 206, 207, 228–230, 235, 241, 251, 255, 256, 259–264, 278, 284, 288, 296, 305
Organisationsfunktion 42
Organisationsstruktur 249
Organismus 3, 175, 258
Overnet 68
OWL-S 48, 99–101

P

P2P 40, 47, 67–69, 124–127, 129, 131, 164–166, 180, 185, 191, 195, 196, 199, 233, 253

Sachverzeichnis

Packungsdichte 160
Paket 59
Panik 289
PAR 310
Paradigma 9, 13, 43, 144, 180, 240
Partitionierung 38, 39, 211
Partizipation 188
Payload 66
PC 4, 9, 136, 148, 154, 163, 168, 180, 229, 246, 250
PDA 116, 123, 148
Peer 68, 131–134, 191
Permutation 308
Persistenz 160, 165, 205
Personentransport 17
Pferd 184
Phase 9, 27, 88, 121, 177, 178, 226, 227
Photonen 98
Phylogenese 234, 235
Physik 98, 209, 210, 227, 254, 256, 303
PIM 123
Piping 80
Platon 98
Pocky 123
Policierung 69
Pool 190, 242
Poolbillard 1
Populationsdynamik 210
Port 73, 74
Pratchett, Terry 144
Prentice-Hall 11
Principal 141, 142
Privacy 111, 112, 124, 157
Produktzertifizierung 204
Proliferation 167, 177
Providerperspektiv 13
Prozesskoordination 31
Prozessmodellierung 75
Prozessorleistung 131, 229
Pullprinzip 114
Pulsing 180, 232
Punktmutation 218
Pushprinzip 114
Python, Monty 7

Q

QoS 49, 50, 59, 71, 83, 139, 171, 204, 205, 237, 288, 293
Quantenmechanik 253
Queen, Red 228, 230
Queen, Red 230
QWERTY-Tastatur 135

R

Radio 118, 246
Radius 133, 134
Range 211
Ranking 49
Rating 203, 301
Reaktionskanal 312
Reaktionsrepertoire 32
Rechenleistung 126, 144, 161
Redswoosh 68
Reed, Gesetz 270
Referenzmodell 181, 182, 192
Reflektion 256
Regulator 258, 288, 291
Reifegrad 29
Reinterpretation 96
Rekonfiguration 166
Rekursion 260, 278, 280–282, 284, 285, 287–290, 292
Rekursionshierarchie 284
Reorganisation 21, 180, 262, 296
Repertoire 33
Repository 54, 59, 143, 155, 168, 181, 192, 193, 195, 199
Reproduktion 218, 234, 253, 264
Reproduktionsprozess 253
Reproduktionsrate 172
Reputation 49, 196, 202–204
RES 310
Responsezeit 68
Ressourcenallokation 62, 279
Ressourcenknappheit 116
Ressourcennutzung 279
Ressourcenverteilung 215
RFC 130
RFID 124, 149, 153, 162
Richterskala 268
RMI 67, 114, 128
Roaming 114, 143
Robustheit 21, 35, 178–180, 263
Routing 58, 64, 65, 166
RPC 53, 64, 67, 129, 168, 181
RSS 180

S

Saatgut 221
Salutation 129, 131
SAML 106, 107
Satellitenreceiver 148
Scanner 129
Scheduling 289
Schicht 34, 287, 288

Schleifenkonstrukte 210
Schmidt, Helmut 117
Schutzzeit 121
Scoring 301
Scrum 76
SDP 130, 131
Sedimentation 55, 58, 161, 196
Selbstadaption 167, 233–236
Selbsterhalt 18
Selbsterhaltung 166
Selbsterzeugung 263
Selbstheilung 164, 166, 167, 176
Selbstinstallation 237
Selbstkonfiguration 111, 164, 167
Selbstmodellierung 289
Selbstorganisation 18, 176, 183, 195, 206, 207, 213, 253, 261–263
Selbstreferenz 288
Selbstreproduktion 18
Selektion 27, 80, 200, 209, 219, 220, 230, 281, 282
Selektionsdruck 198, 219, 230, 289
Selektionsmechanismus 219, 220
Selfawareness 53
Semantik 5, 6, 12, 13, 26, 27, 48, 51, 80–83, 96, 97, 101, 139, 140, 156, 310
Sensorik 150
Service 4, 6–18, 20, 25–28, 31–96, 99–109, 111, 115–117, 119–123, 125–143, 148–150, 152, 153, 155–161, 163–172, 174–176, 180, 181, 184, 186, 188–200, 204, 205, 210, 213, 215, 217–221, 230, 231, 235–242, 250, 254, 256, 257, 259, 260, 265, 267–271, 273, 277, 278, 282, 283, 286–296, 305, 306
Serviceaggregation 63, 176
Servicebloating 199
Servicecontainer 57, 69–72
Servicedefinition 13, 15, 28, 35, 36, 51, 71
Servicediscovery 76, 196
Serviceentdeckung 127–130, 152, 197
Serviceentkoppelung 28
Serviceentwicklung 9, 76, 126
Serviceerstellung 28
Serviceerzeugung 220
Serviceevaluation 220
Serviceevolution 111, 172
Serviceexecution 134
Servicefokus 61, 63
Serviceinfrastruktur 57, 152, 159
Serviceinteraktion 82
Serviceinterface 74, 83
Servicekomposition 14, 16, 46, 60, 72, 76, 79, 85, 168, 242

Servicekonstruktion 128
Servicelayer 35
Servicelease 45
Serviceleistung 42
Servicelevel 28
Servicemigration 188, 189, 199
Servicemodellierung 76, 77
Serviceorientierung 8, 11, 13, 55, 57, 58, 76, 78, 143, 168, 187, 292
Serviceparadigma 36
Serviceplattform 57, 152
Serviceportfolio 305
Serviceumgebung 57
Servicevirtualizer 61, 62
Servicing 88
home 68
Shakespeare, William 113, 209, 245
Sholes, Christopher Latham 135
Shopping 142
Shrink-Wrap-Software 169
Sicherheitskontext 110
Sicherheitskontrolle 107
Sicherheitsmodell 108
Sicherheitsmodule 110
Sicherheitsrisiko 102, 118
Sichtverbindung 123
Sign-On-Konzept 106
Signatur 82, 106, 112, 140
Siloarchitektur 79
Simulation 290, 291
Skala 89, 172, 195, 231, 267, 301
Skalierbarkeit 18, 38, 60, 61, 114, 127, 131, 159, 166
Sklaverei 11
Skriptsprachen 114
Skype 68, 125, 174
SLA 12, 74
SLP 130, 131
Small World 214
Smartspace 149, 150, 158, 159, 164, 170
SMS 121, 125, 126, 151
Snooker 1
SOA 7–9, 35–43, 45, 47, 49, 52, 53, 55, 57, 60, 64–67, 86, 134, 139, 152, 168, 169, 172, 175, 181, 182, 186, 193, 199, 240
SOAP 53–55, 73, 104–107, 144
SOC 72, 85, 172
SODA 85
SOE 25–29, 33, 36, 202
Softwarearchitektur 35, 136
Softwaredarwinismus 289
Softwareentwickler 83, 88, 139, 280, 288
Softwareentwicklung 1, 7, 11, 35, 85, 168, 174, 217, 218, 235, 268

Softwarehersteller 11, 63
Softwaresysteme 1, 34, 35, 80, 86, 87, 92, 102, 113, 137, 235, 236, 238, 251, 282, 292, 295
SOP 58–60, 71, 72, 168, 181, 288
SOS 85, 87
SOSE 85, 86
Sourcecode 73
Sourceforge 22
Soziologie 241, 266
Spam 7, 177
Spezies 172, 175, 178, 185, 186, 197–200, 209–213, 218, 221, 223, 224, 228, 231, 232, 234, 242, 243, 312
Spieler 136
Sprenger, Martin 192
SSDP 129
Standardsoftware 196
Standardvokabular 182
Sterberate 220
Stimulus 32–34
Strategie 20, 56, 75, 132, 164, 167, 171, 174, 217, 231, 232
Streaming 125, 126
Stromnetz 268
Struktur 18, 24, 26, 36, 66, 80, 88, 98, 105, 114, 142, 180, 186, 188, 192, 200, 210, 218, 222, 230, 235, 240, 241, 243, 254, 258, 260, 262, 264–267, 273, 278, 281, 283, 284, 287, 288, 292, 305
STS 109, 110
Superhabitate 189
Supervision 292
Symella 126
Sympathikus 288
Synchronisation 114, 187, 211
Synergie 216, 279
Systemidentifikation 290

T

T-COM 233
Tamagochi 215
Tastatureingabe 135
Taxonomie 74, 96, 98, 99
Technikdurchdringung 5
Technotop 6
Teilnehmerverwaltung 120
Telephon 2, 4, 161, 162
Temperatur 234, 275
Terminkalender 246
Terrorismus 112
Textilien 136
Thrashing 252

TMC 150
Token 109, 110
Topologie 115, 168, 190, 192, 195, 214, 275
Tradition 97
Transaktionstheorie 141, 142
Transport 65, 105, 129, 131, 210
Trustcenter 17
TTL 68, 131–133
Turski 90

U

UDDI 54, 55, 73, 193
UGC 170
ULS-System 69, 237–241, 289, 296
Umgebungmanipulation 235
Umgebungsbegriff 255
Umgebungsdefinition 255
Umgebungsstimuli 32
UMTS 113, 114, 121, 143, 152, 161
Umwelt 4, 5, 87, 95, 154, 155, 172, 217, 228, 258, 264, 265, 267, 277–281, 283–285, 290, 295
Unbeherrschbarkeit 241, 265, 266, 291
Unerreichbarkeit 50, 118
Unicode 54
Universum 96, 98, 261
Unix 80
Unordnung 263, 303
UPnP 129–131
URI 53, 59, 62, 68, 110
URL 54, 74, 130
USA 156, 196, 214
USB 124
Utility 37

V

Vakuum 167
Validierung 142, 279
VANET 115
Variabilität 221, 243
Varianz 216
Variety 33, 258, 302
Verbundwerkstoffe 161
Veredler 176
Verhalten 7, 14–16, 29, 43, 49–51, 57, 69, 70, 77, 82, 83, 85, 86, 91, 92, 141, 158, 172, 179, 202, 206, 211, 214, 215, 217, 227, 231, 239, 251, 252, 254, 261, 262, 277, 282, 286, 292, 296, 307
Verhandlungstheorien 142
Verifikation 17, 105
Vermittler 109

Vernetzung   10, 23, 85, 92, 103, 116, 146,
    154, 162, 169, 174, 202
Video   2, 125, 126, 149
Virus   52, 184, 214, 215, 231
Vista   113
Voice   6, 125, 136
VoIP   2
Volkswirtschaft   179
VPN   166
VSM   29, 202, 234, 241, 277, 278, 281–290,
    292, 293, 296
VSS   286, 288, 289, 293, 295, 296

W

Wachstum   2, 6, 18, 39, 90–92, 146, 178–180,
    184, 198, 203, 211, 214, 229, 237, 262,
    269–271
Waferproduktion   179
WAP   114, 120
Warcraft, World of   159
Warenwirtschaft   151
Wasserboiler   4
Watson, Thomas   172
Webpage   114
Webservice   46, 47, 52–55, 58, 73–75,
    99–101, 107, 108, 110, 144, 170, 222
Weiser, Mark   145
Werbemarkt   180
Wettbewerbsvorteil   31
WiBro   124
WiFi   124
Wii   136
WiMAX   124
Windows   1, 2, 8, 43, 113, 129, 149
Wireless   124, 125
Wirtschaftlichkeit   149

Wissenstransfer   99, 188, 207
WLAN   122, 124, 143, 152, 161
Wohnumfeld   146, 149
Workflowengine   38
WS-Adressing   109
WS-CDL   47, 48
WS-Policy   51, 108
WS-Privacy   108
WS-Security   51, 107–110
WS-Trust   108–110
WSDL   54, 55, 72–74, 100, 288
WSMO   99–101
WWW   52, 74, 145, 177

X

XACML   51
XETRA   5
XMI   193
XML   51, 53–55, 73, 74, 105, 106, 144,
    199, 222

Y

Yahoo   30, 126, 174

Z

Zeitskala   21, 176, 232, 249
Zensur   301
Zensus   251
Zertifikat   110
Zigbee   124
Zukunftsorientierung   280
Zulieferer   181
Zwischenhirn   288

The manufacturer's authorised representative in the EU is Springer Nature Customer Service Centre GmbH, Europaplatz 3, 69115 Heidelberg, Germany. If you have any concerns regarding our products, please contact ProductSafety@springernature.com

Printed and bound by CPI Group (UK) Ltd, Croydon, CR0 4YY

25/03/2026

02078174-0011